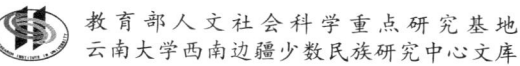

教育部人文社会科学重点研究基地
云南大学西南边疆少数民族研究中心文库

新民族志实验丛书·第二辑
主编 何明

清泉转弯的地方

元阳县新街镇箐口村哈尼族村民日志

②

马翀炜　张雨龙 编

张明华 记录

学苑出版社

目　录

2008 年村民日志 /469

2009 年村民日志 /625

2010 年村民日志 /783

2011 年村民日志 /919

2008年
村民日志

2008年1月1日，星期二，农历十一月二十三，属鼠，阴

村民小组继续发动村民堵拦倮果果玛河（村民哈尼语的叫法，是一条寨子往南最近的河）。在村里的人们都知道，这几年由于河水过大，水土流失太大，冲垮了寨子后面的寨神林，包括集体祭祀用的地方都有所危及，甚至寨子中间有一条路线的村民家的房子都有所裂开。对于这个情况，部分村民有所觉醒，要求村民小组组织抢救修理，支持村民小组出台村规民约处罚建盖房子而到河里淘沙取石的人家。村民小组也多次要求上级给予一些物资上的帮助都没有结果。同样地，当遇到河水大时，建盖房子的人家看见流出来的沙就眼红，会不听劝阻地取石头。这次是与土锅寨村委会的新农村建设工作指导员张红开联系了以后，给予了二十吨的水泥，然后这几天都组织村民进行堵拦河坝的事情。希望这样巩固了以后情况有所好转。

安排2008年1月卫生组，根据村民的意见，拒绝李某家参加村民的一切事务，事情的起因主要就是去年7月林权改革中发现他的哥哥李某与原来的村民小组签了一份违背村民意见的协议，出现了这个纠纷之后，村民认为他们一个家族不能正确理解和认识村里的事情，反而起诉了村民小组，认为这样好的政策他们家享受了5年，应该在这次林权改革中自觉退还给村民，而他们家不但不让，反而与村民为敌，所以村民拒绝他们家参与村民的一切事务，等于说开除村籍。而根据去年新要求分户的张祥家、李贵祥家、李小祥家的实际情况，把他们三户安排到这个月中来，以加强春节前后的这一段时间卫生力量，目的是使这个月卫生也有所改观。

张立新家浇灌屋顶。没有办法，村里的事情已经决定，而同时家庭的事情也已经决定，村民只能按照多数人的意见继续修理倮果果玛河的拦河堵坝的事情，帮助他家浇灌的人也就只有他的亲戚了。他的有些亲戚就安排了小孩来参加村里的投工投劳的事情，对此部分村民是有意见的，告状村民小组的人说以后一定要要求成年人来参加，否则不算是他

家投了劳动力，要求在以后的劳动中重新投劳。

2008年1月2日，星期三，农历十一月二十四，属牛，阴

今天的天气很冷，有的村民提出今天要休息，可是按照村民小组会议的决定，村民小组继续发动村民做拦河的事情。应该说一部分人分析是有一定的道理的，他们说从表面上看起来被冲垮的是寨神林的山包，可寨子就在这个山包上，水土流失多了，寨子自然就会受到伤害。现在村里有一条路线上的房子出现裂缝也应该跟这个有关系，正如一块石头一样，要是砸了一个面自然地就有另外一个面出现裂缝。现在，名义上是保护寨神林，其实也就是保护寨子，这是客观的道理。今天继续修理小河的另一个原因是，村民小组认为村委会还有六十吨的水泥，这几天村民能够很好地利用，一旦用完了村民小组就可以接着申请再给水泥，又可以建设村里最需要建设的地方。

凌晨，李国忠的妻子生了一个男孩。从现在的情况来看，村里缺少卫生条件，某某家要接生孩子一般都是在家里，由有些接生经验的婆婆和妈妈来接生，要是这两者没有经验，就得叫其他有经验的村里妇女来，他家也是这样。

上午，张法在放学回家的路上被一辆三轮摩托车撞伤，已经由他的爸爸及时送到医院住院治疗。张法是三年级的学生，要是和以前一样，他还应该在村里读三年级，可是教育部门不知道出于什么样的考虑，这个学期三年级搬到土锅寨村里去，箐口村办了一个学前班。这样，村里读三、四、五年级的学生就要走一段路到学校，放学了又回家吃饭。来回的路要经过一段公路，来往的车辆还是多，还是有点不安全。我曾经与学校方讨论过这个事情：希望学校方考虑一下孩子小，来回不安全的因素。但是，学校方以"集中办学"为由拒绝了村民的要求，家长和老师们只好平时多进行安全教育了。今天的张法被撞伤就是在放学回家的路上出的事情。听从医院回来的人说不是很严重，但是一定要住院观察几天才清楚，养了这么大的孩子，不检查好的确不放心。

2008年1月3日，星期四，农历十一月二十五，属虎，多云间晴

今天，村里停止了做投工投劳的拦河劳动，为了下一步的工作，村民小组李树华、张明华带着五个划分的组长李小生、李贵文、卢迁、李其三、李正学等去考察寨子脚去田间的主要道路。那一条路自去年修复了一段后，还有一段路没有修复好，而村民的田主要还是集中在由这条路去的地方，很多村民，都希望修复好那条路。这样，才方便村民生产，游客去田里走走也方便。从考察的情况来看，预计需要上百方的石头，四五十方的沙，十吨左右的水泥，因为是到田间的路，四周又都是田，周围缺少石头和沙，需要安排村民任务由村民筹集，这是今天考察的初步预算。

今天停止做村里义务劳动的一个主要原因是张氏家族要凑齐大米到大鱼塘寨子，帮忙办理大鱼塘寨子张氏家族的丧事。在前面的日志里说到过，黄草岭村民小组、大鱼塘村、箐口村这三个自然村虽然各自为寨，但是，遇到丧事之类的事，都要互相通知，互相帮忙。而且按照他们的规定凑齐一定的大米或者钱，直到处理好丧事。这是一直以来保持的传统习俗，几个寨子的人都相互遵守，相互来往，很友好的。

昨天，说是李以略的外孙子被马刚金的孩子砸伤，这事是听他们说的。李以略认为是亲戚就没有再多说什么，只是要求他家也一起去一个人给孩子包一些药。可是，马刚金家的人说，孩子之间的事情谁也不清楚底细，不知道是被马家的孩子砸伤的，还是他自己跌倒的，这样就没有一起去，李家认为马家不通情也没有再要求什么，这事也暂时搁置着。

2008年1月4日，星期五，农历十一月二十六，属兔，晴

大鱼塘村张氏家的丧事继续举办，箐口村张氏家族的人今天过去帮忙。在昨天的日志里说到过，黄草岭村民小组、大鱼塘村、箐口村三个自然村里的家族办理丧事都会互相通知，而且捐一些物资互相帮忙，去年是只捐大米，今年不知道是从哪一家开始又决定每一户捐一斤黄豆，因为箐口村的张氏家族忘记了，今天又补交了带去。正常的情况下，给老人办理丧事一般要用两到三天时间，昨天主要是办理各种祭祀，今天主要就是送葬，一般家里有人就会抽出时间去帮忙的，不管是男的还是女的。

李杰家捉秧田里的鱼，目的是要把秧田里的鱼放养到稻田里去。箐口村里用来养鱼的鱼塘很少，可能只有二十几家吧。村民养鱼的办法是利用自己家的田，到了插秧的时候，即把秧苗从秧田里拔出后，他们把稻田里的鱼捉回来放养在秧田里，而一旦把秧苗插到稻田里，又接着把鱼捉一些出来放养到稻田里，让种鱼在秧田里产卵，包括收割时从稻田里捉回来的鱼也放养在秧田中，到了稻田犁翻了又可以放到稻田里成长，这样轮回放养着，今天的李杰家正是这样。

2008年1月5日，星期六，农历十一月二十七，属龙，晴

上午，卢则龙的妻子找她的孩子，怀疑是他的奶奶上街的时候跟着出去了，村里的孩子不会像城里的孩子一样出现迷路之类的情况，但是有的孩子也会不经过父母同意，或者说，在他们的父母和监护人爷爷奶奶都不知道的情况下跑到山上或者他们的朋友家，这样的情况也会出现家长找孩子的事。可怜天下父母心，作为父母的都担心自己的小孩会有什么意外。今天，卢则龙的小孩也没有去什么地方，而是在陈列馆旁边玩耍，只是一时找不到而已。

今天，有一只麻雀死在李家的院子里，他的妻子回到老家生孩子，他的家人可能没有看见，只是在他院子里洗衣服的人看见了，不知道以后的尼玛是否会算卦出来，要是算出来了，家里可能又要做某种祭祀了。这一带的哈尼族认为鸟或者其他的某些动物死到自己家门前，或者庄稼地里是不吉利的，往往都会做祭祀来祈求平安。

下午，元阳县民族宗教局的人带着几个人来，他们到箐口村外拍景点，据说是一些北京电视台的工作人员要来拍点什么东西，他们是先来箐口村里看景点的，如果决定了就要带他们来。

2008年1月6日，星期日，农历十一月二十八，属蛇，晴

不含糊地说，绝大多数村民是自觉的，是守法的。可是，就有个别的村民在村里也会做一些没有社会公德的事情。就以旅游局在寨子脚做的观景台来说，因为姜文他们拍电影时换成木料的，他们走后留下的木料到现在多数已经被不自觉的村民偷去做柴火了。考虑到游客的安全问题，当然主要是考虑到8日到11日中央电视台要来给春节大联欢取景。今天旅游局就安排管委会的人员去修理，他们买了几棵卢建忠家的竹子，人工由他们自己出，买竹子的钱由管委会出，还是得简单地修复一下。

中午，李正林家拆换茅草房。可能是天气比较冷，早上没有拆换，只是在吃过饭后的十一二点钟才开始。当然，这一段时间属于农闲期间，在家的村民事情相对少，要是在事情比较多的情况下，一般都会在早上就拆换好了，吃过饭后又可以去做其他的事情。以前村民家拆换茅草房就是这样，早上就拆换好，吃过饭后还可以接着做其他的事情。

下午，汽车上标有"春节大联欢"字样的剧组到村里来，由新街镇政府和县文化局的人带队，说是中央电视电影剧组要在8日到11日之间在箐口村里拍一些镜头，到时还有石屏县的一个文艺队和建水县的文艺队也来，协调中央电视台春节联欢工作组取景。

2008年1月7日，星期一，农历十一月二十九，属马，晴

昨天来的汽车上标有"春节大联欢"字样的人今天又来了，一共有七八辆车，可能是他们的人手不够，还请了村里的几个男人帮助他们拿东西，我是没有打听每天给他们多少误工补贴。这样来的剧组几乎都是政府部门带队来，对当地的村民小组和管理者没有给予任何的实惠，反而给他们增加工作负担。但是至少对于那些参与帮忙的人来说是一个机会吧，也给村民增加一个见识的机会，我是这样认为的，也只能这样认为。

箐口村说大也不大，说小也不小，190多户，900多人口，村民每天都在生产，每天都在劳动，但并不是每天都有新闻逸事，今天就是一个例子，只是部分妇女按照这一段时间的情况上山挖地，其余都正常劳作。要说新闻就是有一个剧组在村里拍摄。

2008年1月8日，星期二，农历十二月初一，属羊，晴

上午，汽车上标有"春节大联欢"字样的剧组又来了，同时又请来了车辆上标有中央电视台"小崔说事"拍摄组，这个车队运的是从建水县普雄乡请来的哈尼族芒鼓队，他们一共有60多人，听说这个队伍的哈尼族舞蹈跳到了北京，很出名。他们在箐口村里不同的场所拍摄，一天下来，看他们还是挺累的样子。

今天，杨正明又说他已经与村委会的人联系了，村委会的人要来村里调解他家与李平发之间发生的耕地纠纷，要求村民小组的人参加。但是，上午没有村委会的人来。对于这个情况，应该说事实很清楚，村民小组的人已经打听了村里的一些老人，说那块地是分给杨正明家的自留地，他家已经管理了30多年；而李平发说的原来是他们小李氏家族的地，具体给杨正明家管理了多少不清楚，现在相比村里一些村民小组报酬田管理不善的情况，他家要求收回后留作他们小李氏家族的集体地是没有道理的。只是村民小组长李树华碍于李平发是自己家族的人而没有直接开口回绝，总的解决办法是要给杨正明家继续管理。真有些感觉是"清官难断家务事"。或者说，主要的问题还在于村民小组解决问题的能力要提高，还是要完善村规民约，落实村规民约。

上午，元阳县民族医院的四个人来村里免费检查村民的健康情况，村民小组长用广播宣传，通知他们到陈列馆来，可是不知道什么原因，没有一个村民来，他们等了一会儿没有人来就返回去了。农村往往就是会出现这样的事情：不挣钱的事情不干。

2008年1月9日，星期三，农历十二月初二，属猴，晴

今天是新街镇的街天（赶集日），村里的李有明又挑着他编织的鸡笼到街上去卖了，今天他挑了八个，据村民说一个鸡笼可以在市场上卖八到十元。在落后的边疆来说，这也是一门手艺，他们从林里砍回来竹子后进行加工，然后就赶在集日里去卖，村里这样有手艺的人不多，经常可以拿到市场去卖的只有他一个和李阿三两个人，其他的都是自给自足，基本上没有去卖的人，到街上卖这种手工艺品的多是大鱼塘村的人，他们靠近森林，原材料多，有这种手艺的人也多。

上午，李国忠家请大鱼塘村的张文贵家人来，这也是一种当地的民俗，一旦谁家的老人去世，他的舅舅家等过了农历的当月就要请他们家的一个代表来吃一顿饭，舅舅家要杀一只鸡，做好糯米粑粑和一只鸡腿让外甥方带回去，这是一个必须要做的事情。至于为什么要这样做就知道得不是很清楚，说不这样做的话，双方以后不便于来往，会出现恩怨的。

今天，张文和和李文贵家到胜村黄草岭村民小组用小猪去丧祭，说是张文和母亲和李文贵的妻子都是从胜村黄草岭村民小组娶来的，鉴于这样的关系，这一带的哈尼族都在丧事时用不同的牺牲来祭祀，现在过世的这个老人与他们是亲戚关系。

下午，张正和家做祭祀。他是村里张氏家族的大摩批，可是要是遇到他家做祭祀的话，还是要请他的徒弟来主办，即使有的经段需要他在旁边指点，意义上还是请其他的摩批来做他家的祭祀，遇到其他家要做时他才去的，自己家的事情还是要请其他的摩批来做。

2008年1月10日，星期四，农历十二月初三，属鸡，晴

上午十一点左右，村委会到箐口村来调查李平发与卢正明家的土地纠纷一事。至于这个事情，村民小组在村里调查过，问过地块旁边的家人，如李得贵、张有亮等，都说卢正明家已经栽种管理了三十多年，从生产队以来都是如此。至于李平发家说的以前是他家的地块，当时是因为两家人关系好而给卢家栽种管理，实在是没有道理的话。村民小组觉得双方都有亲戚关系，而双方又不能自行协议，村民小组才要求村委会调解。这次村委会来调解的人有书记杨林、主任白万福、副主任李高亮，他们调查问过地块旁边的家人李得贵和张有亮，两人都说他们栽种管理自己家的地块期间一直是卢正明家管理的。双方当事人有李平发的妻子、李平贵的妻子、卢正明的妻子、卢正学，村民小组张明华、李树华也参加了现场查看，都一致认为这是李家的不对，只是主任白万福是李家的姑爷，有人怀疑他从中捣乱。

2008年1月11日，星期五，农历十二月初四，属狗，晴

  云南大学在这么远的地方成立他们的基地，还真是辛苦负责人了。负责人每年都要来往几次，今天也是这样，马老师带着几个学生下来，我也只好等着了，一天都在搞卫生。

  时间就是过得快，一年过去了一年又来，春天又要来了，村民们又要忙着准备来年的农事工作了。今天看见整治秧田的人家有李志宽家、李永贵家等，他们在育秧前把田里杂草除去，松软土质，增加土壤肥力，以保证秧苗的茁壮生长。

  过卢宽亮家的田有个地方塌了，他是用竹子搭架度水的，临时解决灌溉的用水问题。塌方的地方等过一段时间再说。

2008年1月12日，星期六，农历十二月初五，属猪，晴

  云南大学马老师一行人昨天才来，说是学校有事，今天就返回学校了。这次他们给基地送来一些书籍，当然有的是送给箐口小学的，商量过一段时间让我整理一下送一些给箐口小学。

  今天下午，李树华家买钢筋回来，说是自己家的老房子已经很旧了，

看别人家都建起了新房子，自己的心也很慌的，再说孩子们都长大了，要有自己的卧室，原来的房子房间不够，生活很不方便，准备趁自己年轻时重新建盖，了却一个自己的心愿。

张宽一家人回来老家，是因为他的哥哥张保祥生病到开远市检查治疗，自己有车方便就送回来了。只要家庭有能力，有自己的车就是方便。再说，主要原因可能是考虑他在开远市的时间长，熟悉当地的情况，又因为开远市解放军五十九医院是这一带有名的医院，检查他哥哥张保祥的医院就选择了开远市解放军第五十九医院，这次回来自然是他送回来了。

2008年1月13日，星期日，农历十二月初六，属鼠，晴

今天李和明家拆换茅草房。从现在来说，这样拆换茅草房子的，不用请工付钱，只要请一些亲戚和朋友，看见知道的邻居和朋友只要有时间也会来帮忙的，基本上一两天就能完成。而今天他家只是换上面的茅草，只要半天左右就换好了。

在兄弟张明福老家做祭祀，主要是因为老父亲生了一场病，做子女的认为他这样一大把年纪了，突然间遇到这样的不顺，就有必要做一个法事，心理上也慰藉些。

2008年1月14日，星期一，农历十二月初七，属牛，晴

根据马老师的意见，我们云南大学哈尼族调查点挑选了一些适合箐口小学校的书籍赠送给学校，有一百多本，还有上百张挂画。

老父亲一生与刀、猎枪、锄头等为伍，身体还是好，就是怕针，就他本人和家里的人说，就是怕针，一直很少打针吃药，这次到了病情很严重的情况也不愿到医院去，只有我们做子女的与他多次做思想工作后才答应出去。

2008 年 1 月 15 日，星期二，农历十二月初八，属虎，阴

我今天要到蒙自县与其他的队伍集合，参加云南大学组织的红河哈尼族非物质文化调查。我和郑宇、唐本玲安排在调查红河县、元阳县两个点之中。我可以有一次去向其他哈尼族学习的机会了。

上午，村委会通知村里可以去领取农村种苗损失补助款，可是，就箐口村来说，村民都是自己留种，基本上没有到县或者镇里买种子的人，就不存在去领款的村民。我已经到蒙自县了，这些都是电话里知道的。

我的父亲到新街镇民族医院打针，他老人家已经 70 多岁了，平时极少生病，也就基本上不打针，有点固执，要不是我们强烈要求，他老人家还是不愿意去医院的。

2008 年 1 月 16 日，星期三，农历十二月初九，属兔，阴

张春华家做叫魂，是因为前几天时候，他家的小孩子在放学回家的路上被一辆三轮摩托车撞伤了，并在医院里住了一段时间才回来。按照村里其他村民的一般做法，他家也请了摩批做一个叫魂的祭祀，以求健康和平安。

因为我与其他成员参加云南大学组织的哈尼族文化调查，昨天就到蒙自县去了，李树华只好用电话与我商量村里的卫生问题。

我与云南大学红河州哈尼族文化调查组从红河州政府驻地蒙自县到红河县，今天是在红河县政府驻地迤萨镇休息。

2008 年 1 月 17 日，星期四，农历十二月初十，属龙，阴

今天又有云南大学的三个师生到箐口村里来做调查，这件事情是本人从电话中知道的。我已经随云南大学调查哈尼族文化的队伍到红河县的大羊街乡调查哈尼族的一个支系奕车人，主要是针对他们的舞蹈方面的。

村里于今天发放惠农一折通卡，因为我随调查组一起出差调查，村里的事务基本都是李树华一人在做，还是辛苦他一人了。

2008 年 1 月 18 日，星期五，农历十二月十一，属蛇，多云间晴

李树华家在做房子的钢筋结构了，准备过一些日子就打屋顶。这几年村里的事务我两个负责，每天都基本上通电话，这也是电话里知道的。

我还是随调查组在红河县大羊街乡做调查。

2008 年 1 月 19 日，星期六，农历十二月十二，属马，多云间晴

我知道，今天给父亲做保佑求福之类的仪式，因为在前几天的时间里，他生了一场大病，主要是他已经 70 多岁了，他老人家从来没有生过这样的大病，家人或者说按照民俗的一般做法，认为有必要给他做这样的一个仪式。因为我出去调查、学习其他地方的哈尼族文化，没有能够亲自参加父亲的仪式，做儿子的有时就是不能在父母身边孝敬，也没有办法，又不是什么大事，还有其他几个弟兄在呢。

我们云南大学哈尼族调查组一行人继续在红河县大羊街乡做奕车人舞蹈的调查。

2008 年 1 月 20 日，星期日，农历十二月十三，属羊，晴

村民小组长李树华到元阳县法院咨询有关集体林纠纷的事情，同时也到元阳县林业局去询问情况，要求元阳县林业局把 2007 年的集体林退耕还林款补助给箐口村集体村民。我们还是随郑宇等人到红河县调查当地哈尼族的文化，只是在电话里知道这一情况。

2008 年 1 月 21 日，星期一，农历十二月十四，属猴，多云

从电话里知道，今天元阳县扶贫办的几个工作人员来村里，慰问了几户人家，具体的哪几户不知道。

我们调查组的人员从红河县大羊街乡到红河县洛恩乡，在红河县民委工作人员的联系下，受到了当地乡政府人员的热情接待，今天晚上就在他们安排的乡政府接待室休息。

2008年1月23日，星期三，农历十二月十六，属狗，多云

红河州建设局暨挂钩土锅寨村委会的领导张红开到村里来检查工作，因为在去年底，通过他的协调，给村里资助了二十吨水泥建设村里寨神林塌方的地方。毕竟，他还是为建设箐口村出了自己的力。

村里李家生老人去世，他生病已经有一段时间了，是一个共产党员，已经60多岁，享受政府每月20元的生活补贴，是村里的一个老干部。这几年来由于经常性地喝酒，经常性地与家里人发生争嘴，很不受家人的欢迎，与家人分开居住，一个人在已经拆建好而没有安装门窗的家里住食，终日衣不蔽体食不果腹，常常是自己空肚子喝一些酒过日子，好像已经到了不正常的地步，家里人也懒得去招呼他，这样的情况能不生病吗？

同样，我们调查组还是在红河县阿扎河乡做调查，类似这样的村里事务都是每天从电话里过问一些村民知道的。

我是村里的党支部书记，对于每一个共产党员发生什么样的事情都有责任向上级汇报。于是，在过问了李家生党员具体情况后，用电话向上级党组织汇报了基本情况。

2008年1月24日，星期四，农历十二月十七，属猪，多云

我们调查组一行人员在红河县阿扎河乡普春村委会做调查，主要调查红河县有名的多声部音乐文化，我很有感触：同样的民族在不同的地域有不同的文化。

今天还是用电话过问村里的事情，知道红河州旅游局到村里来慰问。现在公历是新一年，农历是年底了，红河州旅游局每年都安排慰问几户村民家，今年安排的农户是李万祥家、李平贵家、李沙崩家、李正国家、张永福家，一共是五户人家，所给的物资是每个农户两百元现金和一桶香油，在贫困的农村，特别是过年间，能给这么一点实物也是帮了一大忙。

2008年1月25日，星期五，农历十二月十八，属鼠，多云，有阵雨

我们调查组的人员从红河县的阿扎河乡返回到箐口村里来，一天都是在车上坐着，还是有点累的，就没有过问村里的事情，今天知道的事情就少些了。只知道李生亮老父亲的丧事应该还是按照他们家计划的进行。明天还得按照计划前往元阳县俄扎乡哈播村委会调查长街宴会的事情，就休息得早，没有去观察李家的丧事了。

2008年1月26日，星期六，农历十二月十九，属牛，阴

根据我们调查组日程上的安排，我们于中午赶到元阳县俄扎乡哈播村委会调查昂玛突节的情况，即哈尼族的长街宴。

今天由于天气不好，天气比较冷，做农事的村民少。而在本人家里，亲戚知道本人的父亲生病后，有一些亲属就拿一些东西来看望。今天上午有亲戚卢志明、卢正华、舅舅李牛则他们三个人每人拿着一只鸡来看望。老父亲是上一点年纪了，毕竟是亲戚，他们一起长大的老人家还是会怀念的，生怕出现什么意外，就是说，要是过世了就再也没有机会与他交流了，都想着见一面，与他聊聊天也好，这是人之常情，我们是在家吃了饭过去的。

2008年1月27日，星期日，农历十二月二十，属虎，多云，有阵雨

我们调查组的人员在元阳县俄扎乡哈播村委会调查昂玛突节日长街宴的情况。

在村里，我知道今天主办李家生的丧事了。由于我参加了这次云南大学组织的调查哈尼族各个支系的事，没有亲自在村里观察，参加党员追悼会了，他家很多详细的情况也不能记录了。

2008年1月28日，星期一，农历十二月二十一日，属兔，多云，有阵雨

我们调查组一行人上午在哈播村，下午赶到牛角寨乡，因为等车的缘故，我们赶到牛角寨乡政府时已经是晚上十一二点了。此行的目的是调查牛角寨乡一带的摩批文化，听他们说，牛角寨乡的哈尼族摩批文化很有名气，这次我们都是带着目的前往调查的。

村里，今天的事情是送葬李家生同志，因为本人参加了这次哈尼族文化的调查工作就不能回来安排村里党员们的事情，只有委托现任村民组长来招呼外村来的党员接待工作。

2008年1月29日，星期二，农历十二月二十二，属龙，多云转晴

按照村里一般的民俗程序，今天李生亮家请客接待，招呼客人。而所有来参加吃饭的亲戚或者村民都会送一些钱或物，钱一般是给5到20元，更亲近的也会给50元或者100元等不同，而给物的一般是一斗谷子或者一斗大米，这样送礼一般也是随着物价的上涨而有所上升，以前物价较低的时候给1元或者3元也有过。

我们调查组一行人从牛角寨乡调查返回到箐口村调查点基地，对这次所做调查材料进行整理。

可能是这几天比较冷的缘故，也可能是什么病的原因，李永福家死了一头小牛，他们家就没有卖给村民或卖到市场去，而是召集亲戚朋友们煮吃完了。

李得福家有一头小牛可能是天气冷的缘故，跌倒在水沟里。到了这一段时间，村里经常会出现这样的病牛和死牛，从观察到的这几年情况来看，每年多少都会有几头牛要死去，而村民处理这种情况的方法是叫朋友们煮吃，或者便宜卖给镇里做生意的人。当然，发现确实有问题的是要埋的。

2008年1月30日，星期三，农历十二月二十三，属蛇，阴

今天，从村民小组的情况来看，李院文村民来向村民小组反映说他家的退耕还林款拿不到，说是他还没有身份证，卡是办到他妻子的名上。

就村里来看，是有一大部分村民的名字或者身份证号码与惠农一折通卡不同的情况，需要出具证明或者更改才拿得到的。

从今天的情况来说，村里打工回来的人有张金荣和李学光等人，接近春节了，打工的人又忙着归家来了，每天回来的人都很多。

2008年1月31日，星期四，农历十二月二十四，属马，阴

上午，李德卜家的牛冻死了一头，死了之后，他们家迅速与新街镇卖牛肉的老板联系，一头整牛以1500元卖给了他们。对于一个贫困的村里来说，多数村民家庭也是贫穷的，牛都是一般家庭的主要财富之一，所以绝大多数的村民家要是死了牛，都会由村民相互之间购买肉来弥补一部分损失，或者直接就卖到集市上去。今天的李得卜家就是一个例子。

今天，李生亮家做祭祀活动。就是家里死了人之后必须要做的祭祀，一般家庭要选择农历的当月过了之后再做，但是，这几年李生亮在新街镇做钢门窗生意，为了尽快了结家事去做生意而今天就做了。

2008年2月1日，星期五，农历十二月二十五，属羊，阴，有小到中雨

听村里的人说，前几天过世的黄草岭村民小组老人子女多，仅嫁到箐口村的就有四五个，所以，今天到黄草岭村民小组丧祭的村民家就多了。有卢迁华家、卢四云家、李拥三家、卢小和家、李院文家等。除张姓的家族没有去之外，村里其他几个家族的人都去了，村里几家人到他们家祭祀就可能有五六千元了，别小看了这样办理一桩丧事，还是要花费好多的。

上午，村民小组到新街镇政府领取村里的最低生活保障资金。去的人员是张明华、李树华、马秀芬。村里领到是39375元现金，扣除村里未交完的合作医疗费6160元，实际领回现金是33221元，村民小组领回来以后要给村民家发放。

李坚与张某某在自己家开的阿略饭庄办理喜事，请了村民们去做客，我也去了，为了讨一个吉利的数字，我过了 60 元礼金。

快要过年了，今天有很多在外地打工的村民回来，有兄弟张明福，侄子张崇祥等。亲人回来了，吃过李坚和张某结婚宴席回来还要去吃家人带回来的，年轻人在一起怎能不喝几杯呢？喝晕了才回来。

2008 年 2 月 2 日，星期六，农历十二月二十六，属猴，阴，有雨

昨天到黄草岭丧祭的村民家今天就回来了，忙完了那边的事情就要忙过年的事情了。

今天是新镇的集日，又快要过年了，村里赶集的人很多，每天都三五成群地出去又回来，背上手上都是大包小包的，看他们很忙的。过一个年要花上几个月辛苦挣来的钱。

快要过年了，打工回来的年轻人就多，每天都几个，寨子里每天都可以看到他们喝酒热闹的场面，好在基本没有见过闹大事的，村民们还是听话的。

2008 年 2 月 3 日，星期日，农历十二月二十七，属鸡，阴

上午，村里发放最低生活保障资金，按照农户发放，每户可以发到一百八十三元。这几年都是以现金的方式领回来的，听说有的村寨因为农村最低生活保障发放出现了问题。箐口村还好，总体上没有出现什么大问题，只是在人员上有新出生的不知道而稍微有些问题。

要发放农村最低生活保障费用，而很多村民等不及就先到黄草岭村民小组做客了，他们只好回来以后再领取了。

这一段时间村里的年轻人都回来了，晚上集中娱乐的人很多，当然还带有一点赌性的，要过一点钱的，只是数目不大，很多都是通宵地玩，也没有出现过什么大的问题。

2008年2月4日,星期一,农历十二月二十八,属狗,多云

上午,继续发放村民的最低生活保障资金,因为昨天有的村民是等不及要去做客没有来领取,有的是名单在后面要上街而没有来,只好今天上午又继续发放。

有人说:"老牛老马难过冬。"一到冬季,村边的草木要枯死一些,牛的饲料就要少些,村民的牛也会冻死一些,今天李永福家死了一头牛,不大,认为不好意思卖给镇里做生意的,就叫朋友们高温煮了吃了。

2008年2月5日,星期二,农历十二月二十九,属猪,晴

昨天李永福家冻死了一头小牛,今天早上,李永得家死了一头牛,牛还是杀了卖给村民。只是,都要过年了,村民都去吃猪肉,很少有吃牛肉的了。再说很多人是不愿意吃得病的小牛肉的,村民的生活水平逐渐提高,卫生意识当然也在逐渐增强。已经不再是一个月油水都沾不了的年代了。

村民今天开始就做过年的糯米粑粑了,也不知道哪一个先祖想起来这样做?过年嘛,其他的都吃不了还要做糯米粑粑,其他吃喝的都忙不过来做了,还要再做这些。

2008年2月6日,星期三,农历十二月三十日,属鼠,阴

过年了,按照很多地方的说法,哈尼族对于春节不是那么的隆重,等同于汉族春节的哈尼族节日是十月年,很多地方的哈尼族一般都认为一年只有十个月,每到了十月份就是说一年过完了,就举行盛大的节日,就像汉族一样杀猪杀鸡,载歌载舞,欢送一年的过去,迎接新一年的到来。但是,箐口村一带的哈尼族或者是因为离县城的汉族比较近,或者是传统以来一直就是这样,他们都是像汉族一样过节,一年中最盛大的节日还应该说就是春节。即使传统的做各种祭祀只是从初一到初三,三天的时间就算是过了节,但是或者是因为生活水平都在逐渐地提高,很多的

村民都要热闹十几天,这个可以从来去打工的年轻人身上看到,他们一般都在腊月下旬就回来,到了来年正月十几才出去打工。亲密的朋友之间这家娱乐一天,那家娱乐一天,亲戚之间也相互来往拜年。

按照传统的习惯,今天村民们都杀猪了,或者到市场上购肉购物,准备几天的生活消费了。从今天杀猪的情况来看,今年村民杀猪的人家还是比较多,有卢正荣家、卢志明家、李正林家、李学亮家、李建国家、张斌家、李世和家、李得卜家、张保祥家、李永福家等。虽然,由于今年的肉价上涨而很多人家的猪都在价钱合理的情况下出卖了,特别是养得比较好的猪,但是即使家里的猪小一些,多数人家的猪可能只有五六十公斤,他们都杀了过节。也就是,从我观察的情况来看,今年村里杀的猪都偏小,不如往年的肥大,这是一个普遍的现象,都有点浪费的那种,如有的人说的:反正认为一家人够吃几天就行了,过了节还要买新鲜的肉吃的嘛。

2008年2月7日,星期四,农历正月初一,属牛,阴

今天,按照传统过春节情况,村民都要起得很早。所以,今天凌晨两三点钟就有村民家鸣鞭炮了。村民家第一天是煮熟汤圆献祭,第二天是煮熟猪肉献祭,这是目前箐口村里的做法。

2008年2月8日,星期五,农历正月初二,属虎,阴

可能是天气冷的缘故,也可能是村民习惯上的事情。今天村民煮熟肉后献祭的时间要迟于昨天,听到鞭炮声已经五六点钟了。

2008年2月9日,星期六,农历正月初三,属兔,阴

按照箐口村过春节的习惯,今天早上煮熟了猪肉献祭之后就算是过了这个节日。同初一一样,村民又起得很早了,到四点左右就听到鞭炮声了。箐口村民就算过了年,可以逐渐处理家务事了,可以与朋友们任

意串门了。

2008年2月10日，星期日，农历正月初四，属龙，阴

今天做祭祀活动的村民有李文祥家和李杰家，具体做法我就不知道了，也没有去过问，只是知道而已。

2008年2月11日，星期一，农历正月初五，属蛇，阴

上午，云南大学哈尼族调查点请了电厂的人到家中来修理电路，主要是因为箐口管委会售票室的电路烧坏了，连接着我们云南大学哈尼族调查的线路上来，过节的余热还在的嘛。没有电怎么过日子？

今天的天气情况不好，但是可能是春节放假的时间长，今天来村里的游客还是有所增多，停车场里的车辆大白天是摆满的。

2008年2月12日，星期二，农历正月初六，属马，阴

今天上午做祭祀活动的有卢荣家，摩批是张志学。我确实相信哈尼族是迷信的，新的一年来了，年轻人出门还要做一个求财的仪式，希望出门吉利、平安，最希望的可能要数赚钱了，我基本上是从他们摩批念的词来理解分析的。

李祥家今年准备建新房子，今天就开始砌筑倒墙了，这块地是从李万祥家手里买来的，他父亲认为一家人在一起好，硬是不让李祥找其他地方的地块，李万祥家又好说话便达成了协议。

过了春节，村里就陆续有村民外出打工了，今天看见李庆光、李庆文等青年人，他们又要回到自己的工地上上班了，找回这过年间花费的钱。

2008年2月13日，星期三，农历正月初七，属羊，阴

今天村里做祭祀活动的有张文学家、卢宽荣家，今天做的这种就不是求财之类的仪式了，而是希望家人安康幸福方面的，与出门打工保平安方面的有点不同。

天气和前几天一样又冷又阴，一整天都是阴雨连绵，几乎没有村民放牛出门。然而相比前几天的情况的话，今天村里的游客就多了，只是有五六个游客知道收门票后没有入村就返回去了。

下午，卢则龙家做叫魂的祭祀活动，说是他在一个晚上回家的路上见到了鬼，把他的魂给吓跑了，所以选择今天请摩批来做祭祀，请回吓跑了的魂。这样说来，可能多数人要说这是迷信的东西，本人在胡编乱说，可是本人在与其他村民交流中发现，的确很多村民相信有这样的情况。而且，听一些村民说他们是亲眼见过的，至于具体的怎样做就不一一详细说，有兴趣者可以亲自作问卷调查。

2008年2月14日，星期四，农历正月初八，属猴，阴

今天，张宽家请村民背沙子和碎石，他家是在扩建房子，由于他们都常年在外地打工，这几年几乎没有参与其他村民家的帮忙性事务，现在他们家做房子也就只好给钱请小工了。

今天外出打工的人有卢世文，他经常会带几个弟兄一起出去做事，村民称呼这样的人叫小老板，这次他带了十二人出去，主要是建筑方面的事情。

2008年2月15日，星期五，农历正月初九，属鸡，阴

今天凌晨，村里的李正国老人去世了，是今年寨子里的第一个死人。从他生病到死是几个月的事情了，家人也想办法给他医治，只是没有办法了，病情已经发展到不能医治的地步。

村民李世忠请了几个弟兄帮忙去自留林里伐薪，是因为他的妻子也生病几个月了，家里的柴火已经用尽，自己又忙着招呼妻子，顾不得到山上去砍伐。现在，柴火用完了得叫人来解决用火这一困难。

2008年2月16日，星期六，农历正月初十，属狗，多云

我们调查组一行人在村里做问卷调查，这次做问卷调查主要是有关箐口村中华人民共和国成立后60年变迁的历史，准备在村里做一百份调查问卷，涉及中老人以及妇女等不同层次、不同年龄、不同性别、不同文化、不同生活条件的村民。

同一个民族，地方不同，生产和生活习俗都有所不同。相连的新街镇哈尼族和攀枝花乡的哈尼族过节都不一样。箐口这一带这一段时间没有什么节日，而攀枝花乡的阿挡寨村已经过昂玛突节了，村里很多有阿挡寨亲戚的村民都去参加了，本人也应李贵祥的邀请，带着孙文琳博士一同去参与了，想看看他们那边的大体情况。

根据原来的通知，今天本人要代表政府官方参加卢荣的"博热博灾"仪式的。但是，按照村里的民俗，要是村里死了人（村里昨天李正国老人去世），他家这种祭祀就不能做了，也就取消了这个祭祀，只好等以后有合适的日子再进行。

2008年2月17日，星期日，农历正月十一，属猪，阴

上午，李庆云家做茅草房顶。自从20世纪80年代以来，寨子旁边的公路逐渐完善，从省道到村里的路面也进行了改造，或者说国家的形势好转以后，村民的各方面观念也逐渐跟着改变，到2000年左右，村里真正的茅草房为数不多了。第一，每隔三五年更新茅草的费用高；第二，箐口村历史以来的几次大火灾使经历过的人难以忘怀，作为箐口村民，谁都在考虑避开火灾的办法。只是从开发旅游以来，为了与政府取得一致的路线而恢复并保持着，谁家要是出现茅草漏雨的情况就得自觉修复，其实，村民是不愿意的了，只是等着与政府保持一致会有什么好处，李庆云家也如此。

上午，兄弟张明福带着父亲到医院进行身体复查。张明福在昆明打工已经两年整了，这次是因为父亲生病而特意请假回来的。经过一段时

间的治疗护理，父亲的病情基本好转，但是为了安全起见，还是有必要带着进行检查。结果证明病情已经基本得到控制了，我们的心也算稍微放下些了。

按照村里的正常习俗，今天也是一个可以做出门求福仪式祭祀的日子，可是因为村里死了一个老人，在没有送葬之前是不能做的。他们已经与摩批定好的也只好推迟时间了。有村民与摩批开玩笑说，他们少吃了几只鸡，误了几个工钱，因为每次请摩批多少要给一些钱的，如10元、20元，有的50或者100元也会给。

我们调查组继续在村里做问卷调查，当我们到李小明住处问他的时候，遇到了一件值得一提的事：他们几个朋友正在烧一块大木头烤火取暖，说是这块大木头是从自己家的田里挖出来的，费了他五六天的时间才挖出来，树皮还完好无损。据他的父亲（今年61岁）说他小时候就有了。也就是说，此树根至少在田里淹没了上百年，也有可能就是当时开垦梯田的时候没有挖出来就留下来了，会不会是什么好树种呢？

2008年2月20日，星期三，农历正月十四，属虎，阴

上午，我们调查组从县档案局返回到箐口村我们的哈尼族调查点驻地开始整理材料。

下午，张春华的妻子到其妹妹家看望，她的妹妹在前不久生了一个孩子，她和其他几个亲人一起带着鸡蛋等一些食物去看望。提及这事，并不是说有什么异样，而是说这是这一带的常规，谁家的姊妹生了小孩坐月子都会有其他的姊妹拿着食物来看望的。

2008年2月22日，星期五，农历正月十六，属龙，多云转晴，晚上有雨

早上，已经在村里调查了一段时间的郑宇和谭本玲他们一起返回学校。这次主要是调查箐口村近六十年来的文化变迁。

从箐口一带的天气来说，已经有一个多月没有见过太阳了，很多村民都不能出去放牧，牛都关养在家里已经有很长时间了。侭是，还是有一些村民家的牛或者是因为照顾不好或者是因为天气的确很冷死去，村里到现在一共死了八头牛，今天下午李永得家的牛又死了，他家的这头已经养了七八年，主要的原因可能是因为招呼不好。村民现在处理死了的牛一般是打电话给新街镇做牛肉生意的人来买，今天的李永得家以一千元卖给了他们。

已经连续有一个多月是阴天了，村民都已经在暗暗叫苦了，而今天早上六点左右的时候，天空中打响了今年的第一声雷，像是给村里报春来了，还下了一阵蒙蒙的吉祥细雨，太阳刚刚出来的时候，寨子的上空还挂了两道七色的彩虹，万里晴空无云，几个刚进村里来旅游的游客兴冲冲不断地拍照，直到彩虹消失。不过，从现在村民的观念来看，寨子的上空挂彩虹不认为是一件吉祥的事情，相反地认为寨子要出一件什么不吉祥的事情了。

2008年2月23日，星期六，农历正月十七，属蛇，晴

天气转晴了，就有村民陆续整理田地，今天就有张明生、李宏、张保祥等农户整理秧田，也有妇女忙着去整理，今天有李成夫妇等。

上午，村民小组收回来发错了的农村最低生活保障费，有李宏家50元，李学华家50元，李鱼崩家30元，李正超家50元。人都会有做错事情的时候，村民小组与他们家人说明了情况之后他们还是比咬能够配合做事。

据说村里李世忠的妻子生病已经几个月了，花去了家里的好多钱财也不见病情好转，前几天吃了一些草药好转一些，今天出太阳了，就到阳台上暖身体。

2008年2月24日，星期日，农历正月十八，属马，晴

天气好转了，整治秧田的村民多起来了，今天有李则主、李树林、李树华、李平发、李平真、李庆亮、李学华、卢正祥、卢正清等。同时，也有村民开始播种黄豆和玉米了，今天有李正祥家等。

李志祥家今天到街上购物了，准备从明天开始办理他父亲的丧事，无论是谁家都不可能为了家里的丧事而准备一切东西，家里能准备的不过是力所能及的事情，很多东西都要临时依靠亲人和朋友来帮忙料理，这样的丧事更是如此。

国家在发展，政策在逐步落实到农村。这两年推出的母猪入保险就是一个，今天上午村民小组统计并收取保险费用，每一头母猪今年交12元的保险费。村里统计的情况是有18户，即箐口目前有18头能繁殖的母猪。

2008年2月25日，星期一，农历正月十九，属羊，阴

今天，红河州植保站、新街镇农科站的人来村里做调查，他们都是受云南农业大学的委托到村里来选择他们要实验的基地。

从村里来说，今天主要是办理李正国的丧事，从大的事情来说，即这一带的事情来说，无论是谁家的老人去世，或者建盖新房子只要到大忙的时候就会有村民自觉地来帮忙，今天当然就如此，村里人基本上都会来参加，特别是碰到自己家族的事情，都会尽量地抽出时间，放下自己的事情来帮忙。

从今天用牛来丧祭的户数来看有两家，分别是他大儿媳团结村委会的和二姑娘全福庄的。别看主人家收了大礼，其实还得背着一笔账，到人家出现这样的情况也得还礼去的。

2008年2月26日，星期二，农历正月二十，属猴，阴

按照村里一般的葬礼程序，今天村里是送葬李正国老人。下午要送葬的时候，村里年轻人都会换好衣服来帮忙的。

从今天的天气情况来看不是很好，可是，对比以前的一段时间来说，今天的游客数量有些多，而且不知道是什么时候开始，门票已经是每一个游客收取 30 元了。

今天打工外出的有卢正学等，以前也说到过的，村里目前的主要收入还是要依靠家里的年轻人出去打工，所以只要注意观察这个打工的事情你会发现，每天都会有回来的和出去的，特别是农忙和节日前后的日子。

2008 年 2 月 27 日，星期三，农历正月二十一，属鸡，阴

按照村里送葬了死人的一般顺序，今天李志文家要接待客人，因为他的妻子在几年前就过世，这次他家如果有几个分了家的弟兄的话就分肉给他们各自办伙食接待。他们家有三个弟兄，由于两个小兄弟没有分家，肉分了三份，但是，他自己单独进行，其他两个小兄弟并在一起做。

李树华家今天做新房迁居仪式，但是不知道出于怎样的考虑，他家只是做了迁居的祭祀，叫了几个弟兄来简单过场，没有邀请其他的亲戚来，也没有做糯米粑粑送给来参加的人。

晚上，李庆贵家做叫魂的祭祀，这种与其他叫魂不同的是时间选择在晚上，而且还要进行到半夜，要是胆子不大一点会被朋友们开玩笑吓着的。

2008 年 2 月 28 日，星期四，农历正月二十二，属狗，阴

早上，村民小组人员张明华和李树华调解李文财家和张牛后的事情。事情的起因按照他们的说法是这样的：在昨天晚上的时候，有一个游客团队在卢世华家吃饭，团队中的一个人丢失了一部手机，而这部手机又刚好被张牛后捡到，当游客发现手机丢失后就问村民，张牛后谎称说是自己用 20 元从路过卢世华家旁边的李文财父亲手里买回来的。此举引起李家的不满，说这么大把年纪的一个老人了，从来都是老老实实地做人，从没有被人说过是小偷，张这么一说，全村人都知道了，损坏了李家的名誉，要求张某认错并要做出相应的赔偿，以民俗的做法来解决，要是不行的话，准备上告到村委会甚至高一级的调解委员会。从上午的情况来看，张某的认识态度不错，只是在钱的问题上一直不能达成协调而未能解决。

前一天到昨天，黄草岭村民小组又有一户人家做开冷丧的事情，今天是按照程序接待客人，所以村里去做客的村民很多，基本上每一户有一人。

下午，李文财家拆换茅草房，至于茅草房的事情应该在前面的有些日志里说到了，要是全部用野外的茅草建盖的话，正常的寿命是十年左右，要是用田里的稻草建盖的话，它的寿命是五年左右。村里以前是清一色的茅草房，可20世纪80年代后，村民都逐渐更换为石棉瓦或者直接浇灌成水泥顶，而2000年后村里成立民俗村，要求全村都要做成茅草房，这就要村民按照自己家茅草的好坏不定时间地拆换了，李文财家就是如此的一户。

2008年2月29日，星期五，农历正月二十三，属猪，晴

从今天的天气情况来看很好，而根据回春的时间来说也不早了，就有村民在秧田里做撒秧前的准备，开始整理田埂，给田里除草了。今天看到的有张明生、李平珍等。对于这一带的村民来说，正如有人说的一样：对梯田是"精耕细作"。每到一个时候就有一个时候的管理事情：除草—犁田—耙田—撒秧（插秧）—收割等，周而复始，一年又一年有做不完事情。

在箐口一带的所有人都知道，李才贵是一个独立生活的六十多岁的老人，他的各方面生活都需要亲戚和朋友关照。今天村民小组根据村委会通知，让他到新街镇民政所，可能是对他进行一些物资上的帮助吧。

就箐口村出门打工要做祭祀的人来说是一个好日子，也正因为这样的缘故，今天做祭祀的就有李庆贵、张学亮、李庆生等八九户人家，村里能做这种祭祀的摩批都被叫到了。从经济的角度来看，主人要支付给摩批十到二十元不等的报酬，加上这一段时间的白公鸡一只是七八十元，另外需要烟酒等，一户至少要开支一百五六十元。今天有八九户做这个祭祀，一共就开支去2000元左右了。

下午，根据村民李文财的要求，村民小组又再次对李文财家和张牛后的事情进行调解，双方的意见还是不一致，未能达成协议。

今天，箐口小学开学了，学生们都背上自己的书包愉快地上学去了。

2008年3月1日，星期六，农历正月二十四日，属鼠，晴

早上，我安排3月打扫村里路面卫生的农户，这几年县旅游局在箐口村成立了一个管理委员会，在箐口村里收门票，有重要领导或者团队来了还负责演出，村民负责自己房前屋后的卫生，还划分了卫生区域每户打扫一点，每个月是十五六户。按照每年十二个月，每户就轮着打扫一个月了，到了年底给箐口村按照门票收入的百分之三十分配到每一户。

上午，村民小组第三次对李文财家和张牛后的事情进行调解：李文财提出两种方案，第一是要张保李父一年的平安，那么其他什么事情都可以不做；第二是要张出2600元，由李家做一些祭祀了结此事。张某承认自己说错了一些话，也说自己没有李家提出的那么多钱，自己也是哈尼族，要是为了做一些祭祀，答应可以从亲戚或者弟兄处借一点钱来补偿，要求李家做一点退步。之后李家做出最后的让步，要1600元，张某与家人商量，最后以1600元了结此事，张某也认为自己错了，就当是失财保福，从亲戚处借足了说定的钱而了结。经过双方的协议，村民小组写了协议给他们双方处理这事。

这几天的天气情况相对要好些，村民可能认为可以撒秧了，就今天情况来说，村里今天撒秧的人家有李成家、卢世华家、张明生家，其他的很多村民都开始忙于整理秧田了。

2008 年 3 月 2 日，星期日，农历正月二十五，属牛，多云间晴

按照这个地方的气候，村民可能考虑到春播的时间到了，今天就有很多村民栽种黄豆和玉米。同样，忙着整理秧田的中老年男主人都比较多，观察到的有李平发、李庆亮、李平清、李绍新家等。从这一带来讲，好像是从什么时候就已经进行了分工一样，栽种黄豆和玉米的多数都是妇女，整理秧田和撒秧的都是家里的男主人。

是一种文化的延续还是一种文化的发展？是不是哈尼族的摩批文化有史以来就是这样？从村里近几年的情况来看，村里祭祀活动很多，几乎三五天就有一户做各种不同类型的祭祀活动。今天下午，就连村里大摩批李正林家也做祭祀。他家门前插着绿树枝，这种祭祀恰恰和交通绿灯指示相反，意在声明不准外人进入，也不能在外与他家人打招呼，要是有不知情的外人进入，或者打了招呼，这个祭祀就失败了。

今天的游客很多，门票收入多些了，给村民多提供了一些挣钱的门路也是不可否认的事实。就拿今天李永福和卢世华他两人来说，他们两人用自己的车子运送从村口到省道的游客，每人一次收费 5 元，他们两人每人运送了三四次，每人至少赚了七八十元。

或者是民俗的原因，或者是经济的原因，村里到目前对死人用的是土葬法。正因为如此，除个别村民家到镇里的木器厂购买棺木外，多数村民家都留栽大树，到了可以做的时候，特别是家里有老年人的家庭，都会选择时间把木板解好，搁置放干以备用。今天的李平发家就肯定是出于这样的考虑，因为他的老母亲已经 80 多岁了，近年来身体状况不好，今天请来几个外村的师傅来解开他家砍倒了一段时间且已干了的大树做大板，说是要付给他们 170 元的工时费。

2008 年 3 月 3 日，星期一，农历正月二十六，属虎，多云间晴，有阵小雨

春播的时间到了，妇女们忙着播种黄豆和玉米，今天有张金荣家、张明生家、卢学明家等。同样，家里的男主人则忙于撒秧的事情，今天有李正祥家、李世华家、李树华家、李光明家、李志和家、李和家等，好像是谁分了工一样，村里的妇女和男主人生产上既有分工又有合作。从总体来说，男的主要负责外务，女的主要负责家务，男的主要负责重体力劳动，女的主要负责琐碎的杂事。今天的天气总体来说很好，但是中午飘了一阵小雨，所以有村民还是担心今年的秧苗会冻坏。

今天可能是天气很好的缘故，来村里旅游的游客也相对其他时间有些多，有一个团队是从新加坡来的。给导游一起带路的李丽英，她才十二三岁，应该在初中部学习，可是听说她已经失学了。一个十二三岁的女孩子回到家里能做些什么呢？是自己的主观原因？还是家庭等客观原因所造成？真是可惜呀！

2008年3月4日，星期二，农历正月二十七，属兔，多云转晴

今天撒秧的人家有李爱生家，从一个村里的情况来看，村民家的秧苗都已经基本上撒完了。可是，相比往年，村民撒秧的时间有些长，从第一家撒秧到现在基本完毕已经用了十几天，主要是村民们在观察天气的变化，十几天来天气一直是有云有晴，而且有些干冷，有些村民看着自己家的秧苗长出来，但是不敢轻易地撒到田里，生怕撒到田里会被冻坏还要重撒。要是天气正常的话，村民都好像通知过似的两三天就基本撒到秧田里了。

过了年，新的一年又开始了，村民各种集体的祭祀活动也就要接着进行了。然而，村里原来的大咪古李沙惹的妻子已经去世，根据担任大咪古的条件要求，他是不能继续担任了。于是，村民小组李树华、张明华与村里的大摩批李正林商量决定由李小生来担任。在此之前，村民小组与大摩批是经过几次的商量考虑来决定的，当然也听取过一些村里中老年人的意见，对以前配合大咪古做事的助手都经过考察和评比：李朝生作为第二助手配合大咪古做事已经很多年了，但是他的前妻病故，现在是二婚，不能任大咪古。张龙的条件基本符合，但是他近年来经常生病，恐怕在任后的时间里不能正常主持工作。听说李正亮近一段时间里放风声出来要争做大咪古，可是村民小组考虑到他的儿子李学是现在的管委会主要助手，是以前的村民小组副组长，他与被拒绝参加村里具体祭祀活动的李永福关系甚好，要是他担任了，对村民所做出拒绝李某参加村里具体祭祀活动的决定有影响。再说，李正亮在年轻的时候参加过村里的一些政治动乱之类的事情，也就是说，被认为为人不清白，不会给村里带来好运，他是不合适的。至于李克福，他现在也参加管委会的工作，主要负责村里平时的卫生事情，多少与李学有关系，也认为不合适。再说李爱以与大咪古一样，妻子在不久前病故，只能退位了。

　　这样，合适的人选就要数李小生了，他虽然参加咪古不久，年纪又轻些，但是他身体好，他的父亲也任过咪古，认为可以来主持工作。于是村民小组和大摩批从村里的大局出发，认为选举出来一个大咪古组织村里的祭祀活动是必需的了，有人来主持村里很快就要进行的各种祭祀为当前的大事，由村民小组拿出一点经费购买一只公鸡，还有酒和烟，村民小组成员李树华、张明华，村里大摩批李正林决定请咪古接班人李小生于今天晚上到原来的咪古李沙惹家拜访座谈，询问一些有关的事情。希望得到老咪古的支持。席间，问老咪古的儿子李志和是否愿意接任？可是，他说家母去世才几个月，家父不能接任的情况下，自己不能接着担任，即使村民选择也要过上几年再来接任才适合，这是他的原话。

2008年3月5日，星期三，农历正月二十八，属龙，晴

　　今天，村民小组和大摩批还是继续落实咪古组织的事情，由村民小组出经费，晚上在李朝生家会餐，参加的人有村民小组、大摩批、原来咪古组织的大部分人马、群众代表等十几人，李克福没有参加，李正亮喝了一杯酒以后申请退出，离开会餐席。其他参加会餐座谈的人，都认为村里的集体祭祀活动不能停止，必须要正常进行，而且迫在眉睫，能

够选出人手来主持工作是件很好的事情。至于部分人闹情绪是可以原谅的小事。对于组织人手不足，可以在过几天的时间里做条件成熟的人工作，要求他们参加。

这几天村里的大事就是落实咪古组织，到今天基本完成。可是今天对于一个家庭来说又有一桩悲惨的事情发生——张华的姐姐因病医治无效而在医院去世，年仅20岁左右，听家人说已经医治了很长时间，在她身上已经花去了很多钱。

2008年3月6日，星期四，农历正月二十九，属蛇，晴

上午，卢则龙家请了卢学明、张明华一行三人到阿挡寨村里去，主要原因是卢则龙与以前阿挡寨村的第一个妻子离婚了，到现在已经有七八年的时间了，女方已经改嫁，男方已经有了自己的妻子。按照这一带哈尼民族的习俗，如果两人离婚了，男方原来给女方的礼金要如数退还，至于家里的其他财产另外再商量。今天卢则龙家通过阿挡寨村里的亲戚知道他们在家就到他们家协商此事。他们当年的礼金是2940元。

即使是在医院病房里去世的，在这一带的哈尼族来说，只要不是在自己家病逝，都认为是外死，给死者祭祀的程序就要用外死的各种祭祀程序，一个程序都不能少。张华姐姐的死就是这样，今天下午是按照所规定的程序做了各种法事才抬回家里的。

2008年3月7日，星期五，农历正月三十，属马，晴

2008年3月7日，村里主要的事情是丧葬张华的姐姐，她现年21岁，属非正常死亡——主要是指不是在自己家正常病死，而是送到医院无法医治而死的。这种非正常死亡的人，在进村口做了各种法事才能送回家再按照其他的程序主持葬礼。

今天是属马的日子，按照箐口村里的民俗，今天是祭祀火神的一天。按照今年选举产生的咪古和约定时间——今天必须要祭祀火神——也是村里集体祭祀的第一个祭祀活动，只是村里要送葬张华的小姐姐就只有重新推迟一轮了。

今天的游客多，旅游局下属箐口管委会文艺队进行演出。

2008年3月8日，星期六，农历二月初一，属羊，阴，有雨

今天是国际三八妇女节，村里的马秀芬参加村委会组织的集体活动，其他的尚未有什么组织活动。

李祥家凌晨运回来两车砖，准备建盖房子了。"树大分枝，人大分家"，到了这个年纪确实可以考虑了。要不然，一家两个弟兄的孩子是要吵架的，感情再好也会出现问题。趁早做好准备，让他们各自生活也好。

从今年育秧苗的情况来看，今天还有张文和家和李上嘎家整理秧田，说是他们两家第一次育秧苗时没有正常发芽，要重新育苗才能发芽了。

2008年3月9日，星期日，农历二月初二，属猴，多云，凌晨有雷雨

村民的秧苗基本上都撒到田里了，但是，张文和由于第一次育苗时出现了烧苗的情况，只好在前两天再次育秧苗，于今天下午撒到田里去。这次最好不要出现问题了，返工的事情很烦人，做农民也得面对差不多的事。

今天李祥家背砖，由于自己常年在外，很少回来给村民帮忙，不好意思叫不熟悉的村民。当然，建盖房子的地方离停车场很近，就只叫了自己最亲的人来帮忙，也很快，到了下午就背完了。建房子就是要选择交通方便的地方，谁都知道这样要省很多人力、物力的。

新街镇农科站人到村里来选择他们要育种的田，并叫李树华准备竹片搭塑料薄膜用。他们说是只要他们用塑料薄膜，长出来的秧苗还会比村民家的快，他们就是怕秧龄不够。

2008年3月10日，星期一，农历二月初三，属鸡，多云，凌晨有雷雨

上午，村民小组通知村民可以到新街镇领取基本农田补助款及退耕还林补助款，箐口村基本农田款是每户都有的，只是实施退耕还林的没有几户，有几户的退耕还林地少，拿不到多少钱。

上午，还有李建国家撒秧苗，说是在前一段时间自己家里的事务有点忙，没有来得及育秧，再说前一段时间天气不是很好，想着会影响秧苗的生长情况，担心撒了秧苗还会被冻坏，就等到今天再撒秧，要不然的话，绝大多数村民家的秧苗是到田里了。

2008年3月11日，星期二，农历二月初四，属狗，多云

今天李祥家用自己的中巴车运沙等建筑材料，为了省几个钱，用载人的车运建筑材料也想得出来。

今天有云南农业大学和新街镇农科站来村里育秧苗，还是选择去年的李政福家的田里，他们育秧苗用了塑料薄膜，以一棵竹子20元的价格购买了竹子并做成竹片搭架，四周用泥土盖起来就好了。这种方法我们箐口村民还是用得不多。听说到了天气特别热的时候还要注意烧苗的事情。

2008年3月12日，星期三，农历二月初五，属猪，多云间晴

上午，有今年新任的村里叫"龙头"的两个人向村民每户收取今年祭祀火神和叫寨魂的费用，两次一共收取10元。从他们的收取情况来看，今年新增加的农户有卢平脚家和卢学超家，按照村民的规定，每年要有新参加祭祀的农户在年初开始就缴纳各种费用，且以后每年都要做，不能一年做一年不做的。意思就是说该出钱出力就要出，到有吃有喝的时候你就来吃喝，不能只想吃喝不参加出钱出力的事情。他们也没有预算一下，收了第一次认为不够又再去收第二次，让一部分村民有想法，说是这都是李正林一个人的事情。

今天是属猪日，对年初的箐口村来说，很多年轻人都可以为了来年吉祥和得财做祭祀了，今天就有李绍云家和张学贵家在做。要是做了这样一个法事后会发财的话，我愿意每年都做，那么哈尼族就没有一个穷人了。

箐口小学今天安排村民卢文华夫妇去打扫卫生，主要是中心学校接到通知说学校要有上级领导来视察，要村民打扫好学校的卫生应付他们检查。

自己家的田不一定由自己来栽种，有很多种可能：一可能是自己不会种；二可能是自己忙不过来；三可能是自己不在家；四可能是自己生病了。比如今天的张庆贵家，自己常年都要外出打工，自己忙不过来去管理，就请了李拥三去犁田；不知道一天给了多少工钱？

下午，李学光的妻子和李斗木的妻子运沙发等旧家具回来，说是她们从自己打工的地方便宜买回来的，在农村还勉强可以用，等以后有了钱再换新的也不迟。

在村里，鳏夫找寡妇好像不会有多少话，舆论不会大到哪里。一个是失去妻子，一个是失去丈夫，虽然有自己的子女，但是都已经不属于正常的家庭了。"妇女半边天"，这句话又有多少人能理解呢？特别是生活在特别困难的乡村之间。我看，最能理解这句话真正意思的莫过于曾经拥有过而又失去了的中年人。也许，在他们生活中曾经多少次的吵闹，甚至打架，可是看看他们失去了另一方生活的日子，谁都感到寒酸，感觉到比其他的家庭缺少什么。可能是这样，今天卢某某和李某某正式在一起做农事了，晚上也在一个家庭里吃饭，时间长了知道的村民是不会再去打扰的。

2008 年 3 月 13 日，星期四，农历二月初六，属鼠，多云间晴

上午，有一个英国电视台的剧组来村里拍摄，有元阳县里宣传部的人陪同着。

中午，村民小组与村民卢落以、李光明、卢科崩等几个到新街镇财政所调查出现名字与号码不符的情况，这些数字问题我们都是认真做了，只是不知道问题出在哪一级？只有重新纠正了。

村里有几个辍了学而又不能出去打工的孩子，都是十二三岁。他们的事情真是有些麻烦，家长又管不了，而他们又能做什么呢？他们干的无非就是鸡毛蒜皮的事情，有几个村民来向村民小组的人反映了。今天又有张文学家来反映说他家的鱼被几个孩子给偷去了。在调解中村民小组建议几个家长每户出50元买一些鱼苗放到田里去，以教育孩子为主。一个寨子的，孩子不懂事，这样的小事也是难免的了，希望做家长的给予理解。

2008年3月14日，星期五，农历二月初七，属牛，晴

上午，村民小组调解李永忠与李祥家的纠纷，主要是李祥家买了李永忠家的秧田，现在开始建盖房子了，从放线的情况来看，说是已经占用了全部的地界线，之后李永忠就要求放宽一些，要求李祥家的滴水也要滴到自己家的地界上去，便于以后好过路。而李祥也以正建设中给他找麻烦为由，说为什么不来家里商量，偏要在做事情时与他家吵嘴而一点也不愿让步。在农村，真的是公说公理，婆说婆理，一点地皮谁也不愿让谁一点，为此而结下几代人恩怨的大有人在。

下午，村民小组配合英国电视台的人拍戏，找了二十几名村民穿民族服装搭田埂，每人给了25元，找了两个犁田的，每人补助了60元，这是现在的工钱。

2008年3月15日，星期六，农历二月初八，属虎，晴

今天叫寨魂，摩批就是李正林。说是叫魂回到的地方一年和一年的有些不同，有些年是叫到咪古家，有些年是叫到寨神林里，今年是叫到寨神林里。有点好玩的，我到现在才知道，箐口村还有这种说法。

上午做祈福祭祀的人家是李学家，摩批是张志学。

2008年3月16日，星期日，农历二月初九，属兔，晴

今天是属兔日，按照村里的选择，做第一次出门祈福仪式的可以选择今天做，上午有李张祥家、李阿邦家。李阿邦给他小儿子做，他的小儿子已经初中毕业，可以出门打工了，做此祭祀就是学着其他的年轻人以求出门吉利吧。

今天卢家贵自己在挖田，两个孩子已经长大出门了，自己虽然已经是七十多岁的人了，家里又没有养牛，还是得靠自己慢慢挖，只是他家的田不算太多，只有几分，他一天挖一点也用不了几天就能种好的。

下午，村里的大摩批李正林转告村民小组原来决定的小咪古李拥沙和李则主又辞退了。当咪古在寨子里来说应该是模范，是家庭健全自身检点的好人，可是并不是所有的人都愿意参与做这种活动，有的人还认为要是自己家先祖没有胜任过这行的，想当然地会说：我家以前都没有任过，我也不敢担任，很敬畏的。想着要是上任了说不定给家人给自己带来不幸。所以，箐口村里的咪古还是有点难选的，特别是卢氏家的到现在都没人担任。

天气好，有劳动力的人家开始整田了，今天看见李绍新家耙田，现在整田的人是少些，最多的要数4月底到插秧的时候吧。

2008年3月17日，星期一，农历二月初十，属龙，晴

快过昂玛突节了，可是村里的咪古组织人员不够，作为主要的组织者之一，村里的摩批找两个咪古助手都难，找到的是李惹木一个、张里保一个。无论是作为助手的小咪古还是大咪古，他们之中的任何一个都有所要求：第一是身体健康，正常，不能有四肢不全的；第二是身心健康，就是说他的一生应该是没有违反过村规民约或者是犯罪之类的；第三是家庭健全和睦，至少是当了爷爷的人。人非圣贤，孰能无过。何况是村里这么小的一个寨子，这样的人是相对少的，再说有的人又不愿意当这样的咪古。所以，组织人李正林为此操了不少心，到今天总算马虎找到了。

今天云南农业大学的杨老师和何老师到村里的试验田里取土样，他们要把土样带回到学校做实验。

中央美术学院的杨老师和刘学生在村里写生，他们也可能听说梯田的美吧？已经有过几个学校的学生来村里写生。

村民知道再过一个月就要插秧了，今天卢荣在耙田，没有其他事情村民就可以耙田或者犁田了，现在就慢慢整田，到了插秧的时候就不用着急了。

2008年3月18日，星期二，农历二月十一，属蛇，晴

原来村里的水池是修理过的，刚做好的时候基本能维持水源，几年后出现问题了，这两天又没有水喝了，看样子又是水管被堵塞了，村民小组的人只好到水源池查看情况，基本上每一两个月要上去修理一两次，让人头痛。

下午，到新街镇财政所办理村民家不符合一折通卡情况的分别有李世文家、李世忠家、卢中计家等，他们几户要么是名字不符合，要么是身份证号不符合，需要身份证与卡号以及土地承包面积一致。

2008年3月19日，星期三，农历二月十二，属马，晴

上午，做祈福仪式的村民家是卢毛以家，摩批是张正和，还有李永得家，摩批是李建国。还好他们上午就做了，要不然下午就有村民过世了，这种法事就可以不做了，说是只要寨子里有人过世，其他村民家做法事都不会显灵的。

中午，生病了一段时间的李世忠爱人过世了，离开他到祖先们集中的地方了。她才四十多岁，是刚进入中年学会过日子的人，只是病魔不饶人，得由她去了。亲戚和朋友只有过来帮忙送她。

第一个祭祀日要是村里有问题，可能要推迟过节，只是在此之前已经进行了法事，所以今天村里还是按照"昂玛突"这个节日的程序，晚上封寨门，得按照他们咪古的安排各人负责到寨门祭祀。

2008年3月20日，星期四，农历二月十三，属羊，晴

早上，卢文华、卢明华、卢新三弟兄到自己家的树林杀鸡敬献，就他们一家，不知道什么原因，在咪古们上去寨神林杀猪之前一定要把这个事情做了，他们家没有做这个仪式，咪古们就是说寨子的事情也听说不能做。

同样是早上，村里的咪古或者中老年人要组织人到村里的各个水井里祭祀。本人观察了一下，寨子脚的一个大水井是李小生和张里保做，寨子脚的新水井和石虎是李志和、张保祥、张正祥做，大李氏家族旁边的水井是杨志宽和李惹木做，卢氏家的水井是卢洛应做，祭祀水井可能没有多少要求，卢洛应一个人就可以祭祀两个水井啦。

白天是村里的咪古们到寨神林里杀猪，参加这个活动的是咪古，村里的摩批也不能参加这个活动。从正规意义上说，只要进入祭祀程序，到结束他们六个咪古之间也不能说话的。今天是村里最严肃的一天，所有咪古们路过的人家阳台上都要求不许晒东西，听见了他们来去的声音村民都要回避的。

晚上，去年过节后到今年间生有孩子的家庭要做一桌饭菜送到大咪古家，他们几个咪古在摩批李正林的主持下围着坐一桌子，生了孩子的人家就轮着给咪古敬烟酒，发糖果、水果等，还是热闹的。

2008年3月21日，星期五，农历二月十四，属猴，晴，有阵雷雨

今天是村里每户一桌到寨神林祭祀的一天，意义上不许女人们参加，或许是旅游开发的作用，来观看拍照的游客很多，外地游客妇女也进来了，小女孩不忌讳进去参加。

今天每户要交一包鞭炮集体来放,而新生了孩子的家庭,就会一件一件地带来放,这是带祝贺的意思吧。李青华常年在外,自己拿着薪水,老父亲又是退休干部,今天放的鞭炮就特别多,其他的也不弱多少,今天的鞭炮声还是响了很长时间了。

今天的主要过程是:早上,安排一个咪古打锣通知村民今天要到寨神林,村民就准备好饭菜、烟酒。到了中午12点左右,村民们就在咪古们的带领下到寨神林,各家在以前就安排好的位置等着,等咪古们煮好昨天杀回来的一些猪肉,献祭寨神林,献祭完了就收集鞭炮放响,新生孩子的家庭也各家要放鞭炮。最后,就是各家各户按照名单给咪古们敬烟酒。同时,村民们也可以在寨神林吃喝一段时间,敬完烟酒后给每户象征性地分一块猪肉,这些仪式完成了就回来了。我是到现在还不明白,为什么来的时候咪古们在前面,回家的时候是咪古们在最后?必须是村民们返回完了,他们才收拾东西回来,回来的路上几个咪古们要一起一边走,一边叫"送——送——",一直回到大咪古家门前,等大咪古的妻子拿桌子摆酒来接他们进家门。这是今天的基本过程,表述不是很清楚,有兴趣的人等以后过节的时候亲自来经历。

2008年3月22日,星期六,农历二月十五,属鸡,晴

今天是昂玛突节的最后一天了,主要过程是在咪古的院子里摆桌子,他们几个咪古在摩批的主持下看鸡卦,听摩批分析各人的情况。听说自己称不称职,能不能胜任自己的职务都可以从鸡卦上看出来。好的能胜任的可以继续任职,相反的要劝他退出。平常的时候,今天的村民们是可以玩到下午的,只是今天就特殊了,李世忠妻子的丧事今天主办,李正林特意交代时间提早些,村民收拾好桌子回家后,他还要主持丧事。他看鸡卦就不那么认真了,村民也只好配合。

2008 年 3 月 23 日，星期日，农历二月十六，属狗，晴

今天，村里的主要事情是送葬李世忠妻子，到了送葬的时间，年轻的村民特别是男青年要过来帮忙的。

下午，李志和家在寨子脚他家的田边做一个法事，说是今年他家的那块大田水颜色变绿了。这就怪了，水的颜色也会变化？应该是自然的颜色，他们怎么又考虑到某一种冥冥东西在作怪呢？

2008 年 3 月 24 日，星期一，农历二月十七，属猪，多云

按照一般的葬礼，今天的李世忠家请客。作为朋友，本人一天都在他家帮忙，其他的事情也没有忙着做什么了。

2008 年 3 月 25 日，星期二，农历二月十八，属鼠，多云间晴

上午，李世忠请帮这次大忙的主要村民吃饭，有邻居卢开亮、李志祥、李志明、李光明、李克福等，以对他们表示感谢。人多的地方喝酒，就是会有人喝多的，年轻人会醉，老年人也会醉，今天喝醉的年轻人有李进，老年人有卢志新，只好叫其他没有喝多的年轻人送回家了。

新街中学打电话过来，转告说李志祥的儿子没有到学校读书，要求家长配合找到后送到学校去。小小年纪，孩子不要读书，做家长的头痛。

这几天，有人传言说罗某的妻子生病，有时候还会拿毛巾等跳舞，议论说箐口村风水不硬，不会生出这种人才，要是风水再硬一点还会生出来这种人才。要成为尼玛尼爬首先就会这样得一场病，要是有这种命了就会好转，要是受不住就会变残疾或者大病等，这些人也怪会说的。

2008 年 3 月 26 日，星期三，农历二月十九，属牛，多云转晴

上午，卢保应家做后院祭祀，这种祭祀一般的村民都参加，他家还是请了邻居和朋友们来，这种祭祀一般是处理大事才做的，只是这几年他家经常出事，家庭不是那么顺利才做的。

中午，李庆明家运回来石头，说是现在的石头一立方已经涨到70元了，他是准备要建房子了，原来的老房子按照箐口村哈尼族的原则留给小儿子，小儿子除外的其他弟兄们都要选择地基重新建房子，都要另外搭建。

中午，李学的三轮车出现故障，得运出去新街镇修理了。

下午，看见李志宽家带着摩批张正和等人到他家倒了田埂的地方祭祀，哈尼语祭祀倒塌田埂的叫作"肖本容"。这种祭祀有点严肃，不是谁都可以参加的，说是要求身体好，妻子的身体也要方便，要是妻子怀孕了也不能参加。所要牺牲是一只大公鸭、一对鸡。主要是这两年他家倒塌的田埂实在是又宽又大，去尼玛处说是可以做这样的一个祭祀。

2008年3月27日，星期四，农历二月二十，属虎，晴

今天是属虎，做祈福仪式的有卢世华家、李贵祥家。他们要做这样的仪式是早在过年前就说好的了，只是村里出现过死人的情况就只有推迟，现在处理了村里的丧事才能做这种仪式。

只要天气好，就会看见村民种田了，今天是李克福家、卢正华家等。

中午，卢克福的女儿来他家运木头，要做她家房子的顶层木，说这些都是卢克福平时放牛每天扛一棵回来积攒的。

今天看见外出打工的有张志荣、卢文祥等。

2008年3月28日，星期五，农历二月二十一，属兔，晴

今天的天气很不错，看见种田的人就多了，有卢正清家、卢正和家、张文和家等。

下午，李世忠家做后院祭祀，请了家族的人和邻居们来参加。

还是在下午，元阳县民政局的领导来村里看望村里从越南老山战场退役回来的老兵，说是要给这些从老山战场退役回来的老兵一点补助。国家富裕了，强大了，是应该给一些从战场上回来的老兵补助。

2008 年 3 月 29 日，星期六，农历二月二十二，属龙，晴

上午，李树林与李树华两弟兄吵架，事情起因主要是合作医疗的问题。当然，两弟兄的恩怨不是一两天的事情，他们早就有矛盾了，分家为了一块田，两弟兄基本上互不来往，今天发生这样不愉快的事情也是理所当然的事了。

我发觉过了年这两个月村民家的祭祀活动就是特别多，似乎每天都有。今天有李贵家，主持的摩批是张正和，参加的还有他的爷爷李志宽，说是他们这些年轻人经常在外地出的事情多，希望回来的时候做一些这样的仪式，心理上得到一些慰藉，不说禳解嘛，心理也会平衡点。

这几天的天气好，每天就会有村民到田里整治田啦，今天里看见有卢正和家、李平发家、李正林家、张庆贵家、李和明家等，李建福家是请李世忠和李开亮来整。

今天张牛后驾驶三轮车出交通事故了，他平时驾驶都很小心的，这次说是对方的错，对方要负全部责任的。

2008 年 3 月 30 日，星期日，农历二月二十三，属蛇，晴

今天本人也去挖田了，看见还有李文科、张庆贵、张保祥等也在整田。

知道兄弟张明福家新培养一头小牛耙田，小牛只有三年，必须要一人牵着，它才会跟着走，培养的人一定要有耐性，身体当然要好，不然小牛跳起来没有办法的。

2008 年 3 月 31 日，星期一，农历二月二十四，属马，晴

今天，张宽家到新广平奔丧，说是那边有亲戚过世，通知了几个家族的人过去。今天是第一天，过几天办理丧事的时候还要过去的。

晚上，我和李树华拿电筒点泥鳅，发现点泥鳅的人很多，这个时候该是点泥鳅的时间了，我们还发现有几个地方有大的牛蛙蝌蚪，可能是这两年才出现的，我们以前没有见过。

今天属马,明天属羊,是过昂玛突节杀猪的那一天。晚上八九点钟的时候,大咪古通知明天村民们休息,不要干什么劳动。

2008年4月1日,星期二,农历二月二十五,属羊,晴,晚上有雨

早上,村民小组安排4月的卫生组农户,组长是李永贵,共有十六户,新增加了卢平脚一家,能分到的钱不多,只是根据村民群众大会决定来办的,希望村民们同甘共苦,全村村民一起来办自己的事情。

村里是很少有人家上坟的,而我的表哥们已经汉化了,每年这个时候都要组织去上坟。每年都要请我参加,而按照哈尼族的习俗,被通知参加的人要带一点米和一只鸡,他们可能看我困难,这次特意声明叫我什么都别带,我就没有带什么空着手过去。

今天是箐口村农历二月最后一个属羊日,就是休息日。按照村里民俗的规定,要是谁家在今天中干农活就要被象征性处罚一两元钱,或者一两个鸭蛋,或者鸡蛋等,可以根据家庭情况和家庭的心意来定,没有硬性根据说处罚多少,是由村里的咪古们组织,收来的食物共同在咪古家用餐,收的钱物要是多了参加的人可以分一点,但是请放心,他们几个吃一餐饭是绝对不会剩的。而今天该是过节中的第三个属羊日,只是原则上通知一下,实际上他们也不组织收费了。

2008年4月2日,星期三,农历二月二十六,属猴,多云间晴

今天李树华家安装铝合金门窗。自从2000年箐口村作为民俗村来开发以后,政府和旅游部门都要求村民的门窗做成木门和木窗,可是也没有专门的单位和人员来管这件事,也没有正式的明文规定村民那样做,也或许是因为造价上木门木窗要比铝合金高,也就是说铝合金的价钱要比木门木窗低,村民到目前来说选择得最多的还是铝合金。铝合金的造价一个平方米是一百多元,而木门木窗的要到一个平方米一百五六十元。

晚上,张宽家到新广平寨子他们家亲戚去世的地方养老,主要是发糖果。参加人员有张宽的妻子、张春华的妻子、张贵学的妻子等张氏家族的人。

2008年4月3日，星期四，农历二月二十七，属鸡，晴

快要到插秧的时间了，今天看见李志学家请了人手整田。因为他们一家人都忙着做生意，不会来种田的，想着要是到了其他村民家都忙的时候，也许就请不到人手，所以他家提前在其他村民没有忙起来的时候就请人来做了，这样人手要充足些，不会让朋友们慌了手脚。

李祥家做顶层木，一层的房子快要做好了，家里没有多少钱，不可能请多少工人的，都是请了亲戚们来帮忙做的。

上坟是这个时候，迁坟也就是这段时间了。说是很多年前箐口村老人过世都会埋到现在的大鱼塘上面的新街林场，那一片林地足有两三千亩，箐口村民可以放牧，可以砍伐，属于箐口村所有。只是后来不知道什么原因由新街林场接管，箐口村民就不得砍伐放牧，也不能安葬老人了，树木长大了，有的人家的老祖安息在什么地方都不知道，只好陆续迁移。今天李四辉家去迁坟了，迁到这边没有树木的"伙马躲伙"，是希望以后好辨认。当然有些人家连年灾难，生活不顺也会迁坟，他家估计也有一点这个意思。

2008年4月4日，星期五，农历二月二十八，属狗，晴

慢慢地，整理田的村民家多起来了，今天就李有明家、李正云家、卢建明家等。

犁田的有李平发，耙田的有张明生家等，只要天气好，村民都要忙着整田了。谁都希望早点插秧，把田里的事情处理了。

近一段时间，村里出现几只咬鸭子、鸡的狗，村民都不知道是谁家的狗。今天咬死了李树华家的两只鸭子，村民小组已经声明谁都可以打死这样害小牲畜的狗了。只是狗跑得很快，一两个人是撵不到的。

2008年4月5日，星期六，农历二月二十九，属猪，晴

今天是属猪日，村里到路上祭祀的人比较多，包括村里的大摩批李正林家也做了。他家祭祀他不主持，而是请了他的徒弟张里保来做，说是自己家的祭祀自己做会不灵的，原则上就请其他的人来做，他们有记不住的经词可以师傅提醒补充，就是要坚持由徒弟来做。

从箐口村来看，上坟的村民很少，但是李正荣是从绿春县养护队退休回来的，可能是受汉族的影响吧，他们家基本每年都去上坟的。今年就选择今天去了，没有请别的村民，只是请了他家的亲戚们一起去。

快要插秧了，整治田的村民就逐渐多起来，今天犁田的村民家有卢四云家、张金荣家，耙田的有张明生家、李学家，整理田埂的有李世明、李文科、卢正和、李正云等。

下午，李学家祭祀田埂，说是因为家里近来多灾多难，闩能算卦的人说是家里的田埂倒塌了作怪，已经做了几次，但不是参加的人不合适就是差了什么祭祀用品，这次已经是第三次了。如果不想再做一遍的话，还是认真些，包括选择参加的人。

新街镇农科站站长孟国成，工作人员何云忠、白秀红等来看他们的试验秧苗。

2008年4月6日，星期日，农历三月初一，属鼠，晴

快要插秧了，整理田的村民是每天都在逐渐地增加，今天也有张明生家、张金荣家等耙田。

今天是新街镇的集日，村里后天就要祭祀山神去了，两个龙头（每年负责向村民收取各种祭祀费用的人），要到街上买祭祀用品。可是，下午回来的时候说今天的物价高，什么东西都没有买，两个人一身的酒气，被我和咪古们骂了一顿，说好明天一定要买好，别误了村里办事。

2008年4月7日，星期一，农历三月初二，属牛，晴

今天犁田的有卢小和、卢四云家，整理田埂的有张保祥家等。

下午，张牛后家叫魂，摩批是张正和，主要是这一段时间他家里经常出一些不吉利的事情。前些日子说错了话做错事被人家罚了一千六百元，接着他的车出事，后来脚又被扭伤，认为这一段时间很不顺利，做一个祭祀来消消灾难。

2008年4月8日，星期二，农历三月初三，属虎，晴

今天是属虎日，村里张牛后家做祈福的祭祀，摩批是张正和。从今天的情况来看，做这种祭祀的村民家都逐渐少了，今天就只有张牛后家在做，可能其他村民家要做的在此之前就做过了，年轻人都基本上出去打工了，所以会少些。

田里的秧苗逐渐长高，村民也就陆续去整理自己家的田了，今天明显就比昨天的人数多，有卢小和家等。

李祥家建盖的房子已经砌平一层了，今天组织人做钢筋，希望赶在插秧前做好第一层。从近期来看，村民家做房子都是选择砖混结构的样子，门窗也都是钢材的，村民都不喜欢用以前木头结构了。

今天是属虎日，按照村民的习俗，今天村里去祭祀山神，所杀的猪肉可以分回来煮吃的。

2008年4月9日，星期三，农历三月初四，属兔，晴

今天卢志华家约了家属的人到棕匹寨奔丧，他妻子的爷爷去世了。

李祥家打一层屋顶，是请了外地的妇女来做的，自己家最亲近的人过来帮忙。按照他们家人的说法，他们经常在外地打工，帮忙村民的事情也不多，如果叫村民帮忙来做会欠他们人情。再说从经济的角度来看，要是叫村民帮忙来做还要花费几千元的伙食费，还不如直接包出去叫他们来做。再说，今天上午开村民大会，村里今天组织一起去挖水沟，很多人家就不会来帮忙。

听说，前几天张某的妻子在医院住院引产，今天出院了，由于身体还没有完全恢复，她的几个朋友就约了过来，下午她们一起在她家用餐，以叙家常。

上午召开村民大会，主要目的是近期比较干旱，而插秧的时间又快要到了，村民间因为用水都快要出现纠纷了，就召集村民商议挖水沟的事情，希望村民们相互团结，相互理解，不要再出现什么大的问题。再者是向村民宣传近期的村民小组工作，解释村规民约、用水问题、防火问题、偷盗问题等。

2008年4月10日，星期四，农历三月初五，属龙，晴

上午，云南红河学院的何作庆老师带着泰国清迈大学和西北民族大学的师生来村里，他们一行一共是18人，在村里调查了一天就走了。

村民小组根据昨天的安排，今天还是组织村民继续去修理水沟，包括水源池，尽我们所能做好。

下午，云南省委副书记、红河州旅游局局长、元阳县旅游局局长等带着四川大学的李春霞博士，厦门大学的彭兆荣教授，云南民族大学的程劲、吴明鑫、斯琴等来村里做旅游规划设计，要求我也为箐口村设计一下自己的规划，进而与他们交流。

2008年4月11日，星期五，农历三月初六，属蛇，晴

说是箐口村开发旅游，到现在只有几户人家做一点饮食生意，其他做服装首饰生意的都是大理人，还说他们之间有一点亲戚关系。但是今天寸增全和寸莲荟动手打架了，为了生意上的事情，不顾亲戚关系，在我们村里出现这样的事情是不应该的，影响很不好，为了两个人事情，两家人都牵扯进去，结下了不解的仇恨，不值得。

今天，我还是陪同彭兆荣老师等在村里做调查，人的精力有限，顾

了一边忘了一边，村里的事情都没有顾得过来观察。

2008年4月16日，星期三，农历三月十一，属狗，晴

今天整理田埂的人就多了，有李光明家、李宏家。李宏家是请了卢同则、李阿帮、李田明、李文宽等几人付小工钱来做，他家的秧田比较肥，秧苗自然长得快，已经好高了，准备插秧，今天才叫了这几个人来种。

下午，县政府的人带队来村里旅游，目前的情况是，凡是政府带队来的，他们都做了一个签单，已经签了很多了，就是收不了门票钱了。

2008年4月17日，星期四，农历三月十二，属猪，晴

村民们今天染黄饭（哈尼语"爱灰灰"），意思是快要到插秧的时候了，村民们家家户户染黄一些糯米来献，就是有的地方说的开秧门了。之后，村民就可以插秧了。

进入农忙时候了，整理田埂和犁田耙田的人多起来，有的是自己家人做，有的是请小工来做，比如卢永贵家就是请卢建忠来做，李志学家是请李世明来犁田，他家的田淤泥层很厚，他的技术又不好，我们看他犁田都很吃力的。

下午，李世华带队的几个人打工回来，晚上在他家里会餐。一般情况下，就在附近打工的人到了插秧时节会回来给家里帮忙的，等种好了田又出去，在附近打工的基本就是这样子。用村民的话说：最忙的这几天是连饭都忙不过来吃，只是现在的社会好了，现在的年轻人谁也不会那么拼命，都要按照时间来，早上八点左右开始干活，下午四五点就要休息，中午要吃一顿饭，还要适当休息一会儿才会干活。男的一日三餐要喝一点酒的，要是不喝一点酒，你要被说几句闲话的。

2008年4月18日，星期五，农历三月十三，属鼠，晴

今天犁田的有李杰家、张明生家，也是在做插秧前的准备工作了。

今天有卢超家开始插秧了，说是有五十天的秧龄。有村民议论说：太早了，稻秆会长得太高，秕谷会多，不会增产量的；有的说卢超干活马虎得很，他家根本没有用什么牛、犁耙的农具，只是他随便捡了一下草，用锄头刮了一下太不平的地方就栽种了。一把年纪了干活还不认真。反正，什么事情都这样，在别人前面做好了或者太落后了都要被说的。

2008年4月19日，星期六，农历三月十四，属牛，晴

犁田的有李和明家、卢志明家、李志学家。快要插秧了，村民就忙着整理梯田了。

箐口村民的田里小龙虾是多起来了，有些田里不是一般的多，村民也很着急，每年打药都只是暂时的，这块田里没有了会从那块田进来。今天李扎卜家是把他家的田水放干，带了七八个小孩一起去抓的，抓了就让他们自己带回，每人都抓了五六斤。小龙虾害田，它会打洞，有的还很深，田埂就容易倒塌，不易积水，多的时候会害青秧苗。村民是恨死它们了。

2008年4月20日，星期日，农历三月十五，属虎，晴

今天祈福的有卢永贵家，摩批是李建国。卢永贵30多岁，经常在外地打工，做今天这种祭祀，大体的意思还是如同多数村民一样希望出门打工不要有什么不顺利，求得平安、得财，不要与别人发生什么口角，摩批背的经词大体就是这样，要求各方各路的神都来保佑。有的是年年做，但是年年都基本上就是这样。

犁田的有李志和家，耙田的有李志学家，都已经准备插秧的事情了。

县林业局今天准备在卢建华家公路边的地上立一块碑，只是他家以日后要做什么为借口，有一点想法。

2008 年 4 月 21 日，星期一，农历三月十六，属兔，晴

村里已经进入农忙时间了，今天种田的村民就多了，看见有李文祥家、李平清家、李上嘎家、张正和家、李永禄家等。反正村民都基本进田劳动了，都想着在这样天气好、大家都忙的时候插秧了。

李扎卜今天还是叫了五六个小孩捉他家田里的小龙虾，已经第三天了，看样子似乎捉不完，每天都还是捉回来一大堆。

2008 年 4 月 22 日，星期二，农历三月十七，属龙，多云，有阵雨

进入农忙时间了，今天看见犁田的有李世华家、卢文华家、卢树云家、李正云家等。

有人家在犁田，有人家在拔秧苗了，今天就有李志学家，由于他一家人都外出做生意，家里的事情由退休的他操持，农事全部付工钱请其他村民来做，今天是请了李国忠、卢同则、李文宽等人。

2008 年 4 月 23 日，星期三，农历三月十八，属蛇，阴，小到中雨

今天，我自己家也开始拔秧了，我家田地集中，都在一起，不用背秧苗的人，可以一边拔秧苗一边就摆到田间，还是省部分人手的。我考虑以后还是会有更多的村民把秧田放到田间，只要施几年的肥料，秧苗还是会壮长的。现在这几年就有秧田被征用的村民这样做。今天拔秧苗的还有李万祥家，他的秧田和稻田不在一起，秧苗拔出来就还要人手背出去，还是费一点劲的。

昨天拔秧苗的李志学家今天插秧，请的插秧妇女是土锅寨村里的，说是一个人工一天是 20 元钱，提供一顿中午饭，自己家不会种田就只有请别人了。不过有妇女议论说今年插秧才开始，往后的工钱估计还会提高一点，现在高了过几天忙起来会更高。他们的意思是刚开始插秧时尽量工钱低一点，基本上谁家都要请的，尽量往以后考虑些。

2008年4月24日，星期四，农历三月十九，属马，阴，小到中雨

今天插秧的有李万祥家、李得和家，还有我家。我家请的是大新寨彝族妇女，原来说好的是一天16元，说是少了一个人，看田块也估计人手叫少了，后来被她们加价18元一人，提供一顿中午饭。算了，一两元钱用不着计较那么多；李永新家请了本村的妇女。

今天拔秧苗的有张文和家，他家只是他老两口子，被我们称为"单干"。老两口子现在身体好，他家活计都是他两口子干，很少请人，不与其他亲戚和朋友干搭伙，好在田也不多，老两口子忙一个星期左右就可以完成，可能比较辛苦。

2008年4月25日，星期五，农历三月二十，属羊，阴，有雨

我学拔秧苗的时间不长，知道自己拔秧苗的技术不好，速度也不快，但是大哥张明生明天就要插秧了，已经叫好了插秧妇女，毕竟是自己的哥哥，是他把我们领大的，现在自己都这样的年纪了，该尽自己所能做一些事情的。知道今天还有李树林家、李红家、卢落以家拔秧苗。

2008年4月26日，星期六，农历三月二十一，属猴，阴，有雨

昨天拔秧苗的村民多，今天插秧的就多，有张明生家、李宏家、李树林家、卢落以家。我今天是帮兄弟张明福家拔秧苗，知道大哥张明生叫的妇女说好是18元一天，她们说是叫不够人手，少了两个妇女，要求大哥再付两个人工钱她们来干，大哥觉得也罢了，做事哪里会有十全十美的，这么一点嘛在允许的范围内就还是叫她们干了。

知道今天还有朋友卢建忠家拔秧苗。

2008年4月29日，星期二，农历三月二十四，属猪，多云间晴

犁田的有卢永贵家、李光明家。

耙田的有卢小和家。

插秧的有李文科家，请的妇女是麻栗寨的。

卢家贵已经六七十岁了，妻子残疾，可还是生育了两个孩子，近期又生了第三个，今天出来走动了。

2008年4月30日，星期三，农历三月二十五，属鼠，晴

拔秧的有卢学贵家、李平真家、李正祥家、卢正荣家等。

插秧的有卢正清家、张庆贵家、李正云家等，这一段时间是村里的农忙时节，由于村里的插秧妇女不够，有的请了土锅寨村妇女，有的是请大新寨的，有的是请麻栗寨的。反正，都要想办法尽快把秧苗插下去。

明天开始就是他们说的"五一黄金周"了，五一劳动节放一个小长假，来村里旅游的人会多，门票收入就会多。箐口民俗村管委会组织冲洗路面卫生，以保证路上的卫生，别让游客特别是领导们说卫生差。

2008年5月1日，星期四，农历三月二十六，属牛，晴

今天是五一国际劳动节，很多单位又放假了，出来的游客也多一些了，可是，外地的游客一天内不太可能到箐口村，所以今天的游客数量不是很多。

拔秧苗的村民有李树华家、李正林家等。

插秧的村民是卢学贵家、李平珍家、李正祥家、卢正荣家等，这几天是村里最忙的时候了，真的是劳动节了。

村民小组安排5月卫生组情况，可是这一段村民多数都忙于插秧，很少有时间打扫卫生了，说实在的，看他们从早到晚忙着田里的事情，关乎一年的大事，即使他们没有出来打扫卫生也不好说他们了。

2008年5月2日，星期五，农历三月二十七，属虎，晴，夜里有暴雨

拔秧苗的村民有李光明家。

插秧的有昨天拔好秧苗的李树华家、李正林家等。

耙田的有李有福家、卢则龙家。

下午，李永福家做叫魂仪式，请亲戚朋友们吃饭。

2008年5月3日，星期六，农历三月二十八，属兔，晴间有阵雨

拔秧苗的有李小明家、卢永贵家、李世忠家、李上嘎家。

插秧的有李光明家、卢迁家、李高才家。

现在是他们说的五一黄金周，可是到今天来看，还是只有几个国外的游客，相比往年要少，像是他们说的现在是看梯田的淡季。这种情况管委会的工资都快发放不了了。

下午，李正云家叫魂，摩批是李建国，一边是忙于插秧，一边又忙着叫魂，基本上每天都有叫魂的人家。

2008年5月4日，星期日，农历三月二十九，属龙，阴，有阵雨

从总的来说，这一段时间村里主要就是忙于插秧了，今天拔秧苗的有张龙家、李庆峰家、李学华家等。今天的李庆峰家还插了管理的李学华家田。这几年来，李学华都在外地打工，很少回来，自己不便于管理自己家的田，就每年给三百元的管理费让李庆峰管理，收回来的稻谷都全部还是李庆峰家的。出于好意，李庆峰每年可以返回给李学华家一两背谷子献饭或者说留种。这是这几年管理梯田的一大变化，多少年前的话，谁要租种谁家的田，都说要分一半谷子给主人家，还要看你是否好好管理栽种了？这几年不管了，只要你不放荒，随便栽种都行，还嫌给的管理费低呢。现在年轻人出去一天都是30元到40元的工资，一年谷子收回来的价值一两个月就可以挣到，一年几千斤的粮食我又不愿花费全年的精力来管理呢？只是，放荒的田恢复比较难，所以愿意给管理费让在家的村民管理。

按照第一天拔秧、第二天插秧的程序，今天有卢永贵家、李小明家、李上嘎家、李永华家、李世华家等插秧。他们家的秧苗昨天就拔好了背放在插秧的梯田间。

根据上级的通知，今天村民小组上报村里有二十户危房，具体要怎么做就不太清楚。我们村民小组只能按照上面说的统计上报。

正如前面说到的，村里春节前后一段时间主要是做求福祭祀，这一段时间主要就是做叫魂祭祀，今天也有李世华叫魂，摩批是其姑父张保祥，我们是亲戚，他家每做什么事情都要通知我，今天也是，我还是抽时间过去了。

2008 年 5 月 5 日，星期一，农历四月初一，属蛇，阴，有大雨

拔秧苗的村民家有李庆亮家（有四人）、李有福家等，背秧苗的有两人。

插秧的村民有李世忠家、李爱生家。农忙时间就是这样，要是收割的话，下起大雨就可以停止，因为收回去的谷子容易发芽不便于管理，可以等雨停了再来收割，插秧就不同，只要定了时间，拔好秧苗，雨再大也要插的，今天的雨一直都没有停过，插秧的妇女都披着雨具插秧，还是辛苦的。

今天的游客还是不见增多，明显是比往年的游客少。

2008 年 5 月 6 日，星期二，农历四月初二，属马，阴，有雨

插秧的村民家有李庆亮家、李有福家、李惹木家。

耙田的有李学亮家、张永福家，整理田埂的有李志祥家、李正新家、李绍新家。

早上，李庆亮家捉种鱼回来放到秧田里，就是要种鱼在秧田里产卵。村民养鱼的一般方法就是这样：这一段时间把种鱼捉到秧田里产卵，去年的鱼放到插了秧的稻田中，秋收时又捉到秧田里，秋收后把田整翻了又转回放到稻田间。这样来回放养养出来的鱼随时可以捉吃也可以买卖，养出来的鱼味道的确很好，营养也很丰富。只是要求秧田和稻田的面积要大些，足够鱼儿活动，以获得更多的食物，因为村民是不提供什么饲料的，都是让其自生自长。而箐口村处于西高东低的山地，多数村民的田块都很小，一亩左右的田都没有几块，能养鱼的没有几户人家。所以，箐口村民养出来的鱼供不应求，即使是村民之间交易也是五六十元一公斤了，想买来吃一顿有时也买不到。我想说一下：稻田和秧田都是田，只是基于村民的一种生产习惯，秧田是指寨子附近比较肥沃、秧苗易生长又便于管理的专门育秧苗的田，而稻田就是其他只管插秧收割的田。春天里在秧田育秧，夏天秧苗插到稻田里，秋天收割，冬天基本上闲置着，只要平时管理好水就行了。李庆亮的田基本在寨子脚，经常有人路过，小偷很少敢来，有几块田大些，水又容易灌溉，所以便会养些鱼。箐口村适合养鱼会管理养鱼的人家还是少，也许这样，养出来的鱼价就贵了。

用旅游的专业语说，这几天是国家法定的长假日，是所谓的五一黄金周。然而，来村里的游客不是很多，门票收入还不如往年。

下午，李祥家做叫魂祭祀，朋友总是要有几个，他家有什么吃喝的总是少不了我。

2008年5月7日，星期三，农历四月初三，属羊，多云间晴

这一段时间村民的主要事情就是忙着插秧，用这几年的话说村里就是过梯田节了，包括在外地的村民都要回来农忙，每天起早贪黑，都忙碌于田间。今天拔秧的村民有李学亮家等，由于他身体欠佳，只能依靠其女媳等亲戚来帮忙。插秧的村民有李惹木家、李院生家、张金荣家、卢新家等。耙田的有张永福家，由于自己不能操作，只能叫他的叔叔张保祥帮他来耙田了。嗯，年轻人对田好像就是不那么感兴趣。

上午管委会接到县里的通知，县里的领导要到村里来检查二作，要求管委会人员等待他们到来，还要管委会进行演出。可能是他们改变了计划，到了下午都没有来到。这样的情况已经有很多次了。事情就是这样，有计划而也会有变化，万事都得计划着变化中进行。

以前的话，很少听说有村民用农药的，今天看见李永禄在田里撒除

草剂，李树华在田边打草甘膦，目的就是除草，减少劳动力投入。

2008年5月8日，星期四，农历四月初四，属猴，阴，有阵雨

是不是有权不用过期作废，还是弟兄相互帮忙，或者两者皆有，但应该说李学是不会有前一种说法的。前一段时间是因为五一黄金周，怕影响管委会的工作而没有顾得上插秧，而这两天没有多少游客，就叫了管委会的员工加上其他几个弟兄一起帮忙插秧，田块不多，男的拔秧，女的插秧，只用今天一天就完成了。

今天拔秧苗的有李小生家、李朝生家等，听说李朝生家以一天30元请卢建忠过来的。

今天是新街镇集日，上街的村民多，有李学光、张保祥、卢则龙等买鸭子回来，要做什么呢？又是要做叫魂祭祀，只是时间不是今天。

傍晚，张保祥就做这种祭祀了，请的摩批是黄草岭村民小组他的妹婿，自己家的祭祀嘛，自己一般是不做摩批的。

2008年5月9日，星期五，农历四月初五，属鸡，阴，有阵雨

这几天村民的主要事情就是插秧一事，昨天拔秧苗的李小生家、李朝生家就是今天插秧了。李永得家由于自己不能劳作，就请卢建忠犁田，共开支了230元，据村民说这一段时间是农忙，请人带牛犁一天要开支100元，平时是80元。

云南农业大学、红河州植保站和县农牧局、镇农科站在村里做了几块试验田，村民家的田都要插完了，他们打算只要云南农业大学的人来就要插秧了。原来是打算今天插的，只是今天云南农业大学的人没有来就改变了计划，只好等他们明天来再说了。

2008年5月10日，星期六，农历四月初六，属狗，阴

今天天气很不好，但是农忙的事谁都不敢耽误，今天拔秧苗的就有李拥德家、李平明家、李永忠家、李则中家等。

正如昨天说到的，原本打算昨天就要插秧的省农业大学和镇农科站试验的田今天插秧了，请了四个插秧的妇女，她们一天的工钱是30元。

2008年5月11日，星期日，农历四月初七，属猪，晴

到目前为止，村民们插秧的事情是要完成了，只有少部分人家没插了。今天有李永德家，他属于落后分子，落后就落后吧，还得插秧的。

云南农业大学和镇农科站一起插试验田秧苗，请了八个妇女，工钱是每天三十元，中午还提供一餐饭。

下午，叫魂的有兄弟张明福家，请的摩批是张保祥。

2008年5月12日，星期一，农历四月初八，属鼠，晴

今天插秧的村民还有李朝生家，主要他家都是旱田，不易积水，无法灌溉，无法整理，只有等雨水来了才好栽种。这个不怪人，要看当年的雨水来得早还是晚，来得早了，栽种得就会早些，来得晚了，栽种得就会晚了。

今天，我们红河州申报世界文化遗产办公室的人来调查。

叫魂的村民有李世荣家，摩批是其大爹李建国。你看，这一段时间是不是每天都有叫魂的人家，好像人真的有魂灵一样。

2008年5月13日，星期二，农历四月初九，属牛，多云间晴

今天李平珍家拔秧苗，请了李平发，是准备明天插他家的"冲突伙天"（村里说的一个地名），也是旱田，插秧总就得比其他水源方便的田地要晚一些。

李志和修理寨子脚自己家田边的树枝。虽说"万物不相害"，但很多事物是相害的，在田边有树枝就遮挡了庄稼的阳光影响庄稼生长，庄稼得不到阳光无法进行光合作用，便不会饱满，会使稻谷都是秕谷，你

要树木还是要庄稼呢？另一个因素是村民习俗上也不允许树枝等物倒到庄稼上，要是有大树枝等物倒到庄稼上的话还要做一种祭祀。所以，村民们的田边附近有大树枝物都要修枝清理的。

秧田就是专门用来育秧苗的田块，平时就是灌溉水，充足肥料。今天杨文亮家犁秧田，就是要保持土质松软，保证明年的秧苗苗壮。

2008年5月14日，星期三，农历四月初十，属虎，多云间晴

李树华家建房已经几个月了，今天开始做第三层的顶层木，过几天做好再封顶。

昨天拔秧苗的李平珍家今天插他家的旱田。旱田不易积水，只能等雨水到来，或者说，水源充足了才能整田。所以，旱田插秧时间晚于其他的水田。

国家给予粮农补贴，刚开始是直接给现金补贴，可能是考虑到各方面的因素，现在又改变成存折，为了减少差错，我们村民小组今天进行核对。

人老了，病就会多。李文科老人已是70多岁了，这几天又生病了，今天有几个黄草岭村民小组的亲戚来看望。人都是有感情的，看望病人是人之常情。都会想到，要是真的去了，要想和他（她）说几句话，聊聊天都不可能。

正如前面说的，插秧这一段时间每天都有村民家做叫魂祭祀，今天下午，卢宽荣家做叫魂祭祀，请的摩批是李建国。村里的摩批不多，就是那么三五个，所以，他们也很忙的，基本上每天都有村民家要做祭祀，而做的主人家多少会给些费用，我看他们的收入还是不错的。

2008年5月15日，星期四，农历四月十一，属兔，多云间晴

移动公司想要在我们村民集体树林安置一个信号台，今天过来与村民小组人员协商。然而，这块集体林因为退耕还林间出现了一点事情，到去年林权改革时发现这一问题后，村民集体和所谓承包人的李永福之间的官司还没有明确解决，我们暂时也不会给他们明确的答复。而村委会副主任李高亮又通知了李永福来，李永福也来了。

李世华家买回来一个电视信号接收器，他是村里首先装置这种设备的人之一。

李国忠背蒿子到自己家的秧田里，他家的秧田在寨子的上方，不易积肥，而秧田是需要充足的肥料才能保证秧苗茁壮成长的。听村民们说，蒿子很能养肥秧田。李国忠就是这样考虑才做的。

我们是走路去林地的，回来的路上又过去水源池检查修复，有一只大死老鼠堵塞了水管，水就不会从管子来到我们箐口村，这样原汁原味的水源看来还是需要处理的。

2008年5月16日，星期五，农历四月十二，属龙，多云闪晴

我原以为村民家的秧苗都插完了，今天却看见高里发家在插秧，说是其父亲前一段时间生病了，不能正常劳动，误了今年的农事，可能是今年插秧最晚的一家了。

可能是今年村里插秧的时间比较早，今天村里的妇女有的到棕匹寨插秧，有的到麻栗寨插秧。从气候来说，这两个寨子的气温要偏高于箐口村，他们插秧的时间往往早于箐口村，从很多年的情况来看，只有他们寨子的妇女到箐口村来插秧的，没有箐口村妇女到他们寨子插秧的情况。为什么今年会出现这样的情况？应该是今年缺水源的原因。而箐口村是托了两大股泉水的福，能够保证正常插秧，村民们到现在还能喝到正常的水。

晚上，卢则龙家做祭祀，他家就不是叫魂了，主要是因为他家的小孩子从阳台上跌落过，为了让他以后身体好，不要发生什么病变而做的。

就像前几天的日记里说到的，多数村民家的秧都插完了，接着很多年轻人就要出门打工了，今天有李志文、张学亮等出门了。

2008年5月17日，星期六，农历四月十三，属蛇，阴，有雨

上午，有一个石屏县人来村里卖鱼苗，说是昨天夜里就赶到村里了，做生意很辛苦的，一晚上就在车上睡觉，天亮了再爬起来。今天他以每公斤二十四元卖的，因为村民的秧苗都插到田里了，正是要放鱼的好时间，来买的村民很多，他一车可能有上千斤的鱼苗，卖了两三个小时就卖完了，这次的生意就很好。

今天虽然下着一点雨，可是李树华家按照计划打第三层屋顶了，因为第三层只是准备堆放粮食，所要打的屋顶面积就没有第一、二层的大，去帮忙的村民也就没有前两次的多，完成的时间还是早的。

有村里的妇女说：坐月子的母亲不会生病。然而，事有不巧，李爱生的儿媳生孩子时间不长，正在坐月子，可是就生病了，只好叫了人叫了车送医院检查，她个子大，我看背他的人还是费力的。

2008年5月18日，星期日，农历四月十四，属马，阴，有大雨

我国著名导演姜文在村里拍电影《太阳照常升起》时，给选择作为拍摄地点的张春华家留下了很多木料。今天说是他的一个麻栗寨亲戚老人病危，就叫了车来运一些木料，准备运到木器厂解开后做棺材用。

山区的路就是不平，来村里旅游的大车到了省道公路后，要是进村就得搭小型面包车，或者走一段路，今天又是雨天，来旅游的外国人不便走路，只好找了村里的张春华和卢世华的车运送，每位游客收取5元钱。

2008年5月19日，星期一，农历四月十五，属羊，阴，有雨

马卫明很多年前就在外地打工，说是很多年前就认识了一个弥勒县的姑娘，结婚并有孩子了，只是前几天在弥勒县出了车祸，需要在我们地方出一些证明，他的姐姐今天就到村委会开证明。

插完了秧的年轻村民要做什么呢？找钱。今天就有七八个妇女到镇里打工，有李永新的妻子、卢正清的妻子、李文科的妻子等，她们早上

出去，晚上回来，为了生活很辛苦的。

插完了秧，在家的人又做什么呢？田间的事情还是要管的。一是招呼田间的水位，二是要看病虫害等。由于几天的天气因素，有些村民家的田埂倒塌了，需要修复，今天就有张正和、张保祥等村民修复这两天倒塌的田埂。我发现稻飞虱又来害庄稼了，就配了些药到田里打农药，我是知道怎么配药的，听有的村民说这种药会害死田里的鱼，我把浓度配好后没有发现死鱼。科学，就是要相信。

2008年5月20日，星期二，农历四月十六，属猴，晴

今天，云南农业大学的师生来村里他们实验的水稻田里取土样，他们要把所取得的土样带到学校化验。

中午，看见李红亮的母亲补插被太阳晒死的秧苗。做农民的就是认真。

下午，李祥的大爹和父亲又吵架了，说是他家的屋檐长了一点，要李祥家收一点回去，而李祥家就是不同意。农村啊，吵架往往不是土地问题，就是资产分配问题，很多弟兄成仇就是因为这样引起的，任何事情为什么不能和气商量？

2008年5月21日，星期三，农历四月十七，属鸡，晴

村里的饮水不够用已经几天了，今天村民小组又去检查水源池，想着可能是水管堵塞了，就把村里的一段水管锯开来看，发现不是水管的问题。修理这些还是要师傅的。

2008年5月22日，星期四，农历四月十八，属狗，晴

李祥家打屋顶，可能是考虑到他们很多年都在外地打工，很少帮忙其他村民家的事情，今天他们家打屋顶也估计不会有多少村民过来帮忙。再说从经济上考虑，也是请小工划算，他们家就请了外地的妇女来打，完成后再送她们回家。其实，在我们农村不能仅仅算经济账的，该欠人情的还是要欠的。

在村里，村民小组成员的职务不大，权力不大，但是事情就不见得少。因为昨天的水管没有修理好，我们村民小组还请了几个朋友帮忙去修理，没有公款给他们工钱的，只是出于朋友，晚上叫他们在李树华家吃饭。

2008 年 5 月 23 日，星期五，农历四月十九，属猪，晴

前几天的日记里说到了，张春华家有一个麻栗寨的亲戚老人生病，今天就有其叔叔张宽等去看望，因为他们平时都在外地，很少回来，只有像这样特殊的时候才回来。

根据上级党总支的精神，要求村里的党员捐一点款，献一份爱心给地震受灾的四川同胞，有的党员是捐款十元，有的是捐款二十元，可以说这份爱心是各个党员都有的，只是都处于困难的情况下，他们也只能捐这么多。

2008 年 5 月 24 日，星期六，农历四月二十，属鼠，晴

是不是新街镇的集日，不用算日子，早上在村口村民上街必须经过的路口看看我就知道了。只要上街的村民多，特别是都背着要交易的东西，就百分之九十是集日了。今天张正荣的妻子背着一箩小猪要到街上去卖，不是街天就不会背这些小猪上街的，回来时说今天卖小猪的特别多，不好卖就又背着回来了。

下午，今天叫魂的有李永福家，村里有两个同姓同名的，我们把年纪大一点的叫作大李永福，年纪小一点的叫作小李永福，今天说的是大李氏家族年纪小一些的那个朋友。

今天停电，小时候用不起电，家里很少点灯，日子还不知道难过。现在过惯了有电的日子，停一天电就很难受，好像缺少什么说不出来。

插好秧苗以后，年轻人又要外出打工挣钱了，知道今天外出的有李

世华、张明福、李国忠等。李世华是小老板，就由他带队，是要去做建筑方面的事情。

2008年5月25日，星期日，农历四月二十一，属牛，晴，有阵雨

上午，村民小组召集村民在箐口村的哈尼族文化陈列室广场开群众大会。这次开群众大会的主要目的是村民小组就这半年来的林地纠纷一事和近期村民的舆论做解释。从近期村里的舆论来看，我相信很多村民的意识是增强了。相信对方李永福与前一届村民小组签了一个所谓的协议是假的，打赢这场官司是有信心的。而对方还是不愿意让步，以与上一届村民小组有协议为理由，在下面劝自己的一些亲戚退出参与集体这边来。时间越长，村民的误会就会越多，我们认为到了有必要说明的时间，希望村民们耐心些。至于其他村民小组平时做什么，李永福又做什么，就不便于在此解释了，有一点绝对要肯定的是，双方对此都付出了代价。

群众大会中，我们村民小组还宣传了几件事：一是我国四川汶川发生地震，建议村民在力所能及的情况下捐款以帮助祖国同胞渡过难关。还是有个别村民是捐了一些款，但也许是贫困也许是意识不够，捐的没有多少。二是关于农村合作医疗的事情，希望村民及时核对，及时上报，以免出现麻烦。三是要求村民不要到田间放牛，避免牛踩坏庄稼。四是宣传稻飞虱又出现了，要求村民尽快买药自觉防范。

再反复说明，今天上午召开群众大会的主要目的是向村民说明打官司一事，律师说了什么我们都会及时说明的，其他的则是次要的。

2008年5月26日，星期一，农历四月二十二，属虎，晴，下午有阵雨

今天天气虽然说不是很好，但是对于村里放牛的中老年人来说是比较高兴的一天。像是回忆童年生活似的，他们男的出资十元钱，女的出资五元钱，说是集资了二百多元，一起到山上放牛时会餐，所集资的钱不多，主要是用来买肉和烟酒，其他野菜准备到山上摘。取乐是他们的目的之一，最大的目的恐怕没有几个人知道，我是清楚的，他们支持我，我支持他们，主要的目的是以放牛为目的，收回被土锅寨村民占用去的土地。

村民小组接到元阳县林业局的通知，要求村民小组于明天上午到林业局申请变更林权证书一事。

2008 年 5 月 27 日，星期二，农历四月二十三，属兔，晴

李有福家运石头回来，准备翻新他家的老房子。

上午，如昨天说的，村民小组的我、李树华、李小生到县林业局办理村民集体林权证变更一事，到了下午才回来。

2008 年 5 月 28 日，星期三，农历四月二十四，属龙，晴

今天，听说被火烧伤的李世科的孩子送到医院，李世科来找李树华要合作医疗证，希望医院方能给予政策性的补助。

今年的稻飞虱又出现了，很多村民学会了自己防治，今天朋友李树华去打农药来控制了，用的药是虱虱灵加敌敌畏，浓度不能过高，要轻量些。

2008 年 5 月 29 日，星期四，农历四月二十五，属蛇，晴

有一对石屏县的夫妇来村里卖鱼苗，买的村民还是多，是一公斤20 元。

李树华家的房子是做起来了，就是没有装修，今天请了大鱼塘村的人粉刷他家的墙体，人还是一样的嘛，希望住得好些，吃得好些。

2008 年 5 月 30 日，星期五，农历四月二十六，属马，阴，有雨

李建华买回来一辆三轮摩托车，说是 2000 多元买的，准备接送村里来往的游客，也可以适当地增加自己的收入补贴家庭的经济。

租住李正新房子的一对大理夫妇吵架，说是生意不好，丈夫又爱与村民赌博，家庭已经很困难了。

下午，听说李志明家有一头牛找不到，召集了家人到处去找，在农村一头牛在家里的经济地位还是很高的。都把它们当作家庭的一笔财富来看待，每天都要人去放牧，无论是晴天还是雨天，都要辛苦招呼。

2008年5月31日，星期六，农历四月二十七，属羊，晴

箐口小学与土锅寨小学联合过六一儿童节，他们的节日是不可能上学了，老师们带着他们娱乐，听说是开展游戏方面的活动。箐口小学今年有学前班，他们认为太小了就没有带他们过去。

我本来打算要去什么地方的，只是朋友来找我，就没有出去，在家里陪他们喝酒。

2008年6月1日，星期日，农历四月二十八，属猴，晴

就近期来看，村民的庄稼出现稻飞虱了。"民以食为天。"总得想办法消灭的。所以只要天气变好，每天都有村民到自己家的稻田里打药，今天有李平清、卢正学等。

年轻人喜欢朋友是对的，下午一个一起退伍的战友李才云来找李庆祥，做什么呢？喝酒！都喝晕些了才散伙休息。

2008年6月2日，星期一，农历四月二十九，属鸡，阴

今天，李建华改装他的三轮摩托车，我知道车身车型是不能改装的，否则罚款有点重。可是，这种近期流行的小型三轮车多数都改装了，也没有听说谁被罚款。而他们全部改装下来还是要花上千元的。

云南农业大学的校长、红河州植保站领导、镇农科站等工作人员来村里，他们在张明得屋顶上安装了一个小型观察站，主要是观察气候、雨量等方面的，还在李志宽田边安装了一个，说好了每年给1200元的补贴，也就是每个月 100 元，希望他们能支持。

看一看，为了做好他们云南农业大学的实验，学校的校长都亲自来了。

2008 年 6 月 3 日，星期二，农历四月三十，属狗，晴

今天的天气又转好了，打农药的村民有李长斗、李爱松等。自己家的庄稼还是自己招呼，知道害病了总是要想办法去处理的。

卢学明、李开亮、李爱生等几个农户集资在卢学明家旁边做一个小水池，说是我们村里的水源经常会停水，几个人在这里做一个存些水，保证缺水的时候他们也有用的。

2008 年 6 月 4 日，星期三，农历五月初一，属猪，阴，有雨

村里有几户人家由于条件合适而自己家留种鱼养的，他们是张文和家、李正安家、李志和家、张正和家、李庆亮家、李平珍家等。这几个农户家养鱼就不用到其他地方去买鱼苗了，每年只要到插秧时把种鱼放到秧田里产卵，过些日子就有够养的鱼苗。今天，李平珍就捞鱼苗了，说是要给他家的一个亲戚家去养。

打工回来的有卢世文等，他们打工回来的，特别是带着几个弟兄干的，习惯上回来的当天下午要在家里吃喝一趟，还要请村里最好的朋友参加，像是凯旋一样风光一下。

2008 年 6 月 5 日，星期四，农历五月初二，属鼠，阴，有雨

云南农业大学的师生来村里看稻飞虱害庄稼的情况，他们是通过新街镇农科站的人员了解的。学校里植保学院需要对此进行化验，这几年知道村里有稻飞虱，一旦这个时候就要安排师生来采集标本，带回去实验。

今天下午，又有李世华带着他的几个弟兄回来了，他们打了一只狗吃喝，也请我过去吃饭。

2008年6月6日，星期五，农历五月初三，属牛，晴

村民养牛做什么？可能在前面的日记里说到了，第一是根据当地的生产需要用来犁田耙田；第二可以说是作为家庭的一项经济来源。根据本地山地形势，或者说到目前为止，村民犁田耙田都是用牛来操作，用机械操作的少之又少。而且很多中老年人可以说是没有适合的事情做，只好放牛。一则可以在自己家祭祀时用；二则可以卖掉换一些钱以补贴家里的经济。听村民说是这一段的牛价钱有所上涨，今天张明生以3000元卖了一头，大哥又有点酒钱了。

中午，我随高中时候的一个同学到我县的沙拉拖乡的一个寨子。他是红河县阿扎河乡派出所的所长，说是今天去的这个寨子属于元阳县、绿春县、红河县的交界处，谁也不好管理，几个县的村民走跨可以随时来往，婚姻也正常，只是关系到登记上随时变化，有点管理上的难度，而村与村之间又不通公路，他们只好绕道驾驶车辆来实地调查情况了。

2008年6月7日，星期六，农历五月初四，属虎，阴，有雨

具体不知道是什么原因，箐口村过端午节总要比其他的村寨早一天，就在今天过节了，基本上家家户户都要杀鸡、染黄糯米饭献祖献宗。只是听村里的老人讲，箐口历来多灾多难，特别是火灾经常出现，这与箐口村一直住茅草房有关系吧，所以过端午节就要提前一天。明知道这个理由不合适，也只有按照他们说的理解了。

为人处世，受人之请，不去在情感上是过不去的。李庆祥和我到水卜龙村与战友们聚会。

2008年6月8日，星期日，农历五月初五，属兔，晴

既然土地转让给了别人，自己家能拿回的就要尽量拿回。出于这样的考虑，今天李万祥砍回原来属于他家的在寨子边转让给李祥家地上的竹子。因为他们属于一个家族，李祥兄弟都要分家了，他还没有建盖房子的地基，就与李万祥家商量转让过来。

当一届村民小组就得给村里做一点事情，栽一棵树做一个纪念吧，我们今天就在寨子脚磨秋场旁边植了两棵万年青树，希望箐口村就像这种树万年常青。

2008年6月9日，星期一，农历五月初六，属龙，晴

村里插好秧已经一个多月了，秧苗都返青了，于是就有村民到田里除草了，今天有李永华家、卢文华家、卢志明家等。野草不能当粮食，再懒惰的农民都知道，要根据自己家的情况合理安排时间，合理进行耕种。

"树大分枝，人大分家。"张保祥几个弟兄分家后在原来的地基上各自建了房子后，家门前的秧田也只能做院子了，根据他们弟兄们的思路，把进家的台阶也要改变了，他们家今天就约了人做台阶，看起来，这样是方便多了。

2008年6月10日，星期二，农历五月初七，属蛇，晴

天气热起来，什么虫子都出来了，稻飞虱又出来了。你害我庄稼、害我粮食等于害我生命，我就得想办法消灭你。今天就有李清华的母亲背着喷雾器打药了。

在虫类中，蜂子是一道美食佳肴。每到春末夏初，天气变暖，它们就出来搭窝，就在这个时候，每年都有一些善养的村民拿回来养，这几年看，李贵文和本人也是爱追蜂村民之一，眼看这是追蜂好的时候，他今天就约我一起到寨子边追蜂子，说是追来养一两窝，等养大了好好吃一顿。

这段时间，村民的主要事情可能要数除田里的草了，每天都有很多村民三三两两到田里除草，今天有张志林夫妇等去。

在前面的很多日记里说到了，箐口村民的主要收入靠打工，所以每天都有村民不是出去打工就是打工回来。今天有李世荣夫妇回来，说是他们一家人在个旧市一个矿厂上班，抽时间回来看看家。

2008年6月11日，星期三，农历五月初八，属马，晴

今天看见李庆五带着几个弟兄出去打工了，他们主要是从事建筑业。

李庆亮家死了一头四五十公斤的猪，杀了在村里卖，价钱上比市场要低些，来买的人还是多。一个就是价钱便宜；一个是出于帮忙性的，从人情上来说，损失了一头猪，经济上就有损失，多少买一点，他家才好再买一头来重新养。以前很困难的日子不敢说，现在的年轻人都知道要讲究卫生，特别注意饮食上的东西。不过主人家也会讲究的，真的是病重死的猪，料谁也不敢拿出来卖的，自己也会拿出去埋了。否则，出了问题谁负责得起？

上午，有一个做牛生意的人在村里买走了两头牛，一头是1000多元，一头是2000多元。

村委会书记与广播电视局的人到村里调查安装闭路电视的情况。

2008年6月12日，星期四，农历五月初九，属羊，阴，有大雨

今天到田里除草的村民有李爱生家、李国忠家、李志宽家等。

这一段时间，听村里开车的人说，城里油很紧张，价格也高，他们的车也整天只能停放在停车场不能运营。今天是听说城里有油了，他们几个就一起带着油桶到城里购油。

2008年6月13日，星期五，农历五月初十，属猴，阴转晴

是不是新街镇的集日，在村口的我知道，只要有很多村民背着东西上城，不用算日子八成以上就是。今天就是一个，李杰家约了人到街上购物，说是要给以前去世的家祖开冷丧，买回来所要用的猪鸡、烟酒等物品。这里所说的冷丧，是村民的说法，以前去世的家人因为当时家庭条件有限而没有能按照哈尼族正常的祭祀程序做而简单埋葬，现在根据

自己家庭的能力来补办的葬礼叫"开冷丧"，这种葬礼全部得按照新的程序进行。所不同的只是新过世的是实体，补办的只是从坟墓里取来骨头或者时间太久的仅仅只是一包土，其余的都相同。

晚上，已经病了多日的卢世才老人去世。简单介绍他的情况，听说他是从麻栗寨村迁来箐口村的，之后参加张氏家族的摩批组织，近几十年在参加祭祀中可以拿回一些祭祀的牺牲，自然就结识了一些朋友，常常喝多。后来，酒中毒卧床，自己的子女又不好好对待，上了年纪又加上饮酒过度，这时发病过世也是自然的事情了。所以，喝酒的朋友还是控制一点好，酒少喝也行，身体不好了就不行了。

2008年6月14日，星期六，农历五月十一，属鸡，多云

村里，不管是穷人死了，还是富人死了，只要谁家出现死人情况，全村人都会过来帮忙的。卢世才是昨天去世的，根据程序，村民们今天就过来帮忙他家做事，木匠师傅做棺材，妇女则洗菜做菜，其他肉食品由有点烹调技术的中年人来做。

作为一个领导不能解决村民生计上的问题，不是好领导。元阳县政府已经下文明确规定箐口村百分之三十的门票收入要返回给村民的，以带动村民讲卫生、支持政府各项工作的积极性。然而，负责单位旅游局2007年的门票收入的百分之三十没有返回给箐口村民，自然就影响了很多村民参与搞卫生的积极性，而通知说明天有一个副省长要到村里来，管委会人员出来打扫了，但村民已经没有人愿意出来打扫公共卫生了。

2008年6月15日，星期日，农历五月十二，属狗，多云，有雨

根据村里葬礼的程序，昨天做好卢世才的棺材后，买回来一些蔬菜。今天通知他的家属来奔丧，来的人会很多，他们家族人、其他村民也要过来帮忙的。男的杀猪杀鸡，女的洗菜洗碗筷等，还是忙。说是他姓卢，其实可能在麻栗寨是李氏，今天叫来帮忙的都是村里所说的二李家的人，

他的儿子也姓李，叫李院中，实则为李氏家族了。

　　这一带的哈尼族有一习俗，就是男女结婚时，男方家要给女方家一定的礼金，现在是五六千元到一万元之间。而一旦男女离婚，男方家付的礼金女方家除了欠借的情况外要如数奉还。今天，本人就经历了这样的事情，卢永贵与妻子离婚后，今天接到女方通知拿回原来的礼金7866元，不知是什么原因给女方家退回了两元。

2008年6月16日，星期一，农历五月十三，属猪，阴，大雨

　　正如前面说到的，这两天村民的主要农事是给田里除草，今天有卢学贵家、李志学家等，到了秧苗返青当然要除一次草，要不然，秧苗也会被草长过的，收成自然要少些。

　　村里的李永新有一台捉鱼器，每到河水泛滥的时候，他会经常约朋友到小河里捉鱼，捉回来又约朋友喝酒。今天也约了几个朋友一起去，看他们很好玩的。只是，我肯定这时候鱼儿没有长大，只有到了八九月份时才长大了，会顺着田里涨出的水跳到小河里，到时去捉鱼收获就肯定多些。

　　前几天就准备开冷丧的李杰家今天开始做了，本村都叫"开冷丧"，我也只能这样叫了。听老人说，主要是以前家里穷，或者社会不允许等什么原因，老人过世了没有给他（她）殉葬猪牛鸡鸭等这些牲畜，没有按照正常的葬礼程序进行。现在家庭条件稍微好了再把过世老人的骨头从坟墓里取回来补办葬礼叫作"开冷丧"。有的时间长了，不一定找得到骨头，取一些土回来也行。基本上跟正常的葬礼一样。

2008年6月17日，星期二，农历五月十四，属鼠，阴，有雨

　　按照办理死人祭祀的程序，李杰今天正式主办冷丧事情，全福庄寨子的亲戚来丧祭。开冷丧和刚去世的死人的祭祀程序基本上是相同的，所不同的是，开冷丧可能是以前死人的骨头，可能是一把土取而代之，棺材不过是竹子等编成的，用布裹着就行了，是空的；而真正的葬礼，用的是新做的棺材，装的是尸体，有点重。其他程序大体相同。有点要说的是，他们所谓说的村里的二李家族，从今天来看，请的摩批也是分开的，有的是请村里的摩批李正林组，有的是请张正和组，而今天李杰请的又是麻栗寨李主议组的。

云南农业大学在村里做了一些项目，对村民的一些稻谷品种和水源等做调查，他们经常会出现在调查点观察取样。今天姜波博士等四人来，在他们试验区里调查，看稻谷的分蘖、株高、叶片数等情况，有人记录有人报数，下着雨也进行着。

2008年6月18日，星期三，农历五月十五，属牛，多云，有阵雨

今天的村民帮忙李杰家做丧事。

云南农业大学的姜波博士等继续做他们的调查，有的品种可能是早熟的稻种，发现已经有抽穗的情况了。

秧苗返青了，是要给田里除草的，今天看见在田里除草的村民有李正祥家。

今年的稻飞虱还是多，看见打药的村民有卢落以。

张牛后家卖了一头猪，1700多元，李绍新家卖一头，1700元，肉价不跌，小猪价有所跌，二三百元就可以买到。

2008年6月19日，星期四，农历五月十六，属虎，多云

李杰家请客，这人家真的是，开冷丧也要请客。

到田里除草的有卢正荣家、李小生家等。

李院中从牛角寨买回来两头牛，一头是祭祀他父亲，一头是祭祀他母亲的。

2008年6月20日，星期五，农历五月十七，属兔，多云，有雨

村民小组检查水源头，有堵塞物螃蟹、老鼠等，我们清理了水就出来了。

今年的稻飞虱还是多，眼看秧苗都枯黄了，很多村民都着急起来了，今天看见李四辉家在打农药。

2008年6月22日，星期日，农历五月十九，属蛇，多云间晴

今天主办李院中家的丧事，村民都要过来帮忙的。我是陪马老师了，没有过去帮忙。

李文科母亲病重，送医院检查。

2008年6月23日，星期一，农历五月二十，属马，多云间晴

今天送葬李院中父亲卢世才，因为村里有一种选择日子的说法，他家的丧事时间我认为长了一点。

马老师和一个法国朋友在村里调查了两天以后，于今天返回昆明了。

2008年6月24日，星期二，农历五月二十一，属羊，多云间晴

李院中家请客接待。

打消灭稻飞虱农药的村民家有卢朝生家。

2008年6月25日，星期三，农历五月二十二，属猴，多云间晴

卢永贵家卖了一头猪1400元，李光明家卖一头猪1800元。

村民小组收取安装闭路电视的费用，每户220元，只收了8户，以后每一个月交10元。

2008年6月26日，星期四，农历五月二十三，属鸡，多云间晴

快要到七一了，应土锅寨党总支书记张春华的通知，箐口村书记到办公室开会，会议主要是商议过七一的事情。

我从参加中了解到，云南农业大学在村里做的实验有调查稻谷品种的，有调查水源水质的，有调查气象气候的，有调查稻飞虱的，有调查其他昆虫的等。他们也很辛苦的，从我们的省城昆明市过来一趟箐口村也不容易。不过他们也是受政府委托，切实对箐口村做好他们能力范围的实验，对以后箐口村的建设提供理论上的知识也很好的。

2008 年 6 月 28 日，星期六，农历五月二十五，属猪，晴

今天省州领导在副县长的陪同下来村里，在卢世华家用晚餐。

村民小组与农科站的人到集体林打野炊。

下午，有一个爆米花的人来村里，很热闹，他的生意还不错的。

有一个到村里卖猪饲料，与爆米花生意相比不理想。

张文和家运石头回来，准备要拆建老房子。

2008 年 6 月 29 日，星期日，农历五月二十六，属鼠，晴

土锅寨党总支提前召开会议，被评为 2007 年到 2008 年度土锅寨党总支优秀党员的箐口支部党员是张志林（女）、李志荣、李正光三名，每个优秀党员给予五十元的奖金。实际上，我认为这有点不适合，不能因为他们的年老而评他们为优秀共产党员，他们的老、他们的辛苦只能说明过去，而年度优秀党员应该是近期内表现优秀的党员，我是这样想的。

打工回来的有张五夫妇、卢新等。

2008 年 6 月 30 日，星期一，农历五月二十七，属牛，晴

村民小组参加闭路电视线路安装，有张明华、李小生、卢龙，原来是叫了卢学明，但他开口要工钱就没有叫他去。

一个云南农业大学的学生来，由李树华陪同去调查实验点。

李国忠到大鱼塘其姐夫家做事，家人给他打电话说其儿子生怪病要他回来，之后做了一个祭祀，烧一点肉丝和烟等放到寨子外就好了。

2008年7月1日，星期二，农历五月二十八，属虎，晴

从早上穿李宏家的牛鼻子来看，给牛穿鼻子还是要师傅的。刚开始时是用一条尼龙绳牵着的，挣断了后拿出来一条很结实的绳子，拴到一棵大树上，叫了几个年轻力壮的人按倒了才得以顺利穿好。牛到了一定的岁数（一般可能是两到三年），要拴着，要用来犁田，就必须穿鼻子，用绳子拴着才好看管，他家的这头牛到了这个年数。

李光明在自己家田里打农药，他家栽的是红脚老梗，我们看这个品种最吸引稻飞虱了，从远地方看上都很严重的，颜色黄得很，谁家栽种红脚老梗都可以明显看出来。怕是这两个品种抗病性差一些。

外出打工的有卢小祥、卢文华、李正福等。

今天是七一，土锅寨党总支是要开会的，只是书记今天有其他的事情就在前天提前开了，今天就没有做什么活动。

2008年7月2日，星期三，农历五月二十九，属兔，阴，有中雨

上午，村民小组的人李树华、张明华和咪古、摩批商量今年苦扎扎节所要收的费用。实际上，除了特殊情况外，村民小组是历来不用参加这样的事情讨论的。但事出有因，摩批李正林和咪古李小生怀疑龙头（负责每年向村民收取各种祭祀费用的两个人）在以前祭祀中收费有问题，建议村民小组的人参与购物开支管理。说话得讲事实，得有根据，得从实际出发，"怀疑不等于事实"，村民小组历来不用参加这样的事情，我们干吗要破例呢？考虑过后，我觉得没有必要担心，全村集体祭祀的费用料他们是不敢乱动用的。何况村民对祭祀之类是避之不及，很多村民是听说过某某村动用了这样那样的祭祀费用后带来多大的麻烦的信息，而且在收费之前都是进行过预算的，购物上和车费上，还是让他们放心地去完成今年最后几个祭祀。龙头既然当时也是我们村民选择的，一村人早不见晚见，而且根据村民的规定，每年一旦完成当年的祭祀活动，第二年得重新更换人选，只是那么一两次行动为难人家干什么？而且从多年选举龙头时的情况来看，绝大多数村民是不愿意干的，还得村民小组、咪古、摩批反复去做工作，劝人家给面子人家才会勉强干。

今天，村民小组再次接村委会的通知，到村民家收取安装闭路电视的费用，不知道是什么原因，就是收不起来，仍然还是前段时间收过的李志学家、李清华家、李世华家、卢正明等几家。这样下来，闭路电视什么时候会接到箐口村呢？这是个问题，得好好与上级说说，也得多与群众接触沟通，最好是其他村寨能做到的箐口村也要做到。

箐口村民没有钱了怎么办？砸锅卖铁？卖儿卖女？卖田卖地？都不行，打工是目前箐口村民的出路，今天李生明、马刚金等出去打工。

2008年7月3日，星期四，农历六月初一，属龙，阴，有雨

家里的人员发生变化了，户口簿上就要变化。前几天去世的卢世才家，今天他的儿子到派出所变更户口簿。这是有必要的，特别是户主变更，就该及时变更。我在任村民领导的这一段时间中就亲自碰到过这样的麻烦：有村民的银行卡用的是其父亲的名字，一段时间后其父亲去世，身份证已丢失，到银行办理业务时就说需要这样那样的证明才能办理，所以我看派出所要求村民及时办理身份证、户口簿都是以免出现这样的麻烦吧。

上午，新街镇计划生育委员会的人到李树华家，因为有人举报近一段时间李树华的妻子快要分娩了，属于超生才来找他的。玩枪的，难免走火。何况，这两年李树华你自己知道是村民组长，是站在枪口上，你的村民是盯着你的，特别是村里的几件特殊事情发现后，更是有人睡着的眼睛醒着的脑袋盯着你。我早就跟你说过：这事小心些，要是有什么打算就尽快处理好。用我们村民常说的话就是："在暴雨没有来临之前

把倒墙砌好。"

靠山吃山，这里的农民就是靠着山吃着山长大的。春天，他们把去年留下的黄豆、苞谷种子栽到地里，这时就已经可以收回了。今天有卢朝生、李树华等村民家收回来黄豆了，然后把捆成一把一把的黄豆秆挂到事前就准备好的墙上的竹竿上，把丰收挂在墙上，等晾干天脱粒装口袋储存起来。

酒是人类在生产中制造出来的，喝好了肯定是好事，但是一旦喝过度了，就会误事了。伤了身体、伤了感情常有的事。今天就是一个例子，说是卢某的朋友，到他家来做客，喝了酒留他家住都留不住，出来在停车场的李生亮家秧田边还跌了一跤，之后是由过路的卢中皮带上去的。出门在外，小心为要。

2008年7月4日，星期五，农历六月初二，属蛇，阴，有中雨

这一段时间是收黄豆的时间了，所以虽然今天下了一场中雨，还是有村民到地里收黄豆，比如李志和家、张文和家等。

今年的游客很少，是有人所说的，这一段时间是旅游的淡季。

2008年7月5日，星期六，农历六月初三，属马，阴，有暴雨

今天已经是农历的六月初三了，就说农历的5月份已经过去了。按照村里死了人的习俗，5月份死了人的家庭到了农历的6月份就得做一个祭祀，叫作"着碾跑荣扎"，翻译成汉语是"祭祀后院"。村里有一种习惯，家里死了人，就要在后墙打通一个洞口，等送葬了死人过一个月，即到了农历的第二个月时，就要请摩批做一个祭祀，杀一头小猪，鸭子一只，鸡一对，目的就是封这个洞口。这个祭祀村民都可以参加吃饭，今天就有李院中做这个祭祀。

下午，李祥家杀了一头猪，主要是没有关养好，跑到陈列室广场来，不知道吃了什么，发现食物中毒时已经晚了，估计养不成，就叫了亲戚朋友来杀吃。有五六十公斤，剖开以后，看肉还正常，就以15元一市斤卖给要吃的村民们，其他卖不完的是请亲戚和朋友们过来吃了。

2008年7月6日，星期日，农历六月初四，属羊，阴，有小雨

我和新街镇农科站孟国成，刀丽云受云南农业大学的邀请，今天前往昆明市云南农业大学学习，村里的事情就交给李树华他们来办了，说好有要紧的事情就打电话联系。

2008年7月8日，星期二，农历六月初六，属鸡，阴，有雨

今天，我在昆明市云南农业大学打了一个电话，知道村里老人李正明的妻子过世了，村民们又得过来帮忙。

今天中央民族大学的六个学生来箐口村做调查，这些我都是在电话里知道的。我发现，做我们这个村志记录的，的确要时时在家，否则的话，村里发生什么都不会知道，时间长了就不现实了，就没有真实性。

2008年7月9日，星期三，农历六月初七，属狗，阴，有雨

我还在昆明市云南农业大学学习，今天李树华打电话过来说村委会免除他村民小组组长职务，已经在寨子中心李宏家墙上张榜出来了。是村委会下的免职书，同时张榜公布由李永福任村民小组组长。某某书记，你多大的书记！你跟李永福好就罢了，知道这几天我不在箐口村，村里的事务暂时全部由李树华管理几天，你一个小书记就敢下免职书，你明知道村民与李永福之间的矛盾还没有解决，在这个刀口上，你竟敢当着箐口村民面开这么大的玩笑。有什么回来咱们当面说清楚嘛，你就不能等我回来再说吗？在昆明市学习的我心里气极了，心里这么想，嘴里就是这么骂他的。

2008 年 7 月 11 日，星期五，农历六月初九，属鼠，阴

我还是在云南农业大学，有村民也打电话说村民组长李树华被免职，村民的意见很大，征求我的意见。我的答复是：过一两天我就回来了，有什么事情还是等我回来再说，希望村民不要太冲动，不要再出现什么大的问题，否则会对我们不利。

2008 年 7 月 12 日，星期六，农历六月初十，属牛，晴

今天我还是在云南农业大学，电话还是不断地打来，在云南农业大学我的心情是无法平静了。但是，还是得学着静心，考虑着回去以后怎么处理事情，反正一周的学习时间快要结束了，明天下午就可以回到村里去了。

2008 年 7 月 13 日，星期日，农历六月十一，属虎，晴

今天，我和新街镇农科站孟国成站长、员工刀丽云从昆明回来，一路上没有出现什么意外，到下午 6 点左右就顺利到家了。没有来得及休息一下，接着就去找李树华，基本知道了事情的起因。原来，李树华已经超生了一个孩子，被李永福知道后告到新街镇，要求撤他职。而李永福与现在的土锅寨党总支书记杨林是朋友，杨林明知道李永福与村民有这样的矛盾，还让他接任，目的很明显。

回来后知道，今天黄土坡李世华家打屋顶，是请了箐口村民完成的。

2008 年 7 月 14 日，星期一，农历六月十二，属兔，晴

村民知道我回来了，早上就有多个朋友来找我，要我带村民到新街镇上访。我只好带上几个代表去上访了，首先是到村委会上访，接着到新街镇政府。按照村民的意见，要求在没有完结村民与李永福之间这桩官司之前不能免除李树华职务，或者退一步，免了李树华的职务也绝对不能让李永福担任箐口村民组长。要求新街镇政府组织工作组前来调查并处理好箐口村的事情。否则，后果我是不会承担的。

2008 年 7 月 15 日，星期二，农历六月十三，属龙，晴

我帮忙中央民族大学的学生做调查，知道是冯彦明教授带下来的，要在箐口村调查一段时间，准备给箐口村写一本书。

2008 年 7 月 16 日，星期三，农历六月十四，属蛇，晴

前一段时间来的中央民族大学师生在村里调查了一段时间后，于今天返回学校，说是回到学校整理好材料以后还要回访一段时间补充资料。

中午，我与李小生在新街镇一农户家找到李树华的妻子和孩子。他妻子确实生了个女孩，他们家前两个都是男孩，现在生了一个女孩，农村的思想是儿女双全。"没有不透风的墙"，李永福紧盯着几个村民小组人员，一旦出错，便抓住把柄投诉，现在好了，分明是撞他的枪口上了。要是想生了想养了在此之前就准备罚款，趁早了结自己的私事。我是对他这么说的。

2008 年 7 月 17 日，星期四，农历六月十五，属马，多云有阵雨

今天，云南农业大学的三个学生来了，他们要在箐口村他们的实验田里调查一段时间，我安排他们在卢世华家居住，知道有一个是博士生，有两个是研究生。

黄土坡李世华打电话过来说，他们几户人家的电路有问题，停电了，不能正常生活，叫我打电话跟电力公司的人说一下要求来维修。

2008 年 7 月 18 日，星期五，农历六月十六，属羊，多云

今天，村民李正明家要主办妻子的丧事了，白天村民是要到他家帮忙的。

可是，村里的事情是整大了，我一个人负责全村事情是整大了。我得把上访的事情跟村民说清楚。所以，上午我主持召开群众大会，把我和几个代表向新街镇上访的情况做了说明。多数村民的意见就如我所料，在村民与李永福之间的纠纷没有解决之前不许免去李树华职务，至于他超生了孩子是他的私事，不能以私代公，按照政策怎么处罚他私人是另外一回事。再者，坚决不同意李永福担任箐口村民小组长。

而李永福的这一招，他也是糊涂的，明知道背后还有那么多人，却还要对着来这一招，也是失误了，我是这么分析的。

2008年7月19日，星期六，农历六月十七，属猴，多云转晴

没有办法，在没有处理好李树华的事情之前，村里的事务只有我主持一下了，今天送葬李正明妻子，我以村民小组的名义支付拿竹子的罗正光十元钱。钱不多，但是，这也是处理问题的一种方式。

村里快要过苦扎扎节了，今天打工回来的有卢永贵、卢迁华等。他俩都是妻子的哥哥，每次回来都要请我吃饭，今天晚上也不例外，也请了他们的朋友。

2008年7月20日，星期日，农历六月十八，属鸡，阴，有阵雨

昨天是送葬了李正明的妻子，今天按照村里正常的程序，他家请客接待村民，我也到他家吃饭去了。

人的脾气就是不同，特别是年轻人，早上听说张志荣打伤了自己的妻子。我也爱发脾气，曾经也打过妻子，但是打过以后立马就后悔了。道理很简单：打伤了你得医，打死了你得送。要发脾气就对着其他的物体发吧。朋友，没什么大不了的，什么事情都可以商量，商量不了拉倒就行。拿别人的不是惩罚自己是最愚蠢的事——自己都要变憨巴了。

2008年7月21日，星期一，农历六月十九，属狗，多云间晴

村里要过苦扎扎节了，今天安排人搭秋千、架磨秋、修补祭祀房等。

近期可能是我们工作比较积极，村民也比较支持我们的工作，用喇叭通知了以后，来的村民也比较多，基本上每户一人是出来了，一切工作都做得比较顺利。

傍晚六七点的时候，大咪古和主要助手在祭祀房里杀鸡献饭，今天只有他们两个人，其他的不用去的。

2008年7月22日，星期二，农历六月二十，属猪，多云间有小雨

按照苦扎扎节的正常程序，今天村里要杀牛，今年每户收的款数是30元，买回来的这头牛价是5366元，全村184户，各户可以分到一市斤左右牛肉。这是全村里的一头牛，是要用这头牛的肉献祭的，要是家人或者朋友们来了不够吃就自己到市场或者几个朋友们搭伙杀吃。

早上起来，看见天空中飞舞的尽是前一段时间害庄稼的稻飞虱，我们住的云南大学基地的房子里也飞进来很多，打电话问农科站的一个朋友说可能是稻飞虱迁徙了，因为它们要害的是嫩的秧苗。现在，通过村民防治，以及庄稼自身返青了抵抗力增强了，它们咬不动了就只能飞往外地了。去吧，最好一个不留。你的存在是有害无益，谁知道你害了多少庄稼，吃尽了多少人民的血汗。

2008年7月23日，星期三，农历六月二十一，属鼠，阴，有雨

今天云南农业大学的钱老师来检查他在李志宽家田棚旁边的气象站出现的问题，这个小气象站就是他做的，说是安装在这边以后，会通过卫星把所收到的信息传送到他那边。

农科站的人来李树华家做客。

今天，村民主要到磨秋场摆桌子，咪古们要祭祀房子、祭祀磨秋场、秋千等，之后他们几个要坐在祭祀房里，每户村民都要向他们敬烟酒，具体程序我想在以前的日记里也说到了，今天我没有仔细去观察。

2008 年 7 月 24 日，星期四，农历六月二十二，属牛，阴，有大雨

早上，村民家只要再献一次饭就算这个节过完了，只是村里的磨秋、秋千要等到十二天以后再由咪古去拆除。

还正在过节期间，卢正学来反映说，他家地里的玉米和黄豆又被李平发家给砍死完了，要求村民小组去调解。这人啊，怎么这么无德，村民一般在过节期间是什么大事都不做的，你为什么偏要在这个时候给人家出难题呢？你有什么要说的要做的等过完节再说也不迟嘛。

过了节，年轻人又要外出打工了，知道今天有李庆云夫妇出去。

2008 年 7 月 25 日，星期五，农历六月二十三，属虎，阴

今天派出所的人来村里，他们没有跟村民小组联系，我们也没有去过问有什么事情。

前几天过节的时候还有很多的游客，今天是一个游客都没有，不知是我没有注意还是真的没有游客来。这样的游客情况，怎么能够维持管委会人员的生计呢？

2008 年 7 月 26 日，星期六，农历六月二十四，属兔，多云

根据马老师的要求，我组织几个弟兄维修云南大学哈尼族调查基地走廊，为了保持村里的传统，原来的门窗是用木料做的，可是走廊经过风吹日晒，这么几年就坏了，为了安全，我们不得不找资金来维修了。经费又缺少，守住这个基地还是吃力的。

我在基地维修走廊，听有的人说今天原来的国家财政部部长来了，他也没有告诉我是谁，我也没有必要过多地问了。

今天晚上，新街镇举行彝族火把节暨民族摔跤运动会开幕式，有些年轻的村民就出去娱乐了。

2008 年 7 月 27 日，星期日，农历六月二十五，属龙，多云间晴

昨天晚上，新街镇举行民族摔跤运动会开幕式，今天箐口村文艺队参加演出，箐口村有名的哈尼歌手杨正明参加民族歌舞比赛，获得歌唱组第一名，说是奖金 600 元。

今天中午，我看见有一个外国游客进来，到售票处还能自觉买票，虽然语言不通，但是能写点汉字，用文字与售票员交流。我看了这样自觉的人是钦佩的。有的人到了售票处售票员叫他买票，还装着没有看见没有听见就直接进去。

2008 年 7 月 28 日，星期一，农历六月二十六，属蛇，多云间晴

卢某与一个多沙寨子的姑娘认识，今天接了回来，也不知道能相处多少时间？因为有的人可以跟一个人相处一辈子，有的人一年也要换几个，像玩儿戏似的。不知道这个是第几个？

这几年，村民像是比赛似的，都想把自己的老房子拆了重新建造，希望住得好一点。今天李志得家运砖回来，不用说，也是要拆建房子了。

今天，新街镇还在举行民族摔跤运动会，村里没有做什么，知道新街镇开运动会，还是有不少的村民去看热闹，特别是小孩子们，知道了以后，一定要叫他们的家长带出去看不可。

2008 年 7 月 29 日，星期二，农历六月二十七，属马，多云间有雨

新街镇摔跤运动会今天早上闭幕，各个级别的第一名奖励一头牛。这个运动会已经举行了很多年，一直以来，都很热闹，村里昨天出去的比较多，知道今天闭幕，第一名把牛都拖走了，去看的人就少一些。

我打听了一下村民，说是这一段的砖价比较稳定，就有很多有建房子打算的村民买回来了。今天李永华运回来一车砖，罗今得家也运回来一车砖，他家是准备加建第二层。

2008年7月30日，星期三，农历六月二十八，属羊，晴

上午，村里大李氏家交大米，要到大鱼塘村里参加他们李氏家族的丧事，没有年轻人背大米上去，说是只有一家又出五角钱请了李建华用三轮车送上去。这年头就是这样，年轻人都外出完了，家里只剩下老的小的，要真是处理一些事情还得叫他们回来。好在现在的交通方便了，电话方便了，只要有事情，都来得及叫回来。

上午，我去田里看看的时候，看见马刚金家挖石脚，开始建房子了。鸟要搭窝，人要房子，几个弟兄长大了要分家。

中午，卢朝生家也运回来一车砖和一些钢筋，说现在的砖每块是3角8分钱。

过了节日，年轻人又要外出打工了，今天有卢永贵、卢迁华、李春等，他们这几年有一个相好的老板，节日了农忙了可以回来，忙完这边的事情又接着出去，像是上班族一样，可以随时回来随时出去。

今天，云南农业大学几个师生来了，他们目的是调查稻飞虱的情况，准备捉一些稻飞虱回学校实验。我想，前些日子稻飞虱可能迁徙完了。带着他们到田里调查时，果然发现一只也捉不到，他们只能徒劳而返了。

2008年7月31日，星期四，农历六月二十九，属猴，晴

今天，大李氏家族的人还是到大鱼塘村参加办理丧事，有的是吃了饭就回来了，有的是送葬了老人再回来。

昨天下午，卢朝生家运回来一车砖，昨天晚上通知了村民帮忙来背，平时卢朝生夫妇在村里为人处世好，今天早上来帮忙的村民很多，从早上六点就有人背了，到8点左右就背完了。当然，他家离停车场近是一个原因，从停车场到他家只有七八十米，算是村里比较方便的了，有的要背到寨子脚三四百米的地方，仅是背材料都要付出很多劳动力，累人的。

卢荣的儿子带了李正福、张正名、张永福、李永文等一些人说是要去个旧市打工，包了一辆个旧市的车来带他们出去，用他们的话说就是去挣收谷子的钱了。

2008 年 8 月 1 日，星期五，农历七月初一，属鸡，多云转大雨

这一段时间准备建房子的村民家多，每天都有村民家运砖回来，昨天晚上运进来三车，是李跃联系的，早上李跃过来后，发觉砖的质量不好，双方讨价还价一段时间，他以每块砖 3 角 5 分选择了一车，其余两车认为确实不好就没有买了。李永福以 2 角 5 分买了一车；李红亮以 2 角买了一车，做生意还是要讲一点信用的。下午，张正明家又运回来一车，停车场摆满建筑材料了。

今天是八一建军节，前几年我们协会每年都要召集过节的，连续几年后，大家的事务多，每年不可能来那么多就改变了每三年召集一次，平时有什么临时的变化再联系。

今天下午，箐口村民到大鱼塘村做客的多，基本上每户有一人。箐口村办事情也一样，他们大鱼塘村民也会来很多。

2008 年 8 月 2 日，星期六，农历七月初二，属狗，阴，有雨

早上，咪古取掉了磨秋和秋千，说明苦扎扎节过好了，历时 13 天。村民在今年内不能再打秋千和磨秋，进入平时正常的生活。

刚过完了苦扎扎节，大李氏家族与三李氏家族到团结村委会奔丧，有的家庭又有事情了。

2008 年 8 月 3 日，星期日，农历七月初三，属猪，阴，有雨

不知道是从什么地方知道的，前几天村里过节的时候，有外地的朋友来也有游客来，村里还是热闹的，过了苦扎扎节后，今天的来人就少。

召开了群众会议，把村里的情况向村民宣传了以后，村民的情绪是稳定了好多。要不然，在谁家吃饭都要提到村里的事情，酒喝不好，饭也吃不香，倒胃口得很。感觉当一个村民小组干部，中国最底层的官很实在，也很累的。钱又拿得最少，事情干得不少，特别是寨子大一点的，他们要全权负责，婆娘汉子吵架要管，弟兄打架要管，路不好要管，没吃没喝要管。我是烦了，想着把这桩官司打了就要撤退了。

到现在，村里没有什么工厂，没有发展什么产业，村民除了种植一点水稻维持生活以外，只能依靠外出打工补贴家里的经济。绝大多数就是这样，所以每天基本上都有外出打工的，也会有回来的。只是，我一双眼睛确实看不过来那么多人，自己还要忙着处理自己的私事，很多村里精彩的故事往往被遗漏了，没写进日记里。今天看见打工外出的有卢正学、张牛自等，用他们的话说，要出去挣几个收谷子的费用了。

2008年8月4日，星期一，农历七月初四，属鼠，阴，有雨

有车的人都知道，汽车每年到了一定的时间就要检修，要是过了时间就要被罚款的，这可能是有法律规定。原来，卢世华也准备今天去开远市检车的，打听了一些朋友，说是这几天不能检车就没有过去。

村里的事情很多，大大小小的，什么事情都会出来，办理惠农一折通已经是前两年的事情了，当时就通知有分家的农户就可以一次性分开了办理，而有的家庭当时认为没有分家就没有必要分开办理。过了这么几年后，有的家庭分开了，需要办理的，村民小组又没有这样的办理条件，只有通过村民小组说明到新街镇财政所办理。今天就有张正祥一家，说是他的两个儿子张志祥和张五要分开成两个户头，我们村民小组只有到新街镇财政所核对惠农一折通，说明张正祥一家要分开成张志祥和张五两个户头，希望他们给予办理。

2008年8月5日，星期二，农历七月初五，属牛，阴，有雨

这几天连续的阴雨天气，村民无法外出劳动。而养牛的家庭还是得辛苦的，你不想赶着牛出去，就只有人出去割草，风里雨里的，拥有坚韧的意志才敢养牛。而这地方又没有放牧的地点，人们又为了耕田不得不养一两头牛。所以，养牛的村民每天总要有一人外出劳动的。

近期的游客少，不过今天就很偶然了，说是昆明市某个学校的，由老师带着，来了两百多个师生，在村里游览了一遍。中午在卢世华家吃饭，之后再离开箐口村。

2008年8月6日，星期三，农历七月初六，属虎，阴，有雨

就是因为这几天连续地下雨，所以给庄稼带来很多的麻烦，很多村民家的田埂倒塌损坏了庄稼，造成一定的减产，这是农民最关心的了。

然而，今天又有护林员说林里的鱼塘也被冲垮了几个，鱼也冲出去一些了。我和李树华为了答复村民，只有抽了时间去查看具体情况。果然如护林员所说，几个鱼塘是冲垮了，鱼儿也没有一个，只有把埂子垒起来再养一些吧。我们商量好了，任一天职尽一天责，为了保护鱼塘和养鱼要向每户村民集资两元钱。我和李树华专门到黄茅岭鱼厂购回来一批，在每个鱼塘里放了一些，希望能够养大，以后有什么集体活动的时候可以捉来做一道菜。

北京要开国际奥林匹克运动会了，国家禁止枪支弹药。今天打工回来的卢永贵、李春、卢迁华都这样说的，现在他们打工的个旧市矿山老板没有炸药，他们就不能上班了，只好回来等一段时间再过去。一国之事，匹夫有责，国家难得召开这么一次重大的盛会，是应该支持的。虽然使一部分人失去一定的就业机会。但是我们的国家不稳定，我们的社会怎么能发展呢？怎么谈得上就业呢？

2008年8月7日，星期四，农历七月初七，属兔，阴，有大雨

这一段时间村里的管理实在是混乱，一个是因为李树华超生而要免去他的村民组长职务；一个是村委会任命的新村民组长李永福是正在与村民打官司的人。现在还没有结果，村民是绝对不会同意让他任职的。

新街镇政府由此组织了工作组来调整。

上午，我到村委会参加会议。主持会议的是新街镇的工作组成员，有武装部部长李志芳，农科站站长孟国成，村委会主任白万福，副主任李高亮，箐口村民代表张明华、马秀芬、李学、李树华等。会议决定：撤销2008年7月11日罢免李树华村民组长，由李永福任职村民组长的决定。同意罢免李树华组长职务，箐口村公务一切暂时由张明华主持。这是今天会议的主要议题。

俗话说："当一天和尚撞一天钟。"上午已经决定罢免李树华村民组长的职务了，但是前几天已经被冲垮的集体林里的鱼塘还没有垒起来。李树华要求尽一点责任，于是今天下午，我和李树华、李小生三人到林里去关鱼塘的水，也是了却一桩心愿吧。

2008年8月8日，星期五，农历七月初八，属龙，阴，大雨

新街镇离箐口村不远，有什么需要都可以随时去，可是村民做交易一般都是选择集日天。今天又是一个新街镇的集日，李树华到新街镇卖小猪，说是一头小猪可以卖到250元，目的就是要付一些超生款，没有办法，站在枪口上走火了，肯定要伤着些。人生下来了就得养，就得按照国家政策处罚，出了事情就得想办法解决。

"现在的国家政策是好了，连老母猪都吃保险。"这是村民说的，实际上就是这么一回事。自己家养的母猪是自己家的，只要谁家能养能繁育母猪了，国家帮助谁交保险费，每年还返回一定的补贴，如果谁家招呼不好一旦死去上报，保险公司勘察取证后根据母猪的大小还给予相应的补偿。不过谁养了都想养好，目的都是给家里带来经济上的补贴，养出来其他人也有所用，但不可能谁家母猪都不死。今天李庆亮的母亲说，她家母猪病死了，要我上报有关单位来调查，希望得到一点补偿。我也只有如她说的向保险公司汇报。

令全国人民激动的这一刻终于到了，不是吗？今天是我们国家举办

奥运会开幕的日子，消息应该是全国人民都知道的，箐口人民也知道了。有电视的多数都在收看此节目了，很令人激动。箐口村民都在相互议论相互传说，都在电视机前等待了。

2008年8月9日，星期六，农历七月初九，属蛇，阴，大雨

真的是到雨季了，已经连续多日都在下雨，村里运营三轮车的都没有出去，只能在家休息。原来打算去一趟新街镇的，可是村里没有车，只好到公路上找车。

村里养着能繁母猪的，由于没有一家养着公猪，要是谁家的母猪到了发情期都要到外地配种。今天李树华家就是一个例子，他说本地猪仔不好卖，想要品种好的瘦肉猪。品种好，养得大。就叫了张牛后用三轮车运到新街镇兽医站配种，配一次收费是30元。

2008年8月10日，星期日，农历七月初十，属马，阴，大雨

凌晨，听说李志光家增添了人口，是一个男孩，他家应该高兴了。

上午，我到村委会开会，主要是统计箐口村现有人口和户口，以及他们的姓名和年龄。任了这么几年的村民领导，这倒是轻松，做起来就快多了。

接到新街镇妇联主席的通知，马秀芬带着村里的10名妇女参加手工刺绣技能培训。具体是培训什么，因为我不是妇女没有叫我参加就不知道了。

还是雨水造孽，把安装在李志宽家梯田边的气象站给冲倒了，新街镇农科站只好委托我和李树华、李小生去修复一下，我们三人冒着雨过去修理了一下。

2008年8月11日，星期一，农历七月十一，属羊，阴转晴

黄草岭村民小组和箐口村，是相邻的两个哈尼族寨子，联姻的多，亲戚也就多，无论哪一个寨子发生什么事情，都会通知来相互帮忙的。今天就有很多箐口村民到黄草岭村民小组帮忙办丧事的。这样也好，人与人之间要相互帮忙，寨子与寨子之间能够友好相处是人们的共同愿望。

田里的稻谷要抽穗了，连续十多天的阴雨天气着实让村民担忧不少，村头巷尾，茶余饭后，村民的话题总离不开天气与庄稼的事情。的确，"民以食为天"，谁能不担心呢？只是天做的事情谁也阻止不了。

就这个时候来说，是属于农闲的时间，村民就会想办法打工，给家里找些钱来补贴生活所用，可以说这是村里一直的生活方式。今天有李永忠、卢新等十多个人到新街镇去做工，说是一个朋友介绍的，给人家建房子的打屋顶去，由于距离近，他们今天出去，晚上完工后回来。

2008年8月12日，星期二，农历七月十二，属猴，多云间晴

箐口村民是很爱护庄稼的，不会随意去破坏，一旦秧苗插到田里，禁忌牛进去踏青打滚，也禁忌田边的树等重物倒伏到秧苗上。要是牛踏青打滚了，重物倒伏到秧苗上怎么办呢？一般是要叫摩批做祭祀的。可能就是因为有这样的禁忌，今天卢四云家请了摩批到田边做祭祀，希望通过这个祭祀后避免给庄稼和家人带来不幸。

生老病死是自然的规律，是没有办法的事情。而一旦死了人，大家就要互相帮忙。不知道是属于哪一种亲戚关系，今天李高才家到一个叫团村委会上广坪的寨子丧祭。可能是不准备请客，邀请前去的只有他们家的亲戚和朋友，其他的村民没有邀请，他们也就一般不会去了。这样也好，省一些人力、省一些物力。

2008年8月13日，星期三，农历七月十三，属鸡，多云间晴

这两天天气有所好转了，然而可能是前一段时间下雨时雨水浸透墙体，今天卢迁华家的房子后面一侧倒塌了。很不幸，这一带的哈尼族的房子一般是不允许自然倒塌的，怎么办呢？要是以前的话，只能依靠自己的亲戚朋友帮忙拆除或者修补了。但这两年出台了民房保险等政策后，他家先是报告了（村民小组）我，由我再上报民政所和保险公司（主要有亲戚在那上班），他们及时赶到勘察了现场后再叫村里的亲戚和朋友一起全部拆除准备重新建盖了。（注：现有民房保险是由村民小组上报名单后，由县民政局每户交 5 元的保险费，最高赔付保险金额是 5000 元，估计今天卢迁华家可以赔偿 1000 元，正常的可能只会赔二三百元，只是我出面了，双方都是亲戚，才赔到 1000 元，公司的人也跟我说了。）

什么事情都不可能一帆风顺，村民养猪也是。用"运气"两字来说的话，运气好的会养大些，运气不好了会随时病死。也不知道养多大了，今天李清华家的一头猪死了。村民处理死猪的一般办法是什么呢？让我来告诉你，他们认为养大一头猪不容易，扔掉很可惜的，就约亲戚和朋友打酒吃喝。如果再大一些，认为吃不完，就便宜地卖一些给村民，而知道的村民也会多少买一些，认为这样的事情谁都可能会遇到，买一点是一种经济上的帮补。至于这样的做法能长久多少就不会说了。要补充的是，他们不是没有吃过肉的人，如果在解剖中发现猪肉颜色不对或者气味确实有问题的，他们也会埋起来，会处理好的。

据一些有经验的老人说，烧蜂子吃也要讲时间。这一段时间是烧蜂子吃的最好时间，蜂子最饱满。过了这一段时间，特别是到了秋天天气变凉爽的时候，蜂卵长大有翅膀就要准备过冬会飞跑完的。也好，现在吃正合我的口味。烧吃就烧吃。于是晚上就约了李国忠等几个好朋友准备工具去烧了。准备些什么工具呢？一条绳子，一把锯子，一个竹竿一头包了柴油浇湿的布，晚上八九点钟蜂子全部归家后再去烧，免不了要带手电和打火机，一两个人轻轻地（要是摇动了树，惊动了蜂子你就好过咯）爬上树，看好蜂窝的位置，再点燃柴油浇湿的布伸出竹竿到蜂窝处烧，等到长翅膀的蜂子烧死完了就差不多了。竹竿可以扔掉，拿出绳子拴住搭蜂窝的树枝，然后就在拴好绳子的下方处锯断树枝，由上面的人慢慢放下来绳子拴着的蜂窝，下面的人配合接好蜂窝就成了。可是有的树很大很高，一定要注意安全，为了吃一顿蜂子不要做出不要命的事情来。今天晚上，我们几个朋友还好好炒了一些下酒菜。就是说，今天晚上，我是约了几个朋友到寨子脚烧我先看好的蜂子吃，为了吃新鲜，回来后除了蜂子还做了几道下酒菜喝酒呢。吃好已经是12点多了。

2008年8月14日，星期四，农历七月十四，属狗，多云间晴

正如昨天说到的，卢迁华家的房子是雨水浸透自然损坏倒塌的，取得他家人的同意后通知了全村来拆除，村民小组要求每户来一人帮忙。这种事情村民很会体谅、很会同情，是会来帮忙的。一天下来，还是拆除了很多，他家人是要感谢村民的。

可能是到了立秋的时间，根据有经验的村民说这一段时间栽种萝卜青菜最好了。今天李正祥家、卢学文家等很多村民都陆续栽种萝卜、青菜了。我才知道，原来秋冬季吃的萝卜青菜就要在这个时候栽种了，算我也学到了一点生产知识。

2008年8月15日，星期五，农历七月十五，属猪，多云间晴

由于我与卢迁华有一定的亲戚关系，这两天都一直在他家帮忙，我也就罢了，让我感动的是已经有60岁的李平珍也来帮忙了，70多岁可能到80岁的老人卢家贵也来帮忙了，下午5点左右的时候，80岁多的张龙后老人还背了一背丰收瓜来了。将心比心，难得啊。平时你对别人好，一旦你有困难，别人也会来帮你的，这是村民说的。

下午，到新街镇妇联参加刺绣学习的马秀芬、龙艳等十几个妇女都回来了，至于她们真的学习了些什么，我没有去过问，只是要说明一点，箐口村成为民俗村以后，每年换届选举，上级都要求选举一名妇女主任，这是不同于村委会其他自然村的一点，其他四个寨子可以不选举出妇女主任，箐口就是要求产生一个，每次上面来开群众大会都要求妇女们参加，我想这是对的。"妇女能顶半边天"，一个村民素质的提高和经济

的发展不仅是男人的事，也是女人的事。一个村寨的发展不仅要提高男人们的各种素质，妇女们的素质也要提高，彼此互动，才有利于更好更快地发展箐口，箐口村才不落伍。

2008年8月16日，星期六，农历七月十六，属鼠，多云间晴

今天，听说是黄草岭村民小组过世的老人办葬礼，有很多箐口村民也帮忙了回来。如果我们箐口村有这样的事情他们也会过来帮忙的。

中午，看见张宽家拆除茅草房了，说是准备拆除一点后重新加建一点，原来向南的茅草房遮了阳光晒不了谷物，现在是准备建过来向北的一面，这样会采光些，可以方便晒谷物。

下午，元阳县电信公司的人来与村民小组协商，准备要在我们箐口村集体林建盖一个电信信号台，这个事情由李树华接手，我没有怎么过问。

2008年8月17日，星期日，农历七月十七，属牛，阴，有雨

前面说过，云南农业大学在箐口村做很多种调查，收昆虫是一项。在几个不同海拔的地方各支了一个网，由农科员李树华负责每周收集一次，星期日送到农科站，然后由农科站工作人员星期一托开往昆明的车送上去，已经有很长时间了，不知道他们这样的调查以后对箐口村有什么帮助？

什么是形象？我不知道。只是我们村委会的兽医员土锅寨村的李文忠，今天又到村里来了，要村民小组通知村民来打预防针，我是怕了。经常见了就要躲着的，经常看见他是鼻青脸肿、东倒西歪的，人没有来酒气就来了，常常看见他睡在马路上。他来打预防针，村民总是以各种理由拒绝或者直接就躲开，谁愿意让他打呢？都说是来讨酒喝的。喝是可以的，出了人命谁负责？知道今天我怎么做了吗？拒绝。"我有事，你自己去吧。"

2008年8月18日，星期一，农历七月十八，属虎，阴，有中雨

人一旦困难了怎么办？想到的可能是朋友，可能是政府。前几天雨水多了冲垮了卢迁华家的房子，今天要我和他到新街镇民政所申请困难补助。我也只好去了，已经有人与他们联系了，应该能补助一点的。

这个月是农历的七月份了，按照村里的习俗是要做一个祭祀的，叫作"什好普龙窨"。"什好"，七月份；"普"，寨子；"龙"，运气，福气；"窨"，封住，堵住。意思是到了七月份，草木茂盛，虫蛇成灾，做了这个祭祀可以保村民身体健康，寨子不受灾难，村民的运气福气不要外漏，外面的灾难也不要进村里来。今天属虎，就像老虎守住大门一样，不要让外面的虫蛇进村来，守护着村民。所以，祭祀选择了今天来做，这次是每户收了3元钱，要买一头猪、一只狗、一只鸭子、一对鸡，其他的可以自备一些。每户可以派一个代表参加，到寨子脚磨秋场下面祭祀。

2008年8月19日，星期二，农历七月十九，属兔，多云间晴

上午，我主持村民召开群众大会，一是向村民说明官司的进展情况，从目前来说对我们群众有利，希望村民不能放弃，还要团结一心，维护属于我们的权利。二是护林员李上嘎申请辞职，群众是否同意？该怎么办？三是林里安装信号塔向群众征求意见，群众是否通过？四是向群众说明有部分村民在拿安天栽种农作物，而有村民又去放牧，会破坏庄稼，要求全村都去栽种农作物，不得到此放牧。五是最头痛的事情，就是李树华被免职的事情，提出并决定每户派一人到土锅寨村委会上访。

会议结束，来参加的村民都到土锅寨村委会上访了。人多话多，有村民提议要求罢免现在的土锅寨党总支书记职务，罢免主任职务。之后是挂钩土锅寨村委会的领导出来讲话，要求安排六名代表到新街镇党委政府汇报。

接着，就是安排了村民代表李文光、李小生、李正祥、李才生、李平珍、李生明，包括我一共7人到新街镇党委政府办公室反映情况。一是坚决不同意李永福任箐口村民组长，必须免除。二是要求罢免土锅寨党支部书记杨林、主任白万福的职务，他们不顾大局，有私心杂念，要求镇党委安排工作人员来调查。三是要求镇党委向林业局、县法院、县政府多多反映情况，要求他们尽快来处理事情，以免出现更大的事情。

今天一天就干了这些，一天下来，精疲力竭。什么时候能干完这件事情？

2008年8月20日，星期三，农历七月二十，属龙，多云

上午，李得卜家做祭祀，在祭祀中来说是比较大的一种了，翻译应该叫作后院祭祀，这种祭祀村民都可以参加，他家也请了家族的人和朋友们来。

李上嘎再次要求辞退护林员一职，我们只能同意了。

2008年8月21日，星期四，农历七月二十一，属蛇，多云间晴

这一段时间村里政治混乱，前天村民代表到新街镇反映情况后，今天新街镇安排了工作人员来箐口做工作，今天是落实箐口村的选民名单，统计有六百四十七名。

中午，安排新街镇工作人员在李正祥家用餐。

李文贵到新街镇办理其孙子的户籍手续，主要是其儿媳的户籍有点问题，回来说是没有办理好，只有等以后再办理。

2008年8月22日，星期五，农历七月二十二，属马，多云间晴

根据新街镇工作组的安排，今天上午选举村民组长。投票结果是李树华414票，张明华172票，李文光6票，李世华61票，卢学明5票，李生明2票。李树华以绝对多数得票当选，意思很明显，就是要他带领村民把官司一事了结。

会上，工作组当场宣布，并用红纸张榜贴在寨子中心李宏家的墙上告示。

工作人员在李正祥家用餐，总算稍微平息了一点民愤。

2008年8月23日，星期六，农历七月二十三，属羊，多云间晴

根据昨天选举结果，我们村民小组人员一起到集体林观察护林情况。一是已经决定不让村里的李上嘎坚持护林，希望大鱼塘一家人继续坚持护林，以后的护林费用箐口村每年每户一斗谷子归他们一家人所有，如有什么情况及时向箐口村民小组汇报。

建房子要石头、水泥等，今天马刚金家运回来一些石头，准备建房子了。

打工外出的有李庆五、李上嘎等。我就分析，原来李上嘎是看不起护林的补贴了，趁还能打工的时间找钱去了。既然人家这么选择，我们也没有办法。人各有志，还是由他去吧。多发些财回来。

2008年8月24日，星期日，农历七月二十四，属猴，多云间晴

云南农业大学在箐口村稻田里选择了几块田做试验，已经有好几年了，近期又来了两个实习的研究生，他们吃住都在卢世华家，已经调查了一个多月，每天无论天阴下雨都准时出去，看他们很辛苦的。可能调查结束，他们两人于今天返回学校了。

在箐口村来说，只要自己家有大树（可以做棺材的，主要是王眼果树、杉木树），家里有老人的，都会选择一定的日子把树砍回来解成木板备用，一旦老人去世就临时请村里的师傅们做，没有大树的人家一般临时就到木器厂买了。不过，他们希望所选择的树木要干净（没有受过雷打的树，雷打的树不能用），所以，只要自己家有能用的树就尽量选择家里的树，这样放心些。卢某已经是60多岁的老人了，应该是自己家树林里有能做棺材的树，今天叫了几个亲戚去砍倒，准备到一定的时间就请人解成大板，等以后家里人老时用。听村民说，即使家里有多好的大树，要是没有老人健在，都是年轻人的话，一般是不会去砍倒的，这对家人不利。

做事情的，哪里有十全十美的？村民与李永福发生林权纠纷后，又有人说他承包的集体鱼塘也有问题，村民小组只好协商要把他承包的鱼塘也收回来，准备在群众大会上每年以二百元起价承包给其他的村民，协商暂时承包期为五年。

2008年8月25日，星期一，农历七月二十五，属鸡，多云间晴

现在的社会是发展了，电话逐渐代替了书信，邮递员也很少来村里了，但是今天的情况有点不同，李平清收到了一封从台湾来的信，邮递员是亲自找到李平清，叫他亲自接收签了字才离去，看样子是一件很严肃的事情。

李树华超生是事实，有人举报后，村委会决定免去他村民小组长和农科员职务，这看来是理所当然的。然而，我从云南农业大学学习回来后，召开了一个群众大会，村民的意见很大，认为村民群众与李永福打官司，正在当头上，把李树华免去，又要任命李永福当村民组长，这分明是个人所为，绝对是行不通的。为此，村民代表几次上访过新街镇政府，竭力要求不能让李永福任村民组长，要恢复李树华组长一职。即使要免除李树华组长也要等官司结束，不能与他超生一事相提并论，处罚也罢，绝对不能免除他的职务，这是村民的呼声。经过新街镇安排工作组进行调查和临时的选举，于8月22日再次选举李树华任村民组长，今天，他接到通知参加村委会会议，也不知道具体是讨论什么问题，我也没有必要过问。

2008年8月26日，星期二，农历七月二十六，属狗，多云间晴

箐口小学开学了，小同学们过了一个愉快的暑假又要回到学校，接受新的知识。

俗话说"不吵不闹不是夫妻"。从村里的情况来看，这是针对已经成家有儿女的老夫老妻来说的，这种情况一般是今天吵架，过一段时间就和好。而要是年轻的刚结婚的就不能这样说了。比如，年轻的卢某前一段时间与妻子吵架了，他的妻子就跑回娘家，叫了几次都不愿回来，今天不知道使了什么招数才接回来。所以我建议年轻的夫妇不要吵架，要吵架也等时间合适了再说。

政府实施林权改革从去年就开始了，今天村民小组接上级的通知，调查村民私有林情况，是准备要给有私有林的村民做林权证书。从调查的情况来看，村里有私有林的有李永得家、张明华家、卢世华家、张文和家、张保祥家、卢学贵家等。从总体来说，由于这里人多地少，有私有林的不多，有点私有林的不过六七十户，很多村民的柴火都是依靠田边地脚来维持，只是现在的电器发展了，都使用上了电磁炉、电饭煲等，一个月电费一两天的工钱就解决了，很大程度上减少了用柴火。

2008 年 8 月 27 日，星期三，农历七月二十七，属猪，多云间晴

为了避免出现漏洞，村民小组继续调查核实有私有林的情况，发现除了昨天调查的人家，还有卢志民家、李哈思家、张志学家、李廷福家等。

房子倒了，一家人没有居住的地方，给生活带来多大的麻烦，这个我们可想而知了。为了恢复房子，前几天卢迁华叫了亲戚在地里采了一些石头，昨天晚上就通知了亲戚和朋友们今天早上没有外出劳动之前去背几背石头。从早上的情况来看，亲戚和朋友们都同情他，都自觉来帮忙背了，都希望他家尽快建好房子。

2008 年 8 月 28 日，星期四，农历七月二十八，属鼠，多云间晴

打官司是件比较费劲的事情，我们亲身经历了这件事情后才知道。村民集体与李永福之间的官司一直没有结果，村民们总是问我们，有时搞得我们都烦的。但是静下心来想一想，他们说的也不是没有道理。为了答复村民，今天我和李树华、李文光、李小生到法院咨询情况，只有知道和了解情况了才好回复村民的提问。

村里不上学的孩子多，一直是家长和其他村民的心病。今天又有人来告状说学校的门窗被砸坏，知道是六年级辍学的李开和李生禄干的。孩子，毕竟还是不懂事，叫我们怎么处理呢？苦恼得很。只能是通过家长教育，有能力就叫家长修复一下，向学校的老师们道歉。

今天是新街镇的集日，李爱生家去卖小猪，说是猪价有所下跌，只能卖到三四百元一头了。要是在前一段，一头很小的猪都要卖到六七百元的，养母猪也划算的。

2008 年 8 月 29 日，星期五，农历七月二十九，属牛，多云间晴

上午，我们原来是计划召开群众大会的，要想向群众征求原来所谓李永福承包鱼塘的事情和准备安排人员看管拿安天的事情。一是准备转包鱼塘的李文光不在家；二是村里的喇叭坏了，不能向村民通知就没有召开了。

接到云南农业大学钱老师的电话，说是安装在李志宽家田边的一台气象站收不到信息，要我去检查情况。我还是去检查了一下，我不懂行，估计应该是线头因为渗水腐蚀而收不到信息，其他的都看不出什么问题来。我还是用电话回复了我的看法。

2008 年 8 月 30 日，星期六，农历七月三十，属虎，阴雨转晴

上午，有李平贵家到寨子外祭祀，请的摩批是其姐夫麻栗寨人李主仪，参加的人有李平发、李平真、李庆福，又该不会是家里出现什么不顺了？

我发觉村民是很直接的，你给钱，我办事。在前几年县旅游局每年都兑现村民的门票提成的时候，他们一大早就出来打扫自己区域的卫生。到现在，2007 年的门票收成都没有兑现，谁有精力来打扫呢？只有管委会人员了。今天安排了人员冲洗村里的路面。当领导,我看还是有能力大小之分的,就像每个人力量有大小一样。前几年旅游局到了年底,他们无论想什么办法都来兑现村民的提成部分,还要请村民代表开座谈会,请他们喝酒讨论事情。现在不同,村民很少看见旅游局的领导,与群众的关系不是很友好,村民是很有意见的。

云南农业大学调查土壤情况的学生来,到田里取土样,要把所取的土样带回他们的学校进行化验,其他的我们就不知道了。

时间过得快,转眼又到了收割的季节。今天看见李世文家收割谷子了,说是一种叫"百日收"早谷品种,他家是我们村里今年收谷的第一家,要是评奖的话,他家今年收谷子拿第一了。

2008 年 8 月 31 日,星期日,农历八月初一,属兔,阴

上午八点三十分,我们村民小组按照安排,准时在陈列室广场召开群众大会,要求每户必须来一人参加。会议的主要内容如下:第一,宣传如有林地漏报情况的请及时来登记;二是鉴于前几天学校的门窗被砸坏的事情,要求各位家长严加管教自己的孩子,要求村民的猪鸡牛不要放到学校里;三是合作医疗的事情,需要入保的,每人每年 20 元,请尽快凑齐上交;四是安装闭路电视的事情,如果有村民愿意的,可以来办理;五是拿安天的管理问题,要求村民栽种苞谷、黄豆等农作物,不得随意放牧,协商每年每户交一升谷子安排卢俫应来看管;六是关于原来所谓李永福承包的鱼塘的事情,所谓承包,村民什么情况都不清楚,他家也不愿意说,会议后安排代表交接并限期他家收回鱼塘的物资。其实,鱼塘什么物资也没有了。现在以每年 200 元起价包,期限是 5 年。

会上,李文光答应承包所谓李永福承包的鱼塘,答应一次性付清 1000 元。村民同意,决定下午会餐后,李文光又加 200 元作为赞助款,村民每户再集资两元,以 1506 元买了李永贵家的一头猪,下午就在陈列室广场会餐。

2008 年 9 月 1 日，星期一，农历八月初二，属龙，多云间晴

听说，哈尼族的新米节在整个民族中还是一个比较隆重的节日。每年村里过新米节，都会有很多朋友来村里做客，停车场都是满满的。我知道今天自己过新米节的有张宽家和张明福家，主要是他们两家都栽种了早谷。名副其实，早谷就是比其他品种成熟得快，他们两家就为了早收谷子，只有在其他村民家之前过新米节了，之后他们才能收谷子。

现在的男女青年结婚，多数是自由恋爱了，但是，一旦要过礼或者商量什么事情，都需要中间证明人。今天，卢永贵就请了卢建忠、卢同则去接他的妻子，说是他们两人吵了一架，要这边的人道歉再接回来。

2008 年 9 月 2 日，星期二，农历八月初三，属蛇，多云间晴

就像昨天说的，今天张宽家收谷子了。栽种的说是一种叫"百日收"品种，成熟得快，而他们家常年在外地，自己已经不能种田了，只是为了不放荒，每年还是栽种着，每年就得出翻倍的钱请村民来干。今天也是这样，以每人一天 30 元请了十几个人去收割，具体多少个我没有去看，只是我知道他家的田多，离寨子有点远，不请十几个是收不回来的。

上午，朋友张有春来找我，叫我去帮忙他的侄子要回来被元阳县交通警察扣留的三轮车。因为他知道，现在的交通警察大队队长是我表哥，要我出面说说。鉴于我两人的关系，我还是得去说说，只是今天下去的时候，办公人员没有在，没有办成就回来了。

2008 年 9 月 3 日，星期三，农历八月初四，属马，阴，有雨

村民建房子，一般都是先找一些钱，选择好日子后，自己家再准备些材料，之后才叫亲戚来帮忙建。对于村民来说，钱毕竟难找，只能是就地取材，力所能及地省一些钱。听说李爱生家又准备建盖房子了，今天叫了亲戚去砍一些能做建筑材料的树，一是做顶木层，二是解成木板来用。所以，村民植树最少有两个用途：一是做柴火烧；二是建盖房子时用。

接到村委会的通知，林权改革工作结束了，我们箐口村民小组今天也参加林权改革结束工作会议。整个林权改革工作从总的来说，还比较顺利，喝了一餐工作酒。

2008年9月4日，星期四，农历八月初五，属羊，多云间晴

上午，云南农业大学钱老师打电话过来说在村民李志宽家田旁边观察的气象站收不到信息了，叫本人去查看什么情况。受人之托，我还是去检查了一下，可能是线路因为雨水渗透腐蚀影响的，我没有什么材料又不懂这方面的知识，只能如实答复，等着他们亲自来处理。

游戏是每个孩子成长的经历吧，这一段时间村里的小孩们玩一种纸币游戏，有5元、10元、20元、50元、100元的，他们每人都是一大把一大把的，像是现在就给孩子培养这方面的知识一样。有的人就是会找挣钱的路子。

都说是"熟人好办事"。张有春要我帮忙接他侄子的三轮车回来，今天我们又过去了，交了罚款五百元，停车费70元。他侄子的车为什么被扣留，原本我不知道，我干过县交通警察协管员，基本知道一点原则，我也没有跟我表哥说，被人家知道你违章了，总是要交一点才过得去。后来有一个朋友跟我说，被交通协管员检查的那天，他们动了情绪，双方吵架了，他们才硬扣留了车，要他侄子交两千元罚款再来开走。我知道后才恍然大悟，有的事情还是悠着点办，不是自己的事情为什么偏要把自己卷进去？

2008年9月5日，星期五，农历八月初六，属猴，多云间晴

据村民说，打灶还是要师傅的，有的村民家做得好的就是会生火，有的做不好的自然就不会生火了。今天李正祥家改灶，说是以前做得不好，今天请了卢学文来做。

这几年村里建房子有点多，今天不是张家运回来材料，就是李家运回来材料，停车场都摆满了建筑材料，有时连几辆车都摆不下。今天张祥家运回来沙，准备加建第二层的房子。我知道，不是所有村民有了钱才建房子，有的没有钱也要建盖房子的，钱多了可以多建一点，钱少了少建一点，今年可以建一层，明年可以加建第二层，只有各走各的路。

从今天我去办理的卢某事情来看，年轻的男女结婚成家是要感情基础的。没有感情基础的婚姻像是沙滩上画画一样，一阵风雨就要被淹没，据说他们相处了这么几年后，发现双方的性格差异大，不能相处下去了。女方一次性退还男方 7864 元的礼金，两人就算离婚了。结婚时没有办理什么结婚证，离婚了也不用办理离婚证。在农村的我们很多就是这样干的。

2008 年 9 月 6 日，星期六，农历八月初七，属鸡，多云间晴

卢迁华家运回来沙，准备重建房子。房子倒了，没有居住的地方，只有想办法建起来。

卢建忠家买回来石棉瓦，说是他家的茅草房又漏雨了，不能再用茅草来建房子，准备要用石棉瓦建盖了，这样使用的时间要长些，不用三五年又换的。

2008 年 9 月 7 日，星期日，农历八月初八，属狗，多云

不知道今天是什么好日子？这一段时间准备建盖房子的几户村民家都选择今天下石脚，即下基础，有卢迁华家、李世得家、李志得家。可能今天是农历的八月初八吧，我们村里选择日子一般都是用农历的算法来选择的，一般都选择双数日子，这样算来，今天真是个好日子，也难怪他们这样做了。

今天外出打工的有李春夫妇、李永夫妇等，可能他们不准备在家收割了，拿一些钱放在家里让其他家人来管收割。

2008年9月8日，星期一，农历八月初九，属猪，多云

到秋收时间了，有些栽种早谷的村民家可以收割了，今天有张祥家。

今天，我知道卢迁华家从新街镇民政所领回来民房保险补贴1200元。这是我的一个朋友告诉我的，说是给我一点面子，要不然不会补助那么多。不知道出于什么心态，他本人还没有告诉我，我想做人真的还是要认真些，别人帮助了你，你应该要感恩的，不是说人家图你什么，我图的是清楚，是明白，恨的是不明不白的事情。

2008年9月9日，星期二，农历八月初十，属鼠，多云

做父母的都知道，带孩子一定要小心。今天李某的孩子说是在个旧市工地上掉水里淹死了带回来。孩子才九岁，死得很可惜的，养这么大一个孩子不容易。难怪有些中老年人说：宁愿看管一头牛也不愿看管一个孩子。

今天打工回来的有张庆贵夫妇，他们是为了收谷子回来的。做家长的往往就是这样，家又背不走，不能到什么地方就背到什么地方，家像一块无形的磁铁，每到家里过年过节，或者播种和收割，或者家里出了什么事情都要被吸收过来了，家人总是要围绕着家来转。

2008年9月10日，星期三，农历八月十一，属牛，多云，有阵雨

今天，村里送葬李某的孩子，孩子的事情，做得简单些，只要他们家族和亲戚帮忙就送出去了，村民没有必要参加那么多，免得人家办理伙食，有的人还要回避的，只是他的亲戚们参加就行了。

卢迁家收谷子，今天收的不是他本人家的田，而是水卜龙村民家的田。这几块田水源方便，都是中等面积的田，可以栽种，可以养鱼，离寨子近，就在黄土坡下边，便于管理，可以收二十多背谷子。田的主人家只要几背谷子过年过节献献饭就可以了，能在家管理田的，还是划得来的。只是听一些老人说：那几块箐口村民是不能去管理的，说是以前老人下过咒，要是箐口村民管理了，他家里肯定会带来霉运。所以，知道的村民都不愿意去管理的，即使主人家拿出管理费也不愿干。

2008年9月11日，星期四，农历八月十二，属虎，多云，有阵雨

今天还是卢迁家收谷子，是收他管理栽种的水卜龙村民家的田，三分之二归他，三分之一由水卜龙村主人带回去。这是收割的时候，他主人家要过来背几背谷子的。

有一段时间村里是没有养狗了，但是不知道从什么地方弄来的，张小明家养大了一只狗。这段时间村民说是他家的狗经常跑到田间咬死鸡鸭，很有意见，希望他家能处理掉。而他家也正准备卖掉，正好，今天水卜龙小学的老师给180元买走了。这样，也才算息了被咬死鸡鸭的几户人家的气。

2008年9月12日，星期五，农历八月十三，属兔，晴

今天的天气很好，为了便于管理，卢迁家把前两天收的谷子都背到广场去晒干。是的，这段时间天气热，收回来的谷子要是不能尽快晒干有可能全部发芽发霉的，也就只能喂猪牛了，也就白劳动了。

马刚金家叫了人背沙，他家离停车场远，停车场在寨子的上头，他家在寨子脚建盖，一两个劳动力是不够的。一般这样的事情亲戚都会互相帮忙的，所以今天早上就叫了村民来帮忙背沙。

明天，村里就要统一过新米节了，就有很多村民上街买鸡鸭、猪肉等，基本上每户都有一人出去了，晚上家庭主妇要到自己家田进水口处背新谷子，明天要把这些新谷子碾出来献饭的。

就是为了过明天的新米节吧，今天卢学贵家约了人杀一头猪。

2008年9月13日，星期六，农历八月十四，属龙，晴

村里今天过新米节了，但卢迁华家的房子倒了也顾不得了。上午，卢迁华家就买钢筋回来，不得不抓紧时间建盖自己的房子，好让一家人有居住的地方过日子。

今天是村里的新米节，来做客的人很多，停车场都摆满了车，是村里比较热闹的一天。

2008年9月14日，星期日，农历八月十五，属蛇，晴

只要天气晴朗，即使今天是中秋节，有的村民也去收割了。今天收割的有兄弟张明福家。

昨天是新米节，今天是中秋节，这两天村里就热闹了，来往的客人比较多。

2008年9月15日，星期一，农历八月十六，属马，晴

过了新米节，过了中秋节，今天天气好，收谷子的村民有张明福家、李志学家。

按照村里的民俗，今天是新米节后的第一个属马日，是要发动村民去修路的。主要是修理从麻栗寨河到村里的这条到田间的路，修理被水冲垮的路和砍去路边的杂草，方便收割时来去。今天分了五个组，两个组到寨子脚，就是修理塌方的地方和砍去路边的杂草，三个组到山上村民放牛的路上，他们说去放牛的一段路塌方了，村民来去不方便，需要今天集中力量去挖通。

下午，打工回来的村民有卢荣福夫妇，到了收割的时候，做家长的一般是要回来的，不可能把自己栽种的庄稼丢在一边不管。

2008年9月16日，星期二，农历八月十七，属羊，多云间晴

秋天到了，寨子脚的谷子黄了，村民又要忙着去收割了。今天去收割的就有张明福家、张文学家、李志学家、卢开亮家等。这种农忙的事情，村民间一直是劳力互换，就是说今天张氏家请李氏家来帮忙，而到李氏

家收割时，张氏家的人又过去帮忙。一般情况是这样的，而今天的李志学家就有点特殊，因为他们一家都外出打工，他的弟兄们经常不会回来做这些农事，也就只有付工钱请其他的村民帮忙了。

村里集体有一块地叫作"拿安天"，很多年前栽种了茶叶，每年都可以产很多茶。茶厂都维持了很多年，只是由于管理的问题没有给村集体带来什么好处，倒是装满了老板普世洪的腰包，自己家盖起了高楼大厦。而一场洪水把茶厂冲倒之后，他申请破产，茶叶不能正常生产了，茶农有意见了，其他村民想想用自己的地给老板发财自己却什么利益都没有沾到，越想越来气，茶树就被村民砍死完了。

在群众的拥护下，我硬是把这块交给茶厂管理很多年的属于箐口村的土地争回来，分配给每家每户栽种苞谷、黄豆等农副作物。但是从这几年的情况来看，就是有部分不自觉的村民经常去放牛，破坏了周围的护墙。于是根据昨天我们村民小组的会议及村民的意见，今天组织全村每户出一个劳动力去围墙，要求村民不要再放牛进来，村民们特别是缺少土地的村民家栽种农作物，多少可以解决家里的困难。

有人说"人争一口气，马争一口草"，为了寨子脚的一棵皂角树，李宏家与李志学家争吵了几次。有了问题始终是要解决的。我们知道了这一情况，商量了一下，"树大招风"，树长得太大如果倒了可能会压倒祭祀房和旁边的水井，通过与他们两家商量同意，决定收归集体所有。收归到什么地方呢？给村里的大咪古李小生处理吧，反正他主持的集体祭祀多，有时柴火不够了要到他家拿的。于是，村民小组组织围墙回来后再组织了几个村民把那棵树砍倒，由咪古李小生组织背回家。不过还是不够仔细，砍倒时还是压倒了水井的一个角，只是问题不大罢了。

2008年9月17日，星期三，农历八月十八，属猴，多云间晴

村里自从规划为民俗村以后，规定寨子后面的山上都不能采沙取石了。而"树大分枝，人大分家"，这是常理。一个房子里住不下一家人，就只有新建房子而分家，张祥家就是一个例子。他成家已经多年，儿女已经二十多岁了，怎么没有自己的家呢？今天他家运回来一些石头，看来是准备在自己家的菜地里建盖新房子了。

收割要趁着天气好的时候，这是每个村民都知道的道理。到了这个收割的季节，每天就少不了有村民家收割谷子的，今天有李世华家、李祥家、李得贵家等。

云南农业大学在箐口村里设立项目做哈尼族传统品种调查已经几年了，每年都要安排师生来调查取样品，之后将它们带到学校做实验。今天又来了几个学生到他们做的实验田里调查。从昆明市到这样的乡村，他们也是很辛苦的。

2008 年 9 月 18 日，星期四，农历八月十九，属鸡，多云间晴

一个人自己能处理的事情自己处理，"一个好汉三个帮"，自己处理不了就只有请亲戚朋友帮忙了。比如，丧事、建房子等一类事情，就不是一个人能处理的事情。马刚金家建房子就是这样做的，早上请了隔壁邻居、亲戚朋友来帮忙背回石头。但是做什么事情都要讲究时间，这一段时间不是忙着收割吗？来的人自然就比平时少很多。

这几天天气好些，可能前几天就收割了谷子的村民家谷草也晒干了，今天看见有张明福、李志学家收谷草了。根据村民的议论，收谷草要比收谷子累，还赶着时间，因为要是谷草被雨淋湿了就只有等几天晒干了才能收，不像收谷子，只要天晴一会儿就可以收，是麻烦些。

今天收谷子的村民家有李得云、李其三家等。

中午，有云南农业大学的师生在村委会做调查，请了箐口村民组长等十人协助他们，本来我也是要参加的，只是我有另外的事情就没有去参加。

我是随我的表哥到金平县他的老家那边去了，说是他老家那边两个叔叔都过世了，他们要回家看看，就叫了我一同过去。一家人嘛，遇到了事情总是要走走的。

2008年9月19日，星期五，农历八月二十，属狗，晴

我跟表哥们在金平县十里村他们老家那边，从电话里知道今天收谷草的有李政明家和兄弟张明福家，收谷子的有李清华、卢同则、卢荣贵等。因为远在他乡，其他再多的事情就没有过问了。

2008年9月20日，星期六，农历八月二十一，属猪，晴

我还是跟着表哥他们在金平县十里村他们老家那边，知道今天收谷草的有李志学家、李政明家。收谷子的村民家有卢开亮家、李生明家、李树林家、卢文华家、李绍新家、卢世文家、张文和家、李田明家等。还是在电话里知道的，已经进入秋收的农忙时候了。

晚上7点30分左右，李小强家因电路问题引起火灾，惊动了村民，只是没有发生太大的损失，打电话叫供电所的人来检查，他们才不慌呢，来抢救一下工资又不会多加一点，说是已经下班了，明天才会来。

下午，我就随表哥他们从金平县回来了，今天村里的事情就知道些了。我还从金平县带回石斛药材品种准备试种。在金平县，很多老板都栽种石斛药材，说是这几年的市场价相当不错，他们是想在我们这地方也试种，叫我先试种着看。带回来不多，只是几瓶试管苗，也不知道能否实验得好。

2008年9月21日，星期日，农历八月二十二，属鼠，晴

这两天收谷子的村民家就多了，今天有卢世文家、李庆华家、张庆贵家、李新明家、卢学贵家、李树华家、李田明家等。这几天天气好谷草也被晒干得快，今天收谷草的村民家有张政祥家。

昨天晚上因为李小祥家失火，差点出了大事，叫供电所的来看时说已经下班而没有来，答应了今天来。但是，今天还是没有来。不是我说他们，供电所的服务态度是差。包括其他地方的村民都是这么说的，说他们是电老虎。我们不用电不行，电的事情还是需要一定的技术，你懂一点去弄嘛，不出事情还好，出了事情谁负责？他们的理由就是这样。

今天有干部带着团队来，这就不可能收门票了。售票员知道了就不会去过问的。

2008年9月22日，星期一，农历八月二十三，属牛，晴

收谷子的村民家有卢保应家、李贵云家、李阿三家、李文光家、李庆林家、卢学贵家、李树华家、李爱生家、张政和家等。村里的谷子都可以收割了，只是劳动力和天气的原因。只要天气好，就有很多村民要去收割的。

今天开始，我们村民小组开始收农村新型合作医疗保险费，今年每人要交二十元，可能是村民都忙着去收割了，一个早上都收不了多少。

今天中午，村民小组接到法院的通知，说是村民集体与李永福之间的官司一事于这个星期四（九月二十五日下午两点）开庭，叫我们按时到达元阳县人民法院民事庭参加答辩。

2008年9月23日，星期二，农历八月二十四，属虎，晴

正是秋收的时候，只要天气好一些，就有村民家收谷子的。今天收谷子的村民家也很多，有李树华家、李平真家、李志宽家、张明生家、张龙家、张正和家等。由于连续几天的天气都很晴朗，田里的谷草都晒干可以收回了，今天看见的是有李小生家、李正新家。

可能是快要到十月国庆节了，又是一个旅游的黄金时间，来村里的游客估计会多，箐口民俗村管委会今天组织人冲洗村里的路面，不洗就罢，洗洗还是干净多了、舒服多了。

2008年9月24日，星期三，农历八月二十五，属兔，多云间晴

今天上午，我们箐口村召开群众大会，目的是村民小组向村民征求明天开庭林地官司一案的意见。这一事情僵持了这么长时间，我们作为村民小组成员的人也被说三道四，不仅对方把矛头指向我们几个人，村民也怀疑了，在下面对着我们骂人了。为此我们也下定决心打到底，我们要求今天上午的群众大会每户必须来一个代表参加，在会议没有结束之前不能去干收割谷子等农事。最终的会议决定，明天开庭的官司一事要求每户有一个参加，每户都不能去收谷子，不参加的村民户家要处罚500元。为了这一事情，作为村民小组成员的我的确也是付出了很大的精力，原本可以坐下来和谈的事情，却因为这样那样的话激发了我的斗志而偏要打官司不可。有些话，我会终生难忘！

就像上面说到的，在开完群众大会之前是要求村民不能去收割谷子的，我们这样要求，希望村民对此事多关注些。会后，还是有很多村民眼看着天气还能收谷子，就有去收的，有卢朝生家、李得福家等。就村里来说，最忙不过是秋收和插秧两个时节，所以只要天气好一些，就会有村民家去收割的，都想把自己一年的辛勤汗水收到自己的身边。

对这一带的哈尼族来说，男女青年结婚，男方要给女方一定的礼金，而一旦他们离婚，结婚时男方给的礼金要送还给男方的。根据这一习俗，卢某与他的前妻离婚已经几年，但是由于女方家的经济原因一直没有奉还，于今天早上送来当时的礼金2940元。说是他和前妻离婚已经两三年了，因为前妻没有改嫁而不便去追讨回来，前一段时间听说前妻已经改嫁便叫人去说，过了这么一段时间便送过来了，希望以后互不相干，以求双方以后幸福。

2008年9月25日，星期四，农历八月二十六，属龙，阴，有雨

根据昨天上午的会议，我们箐口村民是准备每户一人到法院参加开庭一事的。我们考虑了一下，便向所请的李万明律师说明了一下村里的

情况，他建议我们暂时不要叫那么多村民来，这样不利于我们集体村民一方，也就除了村民小组我和李树华，只派了几个村民代表一起去，有李永忠、李小生、李上嘎、李文光、卢学明、张保祥等十几人。我们告诉村民律师不许我们带这么多人下来，村民方才在家里了。

今天是雨水天气，村民是不能出去收割了；加上此官司一事时间长了，夜长梦多，村民想得到解决。我们也希望尽快得到了结。我们的亲戚朋友听到对方一些刺耳的话语以后，恨不得一口气吃下他们，都更是希望法官尽快做出判决。对这一事情来说，村民是绝对重视和支持的。

2008 年 9 月 26 日，星期五，农历八月二十七，属蛇，阴，有雨

虽然是秋收的时候，但是今天还是下着雨，村民都不能出去收割了，只能做其他的事情，我是没有看见有村民出去收割的。

连续几天的雨水天气后，河里的水涨了，沟里的水也涨了，正是收割的时节，村民是不喜欢的。但是村民能对天怎么样呢？没有办法。只能就由老天了。只是话要说回来，有的村民就可以利用水做一点事情，正如今天的卢迁华家，他家就利用水在沟里冲走他家过多的泥土，免得他们建房子的师傅都绊手绊脚的，比用人背出去是省了很多很多的人力，这也是借了老天的力。

这两天村里可能是发生鸡瘟了，今天不是看见张三的老婆杀鸡就是看见卢四的母亲杀鸡，她们手里的鸡肉是红色的，很不自然。不过，很多村民认为大的鸡扔掉可惜，就好好剖开洗净，高温煮熟后，配一些香料就吃的。这时候就是妇女们交流的时候了，这是她们茶余饭后的谈资，说今天张氏家死了几只，那天是卢氏家死了几只。从现在来看，这也没有办法。村民最多只是打打预防针，只是这是农忙时间，基本没有村民去顾及，或者谁家都不是鸡场，养得不多，死得就不多，也就又不觉得可惜了，大多的死鸡，还是扔到沟里冲走了。

2008 年 9 月 27 日，星期六，农历八月二十八，属马，阴，大雨

今天还是有雨水，村民还是不能出去收谷子，有的谷子要倒伏的，村民还是着急。

你看看，村民们的谷子没有收完，就有人家要搭田埂了，今天是有卢世华家请了人搭田埂，有卢建忠、卢同则等，不知道慌什么？还是要忙着做其他的事情？

上午，有云南省曲靖市地方的人到村里做生意，用盆和碗交换村民的烂铁烂铜、塑料品、旧电视等。来交换的村民还是挺多的。因为对于村民来说，那些已经是坏的烂铁烂铜没有什么用了，丢在家里也是一堆垃圾，想着还不如换了算。

2008 年 9 月 28 日，星期日，农历八月二十九，属羊，阴转晴

上午，听到李和明的母亲去世，知道消息后是有很多村民去帮忙的，特别是被请的木匠是带着工具做棺材。一些人就做炊事员，女的洗菜，男的炒菜，我也去了，来帮忙的人还是多，有的人还是停止了收割来的。

昨天有卢世华家搭田埂，今天就有他的父亲卢志明家请了卢小华、卢迁华、卢同则、卢新等人去搭田埂，同时又叫了卢建忠犁田。他们是今年犁田的第一家，好像有什么东西在赶着他，又不是比赛，早早地把田里的事情摆平了干什么去？

今天看见锄埂草的有李志学家。

上午的天气不是很好，但是中午就渐渐转晴了。转晴后，出去收谷子的有李志文家。

今天还有云南农业大学的学生来取他们试验田的土样，取了之后就带着返回他们学校了，在村里没有再多调查一天。

2008 年 9 月 29 日，星期一，农历九月初一，属猴，多云转晴

下了这么几天的雨后，今天的天气变好一些，就有收谷子的村民出去了。有卢永贵家、李光明家、卢小和家、李上嘎家、李建福家、张祥家等。由于天气好，今天收割的就多了。

中午，有两个妇女到村里来卖洋芋，也许村民现在都忙着收割，田里可以拿回来要吃的食物，没有来买的村民，她们生意不好就返回了。

今天是新街镇的集日，听说有张小明家到街上卖米，卖了两千斤左右。平时，由于他们夫妻两个都经常在外地打工，家里只有张小明母亲一人吃饭，而他们家的田也多，收回来的粮食也多，他们家的粮食是吃不完的。再说可能是张小明母亲经常生病打针吃药的，家里的经济也困难了，就卖些粮食来填补。

我认识云南农业大学在这里做调查的师生以后，已经几年的事情了。所以，云南农业大学什么时候来师生，他们基本都告诉我，我也就知道，今天是有他们安排的新街镇农科站的人来收谷种，请了两个工人，每人一天付给他们 30 元。

2008 年 9 月 30 日，星期二，农历九月初二，属鸡，多云

今天的天气不算很好，但是，还是有村民家收谷子，有李学家、李庆亮家、卢永贵家等，其他村民家都要收完了，自己家没有收回来就会慌了，好像家里发生什么事情一样，被人说是不好的。

村里，今天主要是办理李和明母亲的丧事，用牛来丧祭的有黄草岭李克明家，用小猪来丧祭的有团结村委会的、麻栗寨的、主鲁村的等。

2008 年 10 月 1 日，星期三，农历九月初三，属狗，多云

今天收谷子的人家有李国忠家、李则忠家、张和明家。对于谷子来说，村里人家都快要收割完了，就剩下不多的几户，只是这几天连续的小雨，淋湿了谷草，谷草就不能正常地收拢了，要是过几天天气还不好，不能正常地收回谷草，这个冬天的牛要吃些什么呢？想到这里，养牛的人家头就痛了。

下午，村里送葬李和明的母亲，葬在寨子脚的地里。有的村民选择坟地还是有一定的讲究的，都希望找一块风水宝地以赐福后代，所以，还会请一些地师来看，他家的坟地是一个外地的年轻人算卦选择的。至于能否显灵就看看以后吧。

2008年10月2日，星期四，农历九月初四，属猪，多云转晴

按照村里正常的葬礼，今天的李和明家要请客接待，来做客的人给一定的礼金。

收谷子的人家有李爱生家、卢朝生家、张里宝家、高九沙家、李贵文家等。只要天气好，收割的村民还是多的。

村里今天断了水，可能是源头的水管坏了，村民小组的人今天有其他的事情而没有去，准备明天再去查看。

2008年10月3日，星期五，农历九月初五，属鼠，多云转晴

按照昨天的计划，村民小组安排人去水源头查看情况。由于组长家收谷子，由我组织前去查看。原来是水管里堵塞了一只死老鼠，看见了会很恶心的，只是我们已经习以为常，我是见过有的人直接抓老鼠吃的，所以我更是不要紧。知道在野外的老鼠不要紧，有的品种真是一道美食。

村里的谷子是基本上要收完了，只有成熟晚一些的糯米和部分人家零散的还在继续收，今天有李则忠家、李院忠家、卢志明家、李志和家、李树华家、李爱生家、李永贵家、李朝生家等，李清华家是收糯谷。

一些庄稼汉对我说过：收谷子不比收谷草着急。因为，谷草需要连续四五天的晴天才能晒干，一旦被雨水淋过，就要等天晴四五天晒干才能收。可能就是这样的缘故，今天有卢正荣、卢落以家等收谷草。可是听他们说，大部分还是没有完全晒干而不能全部收，只能是挑选着收些。谷草对于村民还是如同谷子一样重要，一是要喂家里的牛，从进入十月份到来年的三四月份，基本上都要靠喂谷草过冬。二是要建盖茅草房。

到目前，村里的茅草房基本上要消灭了，可是，村里根据政府发展旅游的需要又要保护茅草房，而寨子周边又没有足够的茅草来解决建盖茅草房的材料，村民就只有最大可能地管护好谷草来解决。

晚上，有李志光等几个年轻人爬到李克福家后面的五眼果大树上烧蜂子。蜂蛹很好吃的，是云南的一道名菜，只是今天晚上的这棵树太高大了一点，看他们厉害的，为了吃一餐蜂蛹，竟然敢爬到那么高的树，更厉害的是，树下都是茅草房，他们却敢用火来烧，还不担心火星落到房子上着起来，真是牛。有人到了春天就专门找蜂子来养着，到了秋季再出卖，贵的每公斤可以卖到一百元，有的一年可以卖上千元。今天晚上的他们几个是不会去卖的，烧了之后拿来，再配上烟酒作为佳肴来享受。

2008年10月4日，星期六，农历九月初六，属牛，晴转中到大雨

早上的太阳还好，村民像往常一样出去收谷子的人家有张文学家、张明生家、李文财家、李树华家等。收谷草的有李永福家、张正和家、李小明家、李永林家、李庆云家等。可是，到了下午1点左右后，天突然下起了雨，忙着收谷子和谷草的人家都只有回来，影响了村民的生产。

谷子和谷草都收得早的人家开始搭田埂了，今天是李政新家，有四个人。按照正常的情况，他们家的那一片田应该今天就能搭好田埂的，他们家也该是准备今天就要把这一片的田把田埂都搭了。可是，到了中午以后就下起了雨，下雨后，他们也不好劳动了，也只好收工回家了。

2008年10月5日，星期日，农历九月初七，属虎，阴，大雨

管人管事就是管不了天，像是给劳累了一个多月的村民一个星期天，又像是给村民捣乱，今天的天气从早到晚就是下雨，一直未停过。所以，村民都不能出去劳作，就没有人家出去收割或者收谷草的情况，就叫村民们都休息吧。

每到秋收的时候，这一带就会来很多的鸟，有白鹭、斑鸠、野鸽子、野鸭、黑雀、秧鸡等，要是在以前，这一带的鸟枪很多，每天从早到晚都会听到打鸟的枪声，只是在二十年前后政府要求上缴枪支，村里的枪都基本上缴了，很少听到打鸟的声音了。然而，还是会有部分村民不知道从什么地方弄来枪支，今天又有村民打鸟了，而最多的是隔壁的寨子的年轻人，他们每天都要过来打鸟的，政府和有关单位是该管一管了。

下午，有云南农业大学在村民家田里做试验的师生来，说是要是天气好的话，要收他们试验的水稻品种了。

2008年10月6日，星期一，农历九月初八，属兔，阴转晴

早上的时候，天气不是很好，但是到了十点左右，天就晴了。有还没有收完谷子的李永得家、张明福家、李志和家、李和明家、罗正光家出去收谷子。反正，天晴一点就要抢收一点，只有人就着天，不可能有天气就着人。

而收完谷子又收好了谷草的人家就忙着进入搭田埂的程序了，今天有李杰家和卢克福家搭田埂，按照工序一道一道地来。

村民小组今天按照村委会的要求统计村民民房的基本建筑面积情况。

今天，气坏李扎卜了。原来想着村民家的谷子和谷草都快要收完了，自己家养在田棚子里的七只鸭子可以放到田里食掉在田里的谷子，眼望着每天可以收六七个蛋，两个月两三百个蛋可以够家人美食一段时间了。可是，不知道是谁家的狗到他的鸭子关养的地方将鸭子全部咬死了，破了他成堆的鸭蛋梦，真是气死人。

2008年10月7日，星期二，农历九月初九，属龙，阴转晴

村民家的谷子都快要收完了，云南农业大学在农户家田里试验的师生也来收了。他们是昨天赶到村里，今天天气晴以后，他们也到试验田里收割他们试验的品种。

云南农业大学在村里试验的主要是水稻的生长情况，但是他们对气象也做相应的调查，他们在海拔1400左右的李志宽家田边安装了一个气象观察仪器，在海拔1600米左右的张明德家房子顶上也安装了一个，今天因李志宽家田边的仪器出现故障而收回部分零件带回学校检查，之后又带下来安装。

2008年10月8日，星期三，农历九月初十，属蛇，多云间晴

今天有高九沙家收谷子，说是其家主要是因为插秧时他生了一场大病，不能料理家务事情，耽误了插秧的时间，插秧的时间比其他村民家晚了很多，成熟得也就晚了很多，可能是今年收割最晚的一家了。

今天，搭田埂的人家是李绍新家、李永贵家等。

2008年10月9日，星期四，农历九月十一，属马，多云间晴

正如前面说到的一样，糯谷要比其他的一般谷子成熟得晚一些。今天有收割糯谷的人家是李克脚家和李正明家。李正明家是村里唯一一家栽种紫米糯谷的。

根据县人民法院的通知，村民组长李树华今天到元阳县法院领回集体与李永福纠纷一案的判决书。判决的基本情况是：认定李永福与前一届部分村民干部签订的协议无效；到2007年6月30日之前的退耕还林优惠政策给予李永福享受，自2007年6月30日之后的所有权属回归集体及退耕还林的优惠政策给村民集体，集体村民要赔偿李永福在集体林中搭建的护林房损失费17804元；如不服县人民法院的判决，可向州中级人民法院上诉。可以说，我们集体村民这边暂时占了上风。

按照县旅游局的要求，马刚金家在磨秋场的两棵直径已经五六十厘米的五眼果树是不能砍伐的了。但是他家可能是要建盖房子用，趁现在县、州里的领导来得少，他家今天叫了人砍倒了，有的说是要准备解成大板，以后做棺材用。

2008 年 10 月 10 日，星期五，农历九月十二，属羊，多云间晴

今天，有张氏家族的人组织到黄草岭村民小组里，是因黄草岭村民小组有一个张氏家人去世了。我多次在日志里说到的，大鱼塘村、黄草岭村民小组、箐口村是这一带相连的哈尼族村寨，几十年前迁居的情况很多，联姻的情况就不用说了。所以，无论是哪一个寨子有什么大事，都有往来，今天就属于这种情况。

搭田埂的人家有李正明家等。

做什么事情都需要师傅，犁田也不用说，卢志明是一个已经 60 多近 70 岁的人了，而自己 30 多岁的两个儿子又从未犁过田，今天他就请了卢建忠去犁田。

2008 年 10 月 11 日，星期六，农历九月十三，属猴，多云间晴

今天犁田的有卢克福家，反正只要天晴，村民就会赶着搭田埂、犁田，都要赶在天气冷下来之前把田里的事情做好。

"树大分枝，人大分家。"鸟做窝，人建房。这也成了常理，张正明分家寄居在其外甥家已经多年了，而其外甥现在已经长大成人，为了有一个属于自己的家，他家今天开始在自己的菜地里下石脚了，要在那里建自己的房子了。

2008 年 10 月 12 日，星期日，农历九月十四，属鸡，多云转晴

上午，有张氏家族的人筹米，以户为单位，每户出一升，之后安排人拿到黄草岭村民小组张氏家人去世处。在 10 月 10 日的日志里说到了，大鱼塘村、黄草岭村民小组、箐口村，无论是哪一个寨子的家人去世，都有其他村的家族来帮忙，今天也属这种情况。

这几天从早上的情况来看是有些雾，但是到了白天太阳还是比较烈。基本上把村民的谷草都要晒干了。正是如此，今天收谷草的村民很多，有李志和家、张明生家、李树华家、李正林家、张春华家、高文华家、李平珍家等。

今天犁田的人家有李跃家，他家这块田是村里最大面积的一块了，淤泥层，土质肥，不会种田的人是很难犁这样的田的，只有他们有一定水平的人才敢犁这样的田。

自从供电所实行村民自己到新街镇供电所交费以来，要求村民每一个月的10日就要交清，今天才11日，供电所就传单叫村民小组通知未交费的村民尽快来交费。

下午，有红河州民族研究所的人带着外地的人来村里参观。

2008年10月13日，星期一，农历九月十五，属狗，多云间晴，有阵小雨

这一段时间村民家的谷子基本是收完了，但还是处于很忙的阶段，每天都有村民家收谷草、搭田埂等，今天收谷草的人家有李正林家等。

磨秋场马刚金家的两棵五眼果树是在前一段时间砍倒的，今天他家又请了一些自己的朋友锯断，准备解成木板用作建盖房子时用。

张祥家今天拉直钢筋，同时下午从南沙运回来一车沙。

2008年10月14日，星期二，农历九月十六，属猪，多云转晴

昨天，送葬了黄草岭村民小组去世的老人。要是正常的情况，今天该有很多村民去做客了，可是由于这一段时间正是农忙的时候，所以，今天到黄草岭村民小组里做客的村民相对要比其他的时候少。

今天去搭田埂的人家有李庆五、卢小和、李正明家。李庆五家还请了自己五六个朋友一起去，今天就基本上搭好了。

犁田的人家李志学，由于自己家人不会犁田，就请了村里的李志明，除了供吃外，每天人连牛的工时费100元。

2008年10月15日，星期三，农历九月十七，属鼠，多云转晴

搭田埂的人家有卢永贵家、李庆峰家、卢正祥家。这一段时间村民最忙的可能要数搭田埂，每天都有很多中青年的人扛着锄头出去又回来。

今天犁田的有张龙家和卢小和家。

2008年10月16日，星期四，农历九月十八，属牛，多云转晴

今天，有李跃家拆房子，准备拆除重建。有李克福家和卢克福家水冲肥。搭田埂的人家有李平发家、张春华家、卢朝生家等。

2008年10月17日，星期五，农历九月十九，属虎，多云转晴

今天有一个云南农业大学的研究生到村里取土样。

上午，李平贵家拆换茅草房子。由于村民都忙着整理田，只有自己家族的人，其他来帮忙的人很少。

张祥家浇灌第二层屋顶，来帮忙的人很少。可能第一是村民都很忙，只顾着去整理自己家的田了；第二可能是由于他们夫妇常年打工在外地，帮忙别人家的少，就像村民说的很没有面子，来帮忙他家的人就自然地少了。

通知说电力公司的领导要来村里，说是要管委会演出给他们观看。从早上等到晚上八点才来，也给管委会文艺队的人等急了。

2008年10月18日，星期六，农历九月二十，属兔，多云间晴

今天，李跃家搬出自己家的东西，要把老房子拆除重新建设。

卢建华今天开始拆除房子，准备重新建盖了。话说卢建华比较困难，自己身体不好，还喜欢喝一点小酒，要是靠自己的能力是很不可能的事情，但是他有一个姐姐嫁的是国家公职人员。卢建华自己上有老人、下有子女，小的女儿还在上学，妻子在几年前就去世了，生活是比较困难的了。正因为如此，他的亲戚们看着老人和小孩的分上就准备相互帮忙他重新建房子，今天也是集中了很多亲戚来。

搭田埂的人家有李志和等。

晚上，有李某用枪追李树华，报110后被收缴了。主要就是因为我们村村民与他哥哥李永福之间的矛盾引起的。

2008年10月19日，星期日，农历九月二十一，属龙，多云间晴

上午，李文光家拆换茅草房子。

属于箐口村的黄土坡张志文家死了一头猪，有三四十公斤，这样死掉的猪一般只能在村里自己出售，出售不完的就留着自己家吃。

村委会开会，有村民小组的人参加，主要是原来的张春华书记又从水卜龙村委会调回来了。

2008年10月20日，星期一，农历九月二十二，属蛇，多云间晴

上午，村里召开群众大会，向村民宣传合作医疗的事情，要求村民尽快准备好，以便随时交得出来。但是最主要的目的是向村民说明与李永福之间打官司的进展情况，基本情况是：元阳县人民法院判决情况2007年6月30日以前的归李永福，并赔偿护林房损失18704元；其他之后的归村民集体所有，双方有不服此判决的可以向上级红河州人民法院上诉。

今天犁田的人家有张龙家和李杰家。

到新街镇派出所，要求处理李某用枪追打李树华一事。

2008年10月21日，星期二，农历九月二十三，属马，多云，有雨

上午，有李平发家拆换茅草房子。

李树华换补虫网，我去检查气象站的事情。

下午，我到水源池检查水源情况。

晚上，我们村民小组在阿略饭庄吃饭，同时也请了我们的律师李万

明，征求他的意见。他的意见是我们村民小组不要再上诉，建议我们同意元阳县人民法院的判决。

李四得家又准备建盖房子了，今天请来外地的师傅来解木板。

2008年10月22日，星期三，农历九月二十四，属羊，阴，有雨

上午，李文科原准备要到上马点村奔丧，到镇里去购一只鸡，可新街镇派出所通知李文科和李某到派出所调查情况，就是因为前天晚上，李某用枪追打李树华的事情。

下午一点左右，村里党支部书记张明华和村民组长李树华到新街镇云梯酒店开会。参加会议的是全新街镇的自然村党支部书记和村民组长，一共有350多人。会议的标题是"新街镇党支部战斗堡垒工程动员大会"，内容主要是学习《中共元阳县新街镇委员会文件（新发2008年35号）关于新街镇实施农村支部战斗堡垒工程的意见》，要求农村建立健全党支部，发挥党领导干部的作用。

2008年10月23日，星期四，农历九月二十五，属猴，晴转阴雨

今天有李永福家和李跃家拆老房子，准备要建盖新房子了。

在前面的日志里应该提到了，可能是箐口出了名气，而箐口村是以农业为主的村庄，要是本人说话的话，本人已经尽了最大的能力，为箐口的事情，已经把调查民俗的云南省最高学府云南大学民俗调查组引到箐口村了。而正如刚才所说的箐口是以农业为主的村庄，接下来又把云南省农业大学的引进来，想为箐口村的农业做一些调查，最好是出一些成果，而他们又是为了出成果，最主要的就是做当地品种的试验，今天又来了省农业大学的师生来收村里的老传统品种，希望来年在此做村里老品种的试验。

从目前的情况来说，村里谁家要拆老房子都是要讲究日子的，可能今天是一个好日子吧，今天拆老房子的是李永福家和李跃家。

同刚才说到的一样，不管是拆老房子建盖新房子，还是拆换茅草房，都要选择一定的日子，今天可能是个好日子，拆换茅草房的有张明生家，张祥家也建盖新的茅草房子。

"新手上路，多加包涵"，有的汽车上写着这样的字，培养牛犁田也有点类似。今天有卢政和家第一次用他家养的小牛犁田，毕竟是培养期间，还是要人下功夫的。

2008 年 10 月 24 日，星期五，农历九月二十六，属鸡，阴，有大雨

原以为今天下大雨了，不会有村民到田里劳动了，可是村民都害怕进入冬季后不敢进入水里作业，所以还是同样到田里做事情。今天就有卢四云、李文财、李少新等人去田里了。

人算不如天算。不然的话，像搭茅草房的事情是不可能在下雨的情况下进行的。李志祥家刚把旧的茅草拆完就下起了大雨，没有办法，茅草屋内还堆放着许多谷物，家人及帮忙的人只好穿着雨衣等进行劳动了。

2008 年 10 月 25 日，星期六，农历九月二十七，属狗，阴，多雾

收割完谷子，村民接下来的事情就是搭田埂和犁田，今天的天气不是很好，但还是有村民家出去做活的。犁田的人家就有李和民家、李志学家、卢政和家等。正如在前面的日志里经常说到的一样，村民都希望在冬季来临之前把田犁好，一是怕到了冬季，水就比较冷，人和牛都不敢进入水里；二是趁早把田犁翻了让水泡着，来年的收成要好些，所以都希望赶早犁了田。

今天拆换茅草房子的人家有李小生家和李朝生家。

今天，我试种与表哥们从金平县带回来的一种名叫石斛的药材。金平县那边栽种的多，说这是一种名贵药材，一公斤都卖到上千元的，种植这种药材发财的人多得很。要是在这些地方能栽培的话，他们也想在这些地方栽种，让我也参加管理。

2008 年 10 月 26 日，星期日，农历九月二十八，属猪，阴，有雨

这几天拆换茅草房子的人家好像每天都有，今天有卢小华家。

李扎卜是县里退休的干部，自己不懂农事，家里的田每到播种或者生产都要请人来做，今天是请了李树华犁自己家的田。

下午，张祥家运红砖回来，按照现在的砖价是每块三角八分钱。

2008 年 10 月 27 日，星期一，农历九月二十九，属鼠，阴，有雨

今天的天气也不是很好，但是就像前面说到的一样，村民都担心到了冬季水冰冷时不敢进到田里作业，每天都有村民家搭田埂和犁田的，今天搭田埂的人有张明福家、卢迁家、张明生家等，可能是由于自己忙不过来，张明生还请了三个小工去。

今天拆换茅草房子的人家有李世忠家、李志文家。要我说的话，茅草房之类的建筑无非是生产发展到一定程度的一种建筑标志，要是按照自然的现在的生产进度来看，箐口村估计应该看不到茅草房子了，或者说很少了。2000 年县政府把茅草房作为一项旅游的品牌来打造时，村里已经只剩下五六十户传统的老房子了，其他的村民家都是政府给了补助才加上去的。

2008 年 10 月 28 日，星期二，农历九月三十，属牛，多云间晴

现在，村民最主要的事情就是整理田埂和犁田了，没有整理好的人家都争先恐后地抓时间做，自己忙不过来的还请小工去做，自己忙着的也是从早上就出去到下午五六点才回来。今天整理的有张名福家、罗金得家、李学华家、李志文家等。

张文和家今天在寨子边的菜地里砍树，准备建盖房子时做木板用，请了用柴油机解木板的人来在地里解开。

村民组长李树华到南沙镇县法院取回集体林纠纷一案上诉状副本，一审法院对此案已经做了判决，但是李永福因为不服而上诉到州中级人民法院。根据法院的通知，村民小组长今天去领回来上诉状副本，要我们做好答辩的准备。

2008年10月29日，星期三，农历十月初一，属虎，多云间晴

梯田确实漂亮，而生长在梯田间的人也漂亮。梯田与人和谐相处，与其他的人一样按照四季进行着生产曲，唱完了秋收曲又接着唱冬眠曲，每天都有村民搭田埂和犁田，今天有卢朝生家、李和民家、卢正和家等犁田。很快，箐口村的梯田又将脱去一层谷的外衣换上亮丽的白衬衣了，又将要迎来很多的游客观光。

梯田养育着梯田的人，而梯田的人又转过来养育着梯田，为了能够保证来年的收成，每到这个时候都会有人家要水冲肥到田里，今天有卢正学家冲肥。

晚上，卢永贵家到麻栗寨亲戚去世的家送糖果，俗名叫作"养老"。

2008年10月30日，星期四，农历十月初二，属兔，多云间晴

今天搭田埂的人家有张明华家、李正林家，犁田的有李平清家、李和家、李庆林家。李和明家从昨天就开始犁了，但是由于他家的田块比较大，有三亩多，而每天可能只能犁一亩左右，今天也在继续犁昨天的那块，估计明天还要犁一天。

张祥家粉墙，根据县里的规定，每户新建盖的房子都要对房子墙体进行粉墙，做成同一种土坯的式样，还要搭上茅草顶，他家搭架子的竹子是从李贵云家买来的，每棵是八元。

2008年11月1日，星期六，农历十月初四，属蛇，阴，有雨

马刚金家今天请了师傅解他家的木板，他家为了建房子，在前一段时间就准备了一些木料在寨子脚的广场。这些师傅是新街镇陈安村的，用拖拉机柴油来带动，虽然解出来的木板肯定不是很理想，但是考虑到

交通不便而产生的劳力和费用问题，还是让他们来解划算。准备做房子的村民还是愿意请他们来，他们解的木板费用一丈是 16 元。虽然就像刚才说的解出来的木板不是很好，但还是可以用。

上午，有卢文华的父亲去世，说他老人已经八十多岁，前几年身体还好好的，就是因为到了这把年纪后突然生起病来，时间就不会长了，今天过世，村民们就只有过来帮忙了，他们弟兄要商量经济上的事情。

今天，我与云南大学哈尼族调查组成员一同参加第六届国际哈尼阿卡学术讨论会，暨绿春县建县五十周年庆典大会。

2008 年 11 月 2 日，星期日，农历十月初五，属马，阴，有雨

昨天过去之后，今天我就随云南大学哈尼族调查组成员一起在绿春县参加他们的长街宴会。那里的天气不是很好，但是能有幸参加这样的哈尼族国际学术讨论会，让我长了见识，心情还是愉快的。

村里的事情，我是从电话里知道的，有卢文华家通知了亲戚们来奔丧。村民特别是他们卢氏家族的人都过来帮忙，一定要招呼好来的客人。

2008 年 11 月 3 日，星期一，农历十月初六，属羊，阴，有雨

今天我还是在绿春县参加国际哈尼阿卡学术讨论会，虽然是初次来参加，知道得不多，但是能有幸参加体验同样很愉快，相信对我以后的学习和生活会有很大的帮助。我在此要感谢给我这次机会的马老师。

至于村里的事情，说是明天就是办理卢文华父亲丧事的时间，他们家今天就准备所要的东西了。

2008 年 11 月 4 日，星期二，农历十月初七，属猴，阴，有雨

我还是随同行们在绿春县的，接到村委会电话，通知村民小组，说是今天有元阳县城建局规划股来村里做设计方面的事情，他们要对以后箐口村的建设做一个规划，要村民小组陪同他们一起走。

我在绿春县，知道今天用牛来向卢文华家丧祭的有死者的二儿媳妇家、小儿媳妇家、他的大女儿家，一共是三家。

2008年11月5日，星期三，农历十月初八，属鸡，阴转晴

中午，我们哈尼族文化调查组之一的三个人从绿春县回到寨子里来。通过电话，我们邀请了国家级非物质文化遗产继承人著名的哈尼族文化名人朱小和老师来演唱《哈尼阿皮聪坡坡》和《四季生产调》。我们做了录音材料，希望对这次调查或者以后的书写有用。

今天的村里是送葬卢文华的老人，全村主要是中青年人都要过来帮忙，要把他老人家安全地送到山上安息。

2008年11月6日，星期四，农历十月初九，属狗，阴，有雨

我们哈尼族文化调查小组走访了红河县、绿春县、元阳县，还要到建水县。根据工作的安排，我就不去建水县了，郑宇和谭本玲过去，之后就返回昆明回学校学习并整理材料。需要说明的是，还有一个小组去调查金平县和其他地方的，是分成两个组调查的。综合起来，要把调查的材料交到学校。

按照葬礼的过程，今天是由卢文华请客接待，这是正常的事。不过，李学光家也请客接待了，可能是考虑长时间没有做这样的大事吗。

2008年11月7日，星期五，农历十月初十，属猪，阴转晴

准备建盖房子的村民可能都做了预算，这一段时间陈安村的两个解木板的师傅的生意比较好，可以说是排好了队，每一两天他们就抬机器到另外一家的地方，今天就有李跃家解木板，也就在寨子脚广场马刚金解木板下去二十米的地方。这种柴油机三五个人就能抬得动，要抬到什么地方都行。昨天马刚金的解完了，今天就抬到李跃家有木头的地方，解开的木板就可以轻松地抬回来。要不然，有的木头是七八个人都无法

抬动的，利用不了就浪费了。

李克计运砖回来，准备建盖房子。他家是以六千元买了李世忠家的一块地来建盖的。本来嘛，姑娘家出嫁了就要到男方家居住的，要随男方生活的，可能就是"人各有志"吧？她却居然买了这边的地块准备要在这边生活。

今天开始，村民小组收取合作医疗费，每人二十元，要求村民尽快上交，逾期人家不予办理，到时会有麻烦的。

2008年11月8日，星期六，农历十月十一，属鼠，多云转晴

和昨天说的一样，陈安村的两个解木板的师傅的生意比较好。昨天是解李跃家的，从今天开始解张斌家的木板，把机器抬到张斌家的菜地里了。

上午，在村里做了几天调查的中央民族大学研究生杨京彪离开箐口村返回北京他的学校了，简单说明一下，他也是参加第六届国际哈尼阿卡文化从绿春县和我们一起回到箐口村来的，他的研究生论文就在箐口村做的，主要方向是生态树木方面。

在农村做事情就是辛苦，如果向村民发放钱物的话，村民是很积极的，可以几个小时就完成；可是要向村民收取什么费用的话，那就要一段时间了。今天我们村民小组继续向村民收取合作医疗费，希望赶在上面规定的时间完成。

中午的时候，到田里走了一圈，看见犁田的有卢树云家。

2008年11月9日，星期日，农历十月十二，属牛，晴

不是有这么一种说法？"前人栽树，后人乘凉。"堂弟张斌就是这样，老人家在菜地边栽种的树木，他现在就可以利用了，菜地不会遮阴，给栽种的蔬菜带来阳光，树木砍了可以用作建房子用，今天他家还是继续解木板。

我们村民小组继续收取合作医疗费，一天里收不了多少户，有的是外出了，没有人，有的是暂时没有钱，需要凑起来才够。有的说：有人没钱，有钱没人。很好玩的，你说农村的工作好玩吧。

2008年11月10日，星期一，农历十月十三，属虎，晴

村民小组继续收取合作医疗费，上级对这项事情抓得比较紧，希望尽快完成任务后，最大限度地让村民得到应得到的好处，说是不要让老百姓错过机会。上面的口气就是这样，我不知道说这种话的人到底有多理解农村，理解什么是困难。我要说，箐口村还有很多是生活在最低生活水平线下的，他们还在挣扎，还在努力地向上爬。

张政明家也是前一段时间盖的房子，到现在已经基本把第一层砌好了，然而今天不知道什么原因又开始拆除已经砌好的墙，应该是设计问题，刚开始的时候想着这样合理，到头来又想着那样合理。三心二意，变来变去的，这就是"吃了没有文化的亏"。书读得不够，在社会中又没有实践这方面的知识，还是给自己带来一点伤害。

2008年11月11日，星期二，农历十月十四，属兔，晴

已经接到通知，今天云南省委副书记丹增及省政协的人要来村里考察，上午就有管委会组织人员冲洗村里的主要路面，等下午他们到来时还要演出的。现在的管委会就是这样，没有事情的时候大家休息，有了事情就召集大家集中。

老爷爷栽在田边的树长大了，田里的庄稼很受影响，树下的那些稻谷阳光不够，进行不了光合作用，无法饱满，怎么能收成？我早就想砍了，只是没有处理的好办法和机会。这次机会来了，所以前几天我就叫朋友把田边的树木都砍了，集中在一处，今天是叫了几个朋友帮忙，把柴油机抬过去，请师傅们解木板。就如我们所料到的，因为不是用大机器，解出来的木板自然是差，但是又不是做家具等特殊的材料，做一点建筑材料已经够好了。两个师傅的吃住就简单，跟我们吃在一起，离家三四公里，晚上还是回家，早上过来做事情。工钱就是前几天说的解出来一丈木板是十六元，我认为还是合理的。

我们在解木板的时候，看见李志明犁他叔叔李建福家的田。

2008 年 11 月 12 日，星期三，农历十月十五，属龙，晴

我还是叫了几个朋友在家继续解木板，有一个村民看到我们砍了树解木板，说是破坏了生态，实际我知道他是无意的，是开玩笑的。可是我就是不明白，一个土生土长的村民，从什么地方来一句"破坏了生态"呢？砍的是遮庄稼的树，我想问：你是吃树叶长大的还是吃谷子长大的，要是能吃树叶长大的话，就不要种田了，把田里的水放了栽树吧。要是我们真的在树林里大面积砍伐，说破坏了一点生态那是自然的事。我们可以理解，但是在基本农田间砍出遮挡庄稼的树也是合理的，是必需的，不要几棵树就毁了几块田吧。所以，还是根据实际情况来说吧。

今天，村里犁田的人家有李正林家，请的是他的亲家李志和。说是李志和收了今天他犁的几块田的谷草，现在自己家有牛就给他家犁翻好，再说他们是亲家，没有收他家的谷草同样要帮忙的。

李树华家搭田埂，搭田埂一两个人很累，要是几个人说说笑笑的，一个人做一道工序，完成得要快一些。

今天有县文化局的人来测量他们预计所要用演出的田块面积，包括我们家的田都要放干水建成看台用的。

2008 年 11 月 13 日，星期四，农历十月十六，属蛇，晴

今天犁田的有卢志华家、张明福家等。李志和是继续犁亲家李正林家的田，说是李正林家稻草是李志和收回来了，这次犁田，李志和就帮个李正林家的忙。

今天还有李跃家解木板，是在停车场下方的秧田边。接着就解李爱生家的木料了，也是要建盖房子准备材料的。

上午，学校有村委会的医生来打预防针。

上午，外出打工的有李庆林、张祥等，这些年轻人由于村里没有就业的地方来挣钱维持家庭，只有外出打工挣钱了。

2008年11月14日，星期五，农历十月十七，属马，晴

今天，李爱生家继续解木板。为了建盖一幢房子，很辛苦的，要投工投劳，准备这样那样的材料，钱又难挣，节衣缩食地积攒一点钱，要是建盖一幢房子就要飞了。

为了防止进入冬季犁田天气寒冷，村民都尽快想办法犁田，今天有李正云家、张明生家等。反正，一般都要在冬天冷天气来临之前犁好，到了天气很冷的时候就不用进田了。否则，到了很冷的时候进田是一件很辛苦的事情，我是不会到那个时候进田里劳动的。

下午，卢志明家的小牛生病，他尽快到新街镇兽医站请医生来，叫他们看过后打针水。

2008年11月15日，星期六，农历十月十八，属羊，晴

今天，李爱生家还是继续解木板，他家的树木有点多，还不知道今天能否解完。

上午，村民小组张明华、李树华、李小生、马秀芬到村委会开会，主要是拿安天征用来建设其他旅游设施的问题。我的观点是，我是不能代表村民说话的，只有召开了群众大会，征得村民的同意才会做这个事情。

下午六点三十分左右，李祥母亲收晒在房子顶上的木柴时不慎摔倒，落到地面上去，病情很严重，虽然及时送进医院，可是听他们家人说怕是医不好了。

2008年11月16日，星期日，农历十月十九，属猴，晴

凌晨，李祥母亲因无法医治而送回来后去世，村民只有过来帮忙料理他家的事务，很可惜的，在自己家也会出现这样的情况。

上午，村里召开群众大会，主要是村民小组向群众征求政府与世博元阳旅游公司征用拿安天一百多亩地的意见。从参加会议的一百多人的意见来看，基本上同意被征用，会中有人问每亩征用的补助款是多少。但是，参加会议的新街镇武装部部长和工作人员就是不说，只是说这次政府已经专门下了文件，比以前的补助高了很多，村民还要求到施工时希望请村里的人打工。

今天，犁田的人家有李庆亮家，请的师傅是李志祥。

下午，李志学家做祭祀，在家门前插了一株绿树枝。再次提醒读者，到箐口来的外地人，要是看到谁家门上插了绿树枝，几个人在忙着做事情，这就证明他们在做祭祀，外人就别与他们搭话了。否则，他们的祭祀就失败，还要重新再做。

2008年11月17日，星期一，农历十月二十，属鸡，晴

上午7时30分左右，独身60多岁的李朝贵去世。由于独身，没有自己的子女，只有他的哥哥李志荣来料理这事情。知道的村民也会过去帮忙的。

今天，李世得和李华两弟兄家浇灌屋顶，因为两弟兄目前没有合适的地方建盖房子，就在原来的老房子地基上从中间分开一堵墙，各人建一半，说是大哥的要在日出的东方，兄弟的就在后面。

2008年11月18日，星期二，农历十月二十一，属狗，晴

今天，又有李志得家浇灌水泥屋顶，是村民帮忙做起来的。

根据村民的反映，村民小组检查从省道到村里的路沿建设情况，的确不理想，有几个地方的涵洞已经坏了，路沿边上的很多地方都倒塌了。

2008年11月19日，星期三，农历十月二十二，属猪，阴

根据村民的反映，村民小组张明华和李树华又去调查从箐口到全福庄寨子的路面建设情况。村里出了什么事情，村民小组的人肯定会知道，而村里做什么建设性的事情，村民小组就不一定知道。就像这次建设村里到全福庄寨子的这段路一样，村民小组根本不知道，过了两三天以后，过路的村民向村民小组人员反映说原来的路面上的石头被他们挖完了，而且水泥很少。他们是"偷工减量，不是在建设箐口，而是在破坏箐口"，这样村民小组才知道有这么一回事情。今天检查的结果的确令人生气，原来很宽的路都被他们挖了石头且被缩小了道路，我们对此做了严肃的交流，希望他们施工方能够认真对待。

今天，丧葬李朝贵老人，知道情况的中老年人都来了。毕竟，生活了60多年的人，在平时与村民的交往中多少结下了感情，还是让人很同情的。

2008年11月20日，星期四，农历十月二十三，属鼠，阴转晴

这几天就是有村民家建设房子忙，今天又有卢建华家浇灌屋顶，知道是村民们帮忙完成的。

今天，村里来了二十个全国省植保站领导，在箐口与村民联欢。我要不是到李祥家就是到二哥家，没有时间去观察其他的事情了。

2008年11月21日，星期五，农历十月二十四，属牛，晴

今天，有张祥家浇灌水泥屋顶，我去忙其他事情了，没有过去帮忙他们家打屋顶。

根据新街镇土管所的通知，村民小组配合他们测量拿安天土地面积。

2008年11月22日，星期六，农历十月二十五，属虎，晴

今天村里主要是办理李祥母亲的丧事，村民都要过来帮忙的。

李祥的母亲就是二哥张明德的岳母，二哥张明德家要丧祭去的，我帮忙二哥这边了。

2008年11月23日，星期日，农历十月二十六，属兔，晴

今天村里的主要事情是送葬李祥母亲，村民都会主动停下自己家的事情来帮忙的。

我的主要精力就在二哥这边了，很少有时间去招呼其他的。

2008年11月24日，星期一，农历十月二十七，属龙，晴

根据村里葬礼的一般程序，今天由李祥家接待，请亲戚和朋友帮忙叫村民来吃饭喝酒。而过礼金也就是在今天，不像其他地方昨天或者前几天就过礼金了。到了这个年纪后，我也和朋友参加过其他地方的一些葬礼，有的地方就是前几天就过礼金的。箐口村就不同，包括附近的几个哈尼族寨子也和我们箐口村一样。我是帮忙二哥家了，没有过来李祥家来看，也没有来吃饭，而来丧祭的二哥家就没有请客接待客人。

做鸡鸭交易的，一般都是选择新街镇的集日，而今天是新街镇的集日，村里有卢正学家到街上去卖小猪。

下午，李庆五驾驶一辆摩托车回来，说是5000多元买的。

2008年11月25日，星期二，农历十月二十八，属蛇，晴

早上，有李庆五用自己的摩托车运着小猪去做手术，是一头小母猪，做了手术来养，而村里没有会做这种手术的人，就只有到其他地方去做了。

今天犁田的是张文和家，这个叔叔勤劳，家里的劳动基本都是他们夫妻两人做的，也不用请其他村民帮忙，也不跟别人搭伙，就是愿意两口子干。什么时候想休息就休息，什么时候想做农活就做农活，都是两口子掌握着。

很有趣，今天有一个冒充说是村主任的朋友而不想买门票的，售票员问他村主任的名字又回答忘了，这就很明显，他就是骗人的。

2008年11月26日，星期三，农历十月二十九，属马，晴

我们云南大学基地的茅草房顶由于多年没有更换，上面已经长满了绿草，屋面出现漏雨，很难看。而上面又没有经费，只有自己想办法修理一下了，是这两天叫了几个自己的亲戚和朋友来修理的。

下午，有云南农业大学的师生来村里做他们的试验田调查。

张正和是村里的一个大摩批，他可以给村里的人做各种祭祀，而要做他家里的祭祀则可能是请其他的摩批，今天就有他家做祭祀，请的摩批是外地的人，而且是一个女的，说是隔壁土锅寨村里的人，这次做祭祀主要是因为在前面一段时间里他的大儿子从树上掉下来过，而前几天他家的母猪又死了，认为这一段时间家事不顺利，就请了她来做一个比较特殊一些的祭祀。

2008年11月27日，星期四，农历十月三十，属羊，晴

我们继续整理云南大学基地的茅草房子，没有经费，我们也只能尽能力做了。

今天有国家公安部的人到村里来，村里又增加了几分人气。

李永福家可能是经济问题或者是出于其他什么的考虑，今天对第一层的屋面不做全部的浇灌，只是对主要受力的地方浇灌十字梁，准备用木板做地板来用。

2008年11月28日，星期五，农历十一月初一，属猴，晴

上午，有新街镇工作组成员来村里召集张氏家族和李氏家族的人开会，主要是就张氏家族的地和李氏家族的地问题讨论。从今天上午的谈话来看，张氏家族和李氏家族的人都说土地属于国家所有，他们都不说不能给政府征用，只是李氏家族的说，他们要被征用的大鱼塘村背后的那块地里，有很多他们家族的祖坟，有二十几座。基于这样的情况，他们考虑的难处是没有地方迁，至于迁坟的价格问题他们可以不做考虑。

上午，卢文华家做后院子的祭祀，就是和笔者以前说到一样，无论村里谁家死了人或者做了死人似的大事情，一般都会做后院子的祭祀，特别是刚死了人送葬以后一定要做这个祭祀的，今天的卢文华家就是这样，要请他们家族的人都来参加吃饭喝酒。

村委会张春华通知村民小组统计村里80岁以上的老人名单交到村委会，从统计的情况来看，村里有李小生的母亲、李平贵的母亲、李万祥的母亲、李志和的父亲、李庆亮的奶奶等八九个。

早上，有妇女到有木碓的地方踩糯米粉，目的在于做汤圆，说是今天是农历的十一月初一了，就是说过了十月年，按照传统的哈尼族习俗，就是说过了一年，从今天开始就是第二年的开始了。

2008年11月29日，星期六，农历十一月初二，属鸡，晴

上午，村里做祭祀的人家有李爱生家和李祥家，李爱生家是做后院子的祭祀。说是考虑到多年没有做这种大祭祀了，为了日后家里不要再发生什么不幸的事情，就选择这个时候做一个。而李祥做祭祀就是农历的前个月老母亲过世，现在是新的一个月了，不得不做这样的祭祀，封住房子后墙的洞口，这是村里的一个习俗。

今天，有云南农业大学的苏友波老师带着几个比利时的学者来村里调查土样和石块层。他要我给他们带路，是从寨子背后的最高峰走到麻栗寨河底，我已经好久没有走这么远的路了，还是有点累。

2008年11月30日，星期日，农历十一月初三，属狗，晴

到了十一二月份后，村民就把田犁了泡养着，而有肥料的家庭也就利用这个时候给田冲肥料泡养着了。今天有李四文家水冲肥，这样冲了一些肥料进去，来年的谷子就长得好些。

马刚金家浇灌第一层屋顶，是村民们帮忙完成的。

2008年12月1日，星期一，农历十一月初四，属猪，晴

上午，卢正学家死了一头牛，通过电话联系，来了一个在新街镇做牛肉生意的商人，整条地卖给了他，多少钱我没有问。到现在为止，村民处理死了牛的办法，一是像卢正学家那样找到做生意的人低价卖给他们，自己就不用费什么心了；二是自己家找亲戚和朋友来相互之间销售处理，以减少经济上的损失。当然，这种方法就要费去一点烟酒钱，请亲戚朋友吃两顿要麻烦些。当然知道了来的亲戚朋友自然也会带一些烟酒过来的，不一定是全部吃主人家的。

箐口村今天的阳光也如同往常一样明媚，普照在箐口村的上空，托社会主义的福，托共产党的福，也托每一位关照箐口村专家和学者的福。迎着和风，带着喜气，下午迎来了几位著名的人类学专家，就是著名人类学家马翀炜教授的同行。北京大学、北京师范大学、中山大学的几位学者来到村里，他们是前几天在云南大学召开国家级人类学大会的小组之一，此行是来调查哈尼族文化及梯田文化的。我真心希望这些专家们在此愉快、开心，更希望他们能把哈尼族的梯田文化和美丽的景色带到全国各地。

2008年12月2日，星期二，农历十一月初五，属鼠，晴

由于时间上的限制，昨天过来的几位人类学专家今天就返回学校了。从那么远的地方来到箐口这个哈尼族小寨子，实在是我们的福气，祝他们今天一路平安，在以后的生活中身体健康、工作顺利。

村民小组继续收合作医疗的费用，在农村收取费用就是时间要长一些，特别是一些家庭很困难的农户，或者说是一种意识上的问题吧，分明提前很长时间通知的事情，可就是落实不了，总是很有理由的样子。

在农村做事情就是要辛苦些，要面对各种人、各种事情。

2008 年 12 月 3 日，星期三，农历十一月初六，属牛，晴

我们村民小组还是继续收合作医疗的费用，前几天收了些钱以后，今天是要上账了。因为我的事情不少，这事就主要交给李树华来管理统计。今天上账的时候看了一下，发现统计很乱，差点把我累昏了，今天没有做完。嗯，与不识字的人做事情就是累。我听说他也是上过初中了，怎么就这点水平呢？有人说，当一个村主任不识字也可以。可是，从现在的角度来说，当村主任还是识一点字好，至少写几个字就不用叫人帮忙了。

2008 年 12 月 4 日，星期四，农历十一月初七，属虎，晴

上午，村民小组召集李平发与杨正明家的人在陈列室广场调解他们两家之间关于在黄土坡土地纠纷一事，两家人来了之后就只忙着吵架，谁还会来理你这一套？我才不愿意管你呢。要是真要我来管你的话，我要出一套规定，先交调解费再说。然而我们没有这样做，只是叫他们向上一级村委会申请调解，或者上更高的人民调解机构去。

听说村民家给田里施肥最原始的方法是用水，村里今天有兄弟张明福家先把堆在家里的肥料拿出来放在水沟边，等全部拿出来以后，就放水冲到自己家的田里，这样省力还省事。当然这是对于田在寨子下方的村民来说，要是田在寨子上方的人家就不会用水冲肥了，只有靠人工来背。

年底了，上级要求合作医疗费事情赶紧做好，昨天没有做好，今天还继续做，基本上做好合作医疗的台账，村里一共有 196 户人家参加合作医疗保险，人数是 830 人。

2008 年 12 月 5 日，星期五，农历十一月初八，属兔，晴

今天，李跃家浇灌屋顶，没有请小工，同其他村民浇灌的方法一样，只是请了比较亲近的人家来。而这种方法，其他村民看见了或者知道了就会主动来帮忙，他们也不会跟你要工钱，只要家里准备饭菜，打好屋顶后供来帮忙的人吃饭、喝酒就成了。

中午，新街镇黄志春副镇长到村里来做明年旅游节时要用以演出的田主人家的思想工作，以及补助标准的说明，希望得到村民的支持。

下午，村民小组与委托律师会面，村民小组交给了李万明律师委托代理费六千元，为了官司一事，村民小组的我们几个人也是够辛苦的了。

下午，有打工回来的李世文夫妇、卢生亮夫妇等。

2008年12月6日，星期六，农历十一月初九，属龙，阴

今天有卢迁华家做新房迁居仪式，请的摩批是张正和。如果严格意义上来说，他们姓卢家做祭祀之类的事情都要到麻栗寨，可是这样不是很大的祭祀，他们也可以请村里的摩批来做。就是这样，他们家才会请村里张姓的摩批来做，不知道是什么原因，他家没有请再多的人，只是请了村里最亲近的亲戚和朋友来，做了这个程序算是过了一道关吧。

还没有到过年的时间，可能是为了挣一些过年的钱，今天有很多年轻人出去打工，有张明福、李牛后、李万祥、卢永贵等人。

2008年12月7日，星期日，农历十一月初十，属蛇，阴

有人就要有房子，有牛也要有牛圈。我看今天有李建国家做牛圈，说是几头牛关养在房子的最下层，天气热的时候，人住的上层也会有臭味，准备要在屋外搭一个六七平方米的牛圈来关养，考虑这样可能会好多些，既然自己家有地皮就做一个。

就不知道情况的人来说，或者说在某种程度来讲，哈尼族一定程度与祭祀有关，这么大的寨子，基本上每三五天就有村民家做某种祭祀，这几天又有李祥家做，主要是他家的新房子已经做起来了，做一个祭祀以求家人安康。他是我的好朋友，有什么好吃的或者有什么要做的，自

然少不了我，我参加就不用说了。

我知道，以前我们县里检车都要到开远市检测站，后来在县里建起检测站以后就不用到开远市了，只要到南沙镇就可以，今天有卢世华到南沙镇检测他的车辆。

2008年12月8日，星期一，农历十一月十一，属马，阴转晴

卢家贵家用人工挖田，此人已经是七十多岁的老人了。老来开花，他五十多岁的时候才成家生育了自己的孩子，现在孩子都已经是二十多岁的小伙子了，算是把幸福找到了。只是对于农事他们现在不是很在意，两个孩子一直都在外地打工，家里又没有养牲畜，也没有叫亲戚来帮忙。当然田地也不是很多，他就每天利用一点时间到田里挖田，很辛苦的，但也没有办法，总比自己的田放荒着强。

对于一个寨子，过世一个老人是一两个月的时间，甚至更长。当然，有时候也会有接连过世的情况出现，村民也会忙些。但是那是偶尔的事情，一般情况是占用不了村民多少时间的。然而，要是加上其他村寨的老人过世，我们又去帮忙的话，确实还是被占用很多时间的。今天是小李氏家族和大李氏家族的人到老蜂寨奔丧，你看回来后，过些天他们主人家办事的时候这边的亲戚家还要去过礼，是不是费时间、费精力。

2008年12月9日，星期二，农历十一月十二，属羊，晴

村里有小李家族李树华家人、李平清家人、李平发家人到新广平奔丧。为什么这里说是小李家族呢？是因为村里有几个同李字不同家族的家族人，为了便于说明，我就习惯地说大李、二李、三李，三李就是小李了，说是小李家族，其实户数也不少，只是习惯这样叫而已，没有其他再多余的意思。

从季节的情况来说，这一段时间是村民家水冲肥比较多的时候，一是因为庄稼已经收割回来了，田已经犁翻了，这一段时间是冲肥料养田

的时间。再者，从雨水的情况来说，到了这个时候，水量少，冲到田里的肥料比较容易被田里的土壤吸收，不容易被冲出去。前几天每天都有村民水冲肥料，今天也有张明生家水冲肥料，这样养出来的田就肥，种出来的庄稼长势就是好，收成自然就不用说了吧。要不然，土生土长的村民怎么还会费此精力来做这样的事情呢？

根据新街镇县政府明年梯田旅游节的需要，我于今天把自己家的田水全部放掉，目的是把田水放干后平整梯田，做节日时当看台用。

李祥家背回木柴，说是原来他叔叔李正学家把自己田边的地卖给了卢宽荣家，现在卢宽荣家要做秧田用。为了避免卢家的秧苗被阳光遮挡，卢家就在没有与李家商量的情况下私自叫了人砍倒了树，还要了李家50元的砍树工时费用。李家心里是不舒服的，但是知道卢家有点霸道，是村里有名的人物，自己的势力弱一些，就没有再过多地与卢家计较。

2008年12月10日，星期三，农历十一月十三，属猴，晴

凌晨四点左右，李文光家运回一些钢筋，他们工地上用剩的部分，就可以运来以后自己家用。

正如前几天说到的一样，这几天每天都有人家用水冲肥料，今天有张明生家和李红家，这样看来在没有其他比种田更能替代生活的情况下，村民对自己家的田是重视的，都希望自己所管理的田多肥一些，来年的庄稼都长得好一些，收成好一些，自己家的粮食就多一些，生活就宽裕一些，家人就多一些去挣钱的时间。

"树大分枝，人大分家。"要分家的人解决的第一桩事情可能要数房子，特别是没有土地建盖房子的人家，建盖一个房子也是一件最让人头痛的事情。李四文是他们弟兄三个中的第二个，已经三十多岁了，有了自己的孩子，等着建一个房子分家。正好在李树华困难的时候划了一百多平方米的菜地给他，说是以五千元达成的协议，准备今年要在那里建盖了，今天运一些石头回来。

根据电力公司的通知，要在12月份对整个新街镇的线路进行检修，要求村民在12月10日之前把电费交了，所以这两天到电力公司交费的人很多，听回来的村民说是要排队才能交得着的。

2008年12月11日，星期四，农历十一月十四，属鸡，晴

今天，有省州的旅游局领导来村里进行考察调研。自从箐口村作为旅游民俗村，箐口村来过不少的省州领导人，甚至有国家级的领导，当然也有专家和学者，对箐口村也做了不少的宣传和报道，在元阳县是一个出了名的自然村，政府很重视，是一个美丽的自然村。

政府的各大单位和站所来村里做什么事情绝大多数都是有补偿的，包括云南农业大学和州植物保护站，以及县农牧局和新街镇农科站在村里做的调查，无论是占用了田或者地，都会给予一定的补偿。今天就来兑现2008年占用了田地人家的补偿费，有安装气象站的张明德家、张春华家、李志宽家，每月每户一百元。有管理安装昆虫网的李志宽家、张名明福家、李永文家、张文学家，每月也是补贴一百元。这样也好的，在没有占用多少村民家田地的情况下，他们这样做也给村民相应的补偿，多少给村民的生活带来经济上的提高。

2008年12月12日，星期五，农历十一月十五，属狗，晴

上午，村民小组要求村民来交咪古和护林员的辛苦费，大咪古李小生的是每户人家交两升谷子，集体林护林员李普后的是每户交一斗谷子，普楚伙天卢俫应的守护费是每户交一升谷子。从交来的名单看，多数在家的人相互传达后都积极地来交，除了极个别没有人在家的没有来交之外都交完了。

下午，村民小组列出应该发放农村最低生活保障的花名册，决定以参加合作医疗的人员名单来发放，该发放的是三万四千零八十元，村里参加合作医疗的每人应该享受三十六元。

2008年12月13日，星期六，农历十一月十六，属猪，晴

箐口村的确很美。自从宣传以来，不知道来了多少拍摄电影电视的剧组，常挂在村民嘴里的就有张国立的《长街宴》、姜文的《太阳照常升起》，宋祖英的《演唱会》《诺玛的十七岁》，杨丽萍的《梯田映象》，还有谁的《天下一碗》等等。还有很多电视台的剧组也来了不少，不知道是哪个剧组，今天也来了一些人来村里拍摄。

对于一个二百多户、九百多人的寨子来说，一个人的死或者生都不会认为是大事。然而，要是有头有尾的人家，或者是什么都没有的人家生了一个孩子或者死了一个人，都会一下子传遍寨子。这人就是这样。听说是今天凌晨卢强家又超生了一个孩子，这信息一下子就传遍寨子。说是卢某某原来生的两个都是男孩子，这次他们想要生一个女孩子，猜想着会不会有新街镇计划生育工作组来村里抓超生户了。从现在很多村民的观念来看，都希望儿女双全是一个完好的家庭，所以村里有一些两个都是女儿或者两个都是男孩的都想着超生一个，今天就是一个例子。

可能是要拓宽箐口梯田的观景台，元阳世博元阳旅游公司要来征用原来箐口观景点旁边卢建华家的地，长14.5米，宽9.3米，连其间的树，该补偿四千多元，但是，他的姐姐以补偿太少为由而没有同意被征用，暂时就这样放着。

2008年12月14日，星期日，农历十一月十七，属鼠，多云间晴

上午，有电力公司的人到村里来换户表，按照他们的说法，原来用的户表已经超过了使用期限，要求每一户都要拆换，同时要由村民各家各户出七十元，每家人在他们指定的停车场买了户表后安排他们公司的人到各家各户进行安装。对此有一些村民有一点意见，说是为什么不提前通知，自己家还没有准备钱，要求他们过一些日子再来安装，而他们电力公司的人说时间已经定了，明后天还要到其他村寨安装，准备箐口村今天就要安装好的。或许是用习惯了电，或许是村民的能力都提高了，

从来买户表请公司的人安装的情况来看，绝大多数的村民都比较积极地购买，都积极地请人去安装，除了不在家的少数几户人家之外基本上都安装好了。

现在来看，村民家没有犁田的人家少了，因为村民都害怕到了十二月一月水比较冷的时候了，人都不愿意进水田里作业，都要尽力争取在十一之前就犁好田泡养着。今天的天气还算好些，有李树华家和张志新家犁田，李树华家请了四个人，张志新家是请卢同则去犁。

村民常说"有头有脸不一定就是人，挖田种地不一定就是农民"。意思是说，有了头有了脸他不一定是正常的人，而同样在田里挖田种地的人也不一定就是种田的能手。而村里像卢朝生这样的中年人是出了名的，什么时间该怎么做都了如指掌。再说，他家每年都养着牛、养着猪，肥料是充足的。也就是这样，他家每年都要给田里冲肥，今天如同往年一样用水冲肥料，看他把肥料冲到自己家田里，像是看到明年饱满的庄稼。

2008年12月15日，星期一，农历十一月十八，属牛，多云转晴

或者是建设的事情，或者是管理的问题，村里的水源头经常被堵塞，常常出现缺水的情况。从昨天到今天，水井里又没有水了，村民小组就在早上安排了人去查看，回来的情况是说被杂物堵塞了，其他的没有什么问题。

可能是为了 2009 年梯田文化旅游节的需要，管委会组织了很多村里的妇女到新街镇参加排练，说是还有很多男的都要组织耕作的演出，但是男的都是耕作的能手，他们就不用到新街镇排练，只要过一些天到实地排练就行了。

下午，有元阳县供电所的职工到村里来联欢，据说是有他们同行外地的人来检查工作，他们同时就在村里会餐。

2008年12月16日，星期二，农历十一月十九，属虎，晴

上午，村民小组参加村委会会议，参加会议的人主要有新街镇挂钩土锅寨村委会的工作组李志芳、孟国成等。会议的主要内容是要求村民小组对村里的卫生事情多加监督和管理，再一个是对村里的征地事情要多做村民的思想工作。

上午，有李树华家做祭祀，是因为他还超生了一个女孩，说是按照民俗的规矩，到了一定的时间就要给她做一些祭祀，避免在摸爬滚打中落地被鬼所害，以求她日后健康成长。

中午，有县委书记、民族局局长、文化局局长、旅游局局长、镇党委书记、镇长等来考察旅游节演出的实地。

下午，高文华家到老蜂寨用小猪丧祭，说是当那边出丧事家的舅舅。

今天卢建华家浇灌屋顶，就卢建华本人讲，可以说是酒精中毒了，身体已经到了快要垮的地步。只是他姐姐家的家庭条件要好一些，看着村民家一个个都建起了新房子，不想看到自己的亲戚这样落难，就帮助他家建起来，希望他能恢复身体，再找一个妻子来安家，守护好这个家庭。

2008年12月17日，星期三，农历十一月二十，属兔，多云间晴

上午，村民小组收村里的篾桌五十六张，是新街镇政府叫收上来的，准备到胜村摆长街宴。

卢荣家拆房子，现在拆的这个房子已经是很多年前就建设的。目前可能是因为地基的震动而导致墙体裂开，成了危房，今天开始拆了以后准备重新建设，以保证一家人安全。

李志得家昨天就杀了一头猪，难怪他家今天是叫村民来打他家的屋顶，没有用请小工的方式，而是用他家办伙食，叫全村村民来帮忙的方式做的。

从现在来看，村民打屋顶的方式有两种：一种是完全请小工的方式完成，自己家什么都不要管，这种是这两年才流行的。主要是从经常

在外地很少在家的这一部分人开始，他们有一点钱而且要省钱，很会算账。我也算过，叫村民帮忙的伙食费往往要高过所要用的伙食费用。他们缺少与村民的感情。另一种是叫村民来帮忙完成的，这种情况不要给村民付什么工钱，只要你安排伙食，村民就会主动尽自己所能来帮忙了。干活的时候大人来，吃饭的时候小孩子也要带来，算来的费用往往要高一点。我喜欢后者，看全村民一起吃饭喝酒的样子，他们不需要太好的伙食，需要的是团结在一起吃喝。人，不能只看重钱，有时候感情比钱重要。我认为，有了钱，没有人，钱又值什么钱呢？钱，有人用了才值钱。有了钱就该花在这些地方，让亲戚朋友来，这不过是交流感情的一个借口，多花费几个钱又算什么。

听说，县里基本决定2009年梯田旅游节在箐口村举行后，每天都有县各大局的领导来调查情况，今天也有县民族局车运光等领导来查看要演出的现场。

准备要参加梯田旅游节的演出的村妇女到新街镇培训几天了，从她们议论中看出，她们对目前给的误工补贴不满意，说是其他村寨的工时费给的是每天40元，我们村里只给20元，连车旅费都不够。

2008年12月18日，星期四，农历十一月二十一，属龙，晴

卢荣家继续拆房子，就是昨天说的，要准备拆了重建，一家人生活在已经开裂的房子里，不要说是安全问题，就连心理上都不会舒服的。再说他们一家又不是没有这个能力，肯定要重新建造的。

新街镇工作组到村里卢建华家做思想工作，是要征用他家省道旁边的一块地，这个已经跟他姐姐商量过了，他姐姐说是他家的田地已经很有限了，政府给的补贴太少，不能同意给征用了。

2008年12月19日，星期五，农历十一月二十二，属蛇，晴

同前几天一样，协商以后，村里参加演出的八十名妇女今天也照常出去培训。

中老年人都可以参加梯田旅游节的演出，小孩为什么不能参加呢？听说今天就开始有在土锅寨小学读三年级到五年级的学生进行排练了，他们也是参加2009年哈尼梯田文化旅游节的演出。

2008年12月20日，星期六，农历十一月二十三，属马，晴

做什么事情都会有失职的情况出现，包括自己家人为自己家放牛，今天放出去到下午找不回来，也该说是一件失职的事情。好比丢了家里的一个宝物，会弄得家人不安。今天就有卢小和家的牛没有找回来，家人都猜疑给人偷了。天黑之前都一直在寻找，已经用上了电话通知隔壁村寨的朋友要是看见自己家的牛就留下来。

云南农业大学在村里做的调查也很多，今天叫李树华收集村里的稻谷品种，要求村里所有品种样品都收一点。

2008年12月21日，星期日，农历十一月二十四，属羊，晴

在其他的村寨来说，时常会听说某个寨子谁家的牛被偷的情况，包括箐口村黄土坡九户人家居住的一户中也出现过被偷的情况，但是在本寨子内到目前这几十年是没有出现过。昨天卢小和家的牛没有找到也可能是跑到树林里了，今天早上就找回来了，悬了一夜人的心可以平息了。

有人说箐口村民一年的时间有三分之一或者四分之一花在办理丧事中，这点从村民来看有点多了，估计不会用那么多的时间吧。但是按照村民的习俗办理丧事的情况来看，的确每年中还是占了很大比例的。因为，村民办理丧事不同于内地发展的地方采用火化的方法，而且在办理丧事中选择日子到各种祭祀都要进行一系列的过程，需要很多人力和物力，谁家办理丧事都通知亲戚和朋友来帮忙，的确很费事。今天，又有李科长家到他亲戚家丧祭，原来打算是用牛丧祭的，后来因为已经买好的牛在没有到时间死了，之后改变成用两只小猪去丧祭，也就没有通知全村村民去参加，而只是通知了自己很好的朋友和亲戚去，还是有五六十人去参加。

有省公安交通警察大队来人，由县交通警察的人带队。

2008 年 12 月 22 日，星期一，农历十一月二十五，属猴，晴

上午，有法院的人来村里到李江西家说是现在快要到年底了，对李江西家与李世华家十多年前因土地纠纷而引起的判决一事进行执法。以前没有听说而现在才听到的村民都感到很惊讶：法院？十多年前的事？到现在都还有没有执行的事情？要是命不好，这辈子的事情就再到下辈子来申冤吧？有的村民这样说。的确，我也认为事情拖得太久了，如果一个寨子里出现这样的几桩官司，不是说没有人不相信政府、不相信法院，没有人再来打官司了，而是说至少有很多人要说闲话的。要是换了其他人，是要投诉到上一级主管部门的。

我为了要做一个石斛种植基地，到地里准备石头，村里的事情就没有注意观察多少了。

2008 年 12 月 23 日，星期二，农历十一月二十六，属鸡，多云

我今天还是同昨天一样到地里准备石头，想着要是表哥他们能投资的话，愿意与他们种植一点石斛药材，开放一条新路子。

李世得家建好一层房子已经有一段时间，可能是经济上的问题，看不出要建第二层的准备，今天已经请了亲戚朋友来清理并做了新房子迁居仪式。请的人也不多，只是请了自己最亲近的几个家庭的人来参加，其他一般的亲戚和朋友都没有邀请，人要住进去就请摩批打扫一下吧。

2008 年 12 月 24 日，星期三，农历十一月二十七，属狗，多云

早上，听说老母亲生病，怀疑是昨天吃了一点木薯而中毒的。嗯，这老人就是不忘本，毕竟是吃苦活过来的人，那年头，可能能吃一点木薯也是很大的幸福了。现在可能回想起来那滋味了，反而给自己添麻烦。于是，打电话叫姐姐们过来带去打针，希望她能康复，多活几年吧。

2008 年 12 月 25 日，星期四，农历十一月二十八，属猪，多云

前几天我在地里准备了一些石头，认为差不多了，今天就叫了车运回来，忙了自己的事情，就会忘了观察村里的事情。

2008 年 12 月 26 日，星期五，农历十一月二十九，属鼠，多云

上午，我和李树华去看李永福和李学亮两家之间屋檐的界限问题。邻居特别是亲弟兄之间，要是出现问题就是这样：你说你的理，他说他的理。李学亮家说他家的屋檐长出来了，要是滴水就滴到他家的房子上，要李永福拆掉。而李永福说是李学亮家建房子的时候太占了他家的地界，需要李学亮家拆了重新建盖。真是的，人家建盖的时候不说，到了这个时候你再来这一套。再说都是一个老祖，还会存在你我？为了改善生活才建盖的，都是可以相互商量的事情，怎么你干你的、我干我的？怎么就不会商量一下再做呢？

气死人！我在去调解李学亮与李永福家纠纷的时候不小心被李学亮家的狗咬了一嘴。我怕狗，害怕狂犬病，越是害怕越是被咬。原来他家母狗刚生了狗仔没有几天，我刚推开门进去的时候，母狗就扑到来不及躲的我的胸部咬了一嘴，好在衣服穿得厚，只咬伤了一点皮，还是担心。自己会不会感染上狂犬病？一旦感染了说是无法医治的，自己也活不了多久了。"怎么办？一针疫苗可是要几百块，要打上几针的"，我与树华商量。"不用怕，咱们这些是土狗，没有那种病，担心的话就去打一针消炎针得了。"我就放心了一点，吃过饭后，真的过去打了一针消炎针就回来，真的没有打狂犬病疫苗。

2008 年 12 月 27 日，星期六，农历十二月初一，属牛，多云

哈尼族之间的各种节日一个地区和一个地区之间时间上有些差别。今天是元阳县俄扎乡哈播村过昂玛突节，我随马老师一起过去参加过节。

今天有李文科拆换茅草房，我和马老师一起过去后，具体做些什么也没有注意多少。

2008 年 12 月 28 日，星期日，农历十二月初二，属虎，多云有雨

昨天，我是随马老师到元阳县俄扎乡哈播村过昂玛突节，就是哈尼族有名的长街宴，今天上午回到村里来，在村里休息，整理自己的材料。

2008 年 12 月 29 日，星期一，农历十二月初三，属兔，多云

今天李永福家做钢筋，准备明天打屋顶。

马老师在这边做了几天调查后，于今天上午返回学校了。做他们这一行看是很辛苦的，要是这边有什么活动都要过来，从昆明市他们的学校到这边山高坡陡的地方，路远又崎岖，来去一次就是几天，费精力、物力的。

村民做房子是一生的大事，也是很认真的，都要习惯地问一问老人，选择了日子才敢动的。我看，今天是有卢则龙下石脚，请了几个亲戚来帮忙一起做。

村民小组领取农村最低生活保障资金，村里一共是 34080 元整人民币。

2008 年 12 月 30 日，星期二，农历十二月初四，属龙，多云间晴

昨天整好钢筋后，今天就有李永福家浇灌屋顶。没有请小工，都是亲戚朋友帮忙打起来的。做好之后，到他家吃饭喝酒。

前面说过的，茅草房到了两三年后要拆除重新做，今天就有管委会拆他们管理房的茅草房,准备重新翻新了。

"男大当婚,女大当嫁。"李志学的女儿长大了,已经出嫁,今天下午在他们自己的阿略饭庄请客,请了全村的人,去参加的村民还是挺多的。

2008 年 12 月 31 日,星期三,农历十二月初五,属蛇,阴,大雾

管委会昨天没有做好他们售票室的茅草房,今天还在继续做。

上午,村里发放农村最低生活保障资金,这次是以农村合作医疗入保的人员名单来发放的。这个有点根据上面的意思来,因为听说其他地方因为发放农村最低生活保障费用而出现问题的,我们也不敢乱发放,都是通过村民大会,按照上面的要求来认真发放的。就像镇里参加会议的时候说的:"这是一条高压线,谁动了都要出问题的。"所以,我们对待这事比较认真,都没有动一分钱,如数发到村民手上。

2009年
村民日志

2009年1月1日，星期四，农历十二月初六，属马，阴，大雾

上午，村民小组继续发放昨天上午没有发放完的农村最低生活保障资金。总的来说，昨天上午就已经基本上领了，只有少数人家因为出门或者其他的原因没有来领取。比如，李志得家，昨天上午来过，只是看到村民很多，自己家又在建房子，就去忙着做自己家的事情了；还有李阿帮家，只有妻子在家，到了11点还没有点到名字就忙着放牛去了。

李世忠家煮小猪肉吃，是李朝生家的小猪，说是在给小猪做手术时没有做好而导致小猪死亡。由于李朝生家里还有其他做过手术且顺利的小猪，不愿意在家里煮吃，就拿到李世忠家来煮吃。吃饭的有两桌人，男的一桌，女的一桌。对于因这类原因死亡的猪，多数村民家在好好清理后会约人来煮吃。当然，有部分家庭也会丢到沟里让水冲走，或者埋到人们不常去的地方。这是目前村民处理这类死亡小猪的方法。

2009年1月2日，星期五，农历十二月初七，属羊，阴

我约了大鱼塘村的朋友用拖拉机运石头回来，准备在田间盖一个小房子，方便管理自己家的庄稼，或者说便于在地里栽种一些蔬菜。

村管委会组织人员建盖寨子脚那栋姜文曾拍电影用的房子，用茅草做屋顶。原本打算让村民小组来管理，用作村民小组的办公室或者老年人活动的地方，只是因为没有经费，就由管委会向旅游局申请经费开展修复工作。

2009年1月3日，星期六，农历十二月初八，属猴，多云间晴

村里的李惹木到思茅去，他原来在那里工作，10年前国家实行工作人员机构改革的时候退休回到村里，现在已经60多岁了，家庭生活条件比较差。据说是国家的政策有所改变，要对他们这一部分人有所补助，他就特意过去察看。

中午，听说李某的妻子被前夫家人叫回去了，这是一个人在新街镇

上给女儿打预防针的时候发现的。李某在认识她的时候她说自己是单身，两个年轻人认识之后就一起回家来，同居一年多的时间中生得一女儿，中间也很少回离箐口村一百多公里的嘎娘乡老家那边。听说这次是她前夫家的人看见她在这边以后，电话联系了以后叫家人上来叫回去的，听说她在那边已经生育了一男一女，只是与丈夫发生一些不和后离开了家，事情什么都还没有办理就过来跟李某在一起生活了。

李树华请来嘎娘乡的一妇女，年纪有50多岁，是一个能算卦又懂祭祀的妇女。李树华准备为其女儿做祭祀。从下午的情况来看，村里找她算卦的人还是有一些，也就是说她是一个懂尼玛算卦又懂摩批念经的人，算是哈尼族妇女中的知识分子了。

2009年1月4日，星期日，农历十二月初九，属鸡，多云间晴

我因为要建一个看护田间的棚子，便继续用拖拉机运石头和沙。石头是自己家的，从寨子背后的山上运回来，不用付材料费，运费一车15元。沙是从大鱼塘村背后的山上运来的，运费一车20元，材料费一车40元。提到这些，主要是想对物价的变化作一个对比。在以前，运费和材料费都没有这么高，而这两年的物价迅速上涨，运这些石头和沙的各种费用就自然也上涨了。

有一个导演带着六个法国游客来旅游，她没有直接买门票，而是说要首先找到李学。要是没有分析错的话，她的意思是要跟李学"说好"后再进村。

虽然说这些年都没有下过雪了，但这几个月的天气相对比较冷。今天的天气就比较冷，但还是有村民在做农活，如卢兴在田里犁田，看到的村民都说不是时候，这么冷的天气只有他还愿意干这种事情了。

2009年1月5日，星期一，农历十二月初十，属狗，多云间晴

今天，李志学家请了李文科等几个人修整他家的一块大田，主要是把田埂用水泥浇灌起来，打算以后栽种莲藕和养鱼。他家人觉得栽种水稻不划算，说是自己家人不会种田，每年请人的工钱要高过所能收到的水稻产量的价值，就想把田埂用水泥、沙石筑起来，牢固了种什么都方便，特别是如果养鱼田埂也不会倒塌。

中午，法院的人来村里调查，说是村里有一起七八年前就判决的案件还没有了结。现在已经到了年末，他们想对官司的输家进行执法。这起案子是关于李成和李院的土地界限纠纷的。

下午，卢正华家做祭祀，家门前插有绿树枝。了解的村民都知道，要是谁家门前插有绿树枝，就是在声明外家族的人不能进去，也不能与他们家人搭话。要是被违反了，这次祭祀就不成功，还得重新做。我不知道外地的少数民族村寨是否有类似的情况，要是有，我们可要记住了。

2009年1月6日，星期二，农历十二月十一，属猪，阴，有雨

李四文家继续运石头，他家的石头是从大鱼塘村冲沟处买来的，一车石头（约一方）的价格是40元，运费是20元。他家准备在从李树华手里买来的地里建房子，听说以5000元买了一块一百多平方米的地。"树大分枝，人大分家。"所以，李四文家要分家。

上午，村民小组长李树华在村里收取有繁殖能力的母猪的保险费，每头12元。养有母猪的村民家有李小生家、李朝生家、李爱生家、李庆亮家等。

2009年1月7日，星期三，农历十二月十二，属鼠，阴

管委会人员上午冲洗村里的道路。

小李家族的妇女现在都暂时租住在新街镇雷打树寨子的房子，过其儿子满十三日的礼，她们是李庆林的妻子、李树林的妻子、李平发的妻子、李扎卜的妻子等，每人多少都拿着一些东西，主要是鸡蛋、豆腐等。

2009年1月8日，星期四，农历十二月十三，属牛，阴

上午，卢开亮家做祭祀，摩批是李建国。

李志学今天继续运沙回来，还是因为要做田埂的事情。

2009年1月9日，星期五，农历十二月十四，属虎，多云

根据上面的通知，村民小组用喇叭通知村民：去年因生病住过院的村民拿收据单到医院领取政策性补贴。

箐口小学从今天开始进行期末考试。

2009年1月10日，星期六，农历十二月十五，属兔，多云

箐口小学今天还在考试，不过今天就要考完了。

村里领回十二家农户的"一折通"专用存折，这几个村民的存折在第一次没有做好，有的是名字打错，有的是号码打错，村民就到新街镇财政所要求修正。

下午，打工回来的村民有张和明等。

2009年1月11日，星期日，农历十二月十六，属龙，多云间晴

今天是新街镇的集日。同以往的情况一样，每到集日，多少会有村民出去赶集，如今天张志光老人等就去了。老人家买回一头小猪，说是以147元购买的，比起去年的市场价便宜了很多。要是在去年，能上市的小猪少了500元是买不到的，以至于村里要用小猪祭祀的人家都有所改变。比如，有人去世时，要用小猪丧祭的人家直接就给现金三五百元了事，认为买一头猪花去500元左右，再买其他一些食物就要花去上千元，觉得这样费用过高。李志学家开小卖部已经几十年了，可能是在寨子中心的原因，或者是价钱上比较合理，自开店起就没有关过门。在寨子里，现在像他家一样的店有三家，另外两家分别是卢世华家和卢四文家。

李跃家今天运来一车砖，早上叫来亲戚背回家。

中午，有一个土锅寨村的村民买走了李四辉家的一头猪。

今天中午，六年级的学生也放假回来了。

下午，李宏家做祭祀，摩批是他的姑父李正林。

2009 年 1 月 12 日，星期一，农历十二月十七，属蛇，多云

今天是星期一，眼看快要过春节了，今年的门票分红是什么情况？村民都盼望着把分红拿到手里，特别是生活比较困难的家庭。为了这事，村民小组多次向主管箐口村的旅游局郭应忠副局长反映过。今天，他特意来向村民小组解释情况，说是旅游局近期经费比较困难，可能不会在春节前兑现分红了，希望村民小组通过各种不同的方式向村民解释，并希望得到村民的谅解。等过了年，旅游局收了假，2008 年的旅游办公经费下来就一定来兑现。

下午，卢学明说自己拿着他兄弟卢学昌的一折通专用存折去领款，信用社的人说非要本人来领取，不能代领。

晚上，李志文家杀了一头小牛。小牛在前几天看起来就觉得活不成了，活不成就只有处理掉。他家人原来打算卖给在新街镇做牛肉生意的人，生意没谈成，就自己家杀了卖给一些要吃的村民，剩下的自己家吃。

2009 年 1 月 13 日，星期二，农历十二月十八，属马，多云

快要过年了，村民也忙着找过年的钱了。这几天常有去年没有办理好惠农一折通卡的村民来反映情况，要求尽快向上级反映，希望在过年前能领到该得的钱。过年啊，有人欢喜有人愁。小时候只知道过年就有肉吃、有新衣服穿、有糖果吃、有鞭炮放，也会多少有些钱花（和有钱人家说的压岁钱一样吧）。很高兴，不知道做父母的为了过年费尽了多少心思。一般家庭的情况是怎样？特别困难的家庭又是怎样？

今天张春华家和李建华家分别叫了自己家族的人到黄草岭村民小组奔丧。听说，村里时常会喝醉酒的李真主就在其中，今天应该是随李建华家一同去的，听说又喝醉了，由两个年轻人扶着回来，可能在路上跌倒了，额头上还出了些血。他们说，酒是好东西，可以舒筋活血，加快人体的血液循环，但是，喝多了也会变成坏事。喝酒误事的情况经常可以听到，甚至喝出了人命的也听说过，喝多了打架、吵嘴的也很多，村里某某喝多了又怎样的故事很多，要是都写出来就足够编一部《箐口村酒话故事大集》了。喝多了自己跌倒伤些身体可以算是小事了，要是喝出人命来或者出了其他大事就坏了。

村民小组已经接到通知，村里的狗一律要严加防范，要求一律打预防针而且关养好，否则，新街镇工作组将入村捕杀。最近在其他地方发现狂犬病，而且发生了人命。我不是学医的，对于狂犬病是什么并不知道，只是听一些人说咱们国家现在还没有发明医治狂犬病的药，又听说其病菌可以在体内长年潜伏，发病的病人连吃饭也像狗一样，叫声也是，令人害怕。要是这样的话，即使村里到目前没有发现病例，也该宣传和控制了。

2009年1月14日，星期三，农历十二月十九，属羊，多云

上午，新街中心学校的几个老师来到村里，与村民小组人员一道对箐口学校进行卫生清理，并且对箐口在学校就读的一至六年级学生进行列队编排，说是明天将会有中国文联、中国美协"送欢乐，到基层"捐资助学的领导、专家来慰问学生。

李建华家到新街镇购物，说是明天要到黄草岭村民小组丧祭，并通知了全村的人。

临近过年了，打工回来的人员也逐渐地多起来了。今天就有从广州回来的李三夫妇，虽说是夫妇，但不知道他们办理了结婚手续没有，反正都快要生育了。听说女子是湖南人，他们是在工作中认识的，工作之余回过几次家。

2009 年 1 月 15 日，星期四，农历十二月二十，属猴，多云间晴

上午，就如昨天通知的那样，中国文联、中国美协"送欢乐，到基层"捐资助学领导、专家如期到来了。他们是来自河南、甘肃、上海等省、市的国家著名的文学家和美术家，如尼玛泽仁、张彦、郝平等。在座谈会上，他们对箐口村在学校就读的学生寄予了很大的希望，对他们的成长表示关注，并对在学校就读的 100 名箐口籍学生分别发了一百元的助学金，给中心学校的领导三万元的助学经费。

今天，李建华家到黄草岭村民小组里丧祭，通知了全村的人，准备回来后请客。

下午，打工回来的有李成、张明福等。

2009 年 1 月 16 日，星期五，农历十二月二十一，属鸡，晴

中午，李建华家从黄草岭村民小组丧祭回来。下午，叫了帮忙的人到他家吃饭，还要准备明天的伙食，并就明天的事安排人员。

今天，卢荣家浇灌第一层屋顶，由于有一部分人刚从黄草岭村民小组丧祭回来，来帮忙的人员自然要比平时少一些，只是他家的房子面积也不大，能在正常的时间内完成。

李小生家做了一个祭祀，具体做什么之类的祭祀就不太清楚了。

西南民族大学学生蔡萌萌到村里来，调查哈尼族的民族服饰。她已经是第二次来箐口村了，第一次是她们学校组织来的，有十几个，这次只有两个。

2009 年 1 月 17 日，星期六，农历十二月二十二，属狗，晴

昨天，李建华家从黄草岭丧祭回来，今天请客，村民都去他家吃饭了。

中央民族大学学生全兴林和另一个学生到村里来做调查，她们是冯彦明老师的学生，要我帮助她们做调查。

村里已经领到 60 周岁以上老党员每月 20 元补贴的有七名，分别是张志林、李正光、李志荣、李克福、李永贵、李平清、卢保应，每名 240 元，一共是 1680 元整。还有村民小组成员下半年的工资补贴四百五十元整，每人 150 元，很少的。

通知村里已经办理了独生子女证的于 19 日到新街镇计划生育服务站领取补贴。

2009 年 1 月 18 日，星期日，农历十二月二十三，属猪，晴

今天打工回来的有张李学，说是从甘肃省回来的，他该是村里往外跑得比较远的人了。不知道是做什么行业的，他说中国的很多大城市他都跑过了。介绍一下为什么叫他张李学？他小时候经常生病，根据摩批算的卦，他就拿着糯米到半路上去堵人，遇到的第一个是姓张的，之后，他的父亲就给他取名张李学。实际上，他是姓李。

天有不测风云，人有不预之灾。李学是一个三十多岁的年轻人，身体也比较好，也是一个比较聪明的人，但是，听说今天他的手机被人骗了，说是被一个做猪肉生意的人骗的。那个人叫李学开三轮车从新街镇运一头猪到胜村，到半路上时要借用李学的手机打电话，然后一边打着一边跑到路边的树林里，而李学这几天因为脚痛不能去追赶，只能让他跑去，要不是脚痛一般是不可能跑得掉的。

2009 年 1 月 19 日，星期一，农历十二月二十四，属鼠，晴

西南民族大学学生蔡萌萌返回昆明。

村民小组成员到南沙向旅游局询问有关 2008 年村里的门票收入情况，希望他们能够尽快补发，不然的话，村民会对他们有意见，不配合工作。

2009 年 1 月 20 日，星期二，农历十二月二十五，属牛，晴

快要过年了，在外地打工的年轻人也陆续回来了，今天从昆明回来的有张崇祥、李绍华等。

2009 年 1 月 21 日，星期三，农历十二月二十六，属虎，晴

这几天天气好，李生亮家犁田了，请他的岳父犁的。他们一家在镇上做门窗生意，很少回来自己招呼梯田，每年都是请亲戚朋友来整的。

晚上，有小孩在陈列室广场放鞭炮时燃着了管委会的房子，幸亏发现及时，没有烧掉多少。茅草房子，最害怕的就是火。箐口历史上出现过几次大的火灾，知道的村民每到干旱的时候都会防火的。

2009 年 1 月 22 日，星期四，农历十二月二十七，属兔，晴

快要过年了，管委会冲洗村里的路面，希望过节期间有一个良好的卫生环境，特别是面对游客。上面的领导也是要来检查的，每次他们来说得最多的就是卫生问题，只是目前没有办法改进。一是村民的意识需要提高，大人的家庭垃圾往水沟里面扔，没有水就处理不了；二是小孩的果品、塑料垃圾到处乱丢，不能及时处理；三是村里到现在没有专门的牛路，早去晚回的牛都要经过寨子的主要路面，免不了有牛粪。怎样才能把村里的卫生搞好一直是大家考虑的事情。

上午，有新街镇、县旅游局、县文化局的人来看演出台，说是要在我们田里搭台准备演出。

村民小组宣传有关节日期间的注意事项，如卫生、打架斗殴等问题，用喇叭宣传，希望村民都做好预防工作。

2009 年 1 月 23 日，星期五，农历十二月二十八，属龙，阴，有雾

今天是新街镇过节前的最后一个集日，或许是这个缘故，去赶集购物的村民比较多。当然，明后天村民自己家也要忙着做其他的家务了，可能很少有时间上街了。

上午，李有福家和李志得家进行新房迁居。快要过年了，盖好房子的人家当然要搬进去新房子了。搬进时要做一个仪式，希望家人健康和平安。

很不幸，都快要过年了，卢明的母亲却去世了，本来要忙着过年的事情，却要停下来处理家里的丧事。

晚上，听说是李生学打伤了张华，地点在李文科家门前的路上，年轻人就是这样，感情容易冲动，很容易出事。

2009 年 1 月 24 日，星期六，农历十二月二十九，属蛇，阴，有小雨

上街的人很多，多数都是买年货、蔬菜等，一般现在买好以后，过年的那几天就不用上街买东西了。

明天就要过年了，考虑到亲戚不会有时间过来奔丧，所以，卢明家今天就通知了外面的亲戚来奔丧，村民特别是本家族人也过来帮忙，到了明后天，做家长的一般是不会过来帮忙的。

2009 年 1 月 25 日，星期日，农历十二月三十，属马，阴，有雾

今天打工回来的人很多，准备回来的都基本上回来了。

张华的母亲向村民小组要求调解其儿子被李生学打伤一事，村民小组要求大家安心过年，等过了年再说，希望大家不要把事情闹大，都是一个寨子的人，年轻人可能喝了一点酒，相互之间出现一点事情很正常。

今天是大年三十，杀猪的村民家有李绍新家、张明生家、张保祥家、张正和家、张龙家、李和家、卢世华家、卢迁家、李爱生家、李正林家、李建国家等。

晚上，听说张明生和张明福家的三头牛没回家里来。要过年了，还要忙着找牛，你说养牛辛不辛苦？

2009 年 1 月 26 日，星期一，农历正月初一，属羊，阴

早上，张明福和张明生两兄弟找到了自己家的牛，就喂了一些草而没有放出去外面。

新年初一，村里会有什么事情呢？大家都只是忙着过年，原则上今天是不可以出来串亲的，人们只能在自己家过年。

2009年1月27日，星期二，农历正月初二，属猴，阴转晴

农历初二，村民都还只是忙着过年。在箐口村，习惯上是可以出来串亲了，只是大家一般都在自己家中过，很少到外地串亲戚的。

2009年1月28日，星期三，农历正月初三，属鸡，晴

从今天早上起，箐口村就算是过年了，相互之间来往串亲的很多。习惯上，家中有去年出嫁的女儿的就该在今天给婆家送礼去。送的东西习俗上是糯米粑粑。现在可能是因为生活条件好了，人们的要求也就随着提高了，送的除了糯米粑粑还有烟酒、糖果，以及生活用品，如洗漱用具、电视、衣柜等。从这几年的情况来看，这些东西一般都在这个时候送去，而不在他们办理婚礼的时候带去。

下午，靳柯老师等五个人到调查点来，他们是带着亲戚出来走走的，来看看箐口这些少数民族地方的过节情况，也看看梯田。

2009年1月29日，星期四，农历正月初四，属狗，晴转阴

虽然在原则上说过了年，就像单位收假一样，村民也该找自己的事情做了，但是，可能是现在的生活条件好了，年轻人还是泡在吃喝娱乐上。上午在一家吃喝，下午又到另外一个朋友家吃喝，节日的气氛一点都不比前几天差。走在寨子的中间，你随时都会看到年轻人搭肩挽臂地来去，也会听到从屋里传来的说话声。寨子上空飘的也是酒肉的香味，人民生活在幸福的浴池里。这是这几天村里的基本情况，要说谁家做什么劳动就调查不到了。

身在其中，我也难免，不是被这个朋友拖去，就是被那个亲戚拉走，几天都是在半晕半醒之间，想静下来休息一下都成奢望。

2009 年 1 月 30 日，星期五，农历正月初五，属猪，晴

早上，靳柯老师等五人返回昆明。

卢开亮家大儿媳妇的娘家送礼来。他们结婚生育已经多年了，说是她家那边家庭有点特殊，所以，刚结婚那些年也没有把该做的事情做了，现在回过头来补做的。

今天是属猪的日子，要是像往年一样，早上该有村民做祭祀活动了，然而，由于村里在过年前就有人去世，到现在还没有下葬，村民的出门祭祀就不会做了，说是做了也不会灵的。

2009 年 1 月 31 日，星期六，农历正月初六，属鼠，晴

过了年，渐渐地就有村民开始忙着做农活了，今天李平真家进行水冲肥。养牛和养猪的人家有一个好处，就是他们家的肥料可以自给自足，只要勤劳一点，可以堆积起来冲到田里养田，或者晒干了背到地里。肥料多，田地里的庄稼自然要长得好些。这是村民利用肥料的一个方法。

张龙家也准备建盖房子了，今天叫了亲戚白得华用拖拉机运石头，运到停车场以后还要用人背回家。累是累一些，但是，目前村民都没有办法，只能根据村里的情况来做了。李爱生家也准备建房子了，前些天在自家地里取了一些石头，今天叫了卢忠皮去运回来，只是他家离停车场近，只有十多米，不用费多少力气就背过去了，比其他家要省很多的精力。

2009 年 2 月 1 日，星期日，农历正月初七，属牛，阴，有雾

又是一个月的开始，村民小组在今天上午安排了这个月轮到打扫村里主要路面的农户，这个月的组长是张文和。根据前几年的情况，这个月是过年的时间，为了加强卫生工作，村里特意增多了打扫卫生的农户，这个月有 18 户，其他 11 个月都没有这个月的农户数多。主要是想着本月村里的游客会多，多安排几户可能会把卫生搞好一点。

从近几年的情况来看，村里的户数是增多的，人数也是增多的。村里每年都有新建房子和翻建旧房子的情况。今天又有李爱生家运石头回来了，看样子又要建设新房子了。

又是一年春天，村民们开始了春天的播种，很多农户又要忙着到地里施肥了，今天有张春华家、张文学家等。

近一段时间，中国移动通信公司开展交话费抽奖活动，村里有手机的年轻人也去参加了。今天就有李上某抽奖中一等奖，获得价值 3000 多元的一台电冰箱，听说考虑到冰箱不适用，就换了一台电视机。

2009 年 2 月 2 日，星期一，农历正月初八，属虎，晴

今天，卢明家主办他母亲的丧事，他在村里的亲家张正和去丧祭。因为本人近期已经开始在建一个房子，嘴里说是田棚，但到最后说不准会成为自己的家，就没有去参加这次的丧事，很多具体的事情就没有亲自观察到。用小猪去丧祭的亲戚有李正云家、李学家、李祥家等。

根据红河州文化局、旅游局，以及负责承办的县主管单位的决定，2009 年的红河哈尼梯田文化旅游节要在箐口村办，届时要邀请著名舞蹈家杨丽萍来参加。今天，州文化局局长和县里的一些主管单位领导来察看地点。

2009 年 2 月 3 日，星期二，农历正月初九，属兔，阴，有雷雨

今天，村里主办卢明母亲的丧事，同正常的情况一样，下午送葬。她的情况是家人没有办法的事情了。她已经 60 多岁，家人已经尽了力，送她进了几次医院，花了家里的很多钱，回到家里不出家门地休息了一年多的时间。生老病死，人之常情，她也死得安心，家人也问之无愧。

为了建盖房子，李爱生家今天一天都在运石头，请的运石头的驾驶员是大鱼塘村民卢忠平，这人嘴甜，能四处联系朋友，经常能找到活做。

下午六时左右，2009年的第一声春雷打响。年轻人可能不知道，响雷意味着什么。可懂农事的中老年人就知道，响雷就意味着春天来了，可以准备播种了，是值得高兴的事情。

2009年2月4日，星期三，农历正月初十，属龙，晴

上午，张学家做出门祭祀仪式，摩批是他的父亲张正和。我应该在前几年的日志里提到了，这些年村里年轻人常常出门。做出门祭祀仪式以求好运的人比较多，特别是经常带几个弟兄的小工头，他们每年到了这一段时间都会回来请摩批来做。通常选择在属马、属猪、属虎日做。而这也有一个过程，做第一次祭祀的日子选择的是属兔日或属龙日，今天张学家做的就是第一次祭祀，用的是红公鸡。要说明的是，这并不是说张学以前没有出过门，在此之前他是出门打过工的，只是没有做过这种祭祀。

今天是新街镇的集日，是不是新街镇的集日，可以从村民上街人数的情况看出来。要是到了新街镇的集日，上街购物或者卖物的人数总要比平时多一些。特别是从卖猪和卖鸡之类的人中就能明显看出来。今天李树华背着小猪去卖，听说，近期的小猪价格比去年跌了很多，去年能卖到五六百元的现在只能卖200多元了。

今天，大李家族的人到麻栗寨村亲戚家奔丧，有李才明家、李永林家等。

昨天送葬了卢明的母亲，按照箐口村的一般民俗原则，他家今天要请客接待亲戚朋友。张正和家是去丧祭的亲戚之一，他家也可以请客接待村民，可是，这两年有很多去丧祭的村民改变了这一习俗，认为去丧祭回来又要请客有点费钱：一是自己家庭费，仅是丧祭就要花掉四五千元，如果要请客还要花两三千元；二是请客接待了就要让来做客的人花一些钱，每人至少要给10元、20元的，有的可能还更多。所以，现在很多人家用牛丧祭了都不一定请客接待人了，只是请这几天来帮忙的亲戚和邻居就了事了。但有个别人家因多年没有办过大事，偶尔会请客接待。

上午，李世华、李永新等外出打工。过了年后，他们要出去挣钱养家了。

中午，电厂的工人来村里测量立电杆的线路，这次他们立电杆的目的是给 2 月 28 日和 3 月 1 日举行的梯田文化旅游节演出时供电，要拉到我家田里。

2009 年 2 月 5 日，星期四，农历正月十一，属蛇，晴

今天，张文和家运石头回来。他家的老房子已经有很多年了，有些木料出现了腐烂的现象，加上他儿子在外地打工几年也找到了一些钱，准备在今年拆建翻新，目前在准备材料阶段。家人要准备木料、石头和沙子等自己能力范围内可以找到的材料，至于水泥、钢筋、砖一类的就需要到建材市场去购买了。

2009 年元阳县梯田文化旅游节已经定在箐口村举办，届时要在田间进行实地大型稻作农耕文化表演，演出地就在寨子脚的田里。为了表演，需要对电路进行处理，今天就有供电所安排的工人来立电杆。男演员集中到实地进行排练。

下午，张崇祥家做祭祀，他们夫妇在昆明打工已经有一年了，中间没有回来过，等过了年，他们还要接着去昆明，今天做祭祀的目的就是保平安，求得心理上的一丝慰藉吧。

2009 年 2 月 6 日，星期五，农历正月十二，属马，阴雨转晴

与昨天一样，为了梯田旅游节供电的需要，电厂请的工人今天继续搬运电杆，按照电厂的测量设计搬到各个地点。

今天是一个属马的日子，而寨子里的死人已经丧葬，村民可以做出门祈福的祭祀了，今天就有卢毛以等人做。

快要到育秧苗的时间了，有的村民开始忙着整理秧田了，今天就有李学亮、李志和、卢永贵等。现在整理好以后，到月底就可以育秧苗了。

从今天开始，群众演员全部集中到演出的场地进行排练，就差没有用牛和犁耙。

2009年2月7日，星期六，农历正月十三，属羊，晴

整治秧田的村民逐渐多起来，加上天气也好，每天都有村民到田里整治秧田，今天看到就有李庆亮家、张春华家等。

为了演出，他们还安排了人员对到田间的路进行修理，材料由妇女们背下去，师傅是李绍新和李文新等。这是一举两得的事情，一是给演出时过路的领导行走方便；二是对以后村民的生产、生活都利好。

为了演出的成功，演员们每天都要来排练，今天把全部道具都用上了，包括耙田、犁田的村民及牛、挂牛铃、披蓑衣、戴斗笠，像是真的演出一样。

2009年2月8日，星期日，农历正月十四，属猴，阴转晴

上午，村民小组成员和村民打扫寨子内主要路面和清理寨子周边的塑料等杂物。前年对村里的很多事情进行整顿后，村民对参加村里的集体性事务都比较积极，今天也是很积极地参加了。

上午，村民小组填发农村合作医疗卡，主要是换证，换成另外一个式样的卡，原来的那一本报废不能用了。

同昨天一样，群众演员仍然集中到现场排练，很辛苦，但由于他们每天排练都有工时费，所以大家都很积极。要不然，他们哪里有那么多的时间来参加排练，影响家庭的生活呢。

下午，卢永贵家做祭祀，是后院祭祀，本家族的人以及其他村民和朋友都可以参加，不受限制。有的祭祀是受限制的，不是所有的人都能参加的。

2009年2月9日，星期一，农历正月十五，属鸡，雾转晴

张龙家拆房子，准备重新建盖房子了。家人增多，在一个屋子里住不下，生活不方便，只有重新改造才能过日子了。

今天下午，李永林家做祭祀，门前插有绿树枝，意味着不许外人进入，只能自己家人和摩批参加此祭。记得小时候，我们家也做这样的一个祭祀，在门前插了绿树枝，但有人在路边的小窗子叫我们家，大声叫了好多遍，没有办法就答应了。后来吃饭的时候，我们张氏的大摩批即张正和的父亲就说这个祭祀没有意思了，以后再做一个。那一次，我就记住了：人家门前插着绿树枝就不能进去，也不能去打招呼。

今天演员们停止排练，因为今天是农历正月十五，过小年了。他们要学汉族过小年，指导老师们也要休息，同时也给了演员们一天的休息时间。

2009年2月10日，星期二，农历正月十六，属狗，雾转晴

上午，张龙家运回来砖，开始慢慢整理房基，准备建房子了。

昨天休息了一天以后，群众演员今天又开始集中到场地进行排练了。

人有寿命，物也有寿命。今天，张斌家搬出粮食和家具等物资，说是他家的房子也有很长时间了，房子内部的木料有些快要撑不住了，再说他们夫妇在外地不回家的辛苦了两年多，多少也找到了些钱，就准备拆掉重新再建盖。

2009年2月11日，星期三，农历正月十七，属猪，晴

群众演员今天也来排练。

今天是属猪的日子，我不认为哪天是好日子，哪天又是不吉祥的日子，日子应该是一样，每天都是二十四小时，只有春、夏、秋、冬之分，冷暖干热、阴晴圆缺之分。而在箐口村，村民对日子是有选择的，特别是做法事的时候，不管是寨子的事情还是家里的事情，都有所选择。今天上午做出门祈福法事的张春华家、李宏家、李庆亮家正是选择了属猪日。

2009年2月12日，星期四，农历正月十八，属鼠，晴

群众演员都来排练。

李平发犁秧田。

2009年2月13日，星期五，农历正月十九，属牛，晴

群众演员都来排练。

今天，读小学六年级的学生到学校补课。

这几天游客比较多，主要是在村里排练的工作人员。

2009年2月14日，星期六，农历正月二十，属虎，晴

今天，排练的演员不到实地来排练，而是到新街镇广场去排练。

上午，杨正明要求村民小组去调解他家与李平发家之间的土地纠纷一事，反映说今天早上李平发妻子和李平贵的妻子又在地里挖地。真是的，我们说好了在没有解决好之前不要去动，这些妇女就是不会听话，村民小组又没有多少权力处理她们。

今天马卫华家、卢永贵家到地里种黄豆和苞谷。

今天是一个属虎的日子，按照村民的说法又是一个吉祥的日子，又有人家做出门的法事了，如李学家，摩批是张志学。应该是提前说好了的，张志学今天到隔壁的彝族村寨土锅寨村里去做了。

2009年2月15日，星期日，农历正月二十一，属兔，晴

整治秧田的有李平发家、李光明家。

群众演员又到新街镇排练。

明天是属龙的日子，是新街镇的集日，而2月18日是属马的日子，村里要举行祭祀火神的仪式。明天是做祭祀前最后一个新街镇集日，为了能在集日间买到该买的物品，村里选了李永忠和卢保应当龙头，负责向村民家收取今年村里集体祭祀的各种费用。根据预算，祭祀火神的费用向每户村民收取4元，以200户来算，就有800多元了。

2009年2月16日，星期一，农历正月二十二，属龙，晴

村民小组到南沙领回来村里2007年度百分之三十的门票提成，领到34697.5元，准备统计之后，明天早上就发放下去，免得村民议论。

整治秧田的有张正祥家，只是我没有太多地去关注罢了。眼看天气比较好，村民都开始忙着整治秧田了。

2009年2月17日，星期二，农历正月二十三，属蛇，晴

早上，村民小组召集群众发放2007年村里百分之三十的门票收入款。按照管委会和旅游局的统计，2007年收到门票款十一万六千元，村里应该提到34697.5元，发给每户村民177.5元。我们给村民发放了177元，每户的五角钱因为找零麻烦，就说拿来买我们的办公用品，村民也没有意见。

今天，又有张龙家运石头，准备建盖房子。村民现在建盖房子，第一层多数都选择用石头。为了省钱，他家也可能是这样打算的，今天就运回来十多车的石头。

演员们到田里现场实地排练。

2009年2月18日，星期三，农历正月二十四，属马，晴

演员们今天仍然到实地来排练。

正如前面提到的一样，今天是村里祭祀火神的日子，这次收取的是每户4元。在野外与村民一起喝酒是一件很愉快的事情，我一般是不会逃避的。

上午，李正祥、张牛后家等整治秧田，下午就有张牛后家撒秧到田里了，动作还挺快的。

2009年2月19日，星期四，农历正月二十五，属羊，晴

上午，张龙家叫了村民帮忙把石头从停车场背到家，来帮忙的村民也比较多。

今天整治秧田的有卢志明家、卢伟家、李绍新家等。

今天播种黄豆的有李树华、李国忠等人家。今年这么快，现在就有村民播种了。

凌晨，张毛芬老人去世了，她已经八十多岁了，村民都过来帮忙，特别是张氏家族的人都来了。

演员们放假两天，今天和明天不进行排练，工作人员叫所有参加演出的演员这两天完成播种，2月21日及时来参加排练，不得请假。可能就是因为这两天播种，请假的人太多了而特别下的命令。

2009年2月20日，星期五，农历正月二十六，属猴，晴

上午，卢小和家运来一车砖，叫了村民帮忙背回去。

与昨天说的一样，编导可能是考虑到很多演员家的黄豆和苞谷没有播种，就放了两天的假，也好让他们帮忙家里做事情。

今天，管委会人员清理村里的路面卫生，这可能是他们最后一次做这种事情了，因为听说管委会过些日子就要解散，村里的事情要移交给云南世博元阳旅游公司来管理了，他们的人员已经全部配备好了。

今天，马志文家通知了亲戚来奔丧，来他家帮忙的人很少，村民的意见比较大，说是他们家与邻居相处不好，而自己家人到其他村民家帮忙的也少。

村委会通知村民小组开会，会议主要是商量2008年下半年低保发放的意见，还有关于狗的问题，村民小组因为有事情而没有去参加。

下午，村委会通知村民小组到李庆亮家做工作。事情是这样的：演出中有几块田是李庆亮家的，当时已经说好了补偿的事情，而看到实际所用的情况以后，李庆亮认为对他家有所损失，就到新街镇人民政府要求再增加些补偿。

2009年2月21日，星期六，农历正月二十七，属鸡，晴

育秧苗的时候到了，整理秧田的人家多了，撒秧的人家也多了。今天撒秧的人家有张明福家、李志和家、卢建忠家等。

可能已经算好了时间，今天开始主办马志文岳母张毛芬的丧事，村民都过来帮忙了，特别是张氏家族的人都过来帮忙了。

为了演出，演员们放了两天假后今天又开始来排练了。

2009年2月22日，星期日，农历正月二十八，属狗，晴

演员们今天还是继续来排练，天气晴朗，又热，他们辛苦了。

村里主要的事情是送葬张毛芬老人。人总是要死的，而她这样年纪的老人过世也该是寿终了。

今天，有县安监局的人来，实际上这几天几乎每天都来，目的在于监察演出的看台安全系数。这不是没有过教训，所以县里的领导对此非常重视。因此，工程质量也有所提高，原来说好的十万元增加到十五万元了。总之，一切为了安全。

2009年2月23日，星期一，农历正月二十九，属猪，晴

和其他人家的葬礼一样，今天马志文家也是请客接待客人。想要说一下的是，马志文是张老人的女婿，张老人只得一女，就招了这个女婿上门。现在，就只有马志文支撑这个家庭了。

演员们今天还是继续来排练。他们很辛苦，从其他村寨过来，到了下午又回去。不过，能参加国家有名的舞蹈家排练的舞蹈，能精彩地表演，

到时候上电视、电影的，能与祖国甚至更远的人交流也很荣幸，辛苦一点又怎么了。

李正和家对第二层屋顶进行浇灌。由于生活比较困难，他家第二层砌平已经很长时间了，可能是因为找不到钱吧，空着放了很长一段时间，他们一家人打工了一段时间，今天才来打屋顶的。

今天是星期一，是箐口历史的又一个转折点。从今天开始，管委会解散，由世博元阳旅游公司来管理箐口。下午，管委会人员全部在卢世华家会餐，宣布管委会的历史暂时结束。

2009年2月24日，星期二，农历正月三十，属鼠，晴

上午，新街镇安排了人员对村里的狗进行捕杀，包括新街镇兽医站站长高国伟、新街镇派出所的一个员工、村委会副主任李高亮，还有村民小组人员。工作人员凡是知道和遇见狗就通通打死，一个不留，目的在于预防狂犬病进入村里。说是附近有地方发生狂犬病了，有人感染后不能医治而死去。村里游客很多，村民又不能很好地关养，担心被传染，镇里就专门安排了人来监督执行。统计下来，今天上午打杀了李学亮家、李则忠家、卢明华家、张正荣家、李树华家的狗，其他有个别是因为人不在家，不容易抓到，但要求他们自己家及时处理。从上午处理的情况来看，狗不容易死去，李则忠家的狗以为已经被打死了，工作人员出去后听说又复活了。还有卢明华家的狗，认为已经打死就放在家里，之后又活了起来。于是，工作人员再返回来把李则忠家的狗打死了，主人家再拿去烧吃。

浇灌李学亮家的第三层屋顶，也是叫亲戚朋友帮忙做成的。

快要到演出时间了，文化局的人很担心、很认真，这几天天气再热，都要带着他们来实地排练。演出人员辛苦，指挥他们的老师也很辛苦。今天也是继续到实地来排练。

2009年2月25日，星期三，农历二月初一，属牛，晴

今天上午，马志文家做祭祀，是因前一段时间其岳母去世。按照农历的说法，算是前一个月去世的，今天是农历的二月初一，就按照一般的程序做后院祭祀，封住去世老人时打通的后墙的一个洞口。

可能是为了便于指导，今天只有女演员来排练，男演员休息一天。

2009年2月26日，星期四，农历二月初二，属虎，晴

今天是属虎日，是农历的二月了，寨子里要开始过昂玛突节了。今天是叫寨魂的日子，摩批要带几个村民，主要是几个咪古和一些小孩，在寨子里来回叫几次，做祭祀。这个叫寨魂的具体过程，因为这几年事情过多，我没有认真地去观察过一次，以后做的时候得认真调查一次全过程再做详细说明。

昨天排练的演员只是女的，而今天又只有男的排练了。

晚上，卢永贵家做祭祀，这种祭祀叫作"尼号突"，一般是家人生病了，认为是被某某鬼或者某某人所害，就请摩批，请几个人在家里，等待着它们的到来捉住制服，这种祭祀一般是从晚上八九点钟做到第二天天亮，很辛苦。

2009年2月27日，星期五，农历二月初三，属兔，晴

3月1日就是正式演出的时间了，届时会有很多的领导来观看，游客也会很多。为此，村民小组要求村民打扫好自己家房前屋后的卫生，同时，上午发动全体村民对村里的公共卫生进行清理，希望全村配合这次演出。

今天排练的是全部男女演员。和往常一样，到十二点左右演员全部到齐后，从头至尾地演出了一遍。结束时，编导们还对演员们进行了表扬，希望演出时就是这样，保证不要出什么差错，包括每一个环节、每一个人。

2009年2月28日，星期六，农历二月初四，属龙，晴

同昨天一样，村民小组利用上午的时间发动村民清理村里主要路面的卫生，要求自己家房前屋后的卫生自己家打扫，并且严肃要求村民这两天的卫生一定要保证好，猪一律关养好，等明天牛也要趁早放出去，以免来去的路上被弄脏了，希望村民以很好的形象来对待这一次难得的机会。

今天是演出前的最后一天排练了，为了保证演员明天有旺盛的精力，今天没有前几天严格了，只是简单地过了一遍，对演员们交代了一些事情后就回家了。

2009年3月1日，星期日，农历二月初五，属蛇，阴，有雾

今天应该说是箐口有史以来最荣幸、最热闹也是最辉煌的一天。荣幸的是，2009年红河州主办、元阳县承办的红河哈尼梯田文化旅游节暨大型稻作农耕表演在箐口村举行，热闹的也就是因为红河哈尼梯田文化旅游节暨大型稻作农耕表演在箐口寨子下的梯田里实地举行，迎来了很多领导、专家、学者、记者以及上万名游客。的确是箐口村有史以来人最多的吧？

演出一结束，搭台的老板就开始提出说拆除演出用的台子。

为了调查演出，云南大学哈尼族调查点负责人马老师专门下来，演出结束后再回到新街镇休息。

2009年3月2日，星期一，农历二月初六，属马，雾，晚上有雷雨

演出结束，搭台的老板从今天开始拆台，可是，早上突然又来了一个电话，县长和一些县里的领导准备把台子买下来，用于以后的梯田旅游节。但谈判不成，搭台的老板于下午一点左右就拆台了。我是最大的牺牲者，看人家的秧苗都撒到田里了，我还没有育秧呢。

李克计家浇灌屋顶，她这个女人家，应该是找到一些钱了，自己买

了地皮建盖，今天也是请小工来做的。

上午，龙绍文家做出门祭祀，摩批是李正林。

上午，说是中央电影制片厂的剧组来村里，修复姜文拍电影时用的房子，看样子他们又要来拍什么电视剧或者电影了。

下午，卢建明家做祭祀，地点选择在陈列馆后面的三岔路口，这种祭祀一般是家里有人生病了，怀疑被野外的鬼所害时做。

到了过昂玛突节的时候了，按照正常的程序，今天晚上要进行封寨门仪式。

2009年3月3日，星期二，农历二月初七，属羊，晴

上午，村民小组到南沙县旅游局领取箐口2008年百分之三十的门票收入提成款。2008年收入是100960元整，比去年的收入相对少些，应该提成的款是29944元，每户应该可以分到150元。

如同昨天说到的一样，今天又听说中央电视剧组的人在村里拍摄《山间铃响马帮来》的故事情节，村里有人参加了这个故事的演出拍摄。

从今天开始，就可以说正式过昂玛突节了。中午，咪咕们到寨神林里杀猪，下午给村民分猪肉。到寨神林杀猪的祭祀最忌讳，不许任何人进入他们祭祀的场所，而且在祭祀过程中，谁都不能说话，只能打手势。

晚上的过程是，从去年这个时候开始到现在生有小孩的人家到大咪咕家摆桌子，叫做知桌巴，就是拿着烟、酒、菜等给咪古们敬烟献酒，与他们一同共进夜宵。

2009年3月4日，星期三，农历二月初八，属猴，晴

中央电视剧组的人继续在村里拍摄他们的影视剧。有村民反映情况上来，说是村里做这样那样的事情都没有村民小组的人员知道，不出什么事情还好，要是出了事情就要找村民小组的人员来解决。我知道，他们拍的是《山间铃响马帮来》，还开钱请了很多村民当演员。

村里今天的主要事情就是到寨神林摆桌子，每户要做好一桌的饭菜，听咪咕们的话献祭，到了下午三四点钟又回来。

2009年3月5日，星期四，农历二月初九，属鸡，晴

今天的主要过程就是在寨子里摆桌子，从咪咕家院子开始，一直沿着路摆去，看上去就是他们说的长街宴了。我认为这只是他们说的，实际上可能是由于村民们的院子都很小，而路面要宽些，村民们抬桌子出来献祭的只能摆在路上，要是摆出来的都在一条路上，就成了所谓的长街宴会。实际上，我们箐口村今天是到咪咕的院子里献祭，只要把桌子摆在咪咕家最近的院子就行，不一定要摆在一条路上。

中央电视剧组继续在村里拍摄《山间铃响马帮来》。

下午，村里的祭祀活动结束以后，我去整理秧田，因为前些天的演出占用了我们家的田，影响了我正常的育秧时间，他们拆除舞台以后才能育秧苗。

2009年3月6日，星期五，农历二月初十，属狗，晴

我今天才撒秧，主要是因为梯田旅游节期间，他们占用了我家的田地，影响了撒秧和其他的农作事情。现在还来得及育秧，基本影响不了稻谷的生长时间，我就没有找别人家的田而是用自己家的田育苗。

云南农业大学的师生来到村里，初步选择他们要做试验的田块，选择的田块是李志锋家、李正明家、李树华家和李和明家的田。

2009年3月7日，星期六，农历二月十一，属猪，晴

上午，村民小组发放2008年村里的门票收入款，总共两万九千九百四十四元，每户可以领152元，除了有几户因为放猪或者卫生不干净被罚款以外，其他的都发放到村民手里了。

李跃家浇灌水泥屋顶。

2009 年 3 月 8 日，星期日，农历二月十二，属鼠，晴

今天是国际三八妇女节，村里的妇女干部从县级单位或者事业单位申请回来她们的活动经费3000元，组织村里的妇女到州府蒙自参观旅游。

今天，新街镇组织今年准备要重点建设的几个村的村民小组领导到南沙镇的排沙村和菱角塘村考察建设情况，箐口村有张明华和李树华参加。

旅游节期间所用的舞台已全部拆除，只剩零散的木料了，需要我去清理。

2009 年 3 月 9 日，星期一，农历二月十三，属牛，晴

李克计家浇灌水泥屋顶。

中午，卢迁家买回来一车钢筋，说是准备在今年的七八月份开始建设自己的老房子。

下午，李正福家又撒秧苗，说是第一次育的秧苗发芽不多，估计不够用，就趁时间还早另外补撒了一些。

2009 年 3 月 10 日，星期二，农历二月十四，属虎，晴

上午，李宏家的一头猪死去，有四五十公斤了。这样的猪对于村民来说很可惜，死掉的肉价又卖得不高，还要请弟兄和朋友来帮忙，之后还要请他们吃饭。

上午，召开群众大会。参加会议的有县人民政府的代表、镇人民政府代表、村民小组和每户一人的村民，主要是讨论村里正在建设房子和已经做好了房子还没有对墙体粉刷的事情。县人民政府：一是要求对现在还没有做好蘑菇房和粉刷不合理的村民积极配合，一定要按照要求来完成，政府考虑给予一定的补助；二是要求村民搞好村里的卫生，自己生活舒适的同时也给游客提供良好的环境；三是要求村民一定要注意火灾，防止出现火灾。

村民领回来去年办理分户和变更惠农"一折通"的卡，有些分户的还没有拿到办理好的卡，估计需要一段时间才能办好。

新街镇农科站组织工作人员来育秧苗，选择了李树华家和李平明家的秧田。

2009 年 3 月 11 日，星期三，农历二月十五，属兔，晴

上午，卢建忠等发放 3 月 1 日梯田旅游节期间参加演出的工时费。

农科站和云南农业大学来的学生继续育他们的水稻秧苗品种。

村里运回来昨天上午元阳县政府白副县长答应的需要修理水池的五吨水泥。

下午，白副县长、县文化局局长等来补发在前一段时间做蘑菇房子和粉墙合格的款，做蘑菇房合格的有李树华家、李四得家、李世明家、李世华家、李惹木家，一共是五户，在开始施工时，每户给了 500 元，现在对合格的人家补发五百元，其他的均以不合格为由没有补发，要等他们做合格了再补发。对于这一点，村民有意见，他们的理由是在做时没有城建局的人来指导怎么来做、做多少个平方面积。就这一点而言，的确就像村民说的那样，负责设计和监督的城建局李某某是有责任的。

2009 年 3 月 12 日，星期四，农历二月十六，属龙，晴

早上，听说张明生家的牛摔死在去放牛的路上，之后，及时联系了在新街镇卖牛肉的人，整条地卖给了他们。

上午，村民小组发动村民分组到水源池修理水池，包括清理水沟。

中午，张明生在拆除张斌家房子时受伤，被及时送到医院治疗。

上午和晚上，村民小组与县政府代表和镇政府代表，以及世博元阳旅游公司元阳哈尼梯田开发公司修订《村规民约》，拟定箐口村民与元阳县政府和世博元阳旅游公司的两份协议。

2009 年 3 月 13 日，星期五，农历二月十七，属蛇，晴

上午，县文物局的人来村里统计箐口村民居数据，一共有 186 户，不包括黄土坡八户在内。

有村民开始整治稻田了，今天有李志和家、李田明家等。

根据县政府和镇政府的安排，村民小组今天发动群众修理水源和水沟。

2009 年 3 月 14 日，星期六，农历二月十八，属马，晴

上午，李祥家举行新房子迁居仪式，请的摩批是李正林。他家没有请更多的人，只是象征性地请了几个自己的亲戚和几个比较要好的朋友。去他家吃饭的有三桌人，二十多个，男的两桌人，女的一桌人。可能通知的时候就说了来参加仪式的不要拿大米，要是没有说好，一般情况下做新房子迁居仪式时，所有来参加的人会以家庭为单位送来一斗大米。随着社会的变化，现在很多人变成给钱了，但今天没有这样的情况。我感觉有点奇怪。

根据前几天白副县长说的意思，村里这两年新建的房子需要加建茅草顶和外墙体要粉刷的统计下来有 25 五户。这几天他们几家忙着搭台子、备材料，分别是李树华家、李得云家、李有福家等。李树华是村民组长，白副县长亲自要求他带头，抓紧时间做起来。

2009 年 3 月 15 日，星期日，农历二月十九，属羊，晴

今天是农历的属羊日，是箐口村昂玛突节后的第三个属羊日，是我们村传统规定的休息日，村民都不准外出做体力劳动，有咪古组织人员在寨子的路口看守，要是谁拿着锄头、镰刀等劳动工具外出，就要受到相应的处罚，外地人来村里串亲的也要处罚。这样的情况一年中就有"昂玛突"属羊杀猪日后的三个属羊日。不过，处罚的轻重有所区别，第一个属羊日是比较严格的，要看守到下午三四点钟，执行人员都比较严格，会组织起来挨家挨户去收取，所收来的罚款或者物资用于他们下午会餐和他们的工资补贴，处罚的款数每户是一元，或者两个鸭蛋或鸡蛋。这个数目执行的时间很长了。今年有村民提议要升高一些（隔壁大鱼塘和黄草岭村民小组已经收到五元或者鸡蛋或鸭蛋五个），但是我们箐口村没有提高。第二次算中等严格，遇见了可能会处罚，也可能会漏掉。第三次就基本上免了，因为第三次就基本上到了农忙的时间，不要村民做活是不可能的。大咪咕当天前晚上九点左右通知一声就了事了，第二天属羊日是不安排人守村口的。今天就是今年的第三天，所以，村民实际上可以劳动了，只是有的老人还是自觉地不出去劳动，还愿意保存这样的习俗。

上午，李树华为李清华的孩子做祭祀，今天的这个祭祀在村里用哈尼语叫做"亚从亚果"，意思是孩子刚学走路，或者不小心摔过跤，跌倒过，从中可能会受到一些鬼魂的侵害，中一些会让人生病的邪，不利于孩子今后成长。今天做这个祭祀的目的就在于拔除后患，让孩子健康成长。听说，村里每个家的小孩都要做这个祭祀。因为，每个孩子刚开始学步走路都难免摔跤和跌倒，做这个祭祀就是消解摔跤跌倒可能带来的灾难。

今天中午，看见外出打工的青年有张农初等十多人，过了年，大家都要出门挣钱，等过些日子农忙时候又回来。

2009年3月16日，星期一，农历二月二十，属猴，晴

上午，县水利局的人来村里勘查村里两条主要的水沟，一条是从大鱼塘村冲沟穿过寨子到麻栗寨河底的"普俄倮干"，一条是从"硕俄倮板"经过长寿泉、白龙泉到水碾水磨的"爱穷倮干"。这两条水沟已经失修多年，而且又是灌溉村里梯田的主要水渠水沟，村民小组多次向上级申请汇报要求修复。记得我在云梯酒店参加州世界文化遗产申报办和日本京都府立大学主办的会议时，有人问我哈尼梯田要怎样保护时，我说过一点，就是要修复水渠水沟，还有田间小道。为此写了几个报告申请修复，这是我任职村民负责人以来的重要愿望之一。

老父亲曾经问过我为什么年纪轻轻的就做村民小组的负责人，为什么不凭借自己的好身体外出挣钱持家？我的回答很简单：每个家族的人任职几年吧，我们家族也过过场。他的要求是："别卖了村民的路，别卖了村民的水。"当时，我觉得很有道理，就是不怎么理解而已。至今，父亲的话都值得我回味，我也一直在思考着。

村民小组领回来2008年下半年的农村最低生活保障费，即2008年7至12月的部分，应该领43800元，扣除工本费320元，最后领回来现金43480元整。

李树华是村民组长，因为多生了一个孩子，被反对他的村民盯住并上告，他在领那300多元时被新街镇主管计划生育的普洁副镇长扣留。实际上，这种做法我认为是不明智的，一事对一事，要按照有关规定处罚就要找到当事人说清楚。农村最低生活保障费用是一股高压线，有的地方因为分配问题而出现过大事情。我领现款和发放现款时也要绝对慎重，不能出现问题。

2009年3月17日，星期二，农历二月二十一，属鸡，晴

新街镇农科站安排人来村里查看他们在村里试验田育苗的情况，包括工作人员刀丽云、白秀红，这几天天气过热，害怕烧了苗来看的吧。自云南农业大学在村里的田里做试验以来，农科站的人员经常来，对村里的稻田情况也都熟悉了，根本不需要我们带路，他们自己都能去了。

县政府对箐口村是比较重视的，相关的各单位也要经常来查看。今天就有城建局的人来村里考察，说是新农村建设项目要开始了，就安排人员来对箐口村做初步的规划。

从村民劳作的情况来看，春播的时间逐渐接近了，有村民开始着手犁田了，今天看见的有李杰家，他家劳动力足够就开始得快些。

2009年3月18日，星期三，农历二月二十二，属狗，晴

根据新街镇政府的要求，村民小组成员张明华将箐口新修订的《村规民约》送交给新街镇政府，新街镇政府打算把新修订的《村规民约》打印出来后颁发给每家每户，以制度来完善村里的各项事情。

下午，村里做祭祀的有两家。一家是李贵文家，做的是新房迁居仪式；另一家是张明生家，做的是叫魂仪式，原因是他在帮忙张斌家拆房子时被砸伤了，伤得比较严重，其人还在医院住院，我们都担忧他能否正常恢复。考虑着医术的同时，也以这一带哈尼族的习俗做一个祭祀，在用科学的医药治疗的同时也使用民间的习俗，希望心理上也得到治疗，恢复的进程加快些。

2009年3月19日，星期四，农历二月二十三，属猪，晴

今天是属猪日，在箐口村又是一个好日子，村民可以做出门的祈福仪式了，今天就有李春家做，摩批是李则安，参加的人是李候以。

上午，村民小组发放农村最低生活保障资金。这次是以人数来发放，每人所得是46元，一共发放了43800元，发放结果没有什么问题，能够正常发放下去。听到消息说有的村寨就是因为发放低保资金而出现问题，我们没有理由不认真对待。

农忙时间快要到了，今天犁田的村民家有李和明家、卢树云家、卢志明家等。

下午打工回来的有张永福等。

还是在下午，村里在磨秋场举行祭祀会餐，主要原因是梯田旅游节时政府动用了村里只有过苦扎扎节时才能用的秋千和磨秋，为了消灾，政府给了一些资金用来购买牺牲来做祭祀，于是全村每户出来一人参加会餐。

2009年3月20日，星期五，农历二月二十四，属鼠，晴

今天属相鼠，是新街镇的集日。是不是新街镇的集日，可以从每天早上上街的人员中看出。现在，交通比以前好多了，而村民的生活水平也提高了，每个上街的村民都要坐车，而只要是集日，村民早早就会出现在停车场，特别是村里有了几辆车以后，先来到停车场的村民都会问一问是否会有村里的开车上街。所以，早上只要有人集中在停车场，十有八九就是新街镇的集日了。

中午，卢龙带着自己的孩子到医院去看病，说是这一段时间村里的小孩很多都出窍（这可能是地方的语言），是一种病，主要是出在小孩身上，身体会发热，全身每个地方都会出现痘痘。我对这些病不了解。

下午，张明生出院回来，他是在拆除张斌家房子时被砸伤住院的，到今天已经有十多天了，晚上还在家里做一个祭祀。

从箐口村这么多年的情况来看，干旱时间主要就是二三月间，今年的这两个月也不例外，村民的田很多都快要干了，大家都比较着急。从白天到晚上，每时每刻都会有人在赶水灌溉田，晚上也如同赶集似的有很多村民在水沟上往来。

2009年3月21日，星期六，农历二月二十五，属牛，晴

正如前面说到的一样，村民逐渐地开始忙着理田了，今天耙田的人家有卢世华家、李树林家。

根据政府的要求，今天李树华家搭房子的茅草顶。

2009年3月22日，星期日，农历二月二十六，属虎，晴

上午，村里有一个拍戏的剧组来。自箐口村把旅游的品牌打出去以来，村里不知道来了多少拍戏的剧组，等我有时间的时候统计一下。

在育秧苗期间，农民，至少在这一带的农民来说，最讨厌的事情之一就是秧苗被鸭子踩了，因为一旦秧苗被鸭子踩了，据有经验的老人说，即使第二三天把鸭子放到再远一些的地方，都会跑过来再次吃发芽不久的秧苗，而要是踩了长高的秧苗，拔秧苗时还会从根部断裂。所以，育苗期间村民都比较关注自己家的秧苗，有人每天都看两三次，有的还更多。

2009年3月23日，星期一，农历二月二十七，属兔，晴

天气连续晴朗了很多天，村民的田出现干燥了，赶水的村民也多起来了，争水的一些小矛盾也就出现了，今天就有李好略与一个土锅寨的彝族妇女发生争吵。

犁田的人家有卢世华家，他家的田在白龙泉下面，离长寿泉的水源也不远，所以那一带田不缺水，只要有劳动力，随时都可以做田里的事情。

2009年3月24日，星期二，农历二月二十八，属龙，晴

上午，新街镇安排工作人员来村里统计村里的房屋、人口、牲畜等数据。

今天卢长生家打水泥屋顶。

下午，打工回来的青年人有张农初、卢明华等。

2009年3月25日，星期三，农历二月二十九，属蛇，晴

今天，新街镇的工作人员来村里测量村里的路面和主要的街道，说是他们做了统计上报以后要开始建设了。

李红亮家拆茅草屋顶，准备加建第三层屋顶。

李正超家到麻栗寨丧祭。

2009年3月26日，星期四，农历二月三十，属马，多云，有雷雨

今天，李克记家打水泥屋顶。

下午，张文和家运回来一车沙。我应该在前面的日志里提到过，自从村里进行旅游重点村建设以后，附近的地方都不能铲沙取石，村民建盖房子用的沙都要到外地购买，今天的张文和家就是从现在的新县城南沙镇运回来的，一个立方的沙运费及材料费大致是100元。

经过多次的申请和调查，村里的两条主要水沟要修复了，负责修理的承包方李万祥为了堆放水泥在停车场做了一个简易房。

李正超家从麻栗寨丧祭回来，晚上，他们家族的人在一起吃喝。

天降甘雨，昨天晚上的一场大雨浸湿了大地。从今天开始，很多村民家开始犁田和耙田了，可以说，这场雨后，很多村民家可以正常整理田里的事情了。

2009年3月27日，星期五，农历三月初一，属羊，多云，有阵雨

今天李正超家请客接待，可能是考虑到他家多年没有做过这样的大祭祀了，就通知了所有的村民家一起去吃牛肉（丧祭），这种通知了所有村民的情况在结束祭祀回来以后的第二天是要请客的。

正如昨天说到的一样，昨天晚上下了一场大雨后，村民都喜出望外，都想着下了这么一场大雨后，就可以顺利地劳作了。今天耕作的村民就比较多，如卢建忠、李平发等人犁田了。

今天是昂玛突后的第二个属羊日，按照村里的习俗，今天正是休息的时间，但凡谁家出去劳动都要向他家收取一定的费用（现在是收一元作为处罚），象征性的，要是家里拿不出来钱，用一两个鸡蛋或者鸭蛋也行，我记得小时候有的人家还用春节腌制的一点腊肉。

2009年3月28日，星期六，农历三月初二，属猴，晴

我为了要做石斛的试验，基地运回来一万片砖，据说石斛是一种中国的名贵药材，能治和预防目前的很多疑难病症。根据朋友们的推荐，我也很想做试验，并且在去年的时候拿回来一些样品。

李世华他们运回来水泥，正是要建设水沟用。

按照水沟建设工作组的想法，他们要给村民小组几个人负责施工一段水沟，但是，根据现场的情况和商量的单价问题，村民小组说没有办法来组织完成而不愿意做，叫他们自己找施工队。

2009年3月29日，星期日，农历三月初三，属鸡，晴

今天李克计家打水泥屋顶。

上午，县旅游局的郭副局长等人来调查前一段时间安排的房屋修复情况。

2009年3月30日，星期一，农历三月初四，属狗，多云，晚上有雷雨

我请小工背砖，每片是一角，从停车场背到寨子脚，路程有点远，一两个人是几天都背不完的，我是借了钱叫他们背的。

县文化局的人和新街镇党委书记来村里考察情况。

2009年3月31日，星期二，农历三月初五，属猪，多云，晚上有雷雨

两个龙头收取祭祀山神的费用，向每户收取四元。

李志祥生病到医院住院。

2009年4月1日，星期三，农历三月初六，属鼠，多云间晴

今天是新街镇的集日，像昨天提到的情况一样，村里又到了一年一次祭祀山神的时间，村里负责购买集体祭祀牺牲的两个人就到集市上去，希望在集市上买到祭祀的牺牲。他们一般都选择在祭祀日之前的最后一个新街镇集日买好东西。

下午，看见马志文等解开一头小猪，说是这几天村里几户人家的小猪死了几头，怀疑村里出现了一种猪病。如果是食物中毒之类的，就只会死一头左右。这样连续死去几头的一般是时间性的一种流行病。村民分析说出现这样的情况有可能是从空气中来，也有可能是从水源中流传过来。这样，有的人家如果养着几头猪，即使死了一头也不会在自己家里解剖煮吃，而是到没有养猪的亲戚家煮吃，或者是直接把死猪埋了。当然，从近几年的情况来看，可能是村民贫困的原因，也可能是村民观念上的原因，很多人家都会想办法解开了煮吃，认为死猪肉总比青菜和萝卜要好吃。当然，从我与一些朋友参加会餐的情况来看，有的猪肉是不好吃的，特别是一些病过而且打过针水的小猪肉，吃了反而身体难受。

2009年4月2日，星期四，农历三月初七，属牛，多云间晴

今天我去犁田了，根据2009年2月28日到3月1日红河哈尼梯田文化旅游节暨元阳大型稻作农耕表演的需要，我家的田已经从去年的9月份到2009年的3月份水放干了半年，需要在没有插秧前犁几次田和耙几次田，保证土壤松软，否则，土质干硬，不便于积水和庄稼生长，降低来年的粮食产量。

今天张龙家浇灌水泥顶，像多数村民家一样，在一两天前通知自己最亲近的人，然后，到了做工的当天，就会有很多事情不是很忙的人家主动来帮忙，中午的时候主人家提供几十斤糯米或者零食让来帮忙的人吃，算是午饭，下午再提供所有来帮忙的人的伙食。一般村民家打水泥屋顶时就是这样。另外，有的家庭出于多种原因考虑，也会选择请小工付工时费的方法来做。从这些年的情况来看，这样的人家相对要少。

2009年4月3日，星期五，农历三月初八，属虎，晴

上午，村委会党总支部召开会议，主要议题是开展科学发展观念培训动员、探讨符合在村委会范围内生产和发展种植业和养殖业等情况。从分析的情况来说，本地方符合种植草果、八角、茶叶、果树，养殖鸡鸭，进行稻田养鱼等，虽然有地少人多的客观因素存在，但是，只要家家户户都利用起来，形成大集中、小分散的情况，也会给当地的经济带来很大程度上的提升。存在的问题有：一是要培养懂科学技术的人才，要引导好年轻人，培养专业人才；二是从经济的角度分析，需要政府和信用社等有关单位给予扶持和投入等。

今天是属虎的日子，是农历三月份的第一个属虎日，根据村里的习俗要祭祀山神。今年祭祀山神向每户收取费用4元人民币，除去黄土坡的八户人家，箐口村里该交各种祭祀的户数是180多户，合计下来有七八百元人民币。相比20世纪八九十年代来看，物价有所上涨，20世纪八九十年代物价低的时候，小祭祀一般每户只要出一两元就解决了。到现在，小祭祀每次就是八九百元，大祭祀如昂玛突和苦扎扎节日要花费五六千元。也就是说，这几年村里集体的祭祀每年要花一万元左右，每户要出七八十元。

今天，李正学回来向村民小组打听他家惠农一折通卡的事情。他家的基本情况是这样的：在前几年他就把自己的房子连同田地一起卖给了村民。房子卖给了从绿春县养护队退休的村民李正荣，田地卖给了退休教师卢宽荣。查看的情况是村民小组没有收到他的惠农一折通卡，可能是由于办理的时候他没有在家，村民小组以及村委会无法统计，以至于在输入电脑时没有记录。

这一带的哈尼族，上坟的人家很少，对于清明节不是很重视，每年只是偶尔有一两家上坟，今天也只有李正荣家召集家人纪念他几年前去世的妻子，这也可能是今年内村里唯一上坟的一家。

村里的经济来源从不久前调查的情况来看的确有些糟糕，就从这一带的建筑情况来说吧，周围的村寨多数都建起了钢筋混合结构的房子，基本上很少见到土坯结构的房子了，而箐口村最少有2/3是土坯结构的房子。每年就那么三五家进行改造和翻新，近一段时间有五家在建造。今天有李爱生家对翻新的房子浇灌第一层屋顶，还是和多数人家的一样，自己家办伙食后村民来帮忙。

2009年4月4日，星期六，农历三月初九，属兔，多云间晴

今天是中国传统的清明节，可是，村里人家对这个节不是很重视，好像没有这个节日一样，每年只有偶尔一两家过这个节日，今天就没有人家去上坟。

上午，村民张永福家的小猪病死了一头，由家属张保祥和张龙解剖。说是最近村里可能出现一种猪瘟，有几户人家的小猪都死了。

2009年4月5日，星期日，农历三月初十，属龙，阴，有雨

正如前几天说到的一样，这一带的哈尼族对于清明节不是很重视，很少有人家过这个节日。可是，要是其他村寨的亲戚或者朋友家过这个节，被通知到的人家都会派人去参加，一般都会带一点米和一只鸡。今天，我的亲戚通知我说他们家上坟，我也去参加了。

李克计家正在建盖房子，可能是砖头不够了，今天下午运了一车回来。目前的砖价已经到四角多一片了。

快要到插秧的农忙时间了，家里缺少劳动力的人家要是在附近打工，就会回来帮忙。下午就有卢正学等人回来。

2009年4月6日，星期一，农历三月十一，属蛇，多云间晴

上午，卢朝生家请了一个开拖拉机的人用拖拉机拉直钢筋。记得在以前，村里没有通公路的时候，偶尔有一家建盖钢筋混凝土结构的房子，都得全部用人力来完成。通公路以后，不清楚是谁家先用的拖拉机，只要付一些钱就可以省很多时间来完成这个活了。现在，绝大多数人家选择在村口停车场下坡直路这一段来做拉直钢筋的活。

快要到农忙时间了，在外打工的年轻人回来的也就多了，今天有张志荣、李永亮等人回来。

村里的杨正明经常在哈尼族老人去世时唱歌，在这一带小有名气，周围寨子有老人去世都会请他去。下午，他又到麻栗寨去了，又要熬一个通宵了。

2009 年 4 月 7 日，星期二，农历三月十二，属马，多云间晴

今天是属马的日子，原以为今年内不会再有做出门祈福祭祀的人家了，可发现还有人家在做。今天，李庆五家就做了这种祭祀，请的摩批是张正和。村里两百多户的人家，每隔一两天就会有这样那样的祭祀，特别是年初的一至三月份的时间比较多。要是属马日、属虎日、属猪日，做这种祭祀的人家就特别多，有时候一天会有七八户人家做。这就是这一带哈尼族的风俗吧。要做这种祭祀的人家一般都得提前一段时间与摩批说好。

今天看见打工回来的有李国忠，虽然只有 40 岁左右，但是父母在十几年前就离开了他，他就成了家里的主人，每一次农忙都得回来料理家里的事务，而后才能出去打工。

说起农忙的事情，的确有很多人家到田里做事情了，除草的除草，垒田埂的垒田埂，犁田的犁田，耙田的耙田，今天就有卢正华家、李永陆家等在做这些活。

从秧苗的长势来看，有的人家已经长到二十厘米多了，秧期已经五十多天了；有的人家育的新品种秧期虽然短些，但是插秧的时间也很近了。这期间村民最害怕什么呢？从中老年人那里了解到，最怕秧苗田被鸭子踩。拔过被鸭子踩过的秧苗的人都体验过，秧苗会在根部断裂，这是一件最苦恼、最头疼的事情。曾经就出现过因为有人家的鸭子踩了别人家的秧苗而发生大纠纷的情况。至于小的纠纷每年几乎都会有一两起。今天，我家的秧苗田就被鸭子踩了，不知道要损失多少秧苗。

2009 年 4 月 8 日，星期三，农历三月十三，属羊，上午多云有阵雨，下午转晴

上午，元阳县政府代表县文化局局长朱文珍、旅游局副局长郭应忠、村委会主任、村民小组及部分村民代表与云南世博元阳旅游公司红河哈尼梯田旅游开发责任有限公司代表卢朝贵联席会议，主要是讨论以后世博元阳旅游公司与箐口村民怎样管理箐口景区的协议事项,详细内容参见协议书。

上午,在箐口村做试验田的云南农业大学的师生来到村里,这次来的主要是测量土壤和水质量的专家学者,他们准备在箐口村寨子脚的麻栗寨河做一个测试点。

郑宇用手机信息转告我,云南大学哈尼族调查点关于箐口村的两本书已经出版,一本是箐口村村民日志《最后的蘑菇房》,一本是《云海梯田里的寨子》。我很高兴,我可能是箐口村里第一个出书的人。由于本人能力上的原因,书中难免出现这样那样的问题,希望各位读者指正和包涵。我想,既然有了这么一次与各位学者学习的机会,我就不会轻易放弃。记录村民生活,让我重新认识自己、锻炼自己。在以后的生活和学习中,我会不断总结经验,总结所学到的东西,供人们参考与学习。在此,对每一个关心我、帮助我、培育我的人说一声谢谢!特别是云南大学的马翀炜教授,自从他把哈尼族的调查点选在箐口村以后,经常不畏路途之远和事务繁忙而亲临箐口。每次来村里,除了调查之外还要对我谆谆教诲,督促我学习。每次都是我提高的机会。在我的一生中,感受比自己的亲兄长还亲。虽然自己在生活和学习中不时感到艰辛,但是,有这样的人关心我成长,教育我做人做学问,感到更多的是欣慰——有什么比这个还值得我去追求和珍惜!特别是像我这样从小喜爱学习而又因为种种原因在家务农的年轻人,遇到这样的机遇何尝不是一种天大的幸福!劳动之余抽出时间学习何尝不是久失而复得的荣幸!还要感谢郑宇博士,在一起调查学习中,从他身上我学到了不少在别人身上学不到的东西,还有卢鹏、唐本林、潘春梅、白云、黄绍文等,在与他们共同的调查和学习中,每个人都多少给我帮助。在他们身上我学到的知识对我是有益无害的,而且,将伴随我的余生。对他们我都要一一再次说声谢谢了!

中午左右,电厂的三个电力工人到李克计家来,说是要给正在建盖房子的李克计家安装电线。到了现场察看以后说线路过长，不便安装，必须要找到一根电杆。

下午，打工回来的年轻人有李绍新、李庆林等。

2009年4月9日，星期四，农历三月十四，属猴，多云间晴

上午，有一个拍摄歌曲MV的剧组到村里来，是元阳县政府委派、由县文化局带队的。

今天，卢朝生家浇灌水泥屋顶，建盖的方法和目前多数村民家做的一样，自己家办理伙食，通知了比较亲近的亲戚来帮忙，其他村民知道情况后就会主动来帮忙。另外要介绍的情况是，他家盖的是砖混结构的房子，已经从根本上改变了传统的土坯加茅草顶的房子式样。政府为了发展旅游事业，大力提倡村民盖成传统的蘑菇房，可从目前的情况来看，没有一家是按照以前的做法去建设的，而是用石头墙或者砖墙，然后粉墙，再加盖茅草顶。要是政府不要求的话，很少有村民愿意做茅草顶。这是从外墙的结构来说的。要是从内部的情况来看，很大程度上也变了，改变了传统的一层饲养牲畜、二层住人、三层楼茅草房顶内堆放食物的内部空间格局。现在盖的房子单独由砖墙隔开，建筑面积足够的人家还加上了卫生间，学外面的建筑，留出了一定面积的客厅。传统的中柱也只是在新房迁居的时候于某一个角落立一根木柱子就替代了。如此下去，传统的土坯墙体、内部为木料结构的蘑菇房子很可能在不久的将来就丧失了。

听说李生玫姑娘在外地去世了。她二十多岁了，已到了谈婚论嫁的年纪，只是由于经常在外地打工，没能找到婆家。去年处了一个对象，发现自己不能正常怀孕，之后两人就分开了。听说，这次又找到了一个男朋友，发现身体不舒服，到医院做了手术之后就死了，家人知道情况后下午把她的遗体运回家里来。

村民小组接到元阳县振元律师事务所李万明律师的通知，通知村民小组于明天下午两点半之前到蒙自县（暨红河州人民政府所在地）州中级人民法院参加关于李永福与村民之间的林业承包纠纷一案的庭审。

2009年4月10日，星期五，农历三月十五，属鸡，多云有阵雨

村里，小李家族办理李生玟的丧事，此人虽然是二十多岁的年轻姑娘，但按照习俗，她是在没有生育的情况下去世的，属于孩子的简单丧事，只要办理该办的事情就可以送葬了，没有必要像生有孩子的成年人那样办理，时间上和过程上就简短了很多。办伙食的猪是从张志荣家以1860元的价格买的，说是养了一年半多。

村里小李家族正办理丧事，又听说在南沙打工的年轻人高里发被一个驾驶摩托车的人给撞伤了，已经送到医院住院。

根据委托律师的通知，村民小组成员李树华、张明华、李小生三人于早上八点就出发，到蒙自县红河州中级人民法院参加村民与李永福之间的林业承包纠纷一案的庭审。村民小组方有李万明律师、村民小组成员李树华、张明华、李小生。法院认为此案承包有诈骗性，坚持一审判决：一、原告与被告于2002年9月30日签订的协议无效；二、2002年9月30日起至2007年6月30日内的退耕还林优惠政策由原告享受；三、由被告于判决有效之日起赔偿原告财产损失17804元。对方参与人员有李永福、李平清、李学，以及原告的两个朋友，原律师李刚已经被更换，坚持原承包协议有效，要求八年的退耕还林款全部由被告享受。

2009年4月11日，星期六，农历三月十六，属狗，多云，有暴雨夹冰雹

秧苗逐渐长高了，快接近插秧的时间了，村民陆续忙着去整理田地。自己家有劳动力的如此，自己家没有劳动力的也如此，都在想办法了。今天，李志学家以雇佣的方法请了村里的年轻人去打理田埂、除草。他原来是在县交通局运政所工作，现在已经退休回家，在家经营食宿生意。

他从小没有做过农事，而且年纪已经五十多岁，压根儿就不会到田里泡水，只好在村里多数人家都还没有进入很忙的时候请人来料理。要是赶在村民都忙着的时候是很难请到人的，所以，这样的人家一般都会根据自己家的情况选择整理田地以及收割的时间。自然地，谷种上就要选择早熟的品种了，以便在时间上和人力上都能有所应付。再说说他家的事。他的两个弟弟都在外地做事，在元阳县第一中学办食堂，没有精力回来管理家里的事情，他肯定从生意的角度算过一年管理自家田的经济收支——估计可以收到3000斤左右的粮食，一年也就是3000元左右的经济价值。而从支出上分析，平时家人要经常去管理田里的水位和病虫害等情况，插秧时还要请一些小工整理田，加上伙食费就要花六七百元，在收获时同样还要付出这么多甚至更多，很明显的入不敷出。所以，他前些日子就请人用水泥砌了田埂，旁边还围了木篱笆，准备饲养黑鱼（田块在村里来说是比较大的一块，有两亩左右，堆入肥料也方便，看来比较适合，村里有一亩以上的田块不多，他家这块就是其中之一），不再插秧了。

箐口村4月的天气说怪也怪，说不怪也不怪。要是在往年，4月上旬都有些干燥，很少出现暴雨的情况，而今天很突然，来了一场暴雨，雨量不少，还夹着冰雹（有村民说，这是因为去年冬季未下雪或者下霜量少造成的）。而这解了缺水的燃眉之愁，可以放心地去犁田、耙田了。可是，正在修复水沟的施工队却因为下了一场雨而不得不停止施工了。

2009年4月12日，星期日，农历三月十七，属猪，多云，有阵雨

今天是属猪的日子，原以为到了这个时候就不会再有年轻人做出门祈福祭祀了，前一些的属马日、属虎日都很少有人家做这种祭祀了。然而，卢正学于上午十点左右返回家里提饭的时候，与人答话说是"打野餐"，另一个人才明白是做祭祀。要是知道情况的话，一般人都不会去与做祭祀的人搭话的，有的祭祀原则上就不能与外人搭话，认为与人搭话会不灵。每到农历的开春季节，即农历的一月到三月，村里很多年轻人都会选择日子请摩批做这种祭祀，尽管有些商人看准了这个机会，将一只白色公鸡卖到100元，但他们都愿意付，说是少抽一两包烟或者少与朋友娱乐一两个晚上就省了这几个钱。做这样的祭祀，有的人是抱着诚心去做的，真的希望自己在出门时平安而且有福气得财，而有的人是抱着一种享受或者消费的态度去做的，说是"别人都这么做，自己也试试"，认为别人都做而自己不做就好像被人认为消费不了这几个钱，过意不去。做了这样的祭祀会不会真的显灵呢？有的人说会显灵，有的人说不一定，在没有足够的证据之下姑且不做更多的讨论了，但愿他们至少在心理上有个慰藉吧。

上午，新街镇的朱建国副镇长带着云南农业大学的一批人来到村里，说是要到寨子脚麻栗寨河底做一个测量水质的站点，要对箐口村一带的水系做调查。如此一来，云南农业大学的多个学科在箐口村都有研究系统了。目前有调查生态系统的，有调查水稻品种的，有调查水稻病理的，有调查土壤的，有调查昆虫的，还有调查空气湿度的，等等。要是这些调查的科学实验结果整理出来，对箐口村民进行教育宣传，该对箐口村生产、生活是有所帮助吧。

2009年4月13日，星期一，农历三月十八，属鼠，多云，有阵雨

前面也说到过，村民的秧苗都长得好高了，逐渐进入农忙时节了，很多村民都逐渐忙着整理自己家的田地。犁田的犁田，耙田的耙田，整理田埂的整理田埂，除草的除草。

从村里的情况来看，小龙虾的繁殖能力极其快。以前是见不到龙虾的，这几年村里的田里龙虾极多，几乎每户人家的田里都有，特别是寨子脚一带的田中非常多。刚发现的一两年里，有的村民认为其肉质好而专门捉来煮吃（有村民吃了会过敏，如村里的李文新、张志荣等），后来发现其打洞的能力极强，有的可以打到一米多深，田埂都被打通了，刚放满水的田过一阵又干了，而且田埂经常出现倒塌。修复田埂很费村民的劳力，村民对龙虾都讨厌极了，有村民种田时捉到一个就砸死一个，还有村民开玩笑地与村民小组说发动全村的人去捉龙虾吧。反正，绝大多数种田的村民都讨厌龙虾。今天，李扎卜放干了自家田里的水，叫了一些放学回来的学生到田里去捉拿，每个学生都捉回来四五十只，足有四五斤。他家的田块面积大，有两亩多，龙虾也特别多。去年插秧前的这个时候也捉了两三天。

2009年4月14日，星期二，农历三月十九，属牛，多云，有阵雨

上午，村里的水池断水了，村民做菜煮饭的水都要到处找。村民小组知道这一情况后立即组织人去查看，发现是因为前几天下雨的时候水源水量增多，冲坏了入水池的水沟，导致水源无法进入水池，去查看的人排通了以后就有水了。

中午，村民杨志宽手里拿着一只鸡，带着几个亲戚到麻栗寨村去，说是麻栗寨有亲戚去世了。

村民小组到修复水沟的现场查看情况，检查的结果很糟糕，有的小组水泥量不够，工作不负责。

2009年4月15日，星期三，农历三月二十，属虎，多云间晴

上午，村里在陈列室广场召开群众大会，宣读云南世博元阳哈尼梯田旅游开发公司与箐口村的协议。今天上午来的人很少，有两个原因：第一是因为世博元阳旅游公司通知晚，在上午十点左右的时候才通知的；第二是因为这一段时间正是农忙的时候，村民一般都在上午九点左右就出去到田里做事了。世博元阳旅游公司说村民参加会议不积极是站不住脚的，每一个单位开会都要有一个提前的通知，村里也应该一样，特别是农忙的时候。

今天，新街镇刘副镇长及新街镇土管所李所长以及派出所工作人员，到村里黄土坡通知张志学家停止建盖房子，理由是元阳县要打造哈尼梯田文化旅游业，现在正在建盖的张志学家从公路上看起来阻挡了旅游观光的视线。上级领导说不能建盖，要求停止建设，并且责令他家限期三天拆除。

下午，文化局局长来村里兑现已经建盖茅草房子验收合格的补偿资金。合格的有李树华一家、李世华一家、李世得一家、李世明一家、李惹木一家，其他有十八户说是做得不合格，没有给予兑现，如张正明家、张立新家、卢迁华家、李学亮家、李志得家等。

晚上，卢学贵家做叫魂仪式。

2009年4月16日，星期四，农历三月二十一，属兔，晴

早上，接到通知说明天省长要到村里来，村里发动了全村村民，每户派一人出来清理路面卫生，从入村口的停车场到寨子脚的磨秋场，几乎所有游客能看见的地方都清扫了，重点清理了塑料和纸等带有颜色的垃圾。

李宏亮家浇灌水泥屋顶，他家原来就有做了两层的房子，今年是加盖第三层。

卢昌家插秧，据村民说他家应该是今年村里插秧的第二家，在他家前几天已经有卢开亮插了一些新品种的秧苗。

下午，新农村建设工作组人员来村里给了村民七头小猪，发放给村里生活相对困难的农户，分别是李以略、李院文、李万祥、李平贵、李和明、张永福等人家。

2009年4月17日，星期五，农历三月二十二，属龙，晴

上午，根据上级的通知，村民小组发动村民继续清理村里的卫生，特别是路面卫生，从寨子脚到寨子头都进行了清理，说是上午11点左右省长要到村里来视察工作，要求村民一定要把卫生做好。可是，到了下午，省长最终还是没有来。

到了农忙时间，在外地打工的年轻人回来得也比较多，在家的中年人就更不用说了。除了特殊的情况，每一个正常的劳动力都到田里劳作了，今天犁田的有卢学贵、李得云、李志学等人家。李志学家由于自己家人不能做，就请了村里的亲戚和朋友，付一定的费用给他们；卢学贵家是自己做，自己家里有牛，又有劳动力，就不需要请人；李得云夫妇都外出打工，田地让岳父来管理，今天犁他家的田的就是他的岳父卢开亮。

从现在开始，陆续地就有村民家拔秧苗和插秧了。今天就有张明福家拔秧，拔秧的是六个人。按照他们的说法，一个人一天能拔100多把，一把秧苗有100多株。拔得快的能拔一百六七十把，甚至更多些，拔得慢的能拔八九十把。背秧的有两个人，一个是他自己，一个是他妻子的哥哥。从年纪上来看，拔秧的是中年人，背秧的是比较年轻的人，他家的稻田离秧田有五百米左右，一人一次背三十把左右，一天能背六七背。这样看来，拔秧和背秧就有一定程度上的分工了。按照他们的说法，秧苗有轻重之别，说是从比较肥的秧田里拔来的秧苗要重些，长得也壮些，返青的时间也快些，而从一些沙土秧田里拔来的秧苗就轻些，返青的时间也慢些。正因如此，这里的秧田和稻田是分开的，秧田就专门用来育秧苗，不再栽种水稻，以保证秧田的肥力。期间还要反复犁耙，以保证土质松软。

2009年4月18日，星期六，农历三月二十三，属蛇，多云间晴，有阵雨

上午，有村民说寨子中心两个水井的水管不出水了。村民小组人员去检查修理时发现水管管道堵塞了，积了一些泥沙，用管子钳拧开排通了。

今天插秧的人家还算少，只有张明福家。他请了大兴寨村里的二十个彝族妇女来插秧。他家每年几乎都是请大兴寨村里的彝族妇女来插秧，有几个原因：一是他家的秧田就在寨子脚老水井下面，水源最好，肥料

最充足，又便于管理，秧苗长得快，与村民同一段时间育的秧苗到最后他家要高出很多；二是请插秧妇女的工时费会随着人手的需要而提高，在前面一些的人家可以20元一天请工，中午供一餐饭，过上三五天，需要插秧的人紧缺就会加到25元一天，中间仍然供午餐，有的甚至会加到30元一天。这样下来就会省一点工时费。再说，他家的田离大兴寨很近，可能要比从村里出去的时间要少，可以省一些时间来工作。

今天拔秧的人家有三户，分别是张宽家、李正昌家、李和明家。犁田的人家有卢四云、李宏、李跃、李志和等，耙田的人家有李庆林、李得贵等。

2009年4月19日，星期日，农历三月二十四，属马，晴

村里的生产习惯一般是按照秧苗的长势先把田耙好，之后定好插秧的时间，然后第一天把秧苗拔好，叫年轻人把秧苗背到稻圧里，第二天就由说好的插秧妇女插就好了。今天插秧的就是昨天拔秧苗的那几户人家。

进入农忙的时候了，在这十几天之内，村民都要忙犁田、耙田、拔秧、插秧等农活。今天拔秧的有李杰家、李庆林家、卢志明家、李永贵家等。

2009年4月20日，星期一，农历三月二十五，属羊，晴

今天插秧的人家有卢志明家、李永贵家和李杰家。拔秧苗的人家有李志学家、张明生家、李正明家等。在前面的一些记录中也提到过，李志学是退休的工作人员，家里人不会做农事，每次农忙都要请亲戚和朋友来帮忙，今天也不例外。张明生是村里比较能做农事的一个，然而，由于他在帮张斌家拆房子时伤了身体，休养了近两个月，今年的农事全靠亲戚和朋友帮忙，今天自己也没有出去劳作。李正明也是二了70岁的老人了，全靠亲戚和孩子们去劳作。

2009 年 4 月 21 日，星期二，农历三月二十六，属猴，阴，有中雨

今天插秧的人家有张明生家、李志学家、李正明家。拔秧的人家有李成家、李阿三家、李树林家、李得卜家、李万祥家。

2009 年 4 月 22 日，星期三，农历三月二十七，属鸡，多云间晴

上午，世博元阳旅游公司工作人员到村里来检查卫生情况。从 2 月 23 日解散了县旅游局下属的箐口村管理委员会之后，箐口的门票主要是由云南世博哈尼梯田旅游开发有限责任公司来管理，也有箐口村民参与管理。目前，世博元阳旅游公司对村里的卫生问题很重视，会定期来检查。从这次检查的情况来看，检查人员说不满意。要求村民小组好好组织，严格督促，保证村里卫生清洁，为自己创造一个良好的生活环境，同时，也给游客提供一个洁净的旅游地。

今天插秧的人家有李树林家、李德卜家、李万祥家、李阿三家。拔秧苗的人家有李建国家、李庆五家、卢树云家、卢永贵家。

2009 年 4 月 23 日，星期四，农历三月二十八，属狗，晴

今天插秧的人家就是昨天拔苗的几户人家。拔秧苗的人家有李平发家、李庆生家、卢荣贵家等。

2009 年 4 月 24 日，星期五，农历三月二十九，属猪，晴

今天插秧的人家有李平发家、李庆生家、卢文华家等。说来也比较奇怪，今年，村民育秧苗后的一段时间里，基本上没被雨水淋过，气温也比较合适，大家都想着今年的秧苗都会有多余的，然而，从今天李平发家的情况来看，他家少了很多秧苗，之后从前面插好的人家那里拿过来有多余的部分补栽的。

拔秧的人家有李四辉家、卢小和家、李宏亮家、李小祥家、李文祥家、李新明家、张文和家、张五家等，今天拔秧苗的人家比较多。

2009 年 4 月 25 日，星期六，农历四月初一，属鼠，晴

今天插秧的是昨天就拔好秧苗并且把秧苗背到稻田的十几户人家。这几天插秧和拔秧的农户就多了，每天都有十几户，每户以十人打算，每天就有上百名妇女到田里插秧，再加上拔秧的每户六七个中年人和背秧的年轻人，每天就有上千人在劳作。要是田地集中在一起，劳作的人相对集中些，就是真正的大型实地农耕文化演绎！今天插秧的人家有张文和家、张五家、李新明家、卢小和家等。拔秧苗的人家有李得贵家、李学华家、李宏家、李志和家、李有福家等。这十几户的劳作人员加起来有几百人。

上午，元阳县水利局及新街镇水管站的人来村里检查正在修理的水沟的工程情况。对于这次工程的具体情况，村民小组不是很清楚，不过很多村民来反映说施工人员对工程不负责任，水泥用量不充足，做出来的水沟不牢固，使用时间不会很长。

下午，李四辉做叫魂仪式，摩批是他大爹李建国。

2009 年 4 月 26 日，星期日，农历四月初二，属牛，多云

今天插秧的人家有李志和家、马志文家等。马志文家请的插秧人是土锅寨村的彝族妇女，每人一天的工时费是二十五元，供应中午的一餐饭。拔秧的人家有李上嘎家、李永录家、卢朝生家等。

2009 年 4 月 27 日，星期一，农历四月初三，属虎，晴

今天插秧的有李上嘎家、李永录家、卢朝生家，拔秧的有李平珍家、卢正荣家、李院生家、李文才家。

2009 年 4 月 28 日，星期二，农历四月初四，属兔，阴，上午有中雨

按照当地正常的插秧程序，今天插秧的农户就是昨天拔秧苗的几户村民家。今天有中雨，按照村民说法就是因为今天李文新家也插秧。听老人说，以前生产队每年到了插他家那一块田的时候都会下雨，必须要敲锣打鼓、鸣鞭炮，雨水才会停止。至于今天下雨的原因，不会真的是因为李文新家也插秧吧？我认为没有足够的科学依据，只是说笑而已。

拔秧的人家有李永文家、张明福家等。张明福家在前面就已经基本上插好了，今天拔的是糯谷秧苗。

早上，李院生的母亲去世了。很多人，特别是那些经常不在家的人，还认为她早些日子就已经去世了，包括我自己。因为她不出门已经多年了，瘫痪已经二十八年了，衣食解便全靠家人的伺候，死亡对家人和她来说都是一种解脱。

2009 年 4 月 29 日，星期三，农历四月初五，属龙，多云转晴

今天插秧的人家有李永文家、张明福家、李正林家、张和明家。从了解的情况来看，李永文家是按照正常的秧苗生长情况来插秧的；张明福家的多数秧苗已经插好了，今天是插糯谷；李正林家是看自己家的秧苗不够而找了亲戚家的秧苗来插的，张和明家也如此。

犁田的有李庆亮家。李庆亮家这几年插秧都基本在其他村民家的后面，主要是劳力不够，只好先让自己的亲戚和邻居插秧，自己家先到他们家帮忙几天，之后又请他们来帮忙，今天有李庆锋和李平珍帮他犁田，由他自己来耙田。

昨天李院文的母亲去世，按照民族习俗，今天就有很多亲戚家带着人来奔丧，他们家杀了一头猪做伙食。多数有能力的村民家一般情况就是这样。烟、酒等物品都是到镇上的市场购买回来的。

上午 11 点左右，新街镇政府安排人把箐口村村民张志学新建的房子砸毁了，他家的房子第一层本来已经全部砌平。在此之前，新街镇政府以及新街镇土管所的工作人员已经通知过他家人停止施工，不准他家在那里建盖房子。政府的理由是占用了基本农田，而且从省道的观景台看下来，他家的房子遮住了部分梯田的美景。而他家的理由是一家三个

弟兄，已经有了自己的妻儿，加上两个老人，三代同堂一共16个人，要是全部居住在五六十个平方米的老房子里是无法住下的，而且，其他合适的地点又没有，只能选择在老房子的前方建盖。说自己连同家人在外打工已经二十多年，省得一些钱也是来之不易，一家几口人回来一次也没有居住的地方，自己年纪也有40多岁了，想着应该建一个属于自己的房子才请人来建的，目前已经花了五万多元，希望政府在落实政策的情况下也考虑老百姓的困难。

2009年4月30日，星期四，农历四月初六，属蛇，晴

上午，张志学来向村民小组反映说自己正在建盖的房子被新街镇政府砸毁。说是他的家人昨天晚上打电话给他，他就连夜赶回来，想到新街镇说明情况。

上午，元阳县水利局的人来检查修理水沟的情况。

今天插秧的人家有张和明家、李正林家、高文和家、李以略家、卢迁华家、李世华家、李生亮家等。张和明家和李正林家是因为秧苗不够而到今天才插秧的，高文和家更不用说了，听他家人说是自己家原来第一次育的秧苗不能正常生长，第二次育的秧苗的时间到现在才三十多天，而且，发芽率很低，只有找到几户秧苗多余的人家才能插秧了。而其他的几户是按照自己家正常的劳力和秧苗的生长情况来插秧的。

今天耙田的有李庆亮家。昨天三个人又犁又耙的，今天他自己耙昨天没有完成的部分。今天还有李正华在整理田，兄弟俩从小就失去了父母，全靠姊妹和亲人的帮忙过日子，现在已经二十多岁了，自己也能从事劳动了，还可以帮亲人和朋友。前一些日子，他在帮忙亲人，今天他也请了几个亲人和朋友一起去劳动。

中午，云南农业大学测验水质的老师来到村里，他们选择了李正明家的田块做试验。在与李正明商量的时候，李正明也答应愿意让他们做试验用。

2009 年 5 月 1 日，星期五，农历四月初七，属马，多云

今天拔秧的村民家有李江家、李庆亮家。今天拔秧的这两户人家，主要是劳动力不够，其他的亲戚和朋友只有做完了自家的活再来帮忙。

今天插秧的有李正林家、张志学家。前几天的日记里提到过了，今年有很多插了秧的村民家出现了秧苗不够的情况，还出现了偷盗秧苗的情况。今天的李正林和张志学也是因为自己家的秧苗不够，才找了其他村民家的秧苗来。

又是一个月的开始，村民小组按照原来的程序，安排 5 月的卫生清洁工作。这个月一共有十八家，组长是马志文，相比其他月份的十五六户增多了几户，其目的是这个月有一个长假，来村里旅游的客人会增多，也就有意加强这个月的卫生打扫工作。

2009 年 5 月 2 日，星期六，农历四月初八，属羊，阴，有小雨

今天插秧的有李江家、李庆亮家。正如昨天说到的一样，这两户人家主要是劳动力不够的原因。特别是李江家，情况就比较特殊，只有奶奶和他生活，十几岁了，还在上小学，家里全靠五十多岁的奶奶来照顾，家里又没有什么值钱的资产。

上午，李得卜家做祭祀，摩批是李正林。做的就是前面的一些日志里说到的后院祭祀，其女儿前一段时间去世，做了这个祭祀后就可以封房子后墙的洞口了。

根据新街镇和村委会的通知，下午县委书记要来村里考察，村民小组就组织村民打扫卫生，可是，到了下午也没有来。这样的情况还是偶尔会遇到的，有的时候是因为天气的原因，有的时候是他们工作上临时变更的原因。

2009 年 5 月 3 日，星期日，农历四月初九，属猴，多云间晴

今天有李树华家犁田。根据省农科院试验水稻品种的要求，他家的田全部要做试验，所以，他只好等到省农科院的人来后才犁田和耙田。

云南农业大学的师生继续做他们的试验田。

上午，供电所的人员在拆除卢明家的电路，主要是因为他家的老房子已经很破旧，木头大梁出现了腐烂的情况，考虑到安全问题，只有先叫供电所的人员来拆除电线，而后才敢拆除房子。还有一个主要原因是村里已经没有专门的电工了，需要做检查和修理电路的人家只有请供电公司的人来。

今天，村里的一件大事是主办李院文母亲的丧事，村民都来帮忙，用牛来祭祀的有李院生妻子的娘家。

2009年5月4日，星期一，农历四月初十，属鸡，多云间晴

到现在，村里多数人家的田都要插完秧了，只有少部分人家的那些零散的田还没有插完。今天，卢学明家在插秧，请的插秧人是土锅寨的彝族妇女，工时费是25元一天，中午供一餐饭。

新街镇农科站和省农业大学的人继续调查和整治他们的试验田。

下午，县委书记到村里来调查工作，主要就下一步建设新农村面临的问题做部署，要求村民小组认真动员群众，抓住这次机遇，配合工作组的同志做好这次建设工作。

今天，村里还有一件大事是送葬李院文的母亲。

2009年5月5日，星期二，农历四月十一，属狗，多云间晴

今天，李院文和李院生两弟兄家同时接待奔丧的亲戚。他们弟兄两个分家已经多年了，过着自己的日子，母亲按照哈尼族的传统习惯由小儿子李院文赡养。但是，严格意义上来说，昨天晚上才算分了家，因为昨天晚上两兄弟在其他亲属的参与下分了办葬礼所剩余的肉，自己开灶接待自己的亲戚和朋友，还要在家族人员的参与下划分祭祀的牛和小猪等事情，亲戚和朋友送来的东西也都进行逐一划分。很多家庭会在这样的时刻发生纠纷，需要有家族的其他成员参与调解。他们俩弟兄倒是没有出现多大的纠纷。

今天插秧的有张永福家。因为村里绝大多数人家都插好了秧，他家请的插秧工是本村的妇女。他家现在才插秧的原因有：一是自己家劳动力不够，张永福自己不会做犁田、耙田的事情；二是张永福还是年轻的小伙子，不善于管理秧苗，秧苗也就长得很慢，不如其他村民家好。当然，生活条件艰苦是最主要的原因。

新街镇农科站和省农业大学的师生开始拔秧苗，准备明天插他们试验的秧苗品种了。

晚上八点，根据县镇新农村建设工作组的要求，在游客服务中心召开党员干部会议，有县镇的工作人员参与，村里参加的有张明华、张春华、张斌、卢建忠、卢学贵、卢保应、李文才、卢学明、李扎卜、李树华、马秀芬、李春、李小生、李平清、李庆云、李正林等，老党员李志荣、张志林、李正光、李和明、李克福因身体欠佳未出席，张崇祥、龙绍文、张文学、张美芬、李兰因在外地打工不能到席，李志学、张明福、张正荣、罗美珍因事请假没有参加。会议的主要内容是向党员干部征求这次新农村建设到来是否有决心支持政府工作，动员群众并参与到建设中来。党员干部的意见是一致的，都希望把箐口村建设好。提出的建议是希望工作指导组一定要认真负责，讲质量，对施工人员严格监督，不能让他们偷工减料，而且对于需要占用的地方就不要分大小，意思是说不要因为占用的地是村里党员，或者干部，或者与工作人员关系好一些就迟疑不决，要一律平等对待。

2009年5月6日，星期三，农历四月十二，属猪，多云间晴

李树华组长在镇政府的组织带队下外出考察。

下午，张明华参加在新街镇云梯酒店召开的梯田保护与利用中立法（草稿）讨论会，听取了来自基层的村民干部在保护与利用梯田中出现的一些实际问题的汇报，以及上级对于梯田保护与利用中需要进一步用法制来规定、约束人们的思路。

下午，省农业大学的苏有波老师等返回学校，主要是因为他们中有几个学生要参加学校的考试，要等他们考试结束后再返下来继续做他们的水质测量试验。

中午，村民小组接到县法院打来的电话，说箐口村集体与李永福林业承包纠纷一案已经由州中级人民法院下达判决书，主要内容是维持原判，也是终审判决。

晚上，村里叫魂的人家有李庆云家，摩批是张正和。

2009年5月7日，星期四，农历四月十三，属鼠，多云间晴

早上，县中医院的人来村里为村民免费检查身体，需要的唯一证件就是每户一人拿着去年的卫生合作医疗卡。可能是农忙还没有结束，很多人家都外出劳动了，来检查的村民只有六十多户。

上午，卢明家拆除老房子，说是老房子的很多木料都腐烂了，还漏雨，成了危房，需要尽快建盖起来，来了很多帮忙的人。

今天插秧的有李正云家、高九沙家。李正云家是属于劳动力不足而到现在才插秧的农户，高九沙家是因为自己家的秧苗不够而且没有长高。

晚上叫魂的有李庆亮家，摩批是李建国。

2009年5月8日，星期五，农历四月十四，属牛，晴

上午，召开村民群众大会，有县、镇、村委会等新农村建设工作组工作人员参加，主要是向群众宣传和说明这次新农村建设的重要性，希望得到村民的支持和参与。

下午，新农村建设工作组就开始在村里进行测量规划。

今天插秧的人家有李永得家。他家在时间上落后的原因主要是自己懒惰，不会耕种而又很少到别人家帮忙；再说前一段时间去世的李院文的母亲是他的伯母，其间要去帮忙做事。农科站和省农业大学的试验品种也今天插到稻田里了。

下午，村民小组接到通知说明天要有全国人大的领导来村里检查，希望村民小组和村民积极行动起来搞好卫生。

晚上，李成家叫魂，摩批是张保祥，叫的姑姑是张明福的母亲。由于年老的原因，就派了张明福参加。今天晚上的叫魂仪式最重要的角色就是姑姑（张明福代表），其他参加的人相对都是次要的。

2009年5月9日，星期六，农历四月十五，属虎，多云间晴

从昨天开始，新农村建设指导工作组人员就测量村里的路面和其他要设计的公共用地等基础设施，包括房屋改造对象的建筑、路面改造面积、猪和牛饲养建设用地、自来水通道、村民小组议事房、路灯改造问题等，到下午还没有测量完毕。

昨天就接到通知说有全国人大的领导要来村里，同样，村民小组上午组织村民整理村里的卫生，可是，到了下午也不见有领导来。

农科站和省农业大学来做试验的师生继续在他们选择的田里插秧，到今天已经四五天了，还有一半左右没有插完。

今天是牛角寨乡的赶集日。牛角寨是离新街镇最近，也是卖牛比较多的一个集市。张保祥家为了去祭祀，到牛角寨集市上购买了一头牛。晚上，要去麻栗寨村"养老"，去世的是他的姑姑，已经90多岁了。

晚上，村里叫魂的人家有李平清家，摩批是张正和。

2009年5月10日，星期日，农历四月十六，属兔，晴

昨天夜里，李国忠到田里守夜赶水，说是天气连续晴了很多天，田里的水快要干完了。白天和晚上有很多中老年人忙着赶水，生怕秧苗被晒死。毕竟"民以食为天"，来年的肚子问题还要看田里的庄稼长势如何呢。现在的社会，虽然条件远远比以前好多了，一家几口人完全可以靠出门打工生活，但是，谁都不希望自己亲手劳作的庄稼就这样一天一天枯死。

新农村建设规划设计小组仍然在村里进行测量和规划，今天的主要工作是村里猪、牛圈的规划问题，设计小组认为应该避开与人同楼，甚至牛走时避开寨子的中心路线而随着寨子外的循环路来去，这样有利于寨子的卫生建设，设想要在寨子外的南边"倮果果马"水沟上建设，水沟两侧砌起倒墙，上方再做猪、牛圈。砌好倒墙既牢固了寨子的基础，又做到人畜分开，卫生条件也大大改善了，修建的时候做好防盗功能，是建盖猪圈最好的地点了。

李爱生家和卢朝生家今天都做钢筋，李爱生家准备明天浇灌第二层屋顶，一家人及帮忙的年轻人都拿出灯一直做到晚上12点左右才休息。卢朝生家借用了拉直李爱生家钢筋的拖拉机，几十分钟就做完了。

新街镇农科站和省农业大学试验水稻的工作人员今天仍然在插秧，看着他们被晒黑的脸和蹒跚的脚步，挺心疼他们的。但是，俗话说，"苦中作乐"或者"吃得苦中苦，方为人上人"，世上哪有不吃苦而得来的便宜事呢？何况是科学试验的事情。不过，听他们说明天应该能完工了。

2009年5月11日，星期一，农历四月十七，属龙，晴

李爱生家浇灌第二层的屋顶。他们一家人早早就集中起来做事情了，可能是担心天气会变化，天一亮就有人从停车场背材料到他家建房子的地方了，有的男的在楼上处理和检查情况，生怕施工中出现不安全的事故。可能是村民基本都忙完了插秧的事情的缘故，来帮忙的村民比较多，要不是房屋的建筑面积有一百多平方米，相信几个小时就可以完成。

中午，李国忠打稻飞虱农药。他是今年村里第一个打稻飞虱药的人，其他村民只是打除草净或者死龙虾的农药。听村民反映，田里稻飞虱虫子出现了，有的田里还比较多。要求村民小组尽快做好宣传工作，让所有的村民都尽快知道并预防和防治好，减少对庄稼的损坏。

农科站和省农业大学做试验的秧苗今天才插完，他们已经在田间连续工作一周了，今天倒是结束得比较早。

下午，卢则龙家运回一车砖，听村民说他要与兄弟分家，在自己的菜地上建盖一幢房子。现在的砖价运到村里的停车场是四角一片，他家运了五千片砖回来。

晚上，张氏家族通知每户一人到张宽家开会，这次由张文学挨家挨户通知，是因为张宽家明天要到麻栗寨村祭祀去，需要知道有多少人参加，然后给每人安排事情做。

2009年5月12日，星期二，农历四月十八，属蛇，多云间晴

早上，有石屏县人用车运来一车鱼卖，价钱是每公斤二十四元，来过问的村民认为价钱太高，买的人很少，看样子生意不好做。他们没有待多久就开走了。

卢才生家浇灌第三层屋顶。第三层的建筑面积比第一、二层的少多了，来帮忙的人也相对少。当然，今天张宽家到麻栗寨丧祭，张氏家族的人和亲戚随同去了一些，人员就会相对少。不过，由于建筑面积少，浇灌用的时间也没有多少，到下午一点左右就完成了。

张宽家到麻栗寨祭祀，这次是"回礼"。因为以前张家父亲去世时对方家也用牛来祭祀过，按照礼仪，到了对方家有老人去世时应该回礼。他家没有通知全村的人，只通知了张氏家族的人和比较亲近的亲戚前去，也不准备回来后办事请客。用他们的话说这叫作"实报实消"，今天下午到麻栗寨吃一顿，明天上午再吃一顿，留一点到明天下午回家时又吃一顿，基本就把准备的肉和烟酒消耗完了。

2009年5月13日，星期三，农历四月十九，属马，多云

早上，又有一个开着石屏县汽车的人来村里卖鱼，每公斤卖20元，比昨天上午来卖的人价钱要少，来买的村民也很多，一会儿就卖完了，他的生意不错。

上午，新街镇副镇长和村委会的人来村里说是下午县委书记要到村里来调查工作，要求村民小组组织村民搞好卫生情况，到最后还是没有来。

中午，县植保站和新街农科站来人观察他们与省农业大学试验的稻田情况。

下午，张宽家从麻栗寨祭祀回来。

2009年5月14日，星期四，农历四月二十，属羊，阴，有中雨

李平明家一边拔出秧苗，一边插秧，是因为他家的田就在寨子脚，比较肥，今年农科站和省农业大学试验的秧苗就育在他家的田里。现在农科站和省农业大学的都已经插好了，还剩余很多的秧苗，他家今天就叫人一边整治田一边插秧。

今天一直都下着雨，有时小些，有时大些。可能正是下雨的原因，下午的时候，卢迁华的父亲找不到自己家的牛了，回来叫了家人一起去才找到。

下午，李正荣夫妇在吵架，都已经五六十岁的人了，不知道为什么吵架。"家家都有一本难念的经"，或者说"不吵不闹不是夫妻"，生活中难免出现这样那样的疙瘩。村里这样的事情时有发生，不是家人之间吵架，就是邻居间吵架，特别是妇女，可能因为一些很小的事情闹得鸡犬不宁。

2009年5月15日，星期五，农历四月二十一，属猴，阴，有中雨

上午，村民小组和卢保应等几个人去检查水源情况，发现进入总水池的水管断开了，水源量不能正常通到村里，影响了村里的用水。消防水池里一点水都没有，而消防水池里的水是要求随时都要有的，以保证村里可能出现的火灾问题。

中午，村委会召开有关新农村建设整村推进工程的会议，参加会议的有县扶贫办的人、土锅寨村委会 5 个自然村的党支部书记、村民组长，以及个别党员干部，箐口村参加会议的有张明华、李树华、李小生、李正林、卢倮应五人。主要是问每个自然村的党员干部是否能够带动村民做好这次建设家园的事情，每个自然村的党员干部都毫不犹豫地回答说：没有问题！只要是做好事，做有利于人民的好事，做有利于提高人民生活质量的好事，都没问题。

下午，世博元阳旅游公司的人员来发村里参与管理卫生人员的工资。卢学明、李正林、李小生分别得 150 元，还有管理水碾的张明生得 100 元，管理水磨的李宏家得一百元，管理水碓的李平清家得一百元。世博元阳旅游公司代表卢朝贵说合同是 4 月才签订的，2、3 月的工资就没有给他们发放。但他们几位要求他向公司反映补发 3 月的工资，理由是在手续移交的同时，他们都认真负责管理，没有理由不发给他们工资。

世博元阳旅游公司的管理人员说移交手续不全，需要村民小组配合他们清理物资。估计管委会移交给世博元阳旅游公司的时候有漏洞，待清查。

2009 年 5 月 16 日，星期六，农历四月二十二，属鸡，阴，有大雨

上午，张正明家做祭祀，是在新房子做的，摩批是张正和。介绍一下张正明的基本情况，他是张正祥的大儿子，分家已经十多年，但是没有自己的房子，一直居住在他外甥的老房子里，到年初时才建盖了一层。今天做这个祭祀就相当于选择宅基地，目的在于通过做这个祭祀来扫除不吉，以求以后家人住进去平安无事。

2009 年 5 月 17 日，星期日，农历四月二十三，属狗，多云，有阵雨

早上，有一对说是石屏县人的夫妇驾着车来村里卖鱼，每公斤卖十六元，比前几天又降了几元钱。村民说石屏县的鱼在我们村里比建水县和本县黄茅岭的鱼种要长得大些，来买的村民比较多，一会儿就卖完了。

昨天夜里，卢明家运回来两车砖，早上挨家挨户地叫村民来帮忙背回家。也许是因为卢明父子平时的为人，或是因为大家都知道他们父子没有妻子，或是因为近期都处于农闲时间，或是因为路途也不算多远，或者几个原因都有，来帮忙的人比较多，一个上午就背完了。很明显，村民都看在眼里，有的村民家平时为人差，经常与村民发生口角，他家出现什么事情也会少有人来。有一点可以肯定，平时为人处世差的家庭，遇到什么特殊的大事要比平时为人处世好的家庭来的人要少。

村里领回两只喇叭，这两只喇叭是原来的新街镇党委副书记到南沙镇担任镇长后买给村里的。村里原来的几只喇叭都坏了，每次用喇叭通知什么事情都有村民说听不清楚，村民小组争取了之后协调回来的。

2009年5月18日，星期一，农历四月二十四，属猪，晴

今天，村里有张斌家浇灌房子的水泥屋顶。来帮忙的村民比较多，平均下来可能每户有一个来帮忙，到了下午两点左右就浇灌好了。

下午，张明福家做叫魂祭祀，请的摩批是自己家族的大摩批张正和。请来吃饭的人不多，只有一桌子人。

2009年5月19日，星期二，农历四月二十五，属鼠，晴

早上，又有两个驾驶石屏县汽车的人到村口停车场卖鱼。可能很多人家在前一段时间就买过了，他们在停车场等了十多分钟都不见村民来购鱼，之后就开车走了。

今天，村里有李爱生家浇灌第三层屋顶。看建筑面积只有第一、二层的1/3，主要是做堆放谷物粮食的仓库。村民也是知道情况的，来的人不多，只有比较亲近的家庭和隔壁的农户。这样可以节约他家的伙食开支，其他村民也可以去做自己的事情。

下午，李以略家的一头政府扶贫挂钩单位给养的小猪死了。有些人麻烦了，村委会主任开会时严肃交代过每个自然村的村民组长，村里前一段时间给养的七头小猪，村民小组要随时观察好，保证养好，而且要养得比其他村民的还好。

2009年5月20日，星期三，农历四月二十六，属牛，晴

上午，租了李正新家一楼的大理商人退房返回家。自村里开发旅游业以来，随着旅游之风来了十几户大理商人，他们打着哈尼族工艺品、服饰等名头租村民的房子做生意已经有六七年了，最多的该是2005年，分别租了李生明家、李四辉家、李四忠家、李志祥家、李正林家、李正新家、卢学贵家、卢龙家、卢建忠家、卢建民家、卢正学家、卢宽荣家、李文科家等的房子。可这两年间，已经有五六户商人退租回家了。最先退租的是租李生明家房子的杨老板，后来租卢学贵家的也退了，今天又有租李正新家的退了。

中午，李国忠捉回来一只牛蛙，有一市斤左右。这一段时间，经常听到村民说某某又捉一只牛蛙回来，或者说在哪里可以听到牛蛙的叫声。根据村民的一致说法，这种牛蛙是这几年才发现的，老人们以前都没有见过。

晚上，李永忠家招魂，摩批是李树华，就是村民组长。李树华不是李永忠他们家族的摩批，他们之间只是朋友关系。但是，从了解到的情况来看，这样的一些小祭祀，即使不是自己家族的摩批也可以请来做。

2009年5月21日，星期四，农历四月二十七，属虎，晴

中午，卢保应家打农药。从调查的情况来看，村民稻田中出现了大面积的稻飞虱和龙虾。龙虾是一年四季都有，把村民的田埂都打了很多洞，最让村民恼火了。大面积出现稻飞虱是这几年的事情，秧苗成长期间最多，其他时间基本上没有，但也是让村民头疼的一件事情。村民都比较重视，在向村民小组要求往上反映的同时，自己也会购药去打。

下午，卢世华他们会餐，说是他们建设水沟的工程完成了。

晚上，李志祥家做后院祭祀，摩批就是他们家族的大师傅李正林，

说是从建盖了房子以来从来没有做过这个祭祀才选择今天做。

2009年5月22日，星期五，农历四月二十八，属兔，多云转晴

今天，李志光家补插试验田里的秧苗。他家寨子脚下面的一块田被云南农业大学用来做试验，除了他们用塑料板围住的之外还有一部分没有插秧，他们家今天就补插剩余的部分，秧苗是从其他村民家的秧田里取来的。

李庆五夫妇今天装饰原大理商人租的李四辉家的房子，说是这一家大理商人已经退房回家去了。现在，李庆五夫妇打算在那里做一些零食生意。

今年，村里有五六户人家正在建盖房子，张斌家是其中之一，在18日就把第一层屋顶封住了，现在开始建盖第二层了，今天运回了一车砖。前面的很多日志里都说到了，由于村寨附近没有砖厂，村里建盖房子的砖都是从建水县买来的。今年的砖价钱基本稳定在四角一片，他家今天运来了5000片。

今年建盖房子的还有一家是李新家，他家是在原来两层的基础上加建，前几天打了第三层的屋顶，现在，打算堆放粮食的第四层已经砌平，今天开始做钢筋，过两天就可以封顶了。

2009年5月23日，星期六，农历四月二十九，属龙，晴

这一段时间，村民发现田里的稻飞虱多起来了，都很着急，每天都可以看到有村民到田里打药，今天的李志祥就是其中一个。

晚上，李世华家招魂，摩批是其姑父张保祥。听村里的一些中老年人说，在生活条件很艰苦的20世纪六七十年代，国家也允许村民做这样那样的祭祀时，村里做招魂仪式的人家也不多。而且，一般情况是家里有人生病了才会做，可想而知，请来吃饭的人就不会多了，就一两桌人。但今天在他家吃饭的却有6桌人（一桌八九人，都坐满了），他家也没有人生病，而且连续做了四五年了。我在想，这是人们在心理上寻求一种寄托来满足自己，还是文化的延续？

晚上九点左右，张正祥在村口停车场旁边捉了一只牛蛙。我不知道牛蛙是不是国家的保护动物，反正，村民捉回来的就在家里煮吃。听说，肉质还是比较好吃。

2009年5月24日，星期日，农历五月初一，属蛇，多云间晴，有阵雨

上午，村民小组统计村里2009年的人口，李树华、张明华、李小生三人分组到各家各户入户统计，除了外出打工和已经劳作的家庭以外基本统计完毕。

中午，张斌家又运回来一车砖和水泥。从这几天的情况来看，由于村里有五六户正在建盖房子，建筑材料又都是从外地运回来，而根据建设进度，他们家的建筑材料要在停车场堆放一段时间，一亩左右的停车场，几户人家每户堆放一点就快占满了，停车场变成了堆放建筑材料场，很多来村里的领导对此也进行过几次整顿了。

晚上，听说有张文学等几个年轻人到"拿安天"（村里的一个地名）附近捉青蛙（体色黄，可以吃的那种），说是"拿安天"附近的田里青蛙比较多，每人一天晚上就可以捉到上百只，说是它们一般都在田埂上叫鸣，比较容易捉到。

2009年5月25日，星期一，农历五月初二，属马，晴

上午，村民小组继续统计2009年人口，今天主要是针对外出家庭和昨天上午没有统计的家庭。原本一两天就可以统计完成的事情，就因为这样那样的问题而拖延些了时间。农村的事情说少也不少啊。"要是咱们中国再发达些，每个自然村的收入再增加些，村民小组工作人员的工资也会该增加些了"，有的村民小组工作人员如是说。

晚上，听说张龙与张永福因为喝酒过多而吵架了。没有不吵架的家庭，他们之间还是爷爷和孙子的关系。都是酒惹的祸，要不是喝多了酒说错了话，我相信他们之间不会出现这样的事情。

2009年5月26日，星期二，农历五月初三，属羊，晴

咱们国家不是不发展，就从现在的电信事业来说，前几年村里哪家要能安装一部电话，就会让多数村民羡慕，而这两年基本上每户人家就有一部手机。今天有电信单位的人来村里与村民小组商量统计村民用手机的人数及电话号码，说是在本县内打手机每月缴纳五元就包月了。我想，这样的话对村民很实惠了，用手机的人自然就会增多。

从整体来说，箐口是贫困村。经济是落后的，村民的综合素质也比较低，人才也是缺乏的，还有待于提高和发展。当然，村民也在竭尽全力。就从这几年的建筑来看，每年都有五六户正在建设和改造民居，或者准备建筑材料。今天，卢正学家用拖拉机运回来石头，说是从大鱼村采石厂运到村里的停车场，每车费用是45元。他准备运二十车，等明年改造自己的房子时用石头来做第一层。

上午，听说带领建设箐口村两条主要水源水沟的小组长卢世华、李世华等已经把领回来的工程款发给工人们了，每个人工的工资是40元，不算伙食费。他们特意请的师傅的费用还要比一般的高些，这是目前村里做建筑事业人的一般工资情况，比前几年高出二三十元了。

今天，卢迁组织几个年轻人杀了一头猪。他们是约好的，每公斤猪肉以十八元的价格买来的，要是用谷子来换，每公斤要一斗两升。杀猪是为明天过节准备的。

2009年5月27日，星期三，农历五月初四，属猴，晴

说来也怪，全中国过端午节是在农历的五月初五，而箐口村却选择在今天过这个节。家家户户都在今天早上就杀鸡献祖、染糯米饭。吃过饭后就包粽子。有好多村民家还请来了隔壁村寨的亲戚朋友做客。至于箐口村为什么要在今天过节，村民的说法是，其他节日都在隔壁本民族的村寨前过，这个节日也就不例外了。这个节日就是箐口村的"馍昂纳"，意为秧苗已经插下去，而且返青了，农闲时间也就到了。实际上也是如此，村边的稻谷秧苗都在茁壮成长，到处一片绿色，村民的事情相对减少了，平时看护和管理就好了，比播种和秋收的事情少多了。

原则上过节就应该休息，节间，村民的事情就是喝酒吃饭，亲人间、朋友间来来往往，相互交流，谈生产生活，谈天谈地。但是，对于正在建盖房子的人家来说又是赶时间的时候，他们都不希望雨水多的时候还在建房子。卢明家就是出于这样的考虑，今天运来水泥，准备明天就把第一层房子的屋顶给浇灌了。

2009 年 5 月 28 日，星期四，农历五月初五，属鸡，多云间晴，晚上有大雨

正如昨天说到的，箐口村的端午节昨天就已经过了。今天村民的生产就重新进入正常的状况。"端午到，雨水就到。"晚上七点左右下了一场大雨，滋润了前几天晒干的稻田。

卢明家今天打第一层的水泥屋顶。人们的智力是很高的，一个人的能力是有限的，多个人的能力加起来就很大了。这点，箐口村民是知道的。从村民家办大事情时就可以明显看出。无论是谁家办大事，只要通知自己比较亲近的一些家属，一传十，十传百，其他村民都会不约而同地到来。今天的卢明家也如此，所有能来的村民都来帮忙了，一个一百多个平方米面积的房子到下午两点左右就全部浇灌完成。

2009 年 5 月 29 日，星期五，农历五月初六，属狗，阴，有雨

上午，兽医站的人来村里给猪打预防针，挨家挨户地打。有的人家因为主人出工了，到下午又去打。

今天，张龙家浇灌第二层的屋顶，由于时而下雨、时而又停，影响了村民的施工进度。村里来帮忙的人手不少，房子的建筑面积也不是很大，但是，浇灌完毕时已经到了下午4点左右。要是能正常施工，这样的建筑面积和人手下午一两点就可以完成。

今天，大鱼塘村民小组和箐口村民小组在李树华家调解大鱼塘村李正芳家和箐口村马卫明家的事情，这是十年前就已经发生的事情了。按照他们的说辞，情况是这样的：十年前，马卫明带回来一个外地的人，在与马卫明相处期间认识了一个大鱼塘村姑娘，即李正芳的女儿李秀花。之后，他们就以外出打工为名，带走了姑娘李秀花。起初，他们还到弥勒县找过，可没找到。前年马卫明母亲去世时也来过，马卫明以工作忙为由连夜逃到弥勒打工的地方。这样，在十天前左右，李秀花带着五个月前认识的四川人费正文回来，说是十年前被马卫明拐卖了（她看上去有些智障，有点聋，满嘴的四川方言，不识字，第一个男人常打她，就逃了出去，是在现在这个人的带路下找到了自己的家），那个男人给了马6000元。马也听说李回来就是要处理这件事情。李家最初提出要马卫明补偿20000元，否则就上派出所。马原来否认不是自己所为，当时一分钱都没有拿到，愿意因为自己有错而给1000元，再多的自己也拿不出。最后，在双方家属的劝说下以6000元作为补偿达成协议。

十年前的事情了，双方说的是否都是真实的？怎样来核实？他们的事情是否到达犯罪的程度？这样的事情是否在村民小组的调解范围内？而且，此情况已经在两年前就上报到新街镇派出所，为什么村民小组又再来调解此事呢？至少在我看来，犯罪的事情不能由村民小组调解。

2009年5月30日，星期六，农历五月初七，属猪，阴，有雨
今天我去干什么了呢？村里的事情都没有注意去观察。

2009年5月31日，星期日，农历五月初八，属鼠，阴，有雨

今天张斌家购买水泥回来。

2009年6月1日，星期一，农历五月初九，属牛，阴，有雨

今天是国际儿童节，村民小组人员张明华、李树华、李小生应土锅寨小学的邀请，前去参加节日活动。村民小组资助了100元，村里的经费实在太少了，几乎是零，就是这样正常、善意的活动，很多情况下，村民小组都得自己掏钱来做事。资助的虽然不多，但在比较困难的农村来说，还是让人感到有些吃力。这几年来，我参加村民小组，为村里做事，在与一些专家学者和各级官员的接触中，深深感悟到村里并不是像一些人说的那样缺少资源，而是缺少人才！只要有了人才，再穷的山，再恶的水，都会治理好。我曾经对教育界的人说过："只要箐口村里有了一笔集体经费，我要将部分经费资助给学校。"这几年来，通过各方面的努力，也给箐口学校引入了价值几千元的书籍。我很赞同"百年大计，教育为本"这种观点。治理一个国家是如此，治理一个民族、治理一个村寨也该是如此！

村委会农科员李树华今天早上就收回来云南农业大学在村里安装的捕虫网。他们已经试验了一年多，每周六早上去定好的位置支网，而后在星期一的早上收昆虫回来，由农科站统一送到客运站，再送到云南农业大学去。

2009年6月2日，星期二，农历五月初十，属虎，阴，小到中雨

李树华参加村委会会议，会议之后又到了新街中心小学，领取在过年期间维护箐口小学的费用，同时，也向他们提出在箐口村办三年级的要求，理由是从箐口村到土锅寨村要经过一段公路，三年级以下的小孩太小了，穿过公路不太安全。为了安全起见，村民都希望三年级以下的学生能在箐口村里就读，或者打通并且重新修理从箐口到土锅寨一条老路（以前有，公路通了以后，被私人占去，行人都走不通了）。

今天的天气很不好，所以准备到田里打药的村民都没有出去。李志和等人说是药已经买好了，但是下雨不能出去。

2009年6月3日，星期三，农历五月十一，属兔，雾转晴

上级通知说打扫好卫生，上午有红河县的考察队要来村里。箐口村名声在外，美誉逐渐扬长，所以，经常就会有这样那样的政府或者团队来考察，游客也来了不少。

李树华参加农科站会议，到下午才回来。

稻飞虱普遍多起来了，村民也重视起来了，自己也会买药去打了。今天也有几户人家打药，比如卢志明、卢正清等。有一些村民是这样说的：希望村民小组向上级反映情况，要求政府来打药或者给一些农药。我想，他们的出发点是好的。但是，这样说话的人的真正动机是什么？我不明白。稻飞虱前几年就出现过，并且对村里进行过统一打药。现在，村民也应该知道怎么处理了。然而，到现在还是依靠着政府来做事，为什么呢？自己能做的事情自己不做，庄稼是政府的还是自己的？饿肚子或者饱肚子的首先是自己还是政府？这点应该清楚。

秧苗也返青了，今天除草的村民也有几户了，比如李志学家、卢世华家、李小祥家、李国忠家等。

2009年6月4日，星期四，农历五月十二，属龙，晴

这一段时间天亮得比较早，早上6点左右就像大白天一样。或许正因如此，早早地就有村民在停车场等车，几个妇女背着米糠，一看就知道今天又是新街镇的赶集日了。这些妇女是要背米糠到集市上云卖。

中午12点，停车场处传来阵阵的猪叫声，一阵又一阵的。去看后才知道原来是李树林夫妇买了一头小猪回来，接着又有李文新抱一头小猪回来。听说，这一段时间猪价有所下跌了。离集市近的农村就是有这个好处，家里缺少什么，只要到集市上购买就行了，而且来去集市的时间也很短，可以省出很多时间做其他事情，不像有的乡村赶一个集都要花上一整天，有的甚至是两三天。交通毕竟给生产生活提供了很大的发展动力。

也许是田里的稻飞虱多起来了，今天打农药的村民有李文贵、李牛则等。

2009年6月5日，星期五，农历五月十三，属蛇，多云间晴，下午有雨

上午，土锅寨村民孔志清来村里，说是他家的田被箐口村民李志明家的牛给吃了很多，要村民小组和双方家人到现场证实。证实的情况是有一分左右的稻谷秧苗被踩坏了，牛也在田的一角打过滚。对此，孔志清要求赔偿五百斤稻谷，另外加被牛打滚过的叫魂费用150元。李志明也承认是自己家的牛吃的，但认为五百斤谷子的赔偿要求过高，答应愿意赔偿200斤，对于田的叫魂费就以150元算。在双方村民小组的协调下，最后以350元达成了协议。

人活着就是一种享受，健康就是一种福。但人的一生不可能都是福，谁都多少要遇到一些挫折和不幸。这几天，看上去健康、每天都在的卢建忠家门前做小生意的李贵祥的妻子昨天晚上突然发病，连夜由李永福的汽车送往医院。

今天，从停车场运回建筑材料的人家有卢正学家、李高门家、张斌家。目前，入村的汽车只能到村口的停车场处，所以，为了建盖房子运回来的材料都只能堆放在停车场，而后由人一点一点背回家。

离箐口村有三公里左右的棕匹寨村里死了一个老人，村里有卢超家和李世得家组织家属前去奔丧。

2009 年 6 月 6 日，星期六，农历五月十四，属马，阴，有小到中雨

秧苗返青了，田野一片绿色，在田间除草的村民多起来了，都想着尽快除去，让秧苗又好又快地长起来。今天就有李和名家、卢正荣家、李正名家、李则主家等。

上午，县镇新农村建设工作组的人来村里查看情况，基本确定需要拆除的民房，要村民小组开始对这些人家做好思想工作，支持全村的建设工作。

2009 年 6 月 7 日，星期日，农历五月十五，属羊，阴，有雨

早上，李志峰家买鱼回来，在以前的日志里说到过，李志峰家由于自己家人不会犁田耙田，每年为了插秧和收割都要付出上千元的资金。今年他家没有插秧，而是准备养鱼，今天早上就买了很多小鱼仔回来。

元阳县政府对箐口村是比较重视的了，今年准备重点建设箐口村，已经安排了工作人员对箐口村做详细规划。而且，按照计划，已经快要到建设时间了。村民似乎也在搞建筑热，近期就有五六户正在建设，而其他的村民也不断地在运砖，买钢筋和水泥。今天就有卢宽亮家和李则主家运砖回来。

下午，云南农业大学的二十几个师生来村里，他们是要捕虫，主要在他们学校做的试验田块中用网捕稻飞虱，并做数据记录。

2009 年 6 月 8 日，星期一，农历五月十六，属猴，阴，有雨

早上，李则主家和卢宽亮家叫了村民来帮忙背砖。可能是因为在农闲时间，来帮忙的村民很多，上午 10 点左右就背完了。

上午，张龙家做新房迁居仪式，请了自己家比较亲的人来参加。

下午，李永贵家运回来一车砖，有一万片。从这一段时间来看，很多村民家都在准备建筑材料，停车场每一两天就有砖、水泥或者沙等。

张明德家人到多沙村丧祭，用的是小猪，是因为前几天他的老丈人去世了。按照民俗习惯，他家就买了小猪去祭祀。

2009 年 6 月 9 日，星期二，农历五月十七，属鸡，阴，有雨

上午，元阳县委副书记和新农村建设工作组的人来村里考察，分析和讨论关于要建设的事情，特别是建盖猪圈和牛圈的地方。原来根据村民小组和规划组的意见，想把猪圈和牛圈建在寨子的两侧，同时修一条循环路，这样就使村寨建在一个大圆形中，猪、牛可以不经过寨子的中心，村里的卫生情况就会大有改善。而且，产生的粪便可以通过沟渠利用到田里，使田地增肥。这样建设起来，还有一个好处是牢固了寨子的水沟，使寨子的基础更加稳定。然而，今天来的县委副书记赵壮云对寨子南面利用水沟建设猪圈有不同的意见。他是从旅游的角度来讲的，认为这会给旅游带来不卫生的情况。至于占用寨子北面李庆光等家的菜地的方案基本同意，要求尽量避开村民的基本农田。另外，他对征用李宏家寨子东面的秧田做集体娱乐设施也有不同的考虑。

张明德家人从多沙村回来，昨天是按照传统的习俗参加他老丈人的丧事，也是按照民俗，今天办理完丧事就必须返回来。

2009 年 6 月 10 日，星期三，农历五月十八，属狗，阴，有雨

从这一段时间来看，秧苗都快要返青好了，正在分蘖期间。给田除草的村民也逐渐增多，今天有李正明家、李青华家等。今年庄稼中出现的稻飞虱还是不少，这几天每天都有村民在稻田里打药，药物主要是自己购买，农具也是自己找。

上午，有说是中央电视台和县委宣传部的人来村里，主要是拍一些村民洗菜和出去做活的场景，也对村里的摩批李正林进行了一段采访。这次相比前面来的人动作不算大，上午 10 点左右又到其他地方去了，给了参加拍摄的村民每人 20 元。

2009年6月11日，星期四，农历五月十九，属猪，阴雨转晴

说来也怪，或者说这是一种民族得以生活的精神寄托吧。我在这几年的跟踪调查中发现，村里每隔几天就会有村民家做祭祀活动。当然，这是根据不同情况做不同的祭祀，而且种类很多，内容很丰富。今天上午卢长生家做祭祀，门前插有绿树枝，意在声明不许外人进入，也不能与参加祭祀的家人打招呼。要是有人不知道情况而与他们打了招呼，这个祭祀就算白做了，还要重新再做一次。他们家请的摩批是李建国。我估计他们家是因为前一段时间把房子拆了，现在已经基本上做好了，家人都准备搬进去住而对房子进行清理，驱邪避灾，以保人畜安康。这又与新房迁居的祭祀有所不同。

今天，卢则龙家房子进行第一层浇顶。和很多村民家进行的方式一样，自己家通知了比较亲近的人后，准备下午的饭菜，其他的村民家自愿安排人力来帮忙。可能是农闲的原因，来帮忙的村民很多，到下午两点左右就浇灌好了，下午4点钟就用餐了。从今天的天气情况来说，他们家也比较走运，早上还是阴天，上空一片黑暗，都认为将有一场大雨来破坏他们的大事，然而，虽然早上九点左右的时候下了一场中雨，但不及打湿地面雨就停了，直到晚上都没有再下过雨。

2009年6月12日，星期五，农历五月二十，属鼠，晴

今天打农药的人家有李以略家、李志和家等。李志和，男，60岁上下了，该说是中年人了吧，他家的田就在寨子脚、我的田块上方。由于田块面积大，容易进肥料，他家的田就比较肥，秧苗都要选择抗倒伏、耐肥力的品种。每天，他和我要在田边见两三次面，但今年就是不见他在田里打药。长势那么好的秧苗有的已经到了被稻飞虱吃死的地步，他应该早些时候就打药了，毕竟，自己和家人都是靠吃大米饭活着的。

上午，打工外出的人员有李志祥。下午，回来的人有李世忠、李有福等。

2009 年 6 月 13 日，星期六，农历五月二十一，属牛，晴

　　似乎寨子里将要出现建设热。政府考虑把重点村寨建设点放在箐口的同时，村民也在不断地运石头、沙、砖等建筑材料，停车场里随时都摆放着，以致世博元阳旅游公司的人每次来都要说停车场的事情，要求村民小组认真打扫好停车场的卫生。今天，卢学贵家运石头回来，也是首先堆放在停车场，而后一天背回家一些。到目前为止，村民建盖房子首先是自己家人准备好大部分材料，比如石头和沙。有的是根据自己家的情况把砖和钢筋购置在家里，到建盖的时候就拿出来用。当然，箐口村与附近的大鱼塘村、黄草岭村民小组、全福庄、麻栗寨等村寨相比，远远不如它们建盖得多。但是，从旅游的角度来说就是保存较好的了，还有七八十户人家是土坯墙体，内部还是木料结构，就是传统的建筑模式。政府部门关注的矛盾与日俱增。据我们调查组这几年实地的调查来看，每年都有五六户在改变传统的建筑，而且这个数字呈上升的走势，有几种原因：一是传统的土坯木料建筑的确年代久远，木料腐烂，墙体变形，成了危房；二是大梁和柱子的木料缺乏；三是现代的青年人不满于传统的建筑，都希望在居住的高度上有所提升，想要类似于城里的建筑（每层高度三米左右，两层就有六米左右，而原来的高度一层在两米左右，现在的青年人都认为矮了一些，室内不够明亮，这是人们意识上的变化）；四是现在的年轻人从事的都是砖混结构的建筑活，技术上都认为这样快一些。当然，社会的进步、经济的发展，给村民提供了赚钱的大好形势是主要原因。我认为，上述这些都是改变箐口村传统建筑的原因。

　　上午，张宽家做祭祀，就是后院祭祀，因为他家在前不久做了一次大事，买了一头牛去丧祭他去世的姑姑。村里的人认为做这样一个事情是家庭的大事，有必要在之后再做一个小祭祀来防止家庭再次出现大事情。这种祭祀一般用的是一头小些的猪（可以说这头猪是必需的了），还有鸡、鸭，其他的蔬菜由家庭情况来定。摩批是村里张氏家族的大摩批张政和。主持这种祭祀绝大多数都要请家族的大摩批，参加的人员则不受限制，可以根据家庭的经济能力多请或者少请。用餐一般都是在屋外，吃剩的祭祀肉类也就不能带回屋内了。

2009 年 6 月 14 日，星期日，农历五月二十二，属虎，晴

庄稼是需要人手来管理的。每段时间该怎么做、该怎么管理都有一定的程序，正如有的学者说的一样，哈尼族对稻田是"精耕细作"。这几天，箐口村民的主要劳作事情就是给田里除草，每天都有村民到田间劳作，今天就有李志和、李绍新等人。当然，也听说有的人家在田里洒了除草剂。据他们说，只要在合适的时间里洒药下去，田里真的就很少有杂草，而且，仅是洒除草剂的话，对田里的鱼和泥鳅的伤害也很小。可能是这样的缘故，这几年村里洒这样那样药物的人家有点多了起来，还会有人家洒农药害死龙虾，有的就是打害死稻飞虱的虱虱灵、稻虱净等农药。

正如昨天说到的，箐口村这几天有几户人家像比赛一样地在准备建房的材料。昨天有卢学贵家运石头，今天又有卢小华家运石头，是从大鱼塘村冲沟处自己家族炸石头的地方运来的。听说卢小华家在他父亲一代才迁到箐口村里来。人就是会往好处想，会往好处做，衣裳坏了会换新的，房子坏了也会想办法修建，金房子、银房子、草房子总得有个房子。卢小华家的房子也是原来他父亲建盖的茅草房，已经有很多年了。在 2000 年建陈列室广场动土时有所变动，墙体裂开了很多，城建局也给他家做了适当的补偿，他们家也一直想拆建，只是他的妻子身体一直不好，无法着手拆建。而最近又听说大鱼塘村里的石场要封锁了，他们家就急于准备些材料。

同样，下午又有李成家运来两车砖，每辆车装了 5000 片砖，一共是 10000 片，也是打电话叫了建水县的人运来的。他买的砖价连运费一起是 3 角 9 分 1 片砖，10000 片就是 3900 元。云南有句众所周知的俗语："一山有四季，十里不同天。"我也在分析，隔河不同土，隔山不同水。

明明建水县和元阳县就是以红河为界，建水县的土就能烧成砖，而元阳县的土就不能烧成砖，相隔一座山就可以县城与县城对望了，建水人喝的是地下水，必须是烧开了冷却才能喝，而元阳人喝的就是从山上流淌或者地上冒出来的泉水，直接嘴对着就可以喝了。我不说不公平，这些都是天地之作。人们生存都是有所选择的，建水人选择在建水生活，元阳人选择在元阳生活，都没有对错之分。货币履行转换职能让砖变成钱，钱变成砖又有什么错呢？市场是实行等价交换的，人与人听说智商上没有多少差别。但是，我是这样认为的：建水人拿到的是钱，元阳人拿到的是砖。砖是建水当地的土制作的，一座山可以卖到多少钱啊！而元阳人，特别是在乡下的元阳人，他们大多数的钱要靠外出打工找回来。这样的事实让我认为在积累资本中元阳人付出的劳动要远比建水人多，这也是造成贫富差异的原因之一吧。要是元阳的水卖到建水去，而且非要卖不可的话，情况又会是什么样子呢？

2009 年 6 月 15 日，星期一，农历五月二十三，属兔，阴雨转晴

由于昨天晚上李成的妻子挨家挨户地通知帮忙背砖，早上来他家帮忙背砖的人的确不少。再说，村里他家的亲戚比较多，现在又是农闲时间，村里又有利用早上的时间相互帮忙的习惯，只要通知到，村民都会来帮忙。两车共一万片砖到九点左右就只剩一千片左右了，这一千片是他们家与最亲的几个家属吃过饭后背回家的。

可能是当时建盖的质量差或者时间久的原因，今天李平贵家拆了阳台重新翻建。

2009 年 6 月 16 日，星期二，农历五月二十四，属龙，多云，有雨

有人说箐口村的卫生比较差，即使每天都安排了村民进行打扫，村民就是不负责；有的也说，作为刚刚起步建设的农村，能达到这样的标准也不错了。这是众说不一的事情。但是，今天李文新到寨子头水沟赶水，说是经过大李家族一段的水沟比较脏，垃圾比较多，这月轮到他家打扫，早上打扫了一遍还是不干净，就到水沟处赶水来，要用水把它冲干净。这是我今天亲眼看到的情况。说明有多数村民还是自觉的，还是负责的。

今天张斌家做钢筋。他家的第二层房子已经砌好了，到了要做钢筋的阶段。同其他村民家的做法一样，首先在寨子停车场上方选择有一百多米直的路面用拖拉机拉直，而后根据需要剪断了再摆到房子上去。

2009年6月17日，星期三，农历五月二十五，属蛇，凌晨有暴雨，白天多云

上午，交通局的人员来村里与村民小组的人一起测量从省道到村里停车场的公路，这也是这次新农村建设中的一个内容。今天就对主要要建设的地方做一个调查。从今天来的几个人和村民的意见来看是要做成水泥浇灌的公路，只要做出防滑的措施就可能会耐用些。再在进村的地方做一个限速标志，还有在转弯的地方做几个标志牌，几个涵洞口我建议用三寸大的镀锌管连通，便于村民的田里通水。包括村里的停车场也是，建议浇灌二十厘米以上的水泥石头，至于其他的石板可能会出现好看不耐用的情况。

下午，又有畜牧局的人来村里调查建盖猪圈、牛圈的地方。他们与村民小组的人一起调查了准备建盖的两个地点。第一个在陈列室广场旁边的水沟上，村民的意见既是合理利用了场地，又对村里的水土起到了治理的效用，认为是一举两得的事情；而今天畜牧局来的一个技术人员认为建筑材料不便进入，投资大；对于第二个地方，大家都认为还可行，只要按规划做出一条从停车场绕过寨子边上到寨子脚磨秋场的一条路。

就在下午，管理箐口村的世博元阳旅游公司小组人员接到通知，过一两天他们公司的上司要来村里，便叫了村里的两个卫生管理人员和他们人员一起对村里比较突出的几个倒垃圾处进行了清理，并通知明天还要叫村民认真打扫。

2009年6月18日，星期四，农历五月二十六，属马，多云，有雨

上午，村民小组员张明华、李树华、李小生与世博元阳旅游公司在村里的卫生管理人员（李正林、李新、卢学明）一起清理箐口村的主要路面与寨子外几个比较集中的垃圾堆放点。在村里没有做好垃圾处理场的情况下，我们村民小组，或者世博元阳旅游公司的管理人员，或者以前的县旅游局管委会都要对村里卫生做定期处理。这次新农村建设项目中，我们也把垃圾处理问题作为一项内容来申报，希望村里的卫生问题得到解决，改善村民的生活环境，也给游客造就一个良好的旅游场所。当然，最主要的就是改善了我们村民的生活家园。

中午，外出打工的青年人有李用林、李民沙等。正是农闲时间，要是像往年一样，村里的中青年人出去打工的就多了。可是，现在村里在家的中青年人比较多，可能正如一些村民说的今年要是村里做建设，可以就地打工，能在家门口找钱总比外出找钱要好。而且，这一段时间又是多雨的季节，外出多不好。

下午，李斗贵家在自家院子做祭祀，祭祀用餐就在自家院子。看样子，这种祭祀用餐是不能进屋里了。听李新华说，他昨天就为李斗贵守了一天的夜，说是其像疯子似的乱说话，在家里躲躲藏藏，像中了邪一样。也不是因为喝多了酒。家人还请了一个外地的摩批守着。今天下午就是为此做个祭祀，希望做了这个祭祀后李斗贵情况有所好转。

2009年6月19日，星期五，农历五月二十七，属羊，多云，有雨

早上，李宏家请了村民帮忙背回石头，他家的石头也是从大鱼塘村里的亲戚家地里挖来的。知道自己家的土坯墙、茅草顶时间久了，就利用农闲时间准备一些，以后一旦拆建也可以用得上。量上可能有十方左右，停车场要停车，村民和世博元阳旅游公司人员叫背回家，而自己家的劳动力又不足，就选用互换劳动力的方式在今天早上背回。以后，一旦其他村民家背建筑材料，自己家人也要帮忙劳动。

上午，新街镇计划生育工作组入村来，而且安排了医生在村委会，按照计划生育宣传的统计，通知五个自然村符合放环的妇女到村委会，箐口村通知到并且做放环术的有四人，其他很多是外出打工了，有一个是因为例假而没有去做。

中午，有一个在新街镇做建筑活的四川人在朋友的介绍下到李克记家做建筑活，说是铺地板砖和安装电路等。"为了生活，人们四处奔波"，我想到了这句歌词。村里的人为了找到钱，为了生活出去打工，大部分虽然是在附近的本县和隔壁的建水县或者个旧市、蒙自县等地方，但是也有远的，如北京、上海、浙江、福建等地方。可能就是同样的道理，四川人也到村里来做事了。淘金打浪，各走一方，南来北往，东西相转。

张斌家从南沙购买沙回来，准备明天浇灌屋顶，说是一方沙钱加运费就合一百元了。十年前政府没有把梯田作为旅游资源来开发时，村民是可以任意在公路上下挖沙取石的，建盖房子的沙和石头自然也是不用愁的，可以从自己家或者亲戚家的地里搬来。而现在，政府把梯田作为旅游资源来开发，保护树林，保护生态，不准村民挖沙取石。所以现在的村民要建盖房子就只有到其他的地方找了，多数情况是从政府批准挖沙取石头的地方购买的，张斌就是这样。

2009年6月20日，星期六，农历五月二十八，属猴，多云转晴

上午，村民小组参加村委会会议，主持会议的是新街镇的工作人员，是为了再次向箐口村民了解有关"拿安天"（村里一个山包的地名）的情况，政府准备征用后发展旅游相关的事业。

上午的天气很不好，还有些云雾夹着雨，张斌原以为今天的屋顶不能进行浇灌了，但过了10点左右后，天气逐渐好转，来他家帮忙的人也逐渐多了起来，不到下午3点就浇灌结束了，到四点就用餐了。

晚上，卢同则夫妇打架。俗话说："家家都有一本难念的经。"都已经是五六十岁、做爷爷奶奶的人了，不知道为什么吵起来了。听说卢同

则要与他的妻子离婚，口气肯定地说一定要与她离婚。怎么离婚呢？离婚了他和她都怎么过日子？财产怎么分？怎样安排儿子孙子过日子？要是真的离婚了，我替他们家想不通。家庭中的打打闹闹谁能避得开？这不是家常便饭吗？这不是一种家庭的调料剂吗？争吵过后相互之间考虑一下，退一步，过些天还不是照常过日子，村里有很多家庭就是这样。我刚才想不通的就这样想通了。所以，很多家族的事情叫我们村民小组去调解我都是不去的，叫他们家族自己解决。特别是夫妻之间的事情，我是不去的，要是夫妻之间不能解决就最好到法院，别来找我。

2009年6月21日，星期日，农历五月二十九，属鸡，多云

早上，李班长（卢同则妻子的叔叔）来向村民小组要求调解卢同则夫妇打架一事，说是昨天夜里他在劝说时被卢同则打伤了，要求村民小组来调解。我口气很坚定地说："都是五十多六十岁有儿孙做爷爷奶奶的人了，请你转告他们夫妻，叫他们打吧，谁厉害就把谁打死，打死了谁、打穷了谁不关咱们的事"。再说，今天上午我们还要参加村委会会议，与新街镇工作人员协商我们村集体的"拿安天"旱地征用一事。

上午，学校要求学生带户口簿到学校，可能是学校要做什么统计，要求每个学生带来。有的两个孩子的家庭，被大的一个带到土锅寨学校，在村里读的就只有等大的回来后才能做了。

上午，村民小组到村委会参加新街镇政府组织的会议，主要是土锅寨党总支部和村委会五个自然村村民小组落实原来的茶场加工厂所有权属问题。

下午，打工回来的人员有李剑、李永忠等。

2009年6月22日，星期一，农历五月三十，属狗，多云

上午，新街镇政府工作人员分组做村里小李家族和张氏家族关于要征用土地问题的事情，还有集体旱地"拿安天"的事情。从上午做工作的情况来看，根据原来群众大会的意见，让政府征用"拿安天"没有意见，只要政府按照有关规定做相应的补偿费用就可以。至于村里几户人家在其中的坟，给予相应补助的话也同意迁移，协商迁移一座坟给予3660元补偿。至于张明生、张正祥、张文和等几户人家的地要征用的情况，与他们做工作后基本上同意征用。而李平清、李平真、李红等家的山头以风水为由，说什么也不同意，他们认为现在在世的一个家族人都平平安安，也算比较团结，要是迁移了祖坟，说不定会给家族带来什么不可估计的影响。他们就说即使给十万元、二十万元的补助也不能同意征用。

中午，李永贵家运石头回来，可能是李永贵的儿子一个人忙不过来，他还叫了几个朋友帮忙装车。

2009年6月23日，星期二，农历闰五月初一，属猪，多云间有小雨

早上，李永贵家又叫了人帮忙背回昨天从大鱼塘村里运来的石头。

可能是因为前几天家里发生打架的事情，上午卢同则家做了一个祭祀，摩批可能没有跟着回到家里，卢同则的大儿子和马干金两个人背着祭祀中用到的碗筷回来。

上午有西南林学院的四十多个师生来旅游，他们从全福庄寨子沿着小路走路过来，出去箐口寨子时补买了44个人的门票，优惠了两个人的门票。据西南林学院的老师说，学校与世博元阳旅游公司的关系还不错，前不久还为世博元阳旅游公司做过旅游规划。再过几天，他们还要来村里做调查。

李可计家建盖房子和粉墙都是叫的村里的人，现在装修则请了在新街镇做活的四川人。前几天只有一个人，今天又多了一个，来的同时运回来他们家所用得到的材料。

2009 年 6 月 24 日，星期三，农历闰五月初二，属鼠，多云

新街镇征用村民土地的工作组来村里做张氏家族的工作，张氏家族也人多地少，再次以没有地给子孙后代落脚的地方申请免征。

今天，收黄豆回来的村民家有张明福的妻子、李绍新的妻子等。

有一个国外的游客团队来村里，吃的在卢世华家，住的在李永福家。

2009 年 6 月 25 日，星期四，农历闰五月初三，属牛，多云

今天有我高中时候的红河县的同学来看望我。已经十五年了，通过联系与生活过三年的同学相聚是一件很愉快的事情。

2009 年 6 月 26 日，星期五，农历闰五月初四，属虎，多云

云南农业大学的师生到村里来取土样，拿到学校去做实验。因为昨天晚上喝多了一点，我休息了一个上午才出去劳动的。

2009 年 6 月 27 日，星期六，农历闰五月初五，属兔，多云

上午，信用社的主任到村里来，与村民小组议事。

今天，李少华家做他孩子的十三天满一轮的喜事，请了与自己家比较亲密的亲属做客。

下午，村民小组的人员到林业站反映情况。

2009 年 6 月 28 日，星期日，农历闰五月初六，属龙，多云

李爱生家做新房子迁居仪式，请了自己的亲属来做客。

新街镇征用土地工作组来兑现普楚伙天要迁坟的费用，每座坟补贴 3660 元，分别有李文财家的两座、李永德家一座。

李阿勒家运砖回来。

2009年6月29日，星期一，农历闰五月初七，属蛇，阴，大雨

村民小组统计村里的户数。这次普楚伙天被征用所得的补偿，村民小组准备以户数为单位补偿给每一户村民，于是上午就收取村民的身份证，准备办成银行卡发放给村民。

2009年6月30日，星期二，农历闰五月初八，属马，阴，大雨

村民小组到信用社办理农户的存折卡，每户得9200元，总的补偿费用是180多万元。

今天又有李绍云家拆除旧房子。他家准备建盖新房子了，今天雨水特别大，他们家就利用这个机会把所有的土都冲出去。

箐口小学从今天起就开始放假了。从今天开始，箐口小学的小朋友就要过一个愉快的暑假了。

2009年7月1日，星期三，农历闰五月初九，属羊，阴，有大雨

早上，村民小组安排7月的卫生组，组长是李四华，组户一共有16户，分别是李光名、李小生、杨志宽、李庆亮、卢伟等。

上午，在新街镇工作组的指导下，村民小组发放已经被政府征用的拿安伙天的补偿费用存折，每户一本，资金是每户9200元整，村里一共要领180多万元。

今天是"七一"建党节，按照每年的程序，土锅寨党总支要过建党节。可是，党总支书记今天到新街镇党委开会，也就不能在今天聚会了，改到明天进行。

2009年7月2日，星期四，农历闰五月初十，属猴，阴，小雨

昨天上午，村民领到存折以后，今天就有很多村民到新街信用社取款了，生怕变成别人的钱。

正如昨天说到的一样，土锅寨党总支部昨天没有过自己的节日，而在今天下午一点进行，会餐点是阿略饭庄。

2009年7月3日，星期五，农历闰五月十一，属鸡，阴，小雨

上午，新街信用社通知村民小组成员转告卢则龙叫他拿着存折到信用社来，具体的我们也不知道是什么原因。

上午，新街镇征用土地工作组到村里来做李氏家族的思想工作，就是有关迁移李氏家族祖坟的事情。在与他们家族中的李树林、李平发、李鱼崩、李扎卜、李正查母亲、李平脚、李爱梭、李梭芬等的交谈中，得知他们的说法是：都说土地是国家所有，现在政府根据需要征用他们没有意见，只是觉得他们迁移了这些坟以后，怕对家人有害。再说他们也不知道要迁移到什么地方。他们以没有地点为由申请免征。

2009年7月4日，星期六，农历闰五月十二，属狗，多云间小雨

村里要过苦扎扎节了，今天拆换祭祀房、磨秋和秋千。

上午，新街镇工作组到村里做张五家和张明生家思想工作，主要还是关于征地的问题。在他们家做工作时，他们提出土地属于国家所有，他们也不是不给征用，只是家里除了那一片地之外再也没有其他地方可以栽种苞谷和黄豆，他们要的是土地，而不是补偿资金，希望工作组再一次向领导汇报，要求在附近划一块差不多面积的地。

下午，有约伙买来牛杀的李文光一组人，杀猪的有卢宽亮家的一头。或许是村民的生活水平逐渐提高了，从这几年的情况来看，每到一个大的节日，村里都会有人约伙杀猪的情况，而这个苦扎扎节主要是以牛肉为主，自然的就会有人约伙买牛来杀吃了。

2009年7月5日，星期日，农历闰五月十三，属猪，阴，有雨

按照苦扎扎节的进程，今天主要是杀牛，全村凑钱来买的一头牛必须要在磨秋场杀，而且凑了钱的人家都必须分到一份，拿回家后还要献祭老祖。

从今天的情况来看，节日的气氛还是有些，村里很多人家有朋友来做客。往日可能一辆车都没有的停车场从早上到晚上都有汽车停放着，过往的路上不时能听到从屋里传来的说话声。整个村里都充满了节日的欢乐。

苦扎扎节是村里的一个大节日，村民们本应该高兴地过节，可不知道是谁煽动了民众，在分牛肉的时候，有很多村民反映说普楚伙天征用土地费有问题，纷纷向村民小组成员过问这个事情。

下午，杨正明家购买钢筋回来。

2009 年 7 月 6 日，星期一，农历闰五月十四，属鼠，阴转晴

今天村民到磨秋场祭祀，每户家摆一桌饭菜，给咪古们敬酒。

下午，李庆明家运砖回来，"树大分枝，人大分家。"他是从父亲那里与他兄弟分家的，必须要建盖自己的房子，今天运砖回来就是要建盖房子用的。

打工回来的有李志光夫妇。

2009 年 7 月 7 日，星期二，农历闰五月十五，属牛，多云有雨

从今天早上开始，村民自己家的祭祀就算结束了，基本就要过正常的生活了。不过，秋千和磨秋 12 天以后才能拆下来。

上午，村民小组与新街镇工作组商量怎样做征用李氏家族坟墓一事的思想工作。

下午，云南农业大学的师生来村里做调查，有二十多人，驾驶着他们学校里的车。

2009 年 7 月 8 日，星期三，农历闰五月十六，属虎，多云，晚上有大雨

新街镇工作组与村民小组再次到李氏家族做征用土地建设的工作。这已经是第三次给他们做思想工作了，他们家族一家看着一家，谁都不轻易答应，总是以某种合理或者不合理的理由回避着，新街镇工作组也好像拿他们没什么办法了。

下午，县里新农村建设指导工作组到村里来，与村民小组协商怎样征用村民家的田地，建设猪牛圈，以便人畜隔离，改善村民的卫生条件。

2009 年 7 月 9 日，星期四，农历闰五月十七，属兔，多云

上午，元阳县新农村建设工作组到村里来，主要是测量准备建猪、牛圈的田地面积，同时也通知主人家一同测量，好让村民自己心里也有数。

上午，村民组织召开群众会议，询问村民小组普楚伙天土地征用的面积以及补偿问题，说是情况不清楚，还在下午上访到新街镇。

2009 年 7 月 10 日，星期五，农历闰五月十八，属龙，晴

上午，还是有村民组织起来召开群众会议，对村里 203 户的户数进行核查。

下午，村民仍然到新街镇上访，把村委会留着的五万多元青苗补偿和村里留着准备建盖村民办公楼的 10 万元资金进行补发，以 203 户为准，每户补偿了 767 元。

2009 年 7 月 11 日，星期六，农历闰五月十九，属蛇，多云

上午，仍有村民召开集体会议，准备处罚多增加的李上名家和李祥家，但是没有结果。

下午，云南农业大学的苏永波老师他们到来，要在村里取土样。

2009年7月12日，星期日，农历闰五月二十，属马，多云

苏永波老师返回学校，留下学生继续取土样。

从上午到下午，一直有村民在陈列室广场，说是被村民小组登记错的李上名一家和李祥家一定要退一部分钱出来。直到下午3点左右，他们两家一起拿出5000元，同时处罚了村民小组三人每人500元才算结束。

今天张斌家打水泥屋顶，他家亲戚多，就喊了亲戚们帮忙来打顶。

2009年7月13日，星期一，农历闰五月二十一，属羊，阴，有阵雨

今天云南农业大学的学生继续在村里采土样。

就今天来说，村里还有一件必须要提到的事情，即李文新家准备开冷丧。他的亲生父亲下落不明，现在他长大了，有了一点能力，说是有必要补办这样的葬礼。

2009年7月14日，星期二，农历闰五月二十二，属猴，多云间晴

今天，云南农业大学的学生都返回学校了。下午，又有三个中央民族大学的学生来村里做暑期调查。

明天就是主办李文新家丧事的时间，因此，今天他们家就开始做祭祀的准备了。

2009年7月15日，星期三，农历闰五月二十三，属鸡，多云，有阵雨

今天主办李文新家的丧事，他的妻子是张学亮的姐姐。因此，张学亮家要去丧祭。

中午，红河学院的卢鹏来村里做回访调查。

中央民族大学的学生继续在村里做调查。

2009 年 7 月 16 日，星期四，农历闰五月二十四，属狗，多云，有阵雨

今天上午，有一个外地的哈尼族妇女到村里来，卖妇女的服饰花边，村里还是有人买的。这就怪了，很多妇女都可以自己学着做的东西，偏要买别人来卖的吗？而且，很多妇女都不分昼夜地纺线、织布、做衣，都做到什么地方去了？

早上，张斌家新房子迁居。只请了最近的几个家属，没有请更多的村民。

办理李文新家开冷丧的事，今天要送葬。由于不是实体，就不需要太多的村民，只要几个人就行了，很多村民就没去。

上午，县委书记姜仁斌和世博元阳旅游公司的人来村里调查。

到今天为止，整个苦扎扎节就结束了，磨秋和秋千等也要取掉了。

2009 年 7 月 17 日，星期五，农历闰五月二十五，属猪，多云转晴

按照一般民俗的程序，今天李文新家请客，可能是知道他家多年来一直没有做这样的大事情，包括隔壁的黄草岭村民小组都有很多人来做客。不过，这次来他家丧祭的张学亮家没有请客。

上午，村民小组还是如同昨天上午一样，配合县新农村建设工作组拍照，从寨子头到寨子脚，拍每家每户的户主与房子。按照工作组的说法，是要对建设以后和以前做一个对比，只要是寨子中的房子都拍过了，至于寨子外的李世科家、李阿沙家，还有黄土坡的九户人家，都没有拍照。他们说这次只是对寨子内部做建设，寨子外的没有考虑在内。

与此同时，新农村建设工作组组长王建国带队，与寨子里要拆除重建的人家卢学贵和卢正祥家交换意见。他们两家基本同意按照政府的意图来建设。按照目前的说法，针对拆除重建的农户，每户补助 15000 元的物资。

朋友聚在一起吃饭、喝酒应该说是正常的事情，而喝多了吵架、打架又是一件不对的事情。昨天，县委书记带着世博元阳旅游公司的人来村里做调查，而不知道在什么地方出来一个喝多了的名叫卢小祥的人，在县委书记出去的路边说闲话，被他们一行人听见，于是转回来叫村民小组今天上午去他家过问事情的来龙去脉，大有要收拾的意思，说如果村里再出现这样的人打扰工作组人员，这次新农村重点建设项目都有可能取消。真是的，党的政策好了，享受好政策的人多了，而有的人却在不知道什么情况也出来捣乱。

2009年7月18日，星期六，农历闰五月二十六，属鼠，多云转晴

早上，有一对新街镇上的夫妇驾驶着车来村里卖米线和卷粉。来买的人很多，生意不错。

上午，新街镇工作组到村里来，做张氏家族的征地工作。他们家族依然没有同意政府征用，主要就是以没有宅基地为由申请免征了，事实上他家是有宅基地的。

"名不见经传"，随着哈尼梯田旅游开发的经传，听说箐口村的人也会增多，来箐口村做各种调查的人也在增多，从地方到省里，到中国的首都北京，都有人来。前几天就有来村里做生物多样性调查的中央民族大学研究生杨京彪，他在寨子已经五天了，今天到隔壁的大鱼塘村做调查去了。

2009年7月19日，星期日，农历闰五月二十七，属牛，多云间晴

随着2009年新农村建设工作组的进入,村里似乎迎来了一场建筑热。停车场变成了材料场，不到两亩的停车场里堆满了村民家的石头、沙等，每天都有村民从停车场背建筑材料回家。今天又有李红家和李世文家运回来。

对年轻人来说，喝酒有时是好事，能交流朋友之间的感情；而有时又会误事，原打算今天出去打工的张志荣和卢永贵，已经通知了外地的朋友下午到约定的地方，可在吃饭的时候因为多喝了一些酒而没能出去。

2009 年 7 月 20 日，星期一，农历闰五月二十八，属虎，凌晨有暴雨，白天小雨

可能是雨水过多的缘故，很长时间没有停过电的箐口村今天上午突然停电了。对于习惯于生活在没有电的地方的人来说可能无所谓，但是，对于长期生活在有电的日子里的人来说还是会有些不习惯。虽然箐口村还没有完全进入电器时代，但人们对电产生了很强的依赖，一断电就感觉不舒服。人类发明了电，而电的确是给人换了人间。不可想象要是现在的人回到没有电的年代该会是什么样子。

上午，又有新街镇征地工作组到村里做张氏家族的思想工作，张氏家族还是以种种理由回绝了工作组，真的是没有办法。

昨天因为喝多了酒的张志荣和卢永贵今天出去打工了。

2009 年 7 月 21 日，星期二，农历闰五月二十九，属兔，多云

早上，李宏家和李世文家请了人从停车场背石头，李拥沙家请了人从长寿泉附近的地里背石头。

上午，同样有新街镇工作组的人来张五家做思想工作，总的来说张玉家还是不同意。可是，要是他家地旁边的其他村民家土地都被征用完了，他们也没有什么理由不同意。

李氏家族和卢氏家族的人到外村奔丧。

2009 年 7 月 22 日，星期三，农历六月初一，属龙，多云转晴

上午，昆明艺嘉公司的人来村里考察现场。按照他们的说法，他们是受县政府的委托来考察的，分了两个组：一组是要对村里现有的水源及水沟情况做核实，二组是要对村里现在的民居建筑及主要的村路拍照。县政府新农村建设工作组也来了，那么，谁是设计箐口村建设的真正主人呢？在箐口村生活了几十代的村民又是怎样考虑的呢？

早上天刚亮的时候，寨子周围的雾很浓，云彩覆盖了天空，看不见日出。到了9点左右的时候，村里还是能够看到日偏食。问了几个中老年人，都不知道其所以然，只是说这是几十年罕见的现象。其他村民对此现象的观点也没有什么。不像月食那样，村民还要放鞭炮，敲打脸盆，甚至在有铜炮枪的时候还会鸣枪。老人还会对小孩说，要是不鸣炮把天狗撵开，等月亮被天狗吃完了，晚上就不会再有月光而漆黑一片了。日食也该不会是这样的吧？要是那样的话，人类就将没有白天了。

看来村里真的要出现一阵建筑热了。自从政府征用普楚伙天的补偿款到账后，村里每天都有人家运石头、沙、水泥、砖等建筑材料。停车场随时都有还未背回家的建筑材料。同样地，今天又有卢学贵家解木板，也是为建设房子做的准备。下午，又有张志荣家运钢筋和水泥回来。看来，箐口村要发生大变化了。

2009年7月23日，星期四，农历六月初二，属蛇，多云间晴

早上，张志荣家请了亲戚和朋友来帮忙把昨天运回来的砖及钢筋背回去，大体和前几天的日志里说到的一样。这一两个月来，几乎每天都有村民家运回建筑材料，停车场都成了堆放建筑材料的地方，而且每天都有人家利用早上的时间请亲戚和朋友帮忙背材料，甚是热闹。到村里的外村人都会说："箐口富起来了，今年有这么多人家建盖房子。"要真是那样就好了！

上午，新街镇征地工作组的刘副镇长等来村里，又到小李氏家族做思想工作，还是分两个组对李红、李得云、李得贵、李平贵、李平真、李扎卜、李跃、李正超、李树林、李平清等人家做工作。两个组得来的情况是，他们家族还是以祖坟为借口不同意征用，说在与他们的谈话中还对工作组人员吵骂了，说什么那几个人要是讨饭来了就在门前摆桌子让他们吃饭。挺难听的，他们还以哀求的方式说要是为了这个事情以后就不要再进这个家族的门了。结果就是做不通工作。

元阳县新农村建设工作组已经在村里做了很长时间的先前工作了，今天上午也进来继续做事情，继续测量所需要的地点。

2009年7月24日，星期五，农历六月初三，属马，多云间晴

上午8点30分左右，村里召开群众大会，地点在陈列室广场，参加的人主要有县政府副县长张安祥、县扶贫办主任孔家有、新街镇副镇长朱建国、村委会书记和主任、箐口村民小组及全村村民代表，一共有一百五六十人参加。会议的主要内容是由张副县长和扶贫办主任对村民做动员，张副县长要求村民统一思想，与县政府站在同一的高度认识上，保持一致，一起积极行动起来改造村貌，改造民房，建设路面，打造民族特色，打造哈尼梯田的旅游品牌，对于在建设中出现有损个人利益的情况下，要求个人服从集体，以大局为重，真正建设好自己的家园。新农村指导工作组王建国强调村民要向县政府靠齐，在政府给予物资和经济帮助的情况下，希望村民积极行动起来投工投劳，抓住机遇，建设好家乡，开发旅游事业，在建设中需要被征用田地的人家要给予理解和支持，从全村的利益出发，不惜损失自己的利益；对于准备拆除重建的人家，政府将会给予15000元的物资帮助建设，前提是以城建局和这次新农村建设规划为准。由于时间上的问题，村委会和村民小组以及村民都没有发表什么意见就散会了。

之后，新农村建设工作组对村里现有的民房再次进行拍照，说是第一次拍照下来效果不是很好，要求再拍每一户的全貌，分组拍照的结果还是很快就拍好了。

正如前几天说到的一样，这几天村里一直都有村民家忙着运建筑材料，村里的停车场都堆满了各家各户的石头和沙等建筑材料，村里将要进行全面的大改变了。今天也有卢荣贵家运回来砖，他家离停车场比较近，只叫了家人就背回家了。

正因为建盖房子,所以村民有人家就要砍树解作木板当建筑材料用了。前几天,卢学贵家砍了一些,今天又有李文科家和李爱守家砍树了。有人说保护生态,不准村民砍树,挖沙取石头,然而,有的村民说自己家有现在这样的需要时是可以砍一些的,要看砍什么地方什么样的树,比如遮了庄稼、挡了屋子的树是可以砍一些的,何况是属于自己家的,以后还是同样需要柴火,还需要建筑的木料,这次砍了以后还要栽种一些树,这才叫作真正的合理利用。

昨天,黄草岭村民小组一个八十多岁的老妇人去世了,与村里张保祥家族和大李氏家族、小李氏家族,包括卢氏家族都有一定程度的亲戚关系。按照民俗习惯,都要分别有最亲的家人组织人去。这样,似乎全村的人都去奔丧一样,去了很多人。听回来的人说,她家伙食比较好,她有一个儿子是做建筑工程的老板,要数村里比较富有的家庭了,拥有的财产可能达到上百万元。

2009 年 7 月 25 日,星期六,农历六月初四,属羊,多云间晴,有小雨

上午,新农村建设工作组到村里来对卢小和家建设的房子做设计。

中午,张志荣家、李四文家、杨正名家、卢迁家几个家庭搭伙购木板回来,是从牛角寨乡购买回来的,每丈价格 135 元。今天一共运回 40 丈木板,说是新街镇的木板要比牛角寨的贵,卖 160 多元一丈。

下午,卢新家运回钢筋,说是想趁这个机会准备给大儿子做新房子,让他分家。

晚上,张保祥、张宽一家到黄草岭村民小组给去世老人家"养老"。

2009 年 7 月 26 日,星期日,农历六月初五,属猴,多云间晴,有小雨

上午,卢荣贵家运钢筋和水泥回来,可能是考虑到自己家离停车场很近,只有 30 米左右,就叫了自己家的亲戚背回家了,没有像其他村民家那样请全村的人来帮忙就完成了。

上午，新农村建设工作组第一批物资发放给村民，今天有卢小和家和李绍云家每户领到了五吨的水泥。

李杰家今天到团结村委会上广坪村其亲戚家丧祭，可能是回来后不准备请客，没有通知全村的人参加。按照正常的情况，要是准备回来后请客，就要安排人通知每家每户的村民参加。

今天来村里旅游的人要比前几天多，来了五六十人的外国团队，已经有好几天没有看到这样的情况了。

2009年7月27日，星期一，农历六月初六，属鸡，多云间晴，有小雨

中午12点左右，到团结村委会上广坪村丧祭的李杰家返回寨子了。晚上，他们帮忙的人又吃喝了一顿。

下午，卢明华家运钢筋回来，看人家在建房子，他家也就想建房子了。

下午五六点的时候，李惹木的儿子打工回来。

2009年7月28日，星期二，农历六月初七，属狗，多云，小到中雨

上午，李平贵家做祭祀。李平贵生病已经有很长一段时间了，按照民俗做法，他家也做了几个祭祀活动，希望借此得到康复。今天就是如此，请了其妹夫(麻栗寨村人)李主议来做,参加祭祀的还有其兄李平发等几人。

上午，外出打工的人有马刚金、李生祥、李庆五等。近期，村里进入农闲时间了，要是在前几年，村里的年轻人应该比较少了。这一段时间听说锡价下跌，工人的工资也有所下降，年轻人也就有点不愿出去的意思了。再说，村里新农村的建设工程快要开工了，可能等着在家里打工吧。另外，很多人家因为得到一笔钱就准备重建房子了，需要准备些材料。有的村民，即使自己家不建房子也要帮助亲戚家，也就不可能出去打工了。

正如刚才说的，今年每户人家因为得到了10000元的征地补偿费和青苗补偿费，准备要建新房子了。这些天每天都有村民家不是运砖就是运钢筋回来，今天有李建生家、卢小华家、卢文华家运钢筋回来。

2009年7月29日，星期三，农历六月初八，属猪，多云间晴

今天，李世文家为了明天去黄草岭村民小组丧祭而准备东西。晚上，组织本家族的人开会，安排明天的事情。

下午，红河州旅游局局长和县旅游局局长及新农村建设工作组箐口组工作人员到村里进行调研，红河州旅游局局长认真听取了这次在箐口村负责新农村建设的工作组组长的规划和建设方案。在调查中，他们发现这几天有的村民可能因为要建盖房子而砍了一些树，要求村民小组核实后制止砍伐，保护树林。

2009年7月30日，星期四，农历六月初九，属鼠，多云间晴，有小雨

上午，有中央电视台的一个剧组来到村里，县里有宣传部部长，新街镇有书记和两个副镇长陪同，对村里的摩批（哈尼族的文化传承者之一）进行了调查，并且做了录像。

今天，李世文家组织人到黄草岭其亲戚家丧祭。

下午，张牛后家运钢筋回来。

2009年7月31日，星期五，农历六月初十，属牛，多云，有雨

上午，元阳县林业公安局的工作人员来村里，调查在"倮果果玛"（村里的一个沟名，在寨子的南面）处被砍了的树的情况，有直径30厘米到40厘米左右的四棵，一棵是张政和家的，三棵是李文棵家的，都是准备解木板用以建盖房子的。林业公安以红河州哈尼梯田管理办法为依据，说在景点、景区内不能乱砍滥伐，要求村民自觉遵守，保护生态。而且分别到了砍树人的家里交代情况，李文科倒是在家，但张政和可能到黄草岭办事情去了，不在家，只有他的儿子在沟边淘沙。

昨天，李世文家到黄草岭丧祭去。同正常的情况一样，他家今天在那边吃了中午饭就回来，到下午就在家做一个法事，请参加的村民吃喝一餐了事。

快一个月了，自从村里的"拿安伙天"被征用而将安置补偿费发放到各家各户之后，几乎每天都有村民家运砖或者钢筋等建筑材料回来，村里的停车场成了材料场了。今天有卢正祥家运钢筋回来，有张五家和李永华家运砖回来，说是现在的砖价和钢筋价每天都在上涨，砖价最不好的已经卖到每片四角，钢筋每公斤卖到4元多了。所以，有的村民即使不准备现在建盖，但是生怕自己的钱用完，就趁现在价格还没有上涨很多，把材料购买回来，放在家里。

晚上，李斗木家做祭祀，请的摩批是李则安，是因为他的妻子生病了。民俗村有点真民俗的样子，村里无论谁家人生病了，都习惯做一定的祭祀，中老年人不用说，就连年轻的人生了病，在相信科学送医院的同时还会做一定的祭祀。似乎是在想，要是不做一个祭祀，身体就得不到康复。

2009年8月1日，星期六，农历六月十一，属虎，多云间晴

上午，新街镇梯田景点、景区管理征地工作组人员到村里来张贴迁坟公告，主要内容是针对大鱼塘村背后的箐口村李氏家族的坟墓。在前一段时间中，新街镇多次到李氏家族家中做思想工作都没有成功。现在政府以公告的形式通知，要求户主在8月1日到15日自己家去认领坟墓并自行迁除，否则将视为无主墓来处理。

安排8月的卫生组。这个月的组长是卢正名，共有农户17户，有新增加的李祥家和张正福家。

下午，云南大学哈尼族调查点负责人马翀炜老师和云南大学社科处处长带领二十四个来自全国各地的大学生来到箐口，准备在村里做为期十天的调查。这是第一次有这么多硕博研究生来村里做调查。

2009 年 8 月 2 日，星期日，农历六月十二，属兔，多云间晴

上午，李斗木家做祭祀，门前插着绿树枝，声明不能让外面的人来打扰，也不能跟参加祭祀的人搭话。这次做祭祀，是因为李斗木的妻子生病了，听说还比较严重。

下午，运钢筋回来的村民有张正和家和李朝生家，李正祥家运砖回来，李永华家运沙回来并准备明天打顶。

2009 年 8 月 3 日，星期一，农历六月十三，属龙，晴

今天有李永华家打顶，还是依靠村里的人去帮忙的。

下午，有移动公司的人来村里拍他们的宣传材料。他们约了几个村民拍农村妇女使用电话的镜头，事后给参拍的人发了洗衣粉等小物品。

就在移动公司拍完他们的宣传材料之后，村民小组又与新街镇梯田景区、景点管理工作组到大鱼塘村背后的山上竖迁坟通告牌，内容跟 8 月 1 日在村里张贴的一样。

下午，村民李成家和卢学贵家运钢筋回来，说是今天的钢筋价钱又比昨天上涨了 5 分，昨天还是 4 元 1 角 5 分，今天就是 4 元 2 角。

晚上，有县文化局的人来村里放电影，来的村民不多。时代不同了，村民要求的也不同了。要是在以前，外村的人还会来看，今天晚上一个也没有来，连本村村民都来得很少。

2009 年 8 月 4 日，星期二，农历六月十四，属蛇，晴转中到大雨

上午，有李志光家做祭祀，家门前插有绿树枝，又是声明不准外人进入家的一个标志，也不准外人在他们没有结束祭祀前与他们家人搭话。所以，要是有人来箐口村做调查，看到别人家门前有类似的标志物就要小心些了，以免别人误会。当然，摩批诵词前和祭祀完之后，他们家人之间以及他们与摩批之间是不能搭话的。

下午，有县财政局和农牧局以及新街镇财政所来人，准备在村里成立一个五至七人的民主理财小组，与村民小组共议此事。

2009 年 8 月 5 日，星期三，农历六月十五，属马，阴，中到大雨

上午，村委会召开群众大会。在新街镇财政所人员的组织下由村民提名选举出村里的民主理财小组，会记一人卢学贵，出纳一人李正荣，成员有卢建忠、李平清、卢荣、李生明、张志学，成员中推出卢建忠为组长。召开的时间是 8 点 50 分到 9 点 30 分，参加的村民有 130 多人，产生的方法原来是由村民组长提名，但是，多数村民不同意，之后就由村民提名了，最终以村民的表决情况来定。表决中没有用举手的方式，也没有用无记名的方法，而是以村民的声音来决定。推选出来的人选中有人不愿意干的情况，如李正荣，声明自己已经是退休工人，考虑到自己可能很多时间都要到外地做生意，没有太多的时间来做事。这样产生出来的小组是否合法？是否合理？在农村没有出事就罢，要是出事了该怎样来解决？责任谁来承担？而且在没有定好其报酬的情况下怎样来运转其职能？将会给村里的建设带来多大的作用？现在都不好下定论，姑且让箐口的历史去考证吧。

在箐口村做了二十几天关于生态方面研究的中央民族大学研究生杨京彪于今天下午离开，带上他在村子里所采到一些标本以及学问回去，这样的调查对箐口村的建设带来了什么好处呢？

下午，村委会召开会议。村里有李树华和李小生参加，主要就近期村里出现很多人家砍伐树木的问题进行讨论。政府为了控制村民砍伐树木，要求村民小组人员对村民进行宣传，不能任意去砍伐，要严加保护，并对前两天砍伐了树的杨文亮家和李文科家进行处罚，杨文亮家处罚 150 元，李文科家处罚 100 元，并叫他们写了检讨做保证书。

2009 年 8 月 6 日，星期四，农历六月十六，属羊，多云

早上 8 点左右，从来没有听见过的警笛响声从箐口村由近及远，划空而去，打听情况后得知是因为李志宽家在寨子脚砍伐自己家的树木，被林业公安发现带走了。

接着，村委会召开群众大会，由新农村建设工作组组织，最主要的目的是要求村民不能再在寨子周围砍伐树木了，要保护生态。对于因为建房子而所需要的材料他们工作组将想办法调节，要砍伐树木必须向村民小组申请，报经有关单位才能砍伐，要求村民配合政府把自己的家园建设好。至于刚刚被林业公安带走的李志宽，只是问问情况，他们会在协调之后带回来。

然而，出乎意料的是，村民反映说这几天村民砍伐的树木都是属于他们私人家的，而且都是属于不是遮了自己家菜地就是遮了庄稼的，有的还是在自己或者别人家的房子前后，如果再长大还有可能倒在人家的房子上，到时还要出现村民与村民之间的纠纷。这些都是属于合理保护、合理利用的情况。至于砍过树的地方，要是村民认为有必要，是会自觉去栽种的。何况，箐口村目前还是以烧柴火为主，都要养猪、养鸡，谁家的经济能力都没有达到不用柴火的程度。特别是办理丧事之类的一些大事都用柴火，不可能出现有的人说的因为砍了几棵树就破坏了生态甚至缺水那么严重的情况。再比如在寨神林等集体的神圣林地，即使有人付钱去砍都不可能去砍。希望政府和有关单位具体情况具体分析，并制定出更明确的办法来。至于早上被带走的李志宽，在一部分人的提议下很多村民力争早上就能放回来，否则，将要发动全村每户一人到政府上访。于是在上午11点左右就放回来了。

下午，村委会召开会议，由新街镇的书记和镇长主持，有箐口村民小组张明华、李树华，村委会张春华、白万福等参加，会议的主要内容是上午村里出现的砍伐树木的问题，讨论怎样来解决。

新街镇另外一个工作组与李树华父亲去认领祖坟。李树华是村民组长，要求他带头先迁移。

2009年8月7日，星期五，农历六月十七，属猴，多云间晴

上午，有新街镇朱建国副镇长等人检查统计村里近期要拆除房子重建的农户，近期正在准备材料的农户有李院明、李国忠、张政和、李宏、张明福、张五、李则主、李成、李建生、卢正祥、卢学贵、李克福、杨文亮、卢小和等四十多家，他们现在正在准备石头、沙、钢筋、砖、木板等，说是要是政府给予补助，就愿意按照政府的要求来做。从调查的几户农户来看，他们拆房子的时间多数在今年农历的8月内，没有算今年的闰五月，这个月就不再是农历六月十七，而是农历的七月十七了。这样他们拆除房子的时间也就在下个月之内。按照他们的意思就是说，这些老房子要是拆除重建，就要按照家人出生，特别是家里的主人从出生到今年应该是成双的年份，月份也要在双月。

前几天有村民因为要建设房子而砍伐了自己家的一些树木。政府要求保护好树木，今天上午就有白副镇长带人来对寨子周围的大树进行统计。

中午12点左右的时候，州里、县里、镇里的领导来村里调研工作。

卢荣贵家拉直钢筋，用的是罗金得的钢筋调直机。这是村里第一次用这种机器，以前建盖房子拉直钢筋不是人工就是用拖拉机来做。

2009年8月8日，星期六，农历六月十八，属鸡，晴

今天早上，李树华叫了自己的孩子李金华和几个比较要好的朋友去迁坟，没有叫自己家族的其他人。直到现在，他们家族的人都不与新街镇政府合作，都以各种理由来拒绝迁坟。而李树华为村民组长，每天都与政府的工作人员在一起，要是政府真要求迁移，个人包括一个家族的理由是说不过政府的，何况在此前都有很多迁坟的情况。而在8月1日，政府已经下达了迁坟的通知，估计要在不久的时间里强制执行，到时又阻止不了，还在村民间丢了脸面，想着还不如现在就迁移了。当然，因为家族的意愿在没有得到统一的情况下，也就不可能自己主动叫本家族的人一起去了，这样反而叫家族的人来吵骂自己。

今天，卢荣贵家对第三层浇灌水泥屋顶。他家两层房子是去年才建起来的，可能是经济上的问题，已经放手停了两年，到今年又加建了第三层。他家做的也和目前多数人做的一样，自己家准备伙食，让有空的村民来帮忙完成。

下午，为了建房子，李得贵家运砖回来。

到晚上的时候，有村民对我说，今天黄草岭组织了全村每户一人到箐口村的集体林划分界线，说是在集体林中还有一半是他们黄草岭村民小组的。

2009年8月9日，星期日，农历六月十九，属狗，多云间晴

村委会开会，主要是宣传关于捕杀狗的事情，说是有地方出现狂犬病案例。箐口村是旅游地，什么样的人都会来，为了防止出现意外情况通知村民彻底捕杀家狗，希望村民认识到狂犬病的厉害。

村民小组成员李树华、张明华、李小生三人在会后到集体林中查看昨天村民说的是否属实。从现场来看，的确从林中央挖开了一条界线，是在一棵芭蕉树的中间挖开的。之后在回来的路上及时汇报给村委会人员及新街镇的镇长，要求他们尽快前来调查并解决好，希望不要引起两个寨子间的矛盾。

可能就是受镇长的安排，下午就有新街镇白副镇长来查看现场，并通知了双方的村民小组到村委会调解。双方各自讲理，没有什么结果，副镇长说还是要再进一步进行调查了解，要求双方村民小组人员在政府没有解决之前稳定群众，不要引起更大的矛盾。

2009年8月10日，星期一，农历六月二十，属猪，多云间晴

在村里做调查的来自全国高校的二十几个硕士生、博士生及教授们今天结束了调查，于上午返回昆明，将要回到各自的学校继续学习了。

村民请来给他们解木板的师傅到村里，他们就是去年在村里用柴油拖拉机解木板的陈安村的师傅们。今天是给李宏家解木板。

2009 年 8 月 11 日，星期二，农历六月二十一，属鼠，多云间晴

下午，有新农村建设工作指导组来村里，调查村里接着要做墙体粉刷的卢永贵家和卢朝生家，要求村民自己家准备一些沙，其余的由工作组来完成。

之后，在村民小组与工作组的交流中，他们认为建设箐口村确实有很多问题，特别是很多村民的思想意识是感到怀疑的。从工作进展的情况来看，他们都感到很吃力，对这个项目是否要放到箐口建设下去，他们产生了一些顾虑。

中午，表哥李世华打电话来，说他儿子要去上学的事情被骗，说是上了"黑厂"之类的当，他正要想办法逃脱他们的监视回来，家人听了很担心，也很心痛，一家人聚拢了起来商量办法。

2009 年 8 月 12 日，星期三，农历六月二十二，属牛，多云间晴

今天有卢开亮家出去收割稻谷了。这在箐口村的收割历史上该说是破天荒的纪录了。在几年前，箐口一直都栽种着传统的老品种，而这几年，村民看到周围的很多村民栽种了新杂交品种且收获不错，相继就有村民拿来试验。卢开亮家就属于这种。今年他家是第一家插秧，收割也是第一家，听说产量有所提高，在栽种的那片田里增长了 300 多斤，至于谷草的产量和米质的好坏等调查后才能证实。

同前一段时间的日志里说的一样，近期村里很多人家都忙着准备建筑材料，连村口的停车场都堆满了石头和沙，每天都有人家购回钢筋和水泥，今天有张金荣家购回钢筋。

也是为了建筑房子，今天卢正学家解木板回来。因为村里的大树不让砍伐，他家的树是大鱼塘村亲属家的林地里砍来的，之后到新街镇解开，用拖拉机运回来。

下午，村里咪古与摩批祭祀磨秋房，磨秋房就是过苦扎扎节时全体村民集资购牛杀了之后分牛肉的房子。这次祭祀主要是说，不知道是什么时候、什么人把祭祀房内祭祀的台子拆掉了，村民认为这样的情况有必要做一个祭祀，以后才能正常开展村民的集体祭祀活动。

新农村建设工作组到村里来，说是要拓宽寨子脚磨秋场到水磨房的路面，涉及要征用李宏家、张正祥家和张文和家的地，遇到张正祥家的极力反对，征用土地工作很不顺利。之后，与要粉刷墙体的卢永贵家和卢朝生家签了协议后就返回了。

李绍云家浇灌水泥屋顶。同多数村民家的做法一样，自己家准备伙食，由村民来帮忙。

2009年8月13日，星期四，农历六月二十三，属虎，多云间晴

村里有很多人家在准备建筑材料，今天有李宏家解木板、卢小和家拉直钢筋。

如果按照书上的说法，今天是农历的六月二十三，但在箐口来说已经是农历的七月了。就因为是农历的七月，今天，箐口村做了一年中最后一个集体祭祀，叫作"什汉普龙窘"，意思是一年中最不吉利的东西都由此撵出村寨，不久的下个月就要收割庄稼了。

2009年8月14日，星期五，农历六月二十四，属兔，多云间晴，有阵雨

上午，新农村建设工作组发放了20吨水泥，分别给了正在建盖房子的卢小和家10吨和李绍云家10吨。

今天是农历的六月二十四，按照新街镇的惯例，晚上要举行火把节的开幕式。据一些知情人士说，在20世纪80年代前后，现在说的火把节原名叫作"元阳县民族摔跤运动会暨彝族火把节"，当时的运动会很是热闹，每年都会有来自全州之内的大力士集中比赛，来观看的人也是人山人海，是元阳县最热闹、最集中的一个大节日，不清楚哪一年简称为火把节。2005年的火把节开幕式上又出了人命关天的大事情，之后的几年就办得简单些了。用有的人的话说就是继承民俗传统节日，发扬民族文化。而实际上，现在的官职乃至官命是与民命接连在一起的，每当在他们参与组织承办的一个所谓文化节里出什么差错，上级官员就要拿他们是问，出的事情越大，他们承担的责任越大。2005年出了那次大事后，他们都恨不得不办这个节了。

张华家运钢筋回来，李宏家解木板。

2009年8月15日，星期六，农历六月二十五，属龙，多云间晴，有小雨

在这一段时间里，从停车场背建筑材料的情况是每天早上都有的事，每天都有人家请人背石头或者是沙、砖、木板等。今天是有李哈思请人背石头和沙子了，她家离停车场很近，只有30米左右，由于她一家人身体问题，平时也帮忙不了其他村民做事，而她家又学着其他人家请他们互换劳力，有人就私下里议论说：她们家平时又帮忙不了别人家劳力，为什么要学着人家做呢？而且又比较近，她家又有钱，为什么就不叫几个小工来背呢？

昨天晚上是火把节开幕式，今天开始进行摔跤比赛。要是在以前，办得隆重，比较热闹，来的运动员比较多的时候，是要分组、分阶段进行两三天的比赛。可今年就是办得简单，来的运动员也很少，比赛一个早上就完成了。奖品第一名是一头牛，其次是1500元、1000元，报名参加比赛的可得鼓励奖50元。

虽然运动会比赛办得简单，可今天还是一年里新街镇人员最集中的一天，连平时看不到的苗族"米采"（姑娘）和瑶族的姑娘都来了，新街镇里的住宿全部爆满。附近的几个自然村里的小孩都在自己的家人带

领下回去了。箐口村也是如此，几乎每个五六岁到十几岁的小孩都出来了，男孩几乎都是买的玩具枪，女孩买的是气球，当然也少不了买水果等。有人如是说：过节是孩子的天，是家长掏钱的时候。

2009年8月16日，星期日，农历六月二十六，属蛇，小到中雨

早上，又有李克脚请了人背石头。每天早上只要不下雨，就有人家请人来背建筑材料，而村里能进来车辆的就是停车场。掀起建筑热的原因有两个：一是前不久政府征用了一座山，每户都补助10000元；二是县政府今年把新农村建设的重点放在箐口村，根据工作组的初期宣传，每户需要拆除重建的房子，政府会给予5000元到15000元不同程度的物资补助。所以，很多还没有拆换房子的农户都希望把握这次机遇，纷纷提出来要拆除重建。近期就忙着运材料，停车场都摆满了农户的物资，每天都有村民家请人来背东西。

下午，说是去上学被骗的李辉还是安全地回到家里来了，一家人又惊又喜。说是在去广西的一列车上发觉不对劲就跳下来了，找到一个村庄又买了回昆明的列车返回来的。

李庆锋家准备明天打屋顶的伙食。

2009年8月17日，星期一，农历六月二十七，属马，阴雨转晴

今天同时有李庆锋家和卢小和家打屋顶，村里帮忙的农户各分一半。当然，这不是有组织地分开。

张五家和张正祥家运石头，也是准备建房子了。

李世华买回一辆农用拖拉机，价值30000多元。由于他经常带着人打工，知道建筑的很多情况，准备自己学会驾驶以后在这次新农村建设中运一些材料赚回成本。

2009 年 8 月 18 日，星期二，农历六月二十八，属羊，多云间晴

李国忠家死了一头猪，叫了邻居一起杀了吃。

有电信公司的人来村里检查他们的线路情况，发现经过卢朝生家和李光名家的一段被瓜架子压住了，要求他们两家人配合清理好，以免出现中断或者其他事故。

2009 年 8 月 19 日，星期三，农历六月二十九，属猴，多云间晴

新农村建设工作组进来村里，寻找需要粉墙的人家，他们需要的主要是路边上的农户，对于其他农户暂时抛开。这给村民小组的工作增加了一些难度，因为路边商店很多农户都是要拆除重建的情况。

村委会开会，主要对这次新农村建设中的电话和电视的事情进行讨论，新街镇的白副镇长参加会议。

昨天夜里，在个旧市被人打死的村民李正学用车运回村里。因为他的田地、房子都卖了，主办其丧事的外甥——大鱼塘村人陈江就把他停放在公路边原来他家的一点地上，于今天就地掩埋，给他买了一头牛祭祀，棺材也是买的。

2009 年 8 月 20 日，星期四，农历七月初一，属鸡，晴

今天有县扶贫办的工作人员来测量村里的主要路面。

张文学的母亲挖地，准备栽菜了。立秋了，冬节的蔬菜可以从现在就栽种了。

李志宽家解木板，还是请陈安村的师傅们来，解开了以后用于建房子。

2009 年 8 月 21 日，星期五，农历七月初二，属狗，晴，晚上有中雨

卢新家在寨神林下砍树，准备要给他的大儿子建房子。

2009年8月22日，星期六，农历七月初三，属猪，多云间晴

下午，李正超家运回10000片砖。砖目前只能倒在停车场，堆放后尽可能由家人背回家。

张金荣家用拖拉机运石头，因为停车场的台阶已经拆除，他家就直接运到自己家的房子背后，省了很多人力。原来说是只能让施工队的车进来，现在看来是不可能了，施工队都能进来，为什么不能让村民的运材料车进来呢？再说，这次要求村民拆除重建的时间定在今年年底完成，建房子的村民家很多，村民与村民之间帮不了多少忙，只能依靠自己一家人拉、背运材料，而材料多起来是不可能摆在停车场的，现在都停不下几辆车了，村里的路都很难行走了。

今天解木板的人家有卢荣家。因为建设房子需要，寨子周围还是砍倒了一些树，政府部门要求村民不要再砍了，但是，村民的理由是家里的经济条件不好，买不起建筑材料。另外有两种说法是：一是遮住了庄稼的情况；二是对于房子有所威胁，确实有必要砍除。

2009年8月23日，星期日，农历七月初四，属鼠，晴

根据各人家的选择，今天拆除房子的人家有李克福家、李文科家。

今天解木板的人家有李院明家。

很多村民真的很忙了，都在准备建筑材料，都希望搭上这个项目的"车"。不要说哪一个村民家了，停车场的每一个角落都有村民家堆放材料，今天还有李永忠家在停车场洗沙。他们家先用车从山上运毛沙到水渠边，之后利用地形之便洗。

村委会通知村里有独生子女证的人家到新街镇民政所统计，可能是要给独生子女办理教育优惠政策。

下午，有世博元阳旅游公司的人来村里检查情况。

2009 年 8 月 24 日，星期一，农历七月初五，属牛，多云间晴，下午有中雨

今天有李学华家运沙回来。

今天有县委书记等人带队进来。

没有不吵不闹的夫妻吧？我今天与妻子吵闹，协议离婚，准备各走一边。

2009 年 8 月 25 日，星期二，农历七月初六，属虎，晴，下午有中雨

上午，有做猪肉生意的人从村里买走了两头猪，一头是李和明家的，一头是卢俣应家的。

卢中文家运回一车砖，原打算直接拉到陈列室广场的，但是路面太差了无法进入。

2009 年 8 月 26 日，星期三，农历七月初七，属兔，晴

村里明天就要过新米节了，大小是一个节日嘛，而且是哈尼族的一大节日，就得准备些吃喝的，改善一下伙食。这样，自然就有很多村民到街上购物、买菜、买酒，也有村民搭伙杀猪。今天有李斗木家和李四华家杀猪，也是搭伙杀吃的。

下午，有县委副书记、副县长、县扶贫办主任等人来村里察看情况。

正因为明天就要过新米节，下午六七点钟，就有村里的妇女到田里背新谷子，背着背箩，手要拿一点火星，还要带着镰刀。

2009 年 8 月 27 日，星期四，农历七月初八，属龙，晴

今天，村里过新米节。这是我们箐口村的一大节日，每年的今天都很热闹，今天也是，村民都会请自己的亲戚、朋友来家里做客，主要是吃鱼，给老祖们献新米。

同时，今天村里也得过龙伙节。村里的这个祭祀不是每年都做的，而是三年做两次，正好今年又轮到时间了。

2009年8月28日，星期五，农历七月初九，属蛇，晴

今天拆除房子的有李红家、李万祥家和李金家。李万祥弟兄少，家里又比较贫困，帮他忙的人很少，估计拆除他家的房子要用几天。

过了新米节以后，就可以收谷子了。今天收谷子的有张明福家、李文光家。他们两家的田都在寨子脚下去两公里左右的河边，海拔低，气温高，谷子就成熟得快，要是栽种新品种，成熟得更快。

2009年8月29日，星期六，农历七月初十，属马，晴

从现在的情况来看，多数村民——特别是那些还住在已经有很多年的茅草房里的村民，都希望借这次新农村建设项目把房子翻新。今天拆除老房子的人家有李成家、张小华家。这两户人家，已经跟新农村建设小组协议过了，只是按照民俗，算卦后才拆老房子。

今天是属马的日子，也是箐口村新米节以后的第一个属马日，该是修理去田地的主要路线的时候了。每户人家安排一人参加这种集体义务劳动，这是历史以来的做法，村民都很积极地参加。

今天有国家文物局的领导来，县委书记和县长陪同。

新农村建设工作组到村里来了，他们要展开工作了。

李世文家浇灌屋顶。

2009年8月30日，星期日，农历七月十一，属羊，晴

今天是属羊的日子，按照这个地方的哈尼族的习惯，今天卢则龙家举行新房子迁居仪式，请不到主持他们家族大事的麻栗寨摩批，只能请村里的摩批张正和。

收谷子的有李永华家、李志和家、卢家贵家等。

李志学家和李庆云家用牛到麻栗寨丧祭。

2009年8月31日，星期一，农历七月十二，属猴，多云转晴

可能是要争取这次新农村建设的项目，今天拆除老房子的有张明福家、张正和家、卢正学家。

同样，村民家都很忙，收谷子的有张春华家、李志和家、李世文家等。

昨天到麻栗寨丧祭的李志学家和李庆云家回来了，晚上做了一个法事，请家族的人吃喝了一顿。

2009年9月1日，星期二，农历七月十三，属鸡，上午有大雨，下午转晴

村民小组安排2009年9月村里打扫卫生工作。这个月的组长是李克福，一共有十七户，新增加了李上明家和李雪家，这两户增加在9月的原因是进入农忙了，月底又是和10月长假接轨的时间，村民小组希望在村里比较忙的时候多几个农户把卫生打扫得更好。

这几天村里拆除了不少的房子，今天继续拆除的是卢荣家、李平发家。到今天为止，这几天拆除的就有张正祥家、张正和家、张里保家、张志新家、李红家、李则主家、李万祥家、李成家、李庆光家、李平发家、卢正学家、卢正祥家、卢迁家、卢学锋家等十多家了。从统计的情况来看，过一些天还有人家要拆除重建的。现在看来，今年是箐口村改变最大的一年，应该说是划时代的一年。

从上午的天气来看，一直在下雨，下得很大而且下到上午11点多，原来准备去收割谷子的人家就没有去成。

下午，根据新农村建设工作组的通知，已经拆除了和还要拆除重建的农户与工作组签协议，要求按照他们的设计来做，政府给予15000元的物资补助。到今天为止，已经签订了三十几份协议。

2009 年 9 月 2 日，星期三，农历七月十四，属狗，多云间晴，有阵小雨

今天拆除房子的人家有李文祥家、李学贵家。现在来看，拆除房子的已经有 20 多家了，要是像往常一样的话，拆除房子的时候会有很多人家来帮忙，不需要多长时间的。可是在今天看来，很多人家都忙着整理自己家的事了。今天的这两家都是这样，一家只有几个人在忙着，不可能有多少亲戚来帮忙的。

你看看，有的村民忙着拆建房子，有的村民忙着收割谷子。今天收谷子的人家有张春华家、张明福家、李志学家等。

2009 年 9 月 3 日，星期四，农历七月十五，属猪，晴

同前几天一样，今天也有拆除房子的人家，分别是李正超家、杨志宽家。

今天的天气好了，收割谷子的有张明福家、张学亮家、李志学家、李树林家。

2009 年 9 月 4 日，星期五，农历七月十六，属鼠，晴

昨天下午，李庆云家运回两车砖，今天早上叫了人来帮忙背回家，来的人还是多。但是，这几天不同于前一段时间了，由于其他人家都在忙着自己家房子的事情，一个早上只背完一半。要是在往常，一个早上就可以完全背完的。

这几天每天都有人家在拆除房子准备重建，今天有卢学贵家、李四辉家、李开亮家。

跟着县扶贫办工作人员出去考察学习的是李正林、李正祥、李志学、李学、李文光。

收割谷子的人家有张明生家、张学亮家、李志学家。

2009 年 9 月 5 日，星期六，农历七月十七，属牛，早上有阵大雨，下午稍晴

正因为大雨从早上一直下到中午十一二点，原来打算今天要出去收割水稻的村民都泡汤了。

因为今天有绿春县、蒙自县的同学来，我就过去与他们聚会了，村里的事情就没有来得及过问。

2009 年 9 月 6 日，星期日，农历七月十八，属虎，多云转晴

昨天下了一场大雨，包括今天凌晨都还在下，到了八九点天气就好转了。张宽家、张明生家、李得云家、李清华家等去收割谷子了。

今天拆除房子的有李院明家。他的父亲李则安反对，说是要给他的大儿子建盖也不能让他建盖，"真是糊涂，老不死的。"村民都这么说。已经到八十多岁的人了，还在分好儿子和坏儿子，大小都是自己的骨肉，分大分小的，一点都不公平，哪里有这样对待自己儿子的？

今天中午，村里运来 60 吨水泥。村民小组发放给已经拆除房子的 20 户人家，每户 2 吨到 3 吨，以便开始施工，等以后运来再分发。

2009 年 9 月 7 日，星期一，农历七月十九，属兔，多云间晴，中午有阵中雨

今天收割谷子的人家有张明生家、李得贵家、李祥家、李文新家。

世博元阳旅游公司贴出告示说门票价已经调整，现在一张票卖到 30 元了。

2009 年 9 月 8 日，星期二，农历七月二十，属龙，晴

近一段时间村民都很忙，只要是能做事情的人就不会有一个是闲着的。到现在已经有 30 多户房子拆除重建了，连路上都堆满了建筑材料，来去都不是很方便了，对于游客来说也是很难走了。加上到了秋收的时间，可以说是只有自己家人忙着做自己家的事情了。今天收割谷子的人家有李和名家、李志得家、卢文华家、卢文明家等。

收谷子忙，搞建设也很忙。今天就同时有四家人打屋顶，分别是李文科家、李绍云家、李正祥家、卢中文家。正因为今天同时有四家人打屋顶，就算天气很好，大家都要放下自家的农活过来帮忙。

上午，村民小组和村委会调解村民之间的纠纷。一家是李则安家的纠纷；一家是张正祥家因为在拆除重建中占用了原来的路面，招到过路最多的小李家族人的反对。嗯，村民小组的官职小，事情却不见得少啊。

2009年9月9日，星期三，农历七月二十一，属蛇，晴

早上，村民小组和村委会的人员一起组织调解李院明父子之间的建房纠纷一事。在其哥与姐夫的参与工作下，调解基本成功，达成基本一致的意见。至于原来的老房子从石脚开始都没有什么意见，只是他哥哥和他父亲一致要求不能让李院明把耳房做院子，以便于以后做事情，但是在其姐夫和村民小组的调解下，他们各划分了一半。这是一桩。另外一家是张五家，他家在原来老房子的基础上占出来路面七八十厘米宽，而原来过路的李氏家族要求其家拆除，按照原来的重建，在村民小组人员过问时，具有说话权威的李氏家人说，如果他家不拆回，硬要占道建盖，他们也将采取强硬措施拆掉，或者按照以前的路过往（说是几十年前的路是从张五家的门前院子经过，当时新建盖时两家人协商后，张家留出现在的房子背后来过）。他们也说了，要是只占出二三十厘米，他们也不会为难张五家人，但是，现在是占太多了，以后他们李氏家人过路不容易。从与他们的谈话中我猜测，张家或许会拆回一部分，至于张五父亲说的原来这段路面是他家的说不过去。再说，李氏家族在道理上占着优势。张氏家的道理明显站不住脚。

新农村建设工作组今天来到村里，主要是继续做要建设猪圈和牛圈地的征用事情，特别是不愿被征用的几户家庭。他们是来村里做建设的，由于停车场里摆满了建筑材料，车子调头都很困难了。今天工作组的车子被撞坏了，保险公司的人勘查后才离开。

2009 年 9 月 10 日，星期四，农历七月二十二，属马，晴

逐渐地，收割谷子的人家增多了，今天有卢学贵家、李杰家、李学家、张文和家、李树华家、李四华家。

今天拆除老房子的有李志祥家、李建生家两户。

2009 年 9 月 11 日，星期五，农历七月二十三，属羊，晴

今天的天气从早上就很不错，连续晴了几天后，就有村民开始收谷草了，如李和明家、李树林家、李志学家。在村里，谷草是要喂牛的，可不知道是什么原因，今天李和明家的谷草全部烧毁了。

收割谷子的有李正新家、李成家、张文和家、卢建忠家、卢学贵家等。

有云南农业大学的学生来，这一组是在李正明家的田里做试验的。

2009 年 9 月 12 日，星期六，农历七月二十四，属猴，晴

今天的天气也不错，很多村民出去收谷子了，有李平贵家、李贵文家、李文科家、李正林家、李正超家、李四华家、卢世华家等。

村里今年事情多。为了争取新农村建设抗震安居工程，到目前已经有四十多家老房子拆除了，用村民的话说是"只能自己家建盖自己家了"。往日拆除老房子时会有很多村民帮忙，可是现在几乎只有自己家的几个人了。然而，事情不会因为事多而不去做，今天有李小强家族的人到团结村委会奔丧，下午坐车回来的时候遇到车祸被送进医院，李小强和李文财的情况严重些。

2009 年 9 月 13 日，星期日，农历七月二十五，属鸡，中午有雨多云转晴

村里多数人家的谷子都可以收了，看早上的天气还不错，就有很多村民家出去收谷子，如李四文、李绍云、李上嘎、李文科、李庆云、卢迁、李学贵等人家。可是，计划不如变化，到了中午12点左右就下雨了，很多人家只打了几背谷子就被迫停止，收工回来。

上午，村委会通知村民小组统计好村里养着能繁母猪的户主姓名和身份证号以及一折通卡号，要求必须在今天上午完成上交。

2009 年 9 月 14 日，星期一，农历七月二十六，属狗，多云有阵雨

早上还在下雨，给原来计划收谷子去的人家浇了一盆冷水。到了10点多就转晴了，准备收谷子的人家照样出去收谷子了，有卢枥云家、李文科家、李庆亮家、卢朝生家、张正和家、张文和家、卢小和家，只是不能全天收割了。

新农村建设工作组来到村里，主要是检查村民建盖房子的进展情况，然而，村民都停止建房子出去收谷子了，几乎没有人家在建盖，他们也就只好等村民把重心放到建房子时再来检查。

上午，有新街镇朱副镇长带着两位日本的学者来村里考察。

2009 年 9 月 15 日，星期二，农历七月二十七，属猪，晴

昨天下过一阵雨后，今天的天气情况就变好了，计划收谷子的人家正常进行，如李贵祥家、李爱守家、李正林家、卢迁家等。

上午，有新农村建设工作组来，检查房屋拆除重建的进展情况，村民家还是都出去收谷子了，没有人家正在建设房子，不过，有两家人正在新拆除，他们是李爱守家和张永福家，这两户都是已经签了协议的，只是选择日子的问题到今天才拆除而已。

2009年9月16日，星期三，农历七月二十八，属鼠，晴

今天的游客很多，有一个是学校的团队，有100多人，是昆明的一个旅行社带来的。

收谷子的村民家有李文财家、卢小和家。

2009年9月17日，星期四，农历七月二十九，属牛，晴

这两天天气很好，收割谷子的村民家也很多，有李爱生家、李庆五家、李建国家、张庆贵家、李贵祥家等。

收谷草的有李文贵家、卢世华家等。

2009年9月18日，星期五，农历七月三十，属虎，多云间晴，有阵雨

早上的时候下了一阵雨，原来准备出去收割谷子的村民家着急了一阵，只是到了十点以后天气就逐渐转好了，村民又可以出去收割谷子了，今天有李文科家、卢平脚家、李学亮家、李建福家等。到现在，绝大多数村民家的谷子都要收完了，没有收回来的人家都有些慌了，都希望早些收回来，都不希望因为没有收谷子回来而被村民开一句"是不是生病了"或者其他玩笑。再说，做农民的谁希望成熟的谷子掉落在田里呢？只要成熟了，就会想办法在天气好的时候收割回来。

今天卢新家拆除房子。按照新农村建设工作组的说法，村里拆除重建的指标已经落实到位了，以后要拆除重建的人家就只有自己家来建设而不给予补助，卢新家是不是落实了呢？得找点时间去问一问。

村民家的谷子快要收完了，建设房子的人家逐渐把精力放到建房子上面。今天有李平发家购运钢筋回来，要求堆放一些时间在我们基地，可建房子的村民太多，一旦让他家来放，其他很多村民也会要求来放。再说，我们调查组的人员随时都可能来做调查，为了不给自己添麻烦就回绝了他家的要求。

2009 年 9 月 19 日，星期六，农历八月初一，属兔，多云间有阵雨

今天收谷子的人家有李文科家、卢平脚家、李光名家。

世博元阳旅游公司元阳分公司从今天开始停止售门票。一是因为村里收谷子，村民不能积极搞好卫生工作；二是因为今年村里搞新农村建设拆除了很多房子，从路面到广场都比较混乱，游客来去不方便，很多游客对此情况有很大的意见。

2009 年 9 月 20 日，星期日，农历八月初二，属龙，多云间有阵雨

今天的天气也不是很好，但是，仍有收谷子的人家，如张牛后家、李文科家、李小生家等。

新农村建设工作组来村里检查工作，其中包括县委副书记，核实村里拆除重建的民房和现有的基本困难情况等。

2009 年 9 月 21 日，星期一，农历八月初三，属蛇，凌晨有暴雨后转大雨

早上从四点就开始下暴雨，到 6 点左右转大雨，一天都有雨，没有停止过，准备去收稻谷的人家不可能出去了，打算去收谷草的人家更是不会去了。

上午，原来打算来村里核实民居建筑情况的新农村建设工作组因为下雨而没有来。

2009 年 9 月 22 日，星期二，农历八月初四，属马，多云

新农村建设工作组今天上午来，继续落实情况。

新街镇林业站安排人员来村里调查、统计村里的沼气池情况，调查现在使用的和已经不能使用并需要维修的情况。

2009年9月23日，星期三，农历八月初五，属羊，多云间晴

可能是因为前天下暴雨堵塞了水源池的进水口，上午，村里出现了缺水的情况，我和李小生便去查看水源池情况。原来是冲积了很多泥沙而导致水管被堵塞，不能出来水了。要是我们不去检查，村里的用水困难还要持续几天，村民肯定又要说村民小组的人了。

新街镇农科站和云南农业大学的师生一起开始收他们在农户田里试验的水稻种，听说他们收了之后还要留谷种。

今天收谷子的人家有李永得家和张和明家。现在收的这些人家是村里出了名的懒汉人家。

收完了谷子，兄弟张明福又要拆除老房子了，以前的房子结构又黑又暗，现在的年轻人都不喜欢了，都想住好一点的。政府人员说的保护蘑菇房可能要成为一句空话了，要么是变形的蘑菇房，要么就没有了。

2009年9月24日，星期四，农历八月初六，属猴，多云转晴

今天拆除房子的有马志文家。我听村里的老人们说，村里办大事选择日子主要是以农历为准，而且是双数的，不能和家人的生辰冲突。今天是农历的八月初六嘛，难怪有马志文家拆除老房子。

罗金得家浇灌阳台顶，面积小，不需要请人，只要请几个朋友帮忙就行了。

卢世华平时为人好，能带几个弟兄做一些事情，经济上也过得去，所以，每到农忙都会请弟兄们过去，今天也是约了六七个朋友去的。

新街镇农科站和云南农业大学的师生继续在他们试验的田里收谷子。

2009年9月25日，星期五，农历八月初七，属鸡，晴间有云

村民家的谷子基本上都收完了，只有少部分人家的谷子还没有收好。今天有李国忠家去收，由于人手少，还没有收完。

李永新家到堕脚村去丧祭，因为村民都忙着建设房子，跟着他们家去的只有他们的家族人，参加的村民自然比平时少很多。

2009年9月26日，星期六，农历八月初八，属狗，多云，有雨

李跃家今年收谷子的时间有点早，又只是一块大田，就是村里最大的一块，其中包括他哥哥李扎卜家的。两弟兄家是分了，但这块大田没有分，只是收回来的粮食各分一点而已。田埂不多，整理起来快，今天就犁田了，由于淤泥深，田块面积大，要犁五六天才能完成。

昨天出去丧祭的李永新家今天在那边吃过中午饭后就回来了。

2009年9月27日，星期日，农历八月初九，属猪，晴间有云

今天的天气还算是正常，收谷子的人家有李国忠家、张志学家。这些人家都是因为劳动力缺乏的原因才拖到现在。村里很多人家都在忙着建设房子，谁都顾不了谁，今年的秋收或者是建设房子，多数人家请了其他寨子的亲戚来帮忙。村里的人似乎成了一半是自己寨子的人、一半是外寨子的人。特别是从今天进来的施工组来看，过些天还要进来很多的工人，到时寨子里的外村人更多。

今天拉来30吨水泥，分发给正在拆除新建房子的村民家，分别是张五家、李建生家、李正福家、马志文家、张正荣家、李子明家。

上午，有云南农业大学的苏博士来查看他们试验点的情况，请来了试验中要用的机器厂家来观察现场，到时准备请厂家来配合安装他们所要用的材料。

2009年9月28日，星期一，农历八月初十，属鼠，晴

今天又有卢学贵家拆除房子。说是今天拆除的老房子可能处在寨子的滑坡地带，他家前面的卢少明家的房子才建盖了不到一年的时间，墙体就出现裂缝，所以，他家准备将现有的老房子拆除一部分之后将房子

的重心移动一些。

今天的天气很好，连续多天都没有出现这么好的天气了，这对于村里的农民来说是好日子。一是可以出去收割谷子了。今天还有张志学家和高九沙家在收割谷子，张志学家因为劳力不够，收了几天都没有收完；高九沙是因为栽种的时间很晚，谷子也属于晚熟的品种而到今天才去收割。二是由于前两天的天气也不是很好，今天有一些人家可以去收谷草了，如李永福家、李惹木家等；还有搭田埂的人家如李杰家、张文和家等。三是建盖房子的人家可以不像前几天那样受雨水的影响了。

前几天元阳县新农村建设工作组安排施工队后，昨天就有施工队来了，今天也来了很多组，分别对自己负责的工程实地了解情况。

今天下午2点30分，世博元阳旅游公司来兑现村里上半年的卫生保洁费一万五千元，由新街镇财政所监督代管，等村里的理财小组做出分配方案后到新街镇财政所领取分发。

2009年9月29日，星期二，农历八月十一，属牛，晴

今天有高九沙家收谷子。这可能是今年村里最晚收谷子的一家了，主要是因为育苗的时候高九沙生了一场大病，对秧苗没有招呼好，撒苗时比其他的村民晚了好多天，而且，选择的品种也是比较晚熟的。

由于天气晴朗了很多天，田里的谷草基本上都干了。今天就有很多村民去收谷草，如卢迁华家、李爱生家、李拥沙家等。

今天，新农村建设工作组组长元阳县扶贫办主任孔家有到村里检查他们的工作进度，对他们工作组遇到的困难进行分析和交流。

2009年9月30日，星期三，农历八月十二，属虎，多云，有阵雨

上午有电力公司的人来村里检查电线情况，因为在拆除重建房子时有很多的线路出现了一定的隐患。

今天又有李朝生家拆除房子。他家属于自己强行拆除的情况。原来

统计的时候，他家是不准备今年拆建的，可能是后来改变了主意，这几天他又出来要求新农村建设工作小组给他一个指标，承诺能在限定的时间完成。

下午，卢世华的车子撞到了李爱生家地里的树上，是在给村民运输建筑材料时发生的。买这辆车的目的是让高考落榜的儿子驾驶谋生的，由于儿子这一段时间驾驶技术还没有那么熟练，就叫了卢世华一起去。今天驾驶汽车的是卢世华。他们两人说是运的沙多，刹车出现问题，于是故意找了树去撞。树是彻底撞断了，没有伤到人还好，车子也没有伤多少。

2009 年 10 月 1 日，星期四，农历八月十三，属兔，晴

天气连续晴朗了几天，村里没有收完谷草的人家有很多都出去收谷草了，看到的有卢学明、张志学等人家。而且，从田里的情况来看，村民的谷草基本上都收回来了，基本上都要放水进到田里泡着了。从这里的情况来说，村民只要把谷草收好了，就要把原来收谷子时放水的缺口堵住灌水，以保持田里的土壤松软和便于田里养鱼。

9月过去了，从村里的情况来看，很多人家的房子都在拆除重建之中，立面粉刷的施工组也开工了，运进来的材料堆得寨子里到处乱七八糟的，门票也停售了。但是，根据安排好的顺序，村里该打扫主要路面卫生的农户还是要打扫的，这个月是李平发组，一共有17户。其实，安排了也没有办法打扫了，打扫和不打扫一个样。

今天，有新街镇电力公司的人员进到村里，看到村里乱七八糟的，有的地面都被他们挖翻过，他们认为这样的电力设施不安全，与村民小组和新农村工作组协议停电。

今天是国庆节，村里没有开展什么活动，而是处在一片混乱中，到处是建筑材料和建筑垃圾，谁来到村里都是自讨没趣。

2009 年 10 月 2 日，星期五，农历八月十四，属龙，晴

今天是新街镇的集日。可能是明天又是中秋节的缘故吧，今天上街买菜、买月饼的村民很多，基本上每户都有一人。

今天，村民小组发放六十吨水泥，在发放中李世荣家也来要求给他家发放，可是，新农村建设工作小组以他家不同意被征用到寨神林的那片树林为由而没有分发给他家。情况是这样的，李世荣家有一块树林在寨神林下方，为了便于管理，工作小组要征用李世荣家的地。而李世荣以补偿金额少，自己家又缺少地为理由拒绝被征用。于是，今天即使有李世荣家来要求分发水泥，工作小组也不同意给。

下午，还在部队服役的李庆祥从医院接妻子和孩子回来。他在部队服役已经 15 年了，前两年回来探亲时认识了白某某并结婚成为夫妻。

2009 年 10 月 3 日，星期六，农历八月十五，属蛇，晴间多云有阵雨

早上，又有李文贵家和李则忠家发生吵嘴的事情，还是因为地界的事情。李文贵家，要把从李万祥家手里买来的地皮全部盖房子，而李则忠家则说要过路，不能全部盖完，要求李文贵家留出一点给他家过路。两家商量不了，只有争吵了，好在没有动手脚，吵着吵着就被其他村民劝回家了。村民间问题最大的就是地界问题了，因为一点巴掌大的地皮也会留下几代人之间不来往的隔阂。

今天又有李小生家拆除房子，又是一家拆除重建的土坯房。一边说要保护土坯房，一边又在拆除重建，这是有点矛盾的。

2009 年 10 月 4 日，星期日，农历八月十六，属马，晴

这一段时间是村里的农忙时间，特别是田里的事情，很多人家都在忙着修复田埂或者犁田。今天犁田的有李杰家，搭田埂的有李学家。由于自己忙着去开车，或者是懒得不想进到田里，李学请了李小云、高里发等几个弟兄，而自己给他们准备好伙食就好了。

自从村里开发旅游事业以来，来村里考察的大小官员也比较多了，省里和国家级的重要人物来得也多，县里和镇里的官员就几乎每天都有，今天又有一个副县长带着外地的人来到村里。

　　云南农业大学很多搞试验的师生选择在箐口村里做试验之后，每隔一段时间就会有人来调查情况。今天就有苏友波老师在李明家的田里安装他们的试验器材，说他们是要调查田里水质，把器材安装之后，每隔一段时间又回来取样分析。但是，我看他们做得不是很理想，只是不在管理范围内不想说罢了。

2009年10月5日，星期一，农历八月十七，属羊，晴

　　早上，李红家叫了村民来帮忙背砖。既然叫到了，有时间的村民还是会趁早起来背几背的。要是没有时间也罢了，反正，没有规定说是一定要来。

　　云南农业大学的苏友波老师等人继续在田里取土样，他们是在不同的海拔、不同的地域取的，说是要带回学校进行化验。

　　村里由于经济条件的限制，总体上是很穷的。那么，今年政府给予要建盖房子的农户15000元物资补助就是很大的帮助了，所以，很多村民都先后申请指标要求建盖。今天李正新家拆除老房子，又要重新建盖了。

2009年10月6日，星期二，农历八月十八，属猴，晴

　　今天，我随云南农业大学苏友波老师他们一起，在村里不同海拔的田里取土样。他们说要将这些取得的土样带回学校化验。一整天都跟着他们，村里的事情就没有去观察了。

2009年10月7日，星期三，农历八月十九，属鸡，多云转晴

　　要是在往年，村里每拆除一间房子都会有很多的村民来帮忙。这种人情间的往来并不是说到现在已经改变了，而是今年的情况比较特殊，

来帮忙的人不得不少了。要是家族的人多一些，拆除的时间就快些；要是人手少，有的人家拆除一间房子要很长时间。兄弟张明福家也是用了比较长的时间，因为都已经分家了，或者都去忙自己的事情去了，其他亲戚都在建房子，不可能来帮忙的，只有自己一家人慢慢拆建了。我是想去帮忙的，只是现在还是村里的干部，村里事情多，每天都要跟着工作组在村里到处观察，还要调解纠纷、发放水泥、一点自己的事情，根本没有时间过去帮忙的。

人们的行为总是跟着大潮走。社会福利彩票已经开奖多年了，新街镇也有了几个卖福利彩票的地方，村里有几个彩民经常会去买。到目前没有听说谁得了大奖，而今天李国忠得了双色球三等奖3000元。不过，这人不会省着钱用，说是请朋友们吃了一顿就花了近一半的钱了，然后在街上玩玩游戏机，结果是差了钱回来的。

2009年10月8日，星期四，农历八月二十，属狗，多云转晴

新街镇近期流行玩游戏机，或许是前不久家家都拿到一点钱，家家都成了万元户，村里有几个小伙子也会经常去玩水果机，从白天到晚上都有村民在游戏机里守着，搞的新街镇党委书记都知道了，对我说"游戏室里都是箐口人民"。

今天，我到兄弟张明福家帮忙拆除老房子。说实在的，别人家都认为老房子不好住，要改变这种传统的建筑，这种情况下自己也会慌的，像是自己的能力比其他的村民要低一样，何况现在政府又给这么多补助。兄弟张明福就是这样想的，也就同其他村民一样把老房子拆了，想要建得宽些、高些，这样室内也会明亮一些。

晚上，我们张氏家族人在张文学家开会，主要是明天张文学家要到陈安村丧祭，所有能抽出时间的张氏家族人要帮忙，今天晚上就是安排明天的事情。我在村里的事情多，白天在兄弟张明福家拆老房子，有点累，不可能参加张文学家的丧祭了，会议也没有去参加。

2009 年 10 月 9 日，星期五，农历八月二十一，属猪，多云转晴

村里的自来水又断水了，水池里停水已经两天了，很多村民又议论了。早上，我和李小生就到水源池去查看，原来是水管道被杂物堵塞了，只要轻轻拿开就会流出来。以前，听说村里有赶水的"沟长"，现在是没有了，什么水的问题、火的问题、村民纠纷问题，全部都由村里的几个干部管着。要是寨子大一点，像今年一样事情多一点的话，还是感觉有点累的。

今天，张文学家到陈安村丧祭，由于村里很多村民家都在拆建房子，的确是忙不过来，去的人很少，只有几个亲戚和好朋友跟着去帮忙了。

2009 年 10 月 10 日，星期六，农历八月二十二，属鼠，多云转晴

上午，县长进村里来检查施工进度。因为村里有这么多户人家拆建了房子，而且都没有足够的钱请外地的人来，只能是自己家人依靠自己的能力慢慢施工，施工进度固然就慢一些了。

张文学家丧祭回来，参加的人都说由于人很少，这次的牛肉就吃不完，伙食比较好。

新农村建设工作小组再次与李世荣核实丈量要征用的停车场背后的林地，看来，这次李世荣家是要退一步了。

今天是新街镇的集日。李树华夫妇到新街镇卖草果得了 600 多元。李树华是有实干精神的人，他家几年前就在公路下方栽种了草果，几年来长势都不错，现在是到了可以采摘的时间，就趁今天是集日到街上去卖了。

下午，新街镇供电所来人检查了村里施工建设的情况，认为电力设施不安全就停了电，又给村民和施工队带来了麻烦。你可以想一想，没有电的日子是多么的艰难。

2009 年 10 月 11 日，星期日，农历八月二十三，属牛，多云转晴

原以为村里都建盖房子，张文学是不会请客接待了，然而，出乎村民的预料，他家还是请客了，要村民都来做客。可是，建房子的人家习俗上就不参加这样的丧事了，也不会有多少村民来，他家可能好长时间没有做这样的大事就借这次机会请客了。

村民小组分水泥 600 吨。我原本打算到张文学家做客，因为分水泥而误了时间，最终没有去。因为大车不能直接进村里来，今天分好水泥，村民运到村里后已经是晚上 12 点多了。

2009 年 10 月 12 日，星期一，农历八月二十四，属虎，多云转晴

表弟李成家打一层屋顶，说是钱不够了，就叫村民来帮忙完成，没有请小工。因为知道来的人少，昨天晚上就通知我过去，我只得丢下手里的事情过去帮忙了。因为人手少，完成的时间就比平时晚了几个小时。

2009 年 10 月 13 日，星期二，农历八月二十五，属兔，多云转晴

新街镇安排工作人员来村委会召开征地工作会议，村里有村民干部、群众代表参加，要求村民小组和群众代表能配合上面做好群众的工作，全面完成箐口的建设项目。

村民小组做农村最低生活保障资金统计。

今天停电，没有电的日子确实不是滋味，挺难受的。

2009 年 10 月 14 日，星期三，农历八月二十六，属龙，多云间晴

上午，村民小组和新农村建设工作组和昨天一样召开征地工作会议，下午就开始进行，主要的焦点是用作建设猪圈、牛圈的地和保护原有的水碾、水磨附近一带的树林。

今天还是停电，用电的事情还是做不了。

2009 年 10 月 15 日，星期四，农历八月二十七，属蛇，多云转晴

我们村民小组人员还是和昨天一样带着工作组对村民开始征地，分成两个小组进行，一边是水碾、水磨的树林地，一边是要准备建盖猪圈、牛圈的村民菜地。

今天还是停电，如果村民和工作组不采取什么措施的话，电力公司不可能轻易供电给箐口村民了。

2009 年 10 月 16 日，星期五，农历八月二十八，属马，多云

村民小组继续配合新农村建设工作组和新街镇政府做征地工作。我发觉有的村民是故意躲开的，不愿意自家的地被征用。但是，经过我们这么几天的辛苦工作，多数村民还是配合政府的，工作还算顺利，总算告一段落了。

今天还是停电，没有电就不能正常工作了。

2009 年 10 月 17 日，星期六，农历八月二十九，属羊，上午有雨转多云

上午，村里发来 60 吨水泥，就是要分给这次拆除重建的 50 户农户。这次分发水泥的事情，工作组安排到我头上。所以，事情就是多，一个上午就只做了发放水泥的事情，发放完已经是下午两三点了，肚子都要饿坏了。

下午，村民小组根据多数村民的意见到新街镇供电所申请给村里供电，而他们的意见是要村民签一份安全协议书，说电是可以供给，但因为施工原因而造成的安全事故要村民自己负责。与他们认为有必要签协议的村民立了字据之后，今天下午就开始供电了。

2009 年 10 月 18 日，星期日，农历九月初一，属猴，阴有雨

今天搭田埂的有李国忠家、李建国家。

2009 年 10 月 19 日，星期一，农历九月初二，属鸡，多云转晴

新农村建设工作组到村里来调查建设进展情况。他们在村里走了一圈，对每户的施工建设情况都看了一下，做了简要的指导。

原来想，今年的拆除重建指标够了，但是，今天还有李志和家拆房子，还是在拆除重建的范围内，要我在以后发放水泥时也要发给他们家。

就今年来说，村里因为建房子的很多，邻居与邻居之间及弟兄与弟兄之间的纠纷很多，村民小组的事情也很多，每天基本上都在解决村民之间的纠纷。今天又去解决张正荣家与马卫明家和卢落以家与卢正祥家的纠纷了。我们村民小组的权力小得很，谁愿意听你的，只不过是给你面子过过程序罢了。我们也站在中间的立场，希望双方协商，如果的确不合理，再到上级部门申请调解。

上午，有元阳县水产站的人来村里查看村里要稻田养鱼的情况，他们观察的情况是可以在李青华家、李正明家、李志和家的田里进行饲养，说这几户的田块大，适合养一些。

今天，还有一批省农业大学的学生到村里来取稻种，说也是要带这些谷种回学校以后化验。

2009 年 10 月 20 日，星期二，农历九月初三，属狗，多云转晴

上午，村民小组又一次调解昨天卢落以与家卢正祥家和张正荣家与马卫明家的纠纷，就是因为建房子。"本是同根生"，卢龙以和卢正祥还是同父母生的，为了扩张自己的房子面积，谁都不顾谁了，搞得两个弟兄都不来往了。张正荣家和马卫明家类似，这里不做详细介绍了。

村民小组接到上面的通知，通知村民可以去领取今年的退耕还林补助款和粮食种子等各项补贴款。拿钱的事情村民最积极了，一接到通知，就有不少村民约着出去拿钱，生怕自己的那份钱被别人拿走似的。

村民李世文说他家的旱地要重新测量，他是怀疑第一次测量的数字了。

李金家浇灌第一层屋顶。

2009 年 10 月 21 日，星期三，农历九月初四，属猪，多云转晴

李建生家浇灌屋顶。

村民小组开会，主要是这段时间事情太多，要是不做一个分工的话，给谁干都忙不过来，得总结一下经验，对以后开展工作更好些。

2009 年 10 月 22 日，星期四，农历九月初五，属鼠，多云，晚上有雨

今天李院明家浇灌第一层屋顶。

今天云南农业大学的师生来箐口的田里取土样，他们要在村里不同海拔、不同区域取一点土，带回学校去进行化验，这样的工作可能要进行两三天。

也许是喝了酒的原因，或家庭的其他原因，今天卢建忠与他的儿子吵架了。有什么好吵的？一个是父亲，一个是儿子，又没有再多的兄弟，有什么不可以商量的呢？我无法理解。

2009 年 10 月 23 日，星期五，农历九月初六，属牛，多云转晴

昨天云南农业大学的师生来村里取土样，今天又来了一批云南农业大学的师生来取水样，准备按一定的时间在水源灌溉不同的地方取水样，之后拿到学校去化验。

今天卢迁家浇灌第一层屋顶，请了外地的妇女来做，费用是五百五十元。这样就省了家人的不少麻烦。

前几天，村民小组调解过卢龙以与卢正祥两家在建设房子中出现的地界问题，但是，两家好像没有什么可以商量的余地，此事便告到村委会。上午，就有村委会的人进行调解。但是，看样子还是没有达成协议的意思，两家人都在坚持自己的意见，像斗牛似的，谁都不愿意让谁。

2009 年 10 月 24 日，星期六，农历九月初七，属虎，晴

今天，给村里建设房子的村民发来 60 吨水泥，我得逐个按照村民的水泥用量来分配。这种情况下，还是感觉多一事不如少一事。不给的村民又说忙不过来背，给的村民又说暂时不需要，我又没有统一的资金和仓库，怎样来管理呢？给你的时候你家不要，没有的时候你家又来申请。

今天李和明家犁田，他家的田在村里要数第二大或第三大，可能有三四亩多，要犁两三天才能犁完。

今天李文科家打屋顶。可能是考虑到村里盖房子的人家多，也可能是其他的原因，他家打顶也是请了外地的人来，自己家只要付一点工钱给他们，简单地提供一顿中饭就行了。总的来说是这种方法简单、经济。只是以前都是请村民来帮忙完成的，自己家准备好饭菜，亲戚朋友可以在感情上得到交流，村民多数都喜欢这样的方式。

2009 年 10 月 25 日，星期日，农历九月初八，属兔，晴

今天，村里又发来 30 吨水泥，我又安排村民家来背。

李开亮家打一层屋顶，也许也是怕村里的人忙不过来，也请了外地的人来。

2009 年 10 月 26 日，星期一，农历九月初九，属龙，晴

新农村建设工作组到村里来检查工程进展，基本上他们每天都有人来看村民建设进度，今天是他们工作组的成员一起来的。

今天是农历十月的属龙日，也是十月的最后一个属龙日。也许是这样的缘故，村里的妇女纷纷做糯米粑粑了，就是过十月年了。按照村民的说法是过了一年。这个节日对一些地方的哈尼族来说是最隆重的一个节日，等同于汉族的春节。家家户户都要杀鸡、杀猪祝贺这个节日。与其他地方不同的是，箐口村对这个节日不是很重视，至少在现在来说是如此。

2009 年 10 月 27 日，星期二，农历九月初十，属蛇，晴

新农村建设工作组来村里核对已经被征用土地的情况。因为建设需要，村里今年被征用了不少土地。没有办法，为了多数村民的利益牺牲了一部分村民土地。

我今天帮忙张明福家建设房子。一个是村里建设房子的村民多，一个是村民的观念逐渐地变化着。建设这样的新房子，也不像以前一样一个寨子的村民都出来帮忙，除非是自己家请来帮忙的人。所以，像一些村民说的一样，今年村民只能是自己家做自己家的房子了。除了打顶的那一天以外，很少看到一家有七八个村民帮忙的。

2009 年 10 月 28 日，星期三，农历九月十一，属马，晴

近些日子村里又发生一件很困惑的事情，就是七八个不上学的孩子整天乱闹。大事不出，小事情经常有。昨天半夜里，在停车场喊，把我从睡梦中惊醒。我小声跟他们说去休息吧，他们才走开。

今年，村里建设房子的村民多，事情也就多，特别是邻居与邻居，或者是弟兄与弟兄之间的纠纷就多。今天又有张牛后来向村民小组反映，说他与他的兄弟张无在建设房子的过程中出现了不愉快的事情，要求村民小组去调解。

2009 年 10 月 29 日，星期四，农历九月十二，属羊，晴

有村民说，今年对于建设房子的村民来说是好日子。所以，村民家建设房子的进度也很快，基本上每隔一两天就有村民家打屋顶。今天是卢正祥家打顶，因为他家房子的出檐与卢龙以家有纠纷问题而一直没有得到解决，他家有纠纷的那一部分就没有浇灌好。

下午，县里副书记和新街镇镇长等领导入村来检查工作。

2009年10月30日，星期五，农历九月十三，属猴，晴

今天又有李平发家和杨文亮家打顶，但是，两家用的方法不同。李平发家是请了村里的亲戚帮忙，而杨文亮家是从麻栗寨迁居过来的，父亲那一代才过来箐口，村里的亲戚比较少，恐怕来不了多少人，他家就开钱请了人来做。当然，在前一段征地工作中，他家的地被征得多一些，得到的补偿也要多些。

新农村建设工作组今天又到村里来核实被征用土地的村民家和补偿情况。这钱的事情，谁都怕出什么差错。

2009年10月31日，星期六，农历九月十四，属鸡，晴

今天，村里发来25吨水泥，这次水泥发放的事情主要由我负责，我还是去安排村民背回家了。

李世荣家打屋顶，以1000元的价格承包给村里的妇女做，还是正常做好了。一个人可以拿到40多元钱，差不多了，这是这一段时间的基本工钱。

卢文华家的生活条件还是挺困难的，原本是不打算拆建房子的，只是新农村建设工作组联系了一个老板，说是按照他们设计的建盖起来，第一层给他们租用，就愿意给他家出物资建盖才达成协议的。所以，今天还有卢文华家拆除老房子，也列入这次建设项目中。

2009年11月1日，星期日，农历九月十五，属狗，晴

上午九点左右，村民小组就通知被征用土地的村民到村委会领取存折。根据新街镇征地工作组的意见，因为这次征地中所涉及的款数有点多，就选择收取村民的身份证和户口直接打到村民的卡上，没有意见的村民在今天就可以领取了，除部分有意见和户主不在家的村民没有领取之外，一个组的工作基本上已经结束。

上午，又拉来一车25吨的水泥到村里。由于进村来的路基已经很坏了，驾驶员都不敢直接运到村里来，只能运到村口的停车场处，再由户主找拖拉机之类的小车运到村里来。没有办法，要是遇到天气不好的情况就更糟糕了。一是麻烦了村民，二是增加了村场的费用。不用说，发展村里的经济还是要首先发展交通。

今天李学贵家打第一层水泥屋顶。已经连续四五天了，村里每天都有人家打水泥屋顶。"八仙过海，各显神通。"村里建盖房子的人家多，谁都知道村民之间相互帮不了多少忙，有的就付钱请外地的人来，有的还是依靠村民帮忙完成。

2009年11月2日，星期一，农历九月十六，属猪，晴

今天卢学贵家用砸石机砸碎石。办法比困难多，村里到现在已经有五十多家拆建房子，可以说谁都帮不了谁多少忙，建房子中砸碎石也是一件比较大的麻烦事，要是在以前可能会有自己的很多亲戚和朋友特别是女亲人来帮忙，可现在只有自己家人在做了。有的甚至要用钱去购买，而有经商意识且有经济能力的隔壁寨子的李克明就看准这个机会，买了砸石机进村里来，砸每方碎石收30元。要是使用的一家人力量集中的话，一天可以砸到十几方，省了很多的人力，时间上也短了很多，老板也赚了一些钱。

下午，卢志和来告状，说是他家的树被卢沟惹砍了回去，要求村民小组来调解。主要是因为他们两家的地相连着，卢沟惹家的地在上方。前几天卢沟惹家砍大树的同时压倒了卢志和家的几棵小树，卢沟惹收回他家树枝的时候也收了卢志和家的树枝。

整理田埂的有李树华家。要进入冬天了，有时间的村民要忙着整理田埂了，不然的话，到了冬天天气很冷的时候，谁都不想进田的。

2009年11月3日，星期二，农历九月十七，属鼠，晴

俗话说："家家有本难念的经。"今天张明福家又请来砸石头的师傅。

对张明福本人来说，他并不一定要用石头砌墙，可是，我们的老父亲一直要求一定要用石头。在没有办法的情况下，张明福只能请来师傅把石头砸开。从这次政府补助建房的情况来说是有时间和速度要求的，作为年轻人来说都希望在要求的时间内完成，这可以说给当家的兄弟张明福一定的难度。但是，老人这么一说又不得不听，真有点难为了作为儿子的兄弟。

卢小和家犁田。就像上面说的，我们做农民的都知道，冬天进田劳动是很冷的，都希望在冬天来临之前把田里的事情做好。

今天，李正福家浇灌第一层水泥屋顶。今天他家用的水泥是自己家买来的，他家也在这次拆除重建的指标之内，但是，由于他家在这次政府征地之后又在地里砍了一些树，政府官员就命令停止发放给他家水泥物资。我们村民小组的人员也没有办法，既然当一天的村民小组成员也只有听上面的话了。

2009年11月4日，星期三，农历九月十八，属牛，晴

上午，村民小组收取被征用土地的村民家的身份证和户口簿，这是新街镇政府要求做的。因为很多村民家的补偿数目比较大，最多的一些人家达到10多万元。为了防止意外的事情发生，就收取了村民的身份证和户口簿，直接做成存折卡，再让村民直接到银行取现款。在收取身份证的过程中，有个别村民持有不同的意见。有的认为测量有错而不愿给证件，有的考虑到自己家的地被征用了以后就不再属于自己了，说是自己家的田地有限，被征用了就没有地方栽苞谷和黄豆了，这一代人是可以有些钱用，那子孙后代在哪里种地呢？而且，农村要依靠柴火做饭，林地要是被征用了，就不能去砍柴，自己家的经济能力又没有达到用电的地步，依靠什么来做饭呢？因此，暂时没交证件的人家有李建福家、李和明家、李牛后家等七八家。李牛后家不同意的原因是他家的旱地被记成林地，要求更改过来。下午，工作组安排了人员过来调查，承认是

工作人员的失误，声明更正后会通知他的。

对于村里建设房子的村民，多数都已经开工一个月左右了，已经有很多人家建设到一定的程度了。今天张小华家浇灌第一层屋顶了，可能是考虑到村里很多人家都建房子，不会有多少人来帮忙，也可能是考虑经济因素，他家是请了外地的人做的，都是些妇女，自己家的人只要出来几个男的与她们配合就可以做好了。

下午，张春华家在老水井处做祭祀。问一些人后得知，这种祭祀主要是因为进入冬季了，今年之内不会再听到雷声了，就做了这个给家人消灾的祭祀。

2009年11月5日，星期四，农历九月十九，属虎，晴

从今天上午就开始拆除李光明家的房子了。从以前与他的交谈中得知，他是不准备拆除重建的，说是自己家劳动力少，家里又没有多少钱，而政府又希望他家的房子能够拆除重建，拆除后，工作人员来规划，希望把从停车场到陈列馆的路面加宽。工作人员三番五次地与他家人做了交流后，最终达成协议，即工作人员联系一些人来帮助他家做房子，之后让他们出租10年到20年的时间。这样李光明家才答应了拆除。这种情况的村民还有卢文华家和卢建忠家。

从近一段时间来看，几乎每天都有村民家打屋顶。今天有李志祥家，他家没有请外地的人，而是叫了本寨子的人来帮忙。有点微妙的是，只要村民知道谁家打屋顶付钱是请了外地或者是自己寨子的人，不是很亲近的亲戚就不会来帮忙了，而只要没有花钱请小工，本寨子的人一般都会过来帮忙。有人分析说，从经济的角度来看请小工的划算，寨子里做房子一般都有七八十平方米，工钱一般都在1000元左右，付工钱之外只要简单地请他们吃一顿中午饭就行了，以后也不再欠他们什么；而要是请村里的人来帮忙，就得准备二三十桌饭菜，要买烟、酒，特别是在做房子的人家不多的情况下，会有很多村民来帮忙，仅饭菜烟、酒都要

花上千元的费用，以后遇到谁家建房子还要去帮忙。当然，至于哪种方法更合理我是不太清楚的，至少从现在来看是不能得出个结果来的，主要就看自己家的情况选择了。

张五家今天砸碎石，也是请了李克明。用机器砸碎石肯定要比用人工砸得快，要是用人工去砸的话，要好几天才能砸够建房子浇灌屋顶的碎石，而用机器砸的话，一天都能砸好几户人家的。所以，姐夫李克明这次是可以找一点钱了。

2009 年 11 月 6 日，星期五，农历九月二十，属兔，晴

昨天李志祥家打屋顶，今天李正忠家和李爱守两家同时打屋顶。真要是请本寨村民来帮忙做的话，村里同时有两户人家打屋顶是会有点忙的，但人总是会想办法的，村里忙不过来，就会请外地的亲戚来，总是会渡过难关的。

新农村建设工作组进村里来，对工程建设进度、质量进行初验，大体上对这次建设工作做个小结。

卢学锋家砸碎石，也是请了有砸石机的李克明家。对人手不够和建房正忙的村民来说，有一台砸石机的确是好些，很大程度上加快了建设进度。

新街镇征地工作组来村里对李牛后家的情况进行核实，他们看过以后，承认确实是工作组的工作失误，会把他家的补偿标准更正过来，等做好会直接拿来给他家的，请李牛后放心。

2009 年 11 月 7 日，星期六，农历九月二十一，属龙，晴，早上有 2 到 3 级风

村委会通知并对拿安天有坟的人家进行补偿，标准是一座坟 3660 元，户主到村委会领取现款，主要有李祥、张有春等人家的三十几座坟。

做事情有时可能一帆风顺，有时又可能一波三折。这几天就有村民来反映说某某参加了测量的不是他家的。比如，今天就有李正亮说他小舅子张正光家的地不能让他一个人享受，因为这么多年来一直是李正亮家管理的，要求村民小组去调解；还有李国忠说他姐夫领到的补偿费用不应该是他家的，一直是他管理的，以前有生产队的时候就是他家的，根本没有任何理由叫他姐夫张正明去办理这些事情，要求村民小组尽快向上反映并调解。

下午，李国忠家做祭祀。这种祭祀我们都可以参加，他是我的好朋友，叫我也一起过去跟他们喝酒。

2009年11月8日，星期日，农历九月二十二，属蛇，晴

新农村建设工作组给卢建忠家放施工线。村里的年轻人出去打工基本上都是做建筑活，对于建筑业基本上都懂一些。卢建忠的孩子已经30多岁了，对这一行应该知道一些。而卢建忠家主要是因为与新农村建设工作组签了一份协议，协议建设工作主要由工作组找人来做，主人配合着完成，做好的房子由工作组找的人来出租房子的部分，到一定的时间后就不再给租费。

今天张五家浇灌第一层的屋顶。不知道他家人出于什么样的考虑，也是请了外地的人来承包干，听说请的是附近有个叫作核桃寨的妇女，给了她们1300元，自己家人配合着一些，中午提供她们吃一餐饭，下午饭就不再管了。

2009年11月9日，星期一，农历九月二十三，属马，晴

庄稼全部收回来了。村里今年大搞建设应该是百年遇一次，每隔几天又是拆房子又是打顶的。用村民的话说就是，自己家建设房子的也就算了，不建设房子的村民却不知道要帮谁家忙，搞得比建设房子的还要忙。今天有卢学贵家和卢新家做钢筋，等过一两天做好了就打屋顶。

村里建设房子忙，而整理梯田的也忙。今天李国忠家犁田。因为建设房子的缘故，很多村民家的田都没有来得及除草和犁田，田里和寨子

里看上去一样糟糕。

2009 年 11 月 10 日，星期二，农历九月二十四，属羊，晴

上午，根据通知，有很多土地被征用的村民到新街镇领取存折卡。如李文新、李爱守、李志明等人。

正因为这样，村民李小祥反映说前几天李永福和李庆文他们家参加测量征用的旱地原来是他们家的，地点在村委会后面的山上——"苏金金玛"，要求村民小组到镇里反映，不准他们家领取属于他家地范围的那一笔钱，要求双方调解了之后才能领取。

2009 年 11 月 11 日，星期三，农历九月二十五，属猴，晴

今天，箐口小学期中考试。

因为村里很多人家都在建设房子的缘故，绝大多数村民家的田都没有犁好，很多人家连田埂都还未搭好。今天有李文才家在搭田埂。

2009 年 11 月 12 日，星期四，农历九月二十六，属鸡，晴

根据新街镇武装部的通知，村里今年准备去征兵的李进和李新到新街镇民族医院体检。

今天，李红家打屋顶。今年因为有新农村建设项目，政府给予村民 15000 元的物资补贴以后，有 50 户沾了项目的光。所以，这一段时间几乎每天都有人家打屋顶，各家都希望在年前建好。

上午，村民小组调解李小祥和李永福、李庆文家之间的纠纷。从他们的辩解和其他村民反映的情况来看，地应该是属于李小祥家的，但是，李小祥家可能是由于劳动力不足的原因，再说，他们之间又有一定程度上的亲戚关系，当时可能就给李永福家管理了。事隔 30 多年了，由于其中原因没有来得及理清，李永福家栽种的树木直径已经有三四十厘米了，争论说所有权是他们家的，多少补偿都要归他们所有。今天，没有达成什么协议。

2009年11月13日，星期五，农历九月二十七，属狗，晴

由于村里建设房子的人家很多，几乎每天都有村民家打屋顶，今天有李成家和杨正明家。

根据李小祥和李永福双方的要求，村民小组今天上午再次召集他们调解土地纠纷一事。可是，事情还是和昨天一样，双方争吵起来之后，李小祥跟他的姐姐说那一块地当时分配土地的时候就是分给他家的，只是自己一直在外地读书学习，没有能够亲自去招呼，当然，父亲去世过早和母亲改嫁也是一个原因。因他们两家有一定的关系，就一直由李永福家和李庆文家管理，而李永福家和李庆文家就以一直是他们家管理为由争着一定要全部补偿，双方达不成什么协议，争吵起来后不欢而散了。

2009年11月14日，星期六，农历九月二十八，属猪，晴

今天村里又发来30吨水泥，这事由张明华一人负责发放。为了便于分配，每次基本分给五六户，再由村民之间互相调节去。

昨天有两家村民打屋顶，今天又有卢学贵家打屋顶。村民小组调查村民要贷款的情况。根据政府的通知，主要是针对正在建设房子的、没有经济能力的人家可以给予低息贷款。

2009年11月15日，星期日，农历九月二十九，属鼠，晴

村里今年可以说是比较忙的一年了，建设房子的多，做祭祀的也不少，今天有李庆亮家和李志学家做祭祀。

这几天每天都有人家打屋顶，今天又有张正荣家和卢新家打屋顶。

2009年11月16日，星期一，农历九月三十，属牛，多云间晴

昨天有两家村民打屋顶，今天罗金得家打屋顶。不过，罗金得建设房子不属于拆除重建的范围，他家只是做耳房，也就没有请很多的人来帮忙。

2009年11月17日，星期二，农历十月初一，属虎，阴

接连几天了，村里每天都有人家打屋顶。今天有李庆云家和张明福家，李庆云是请了自己的亲戚来完成的，而张明福家是以750元请外地的妇女小工来完成的，这还可以算是一个先例。她们中有一个组长，听说是原来的胜村乡（现在又归新街镇）核桃寨的村民。根据所要做的房子的面积，她能组织人来完成，而且速度远远超过请村民来帮忙，这好像又教会了村民一招，之后村里的妇女也学着组织人员承包做这种活，真是"八仙过海，各显神通"。

兄弟张明福家拖到现在才打屋顶是因为父亲固执了一点，他硬是要把菜地的一块大石头砸开，要石头来做石脚。

小时候没有听说有红河州州庆这回事，可这几年不知是从哪年开始，经常能听到相关消息。听说，今天是红河州的建州日，学校也就放假了一天，师生都休息了。

2009年11月18日，星期三，农历十月初二，属兔，阴，有雨

今天打屋顶的是张正和家，他作为一个大摩批，平时帮助人家做的法事多，虽然人家都会给他适当的小费，但是，总是会留下一点人情，别人也会记住的，往后的日子里还需要他帮忙的，所以，他家是不用请小工的，只要准备一点伙食，村民都会抽出时间来帮忙的。

这几天村里的电很不正常，有时是白天停，有时是晚上停。不知道在很久前没有电的日子是怎么过的，这几天由于电不正常，很多村民都有意见了，给村民的生产、生活带来了很大的不便，有的村民甚至发牢骚说要投诉电力系统的人了。

2009年11月19日，星期四，农历十月初三，属龙，多云

今天村里又发来30吨水泥，不知道是村民数错了还是从厂家运出来的时候就不够，统计下来的情况比他们驾驶员说的少了一吨。做事情都要认真啊！无论是大事还是小事，还是认真为好。驾驶员说是有30吨，可是当分到村民的时候，要是谁家少了一吨的话就不得了了。

听说，黄土坡的张正光回到家里，开始准备建设他家的房子了。在此之前，张正光一直在外地生活，现在已经50多岁了，在外地有了自己的房子，可能是知道家乡要开始开发旅游了，就回来在原来的地基上重建房子，不愿意自己的房子就这样倒了放着。

2009年11月20日，星期五，农历十月初四，属蛇，阴，有雨

今天是李正新家打屋顶，也是学着其他村民请了外地的妇女来做。要是依靠村民来做的话，很累的。有的时候，不知道要帮谁家的忙。今年的情况是没有建房子的村民比建房子的村民忙，我们这样假设：张三是我的亲戚，李四是我的朋友，卢五是妻子的亲戚，要是一家帮忙两天的话，自己的事情没有做，我一个星期的时间就过去了，他们却足足做了一个星期自己的事情。这样下来是不是我最忙了？当然，我帮助别人，别人也会帮助我的。

车子用久了是要进行修理的。今天有卢世华去修理自己的车，说是车子出现问题了。

2009年11月21日，星期六，农历十月初五，属马，阴，有雨，很冷

信用社再次到村里来调查要贷款的村民家的基本情况。钱这东西不是随便借贷的事情，信用社总是要来看要借贷人家的基本情况的，要是没有偿还能力的话，他们是不会借贷给你的。钱像是一根高压线，谁碰了都要负责任的。

前几天天气变化后，习惯在暖阳里生活的南方人有点不适应了，特别是下了一阵雨后都感觉很冷，地面潮湿得很，村民都无法施工，基本上都停止施工了。

2009 年 11 月 22 日，星期日，农历十月初六，属羊，多云转晴

根据上级的通知，村民小组收取合作医疗的费用，今年是每人 20 元。很多村民家的地都有偿被征用过一部分，总是会有一部分钱。所以，总的来看，村民都能积极地来上交。

今天真倒霉，我和李树华去收合作医疗费的时候，在卢文华家门前踩到一块石头上摔了一跤，左手肘关节脱位。好在李树华懂一点技术，及时把我脱出的手关节复位。还是很痛的。手是一个人很关键的肢体之一，我还是不放心，就及时到医院照片，检查结果说基本没有问题才放心。

2009 年 11 月 23 日，星期一，农历十月初七，属猴，晴

今天有李文祥家打屋顶，可能是经济困难的原因，也可能是自己家建筑面积小的原因，还可能是想着村里的人会来几个帮忙完成的原因，或者三者兼有因，他们家是请了自己的亲戚来完成的。

村里现在有几个工作组了。可是，今天又有一个工作组进到村里来了，这个工作组是由新街镇的纪委书记带队，主要的工作是要对村里不符合规划而建设的村民家采取教育或者整改等措施，甚至要求拆除。

从今天开始，从麻栗寨村到箐口村的主要路面修建了，这是麻栗寨村民和箐口村民多年的愿望。记得我在 2006 至 2007 年参加过一次怎样保护和发展哈尼梯田的大会，他们要我发言的时候我说："保护梯田，可能首先要保护路和水源水渠，这样才有益于村民劳动和灌溉。"知道这次要修复这条村民来去生产的主要路线时，我是很高兴的。

2009年11月24日，星期二，农历十月初八，属鸡，多云转晴

前面说过了，村里很多人家都因为忙于建设房子而没有去料理田间的事情。今天有卢学贵家请了几个人去突击田里的事情。村民的观点是：要是自己的田每到了该做什么的时候没有做是有问题的。人们就会问：是不是生病了？所以，一般情况下，正常的村民都要在正常的时间劳动，拖后了或者太提前了都要被村民说的。

下午，新街镇书记带来县里的离退休干部到村里考察建设情况，他们在新街镇领导的组织下在陈列室广场召开座谈会，对村里的建设情况提出了宝贵的意见和建议。新农村建设工作组组长王建国给老干部们作了简要的工作汇报。

2009年11月25日，星期三，农历十月初九，属狗，晴

上午，村民小组又再一次给李小祥和李永福家调解纠纷。但这不过是走过场，我们知道我们的意见他们两家是听不进去的，要求双方到村委会或者直接到新街镇调解。

村里发来80吨水泥，分别发给卢文华家、卢建忠家、张正和家、张正荣家等，可以缓和一下正在建房子的村民家对水泥的需求。

2009年11月26日，星期四，农历十月初十，属猪，晴

根据新街镇信用社调查的情况，李祥可以获得贷款五万元，是低利息的，说是在一年内能还款的话利息最低。

今天有卢迁家打二层屋顶，我是在过路的时候看见他家打屋顶的，具体以怎样的方式来打就不知道了。

2009年11月27日，星期五，农历十月十一，属鼠，晴

卢永贵家请了麻栗寨村的李惹文来犁田。就如前几天说的，由于50多户村民建房子，而没有建设房子的村民家也同样要忙着给亲戚家帮忙，很多村民家的田都没有办法好好整理，所以，今年很多人家的田也请了其他能整理的人来做。听村民议论说，村里的李文宽和卢同则等经常给其他村民做田里的活，今年仅搭田埂就找到几千元了。麻栗寨的李惹文是带着他的妻子来搭田埂，也犁田，可能要挣到上万元了。不过，至于麻栗寨李惹文的干活法，很大一部分村民是有意见的，说是太马虎了，不认真，干得不好。

近期，村里出现了鸡禽流感，下午有卢正华家杀鸡吃，要真正说的话就是死的。他大概下午5点钟的时候在自己家的院子里剖开鸡，看上去肉色红红的。但是，这样死的鸡肉还是有很多村民家会经高温煮熟后吃，不过，这几年的生活水平好多了，很多村民会埋了或者丢了。

2009年11月28日，星期六，农历十月十二，属牛，晴

今天李建生家打二层的屋顶。

可能是元阳县政府组织安排的，今天全县的60名党代表在工作人员的组织下来箐口村考察，他们一边走一边介绍村里的建设情况，说是以后每年都要建设几个寨子。

2009年11月29日，星期日，农历十月十三，属虎，晴

近期对于村里来说，建筑情况很乱，到处是村民家的建筑材料，路上来往的都是运送建筑材料的村民。特别是早上。今天早上就有四家同时请了村民到停车场来背砖，他们分别是张明福家、李成家、李红家、李平发家，来帮忙的村民只能是每家帮忙背几背了。建房子的主人家忙，村民也很忙。

2009年11月30日，星期一，农历十月十四，属兔，晴

今天村里发来20吨水泥，分别发给李成家、李志宽家、卢学贵家。从点数的情况来看，今天是少了3包，只是差3包的还好说，我给每家少发了一包，要是以后补运过来再补发，不来补发也无所谓，又不是村民自己家出钱。

到今天为止，村民们发觉水泥有点紧张了，村民每隔一两天就来过问水泥到了没有。而这个我最清楚，即使统计了汇报上去也要等上十天半月的才能调一车过来，听说到街上私人地方买也比前几个月贵了很多，是这些年中水泥价钱最贵的一年。

2009年12月1日，星期二，农历十月十五，属龙，晴

村里安排12月的卫生工作。要是直接点说的话，从搞大建设后，村里已经没有村民打扫安排的公共路面了，每个村民都以忙着建设为理由而不抽时间来做卫生的事情，村里也没有再多的办法去督促。然而，出于临时会有有关的领导来的考虑而不能停止安排卫生组。我们只能照例行事，打不打扫由你，安不安排就是我们的事情了。

李金家浇灌第二层屋顶。就像前面说到的，建房子的村民家多，现在已经到建设的高峰期，基本上每天都有村民家打屋顶。一个寨子的人，总不能眼睁睁地看着亲戚或者朋友忙事吧，所以，没有建房子的很多村民今天帮忙李家，明天又帮忙张家，甚至比自己家建房子都要忙。

2009年12月2日，星期三，农历十月十六，属蛇，多云间晴

村里的自来水又不正常了，或许是水管已经堵塞的缘故，村里的几个水池里都没有了水。我们村民小组又得过去检查了，不知道是什么原因，水就是不能进到寨子的水池里。

今天有卢迁家浇灌屋顶，他家是付钱请外地的人来浇灌的，自己家就只要有几个人配合着就行了。

接到村委会通知，村民小组于明天到新街镇政府领回2009年上半年的农村最低生活保障金，去领钱的人员有我、卢学贵、李小生三人。

2009 年 12 月 3 日，星期四，农历十月十七，属马，晴

根据昨天的通知，我、李小生、卢学贵三人领回来箐口村 2009 年上半年农村最低生活保障金，总金额数是 41640 元。

李小生到南沙买碎石。自从村里开发旅游以后，政府已经下文不能在梯田景区和公路一带挖沙取石，村里谁家建设房子都只能在自己家的田边和地脚找一些，找不到的村民家就只有到新县城南沙去购买了。原本可以在附近的小水井村里买到的，只是这一段时间电力不能正常供应，小水井村后面的石场无法正常施工，建房子的村民需要的材料只能到远一点的南沙镇购买了，材料费自然就要比在附近买的贵一些了。

2009 年 12 月 4 日，星期五，农历十月十八，属羊，晴

今天浇灌李上嘎家的屋顶，是请了本寨子的人来做的，即村里的妇女组织了自己的一班人来承包做的。这是这次村里大建设中本村妇女从外地来我村打屋顶的妇女中学习到的经验。她们能在别人身上学到这样的一套生存之道也是可喜的事情。

今年，村里李树华的儿子李进和李宏亮的儿子一起参加征兵体检。从体检下来的情况来看，李树华的儿子李进要顺利一些，李红亮的儿子说是不那么顺利，可能在第一关就掉队了。

2009 年 12 月 5 日，星期六，农历十月十九，属猴，晴

今天卢正祥家浇灌房子。他家在政府补助 15000 元物资的范围内，申请水泥已经十几天了，可就是运不来，不能给他家正常的供应。没有办法的情况下，他家只好自己到新街镇出钱购买回来，等补助的供应过来再用。

李光明家开始动手自己建设房子，原来是与工作组协议好，后来不知道是什么原因，他又改变了主意，说是自己的母亲已经 70 多岁了，万一在他们租房子期间出现了什么意外就不好办事情，就改悔说自己做。

2009年12月6日，星期日，农历十月二十，属鸡，晴

今天有李小生家浇灌房顶，今年我发觉我们村民小组的事情也太多了，每天要陪工作组，又要做自己的事情，好多时候又要调解村民间的纠纷。

今天村里发来20吨水泥，分别发给了卢正学家、卢正明家、李学贵家、李志和家，每家五吨。这就便于我发放管理了，至于他们村民间怎么协商利用是他们的事情，我不可能今天给张三两吨、给李四五包、给王五七吨的，我的想法是每户分三次到四次发放完，这样的话，我的事情就要少些，好管理一点。

云南农业大学的苏友波老师等人来村里，在李明家的田里做调查试验。

2009年12月7日，星期一，农历十月二十一，属狗，晴

今天李志文家浇灌屋顶，也是属于新农村建设项目中的一户。

因为上面通知今天有红河州委书记到村里来视察工作，村民还是要打扫好卫生，尽量做好自己家的事情。

今天，李正林家请了麻栗寨村的李惹文搭田埂。李正林已经60多岁了，上了一点年纪，身体肯定不如年轻的时候，又是李氏家族的大摩批，经常要帮他们李氏家族做各种法事。再说，在今年的政府征地中他家也得到了10多万元的土地征用补偿费，口袋里有点钱了，就请人来整理自己家的田。不过，已经听到消息说李惹文做工不认真，好多都要人返工的，还不如不叫他做。而村里认真整田的李文宽和卢同则真是被村民排队安排好了。只要身体好，每天都有村民请他们去做。

李建福家请了村里的李文宽去搭田埂。至于李建福家的话，他从教育行业退休在家，大儿子在外地就业，二儿子残疾，家里就没有劳动力了，而每月都有退休金的他保证家里的开支，这样的农活只能付钱请人来做了。

2009 年 12 月 8 日，星期二，农历十月二十二，属猪，晴

村里已经有一段时间的电不正常了，今天还算可以，一天里一直没有停过电。

好像是说好的一样，今天同时有李正福、张金荣、李学贵三家打屋顶，村里就比较忙了。这样打屋顶的事情只有通知其他寨子的亲戚来帮忙了。当然，只要你出得起钱，也可以叫老板承包。

上午，新农村建设工作组对村里的建设做初步的验收，对在村里做各项建设的项目都检查了一下，按照他们预计的进度还算正常。

云南农业大学的苏友波老师在他们的实验田里调查了几天后于今天返回学校了。

2009 年 12 月 9 日，星期三，农历十月二十三，属鼠，晴

上午，村里发来 30 吨水泥，分别发给张志学家、张五家、张小华家、李开亮家、李志祥家、李世荣家，每户五吨。

上午，卢学锋来向村民小组申诉，说他家的出门口被李和明堵住了。李和明说这条路是他们家的地皮，不准卢学锋家人从这条路经过，要求村民小组前来调解。我和李树华去看了现场，的确是李和明用砖把卢学锋家出去的路挡住了。真要是堵住了的话，卢学锋家就没有路可以走了，只能长翅膀飞了。事情太多，也不知道他们两家的关系怎么会闹僵到这个程度。但是，我们认为关系再闹僵也不至于到这个程度，邻居之间的，早不见晚见，总有一天见面的，李家不该做到这一步，卢家有什么对不住李家的可以找组织调解，可以上法院打官司要求赔偿。但是，真的不应该封路。

在农村，经常会遇到丧事。今天李正荣家到黄草岭村民小组丧祭，说他妻子家的老人过世了。李正荣是退休的工人，每月拿着一些退休工资，经济上要方便些。去丧祭的还有李绍华家，他娶的也是过世老人的孙女，自然还是要带一头小猪过去的。

昨天下午，村民小组接到通知说，今天有迪庆州的领导团来村里进行考察，要村民打扫好卫生，清理好路面的建筑垃圾。我们还是尽了我们的责任，尽量通知了，也尽可能地做了一些工作，只是由于建房子的村民实在太多，建筑垃圾无法处理好。可能镇、县领导知道这个情况，到了下午都没有进箐口村。

2009年12月10日，星期四，农历十月二十四，属牛，晴

云南省地质勘查队从今天开始治理属于箐口村的村委会背后的山体。此山体由于多年滑坡，山上的地都冲垮了很多，地形、地貌出现了很大的变化，地层表面的树木也随之移动了，因而村民与村民之间也出现了几起纠纷，村里的田也淹没了一部分，甚至对今后的寨子也很危险。村里和村委会以及新街镇政府甚至县里对此情况很重视，上报到云南省政府后，今年得到批准而由云南省地质勘查队来勘查，要找施工队对山体进行治理了。

昨天到黄草岭村民小组丧祭的李正荣家今天在那边吃过中午饭以后回来。下午，他们家族的人要在他家吃饭喝酒，做一个祭祀，这次事情才算办好。

2009年12月11日，星期五，农历十月二十五，属虎，晴

下午，我应红河州哈尼学会的邀请到南沙酒店报到，参加2009年哈尼学会年度报告会。村里的事情就没有去观察记录了。

2009年12月12日，星期六，农历十月二十六，属兔，晴

我今天在南沙酒店参加2009年红河州哈尼学会年度会议，听取参加这次年会的前辈们的讲话，还是很受感动的。

2009 年 12 月 13 日，星期日，农历十月二十七，属龙，晴

上午，我参加 2009 年哈尼学会年度会议回来，还带回一小袋包装的哈尼红米。

治理村里滑坡地段的小组到他们的指挥部了，他们的指挥部就设在村委会的下面。施工是由新街镇的一个老板负责，工人准备在本地找。

村里的李金华于今天下午前去当兵，他要到部队锻炼两年了。

2009 年 12 月 14 日，星期一，农历十月二十八，属蛇，晴

今天李世荣家打屋顶，考虑到村里建房子的村民人家多，很多都忙不过来帮忙，就付钱请了本寨子的妇女来做。

新农村建设工作组今天统计拆除重建人家的身份证号码，他们要统计起来做成档案。

在建设期间，寨子很乱，路面上到处都是建筑物，可是，每到一段时间都有县里和省里的领导来考察，今天又是说州里的领导来考察了，要求村民清理卫生。这个问题说起来容易，做起来好像不太好做，村民都在忙着赶快把房子做好，都忙着运材料，一段时间是不可能清理好的。

晚上，有卢迁家杀猪，确切地说是死了。听说是寨子里这一段时间流行猪瘟，好几户人家的猪都死了。只是这一段时间，我们村民小组的事务也很多，不可能时时观察村民的事情。

2009 年 12 月 15 日，星期二，农历十月二十九，属马，晴

今天有李正超家打屋顶，他家也是请了本寨子的妇女来做的，要是不付钱请的话，恐怕不会有多少亲戚朋友来帮忙，很难完成的。

2009 年 12 月 16 日，星期三，农历十一月初一，属羊，晴

正因为寨子里到处都搞建设，搞得村里的水井都没有水了。村民到处议论，村民小组只好拿出一部分钱去购买水管接水。

2009年12月17日，星期四，农历十一月初二，属猴，多云

今天杨志宽家打屋顶，也是请了本寨子的妇女来做的。

2009年12月18日，星期五，农历十一月初三，属鸡，阴

今天卢迁家打屋顶，也是付钱请本村的妇女来做的。

在前面的日志里说到了，村里很多人家都忙着建设房子，所以，今年的村民家的田很多都是请了外地的人来做的。今天是李庆五家请了麻栗寨村里的李惹文来整理他家的田。

2009年12月19日，星期六，农历十一月初四，属狗，阴

可能是卢正祥家的猪感染了瘟疫，我看见他家人在家门前烧猪毛，整干净解开了煮吃。

今天有李文科家做新房子迁居仪式，请了村里的所有亲戚，所以，能来的人都来了。

2009年12月20日，星期日，农历十一月初五，属猪，阴

张志学家也申请到了今年拆除重建的指标。他家的房子面积要大一些，自己的亲戚和朋友是忙不过来帮助的，今年自己家人就只能忙着建房子了。因此，田里的事情只能请其他人来整了，也是请了麻栗寨村的李惹文来整理他家的田。这样说来，李惹文在箐口村里帮忙做了几户人家的田，用村民的话说："他可能赚了箐口村的10000元钱了。"

张五家今天打第二层屋顶，这次也是承包给本寨子的妇女来做的，我们作为堂弟兄的，有的是抽出时间过去帮忙了，有的忙着自己家建房子就不会去帮忙了。

2009 年 12 月 21 日，星期一，农历十一月初六，属鼠，多云

一个是村民家要赶着过年前搬进新房子，一个是工作组要求进度加快，所以，村民都力所能及地赶时间，这几天几乎每天都有人家打屋顶。今天张正荣家打屋顶，他家没有请人，而是自己家人来做。当然，没有声张说请了小工，村民看见谁家打屋顶，自然就会有看到或者听到的人尽量抽出时间来帮忙，他家就是这样的。

因为建设的事情，进村里来的车辆很多，每天都有几十辆车进来，路面都压坏了，也很伤车。今天就有一辆车在半路上坏了，其他村民家的材料都运不进来，急死他们了。

晚上，村民小组召开小组会议，商量今年上半年的农村最低生活保障发放问题。

2009 年 12 月 22 日，星期二，农历十一月初七，属牛，晴

今天是冬至，这个寨子的哈尼族不过这个节日，也不把今天当什么节日，但是，隔壁的彝族寨子就过了。

今天张正和家打屋顶，是请了隔壁的几户村民来做的。他是张氏家族的大摩批，当然了，其他家族的人也会请他做各种法事，在某种程度上是帮了他们忙，知道他家打屋顶，就会有没有建房子的村民家过来帮忙，所以，他家是不用请小工的。

2009 年 12 月 23 日，星期三，农历十一月初八，属虎，晴

上午，村民小组发放 2009 年上半年的农村最低生活保障资金。因为很多原因，特别是与村民对着打官司以后，我们没有发放给李永福家，他家就来反映情况，可还是没有给他家发放。我们的理由是，既然你要跟我们村民打官司，与我们村民小组的人都交流不了，我们是不会给你家做事情的，你要告就由你。

今天张小华家打屋顶，原来是请了村里的妇女来做，后来因为他家的材料在停车场，离他家房子很远，妇女们知道后认为费用太低就退出说不干了，之后是自己家的亲戚来帮忙完成的。正因为这样耽误了很多时间，他家浇灌完屋顶时已经是晚上七八点了。

新农村建设工作组继续统计拆除重建和改造的村民名单，要求一定要核对好，不能有差错。

2009年12月24日，星期四，农历十一月初九，属兔，晴

今天张明福家打屋顶，由于指标内的水泥不能按期发放下来，他家是自己出钱到街上购买的，说是市场上水泥价也涨了很多，是这些年来最高的一年。

村民们建设房子忙，今天又有几个施工队进来，开始在停车场建设一个厕所。村里的猪圈、牛圈也开始动工了，都是外寨子的人做。

2009年12月25日，星期五，农历十一月初十，属龙，晴

工作组与施工人员在村里测量要安装自来水的主要路线，说是每户村民要集资50元，让每户村民在家门前就有自来水用。

正当村民们忙着建盖房子、干好事的时候，今天李正和家的房子被火烧了，烧坏了屋里的很多东西。

2009年12月26日，星期六，农历十一月十一，属蛇，晴

从今天开始，箐口村的滑坡治理开始动工了。要是治理好了这段滑坡，对箐口村肯定是有好处的。

因为要建房子用，有村民在寨子周边砍树木，而新农村建设工作组是要求村民不要去砍寨子的树木的，要保护好寨子的生态。他们希望村民小组能对村民做思想工作。

2009 年 12 月 27 日，星期日，农历十一月十二，属马，晴

今天张牛后家犁田。他一直给自己的兄弟家帮忙做房子，到今天才来犁田。

李学华到街上购买水泥，因为他到目前没有同意让政府征用他家的一点要做牛路的地，工作组取消了他家拆除重建房子的指标，不给他家发放水泥了，他家只好自己去买。

2009 年 12 月 28 日，星期一，农历十一月十三，属羊，晴

今天打屋顶的有杨文亮家。

2009 年 12 月 29 日，星期二，农历十一月十四，属猴，晴

今天李院明家打第二层屋顶，请了本寨子的妇女做工。

2009 年 12 月 30 日，星期三，农历十一月十五，属鸡，晴

今天又有李庆云家打屋顶。

今天的电不正常，村民也就不能正常建房子了。

2009 年 12 月 31 日，星期四，农历十一月十六，属狗，晴

今天卢建忠家浇灌第一层屋顶，请了外地寨子的人来做。

今天的电正常了。

2010年
村民日志

2010年1月1日，星期五，农历十一月十七，属猪，晴

今天是 2010 年的第一天，元旦节。今天是新一年的第一天，咱们中国大多数地方都很热闹地过这个节日，而这个寨子的哈尼族直到现在对这个节日都不是很看重。只有少数的一些年轻人可能会到城里与他们的汉族朋友去过这个节。当然，也偶尔有村民买来鸡、鸭杀吃的，说是过元旦节了。只是他们都不会像过自己民族的节日一样做这样那样的献祭活动。

早上有李贵祥家做新房迁居仪式。他家的情况是，房子在去年就做好了，家人也在做好后不久就搬进去住了，现在是按照民俗的规矩来补做这个事情的。由于今年做房子的村民家很多，很多做新房子迁居仪式的村民都没有请太多的人，只是请了自己很亲近的亲人和朋友。

上午，我已经通知 80 岁以上的李沙以、李正光、李欧角、张龙后老人在 10 点钟以前拿身份证或者户口簿到新街镇民政所。从李沙以的口里知道每人补助了 200 元。本来村里是通知了 8 人，还有李后记、李云欧、李平欧等几人没有来得及落实而没有通知到，要等村委会副主任李高亮回来核实后再通知。既然是符合政策的老人，该享受就要享受。然而，可能是家人或者是登记人的错误，已经 90 多岁的李小生母亲居然没有通知下来，这也不能怪谁，只有慢慢核实，如实申报上去。即使作为村民小组一员的李小生有些埋怨也无法更改什么。

今天是浇灌张志学家的第一层房顶。他家是承包给外地一个叫核桃寨的妇女来做的，之后是她组织了人来，至于付了多少钱倒是没有过问，觉得也没有必要去问，她们也没有说起。今年由于建设房子的村民很多，村里很多人家都只有这样做了。从他家的建筑面积来看，有一百五六十个平方米，价钱应该不会少于一千五六百元。村里直到这次新农村建设之前，一直都是利用本村民互换劳动力来做的，可是，不知道是从哪一家开始的，也不知道是哪一个人先知道有这么一些人付合理的价钱就能做成的，反正今年很多人家都学着这样做了。而且，几次过后，本寨子

里的妇女也约着来做了。原来人是学着劳动的，而劳动也就教会人劳动了。今年的这种例子就是典型的一个，本来自己村民不懂，或者说是没有尝试过的新劳作事情，通过她们亲手传授后也跟着学会了。听她们说，一个平方米浇溉面积合8元左右。村里多数是100平方米左右的建筑面积，每浇灌一户的价钱就是700到1000多元这个范围。

晚上，李得卜的妻子挨家挨户地通知村民于明天早上来帮忙到地里去背几背石头。村里无论谁家做房子，传统的习惯是会有村民来帮忙的，特别是类似这样背石头和沙，还有背砖之类的重活计往往要通知村民来帮忙，被通知到的人家要是没有什么事情就会去帮忙，要是有特殊事情而不能去帮忙也不奇怪。这几天还算少一些了，最紧的是前几天，一晚上都会有三四家来通知背砖、背沙的。今年，村里做房子的农户多，他们理所当然就很忙了。然而，从现在的情况来看，用村民的话来说是不做房子的村民更忙。因为做房子的村民家只要做自己家的就行了，很少到其他家帮忙（有时也会去帮忙），而其他不做房子的村民就要今天到李家帮忙，明天到张家帮忙，后天又要到卢家帮忙，加上自己家的日常事务，真是辛苦了！

2010年1月2日，星期六，农历十一月十八，属鼠，晴

晚上，听说卢开亮家的牛找不到了，发动了一家人去找。从现在箐口村的情况来说，牛还是重要的。一、它是主要的生产劳动力，耕田犁地都要依靠它；二、它还是主要的财富之一，村里缺少经济来源，村民多数都生活在基本解决温饱问题的水平线上，而正常的牛一般可以卖到四五千元，家里能够饲养两头牛以上的也不多，要是家里饲养了两头牛就基本等于有上万元了，一两年的日子就不愁过。所以，谁家要是听说牛不见了，就会发动亲戚去寻找。他家的牛是在一个叫陈安的寨子边找到的。村民对牛还是比较重视的。

李小生的母亲和卢小华来反映说他们已经到了80多岁了，听说其他村民家的 80 岁以上老人有一点补助，来向我询问是否也有他们家的。这就不好说了，我昨天已经按照所通知的名单通知了，怎么就没有李小生母亲的名字呢？这问题不是出在现在，可能是以前统计和所报年纪的失误。后来听说李小生看户口簿后发现确实有失误，按户口、簿算来没有 80 岁。人家办事人员只能按照电脑上的登记来落实政策。

2010 年 1 月 3 日，星期日，农历十一月十九，属牛，晴

今天有新街水管站的人和县水勘队的人来村里查看寨子脚的水渠（"来乌罗干"，村民一般都是这么叫），请的老板是黄草岭村民小组的李万祥。现在，这条通到新街镇、长 10 公里左右的水渠实在是很坏了，不能很好地灌溉使用了，是应该修复了，这也是村民反映最多的一条水渠。我上任村里的党分支书记兼副村民组长后，2002 年 4 月就做了申请递交到镇政府，在很多场合也与有关人员反映过，切实期望政府来修理，村民投一点劳动力也无所谓。当时是这样想，现在政府来做了，感到很欣慰！感觉自己的微薄之力也没有白出。虽然有的村民要求由本村的人来当老板，给村民提供一些不外出而在家门口找一点工钱的机会。但是，我自有看法：只要能把水渠修复好，又不给村民带来什么负面影响就算了。

2010 年 1 月 4 日，星期一，农历十一月二十，属虎，晴

浇灌张永福家的房子。他家的浇灌方法还是同今年多数村民家采取的一样，以小工的方式请了外地的人来做。的确，应该说箐口村的历史上从来没有像今年这么大动干戈，建房子的建房子，修路的修路，修水渠的修水渠。只要身体好的劳动力可以说没有一个人闲着了。所以，即使浇灌房子的时候请外地人来帮忙也在所难免了。我清楚，他家的生活条件不是很好，但是，村里实在是很少会有人来帮忙了。

2010年1月5日，星期二，农历十一月二十一，属兔，晴

俗话说："八仙过海，各显神通。"虽然，很多建房子的村民今年是换了一种方式，请外地的人来，但今天浇灌房子的李正忠家是通知了自己的亲属来帮忙完成的。分析下来的原因可能是多种的：一是考虑到自己的房子面积不是很大；二是考虑到自己的经济能力。当然，可能还有其他方面的原因，这里就不去分析了。反正各有各的出发点和办法。

2010年1月6日，星期三，农历十一月二十二，属龙，晴

今天做新房子迁居仪式的人家有李志宽家和李祥家。可能是考虑到下个月就要过春节了，家里要献老祖，所以，得在之前就做好神龛，打扫好房子。

上午，新农村建设工作组开始征用土地，准备在寨子边新建一条牛路。以后村里的牛不能从寨子中心经过，而是要改成从寨子的周边这条牛路来往。主要被征用的是张文学家、张志学家、张正和家、李志宽家等的地，还有几户是土锅寨村民的。准备征用宽为1.5米的地做成专门赶牛的路，目的就是改善村里的卫生情况。

2010年1月7日，星期四，农历十一月二十三，属蛇，晴

今天运来了30吨水泥，供应今年建设房子的50户村民，这些都安排了我来做。刚开始建设的时候，很多建房子的村民还不敢接受分给的水泥，不是担心其他的什么，而是担心一次性分到的水泥近期用不完就会硬了而不能使用。之后不久的一段时间里，水泥迟迟供应不来，很多村民又纷纷来要求供应水泥。我为了不出什么差错，就定位分到少数几户。这次是分给了李红家、李平发家、李学华家等。其他没有分到的农户就说本人的坏话了，当然，解释了之后多数村民还是会理解的。这就是上有政策，下有对策吧。我说这次分给了他们几户，估计他们几户暂时也用不完，要求他们相互之间协调，可以先借一些过来用，以后分到自己家的时候可以还给他们。

2010年1月8日，星期五，农历十一月二十四，属马，晴

张正光，何许人也？即使在箐口村生活了几十年的人也不一定知道。他是箐口村黄土坡小寨的人，现年60岁左右，男，从小就在外地挣苦工分，青年时去当兵，回来后就分在县卫生防疫站开车，因为家里的老人过早就去世，偶尔回来时会到其姐姐家来做客。由于成家和工作的原因，回来的次数少之又少，之前的几十年又因工作的变动先后到玉溪市和昆明市生活。这两年，政府因为要开发旅游征用了箐口村的很多地，其中就有他家的地（可能补偿了10多万元）。他家的宅基地没有在征用范围，有些石头还在，田也有人管理着，这样，今年他就利用这笔钱把老房子的墙体砌好一层之后用石棉瓦搭好，准备给以前的老人补办享情（这里的哈尼族老人只要死了就非得杀一头牛随葬，而他没有给老人杀，没有按照正常的程序一次性了结，当然，除了家庭经济的原因之外更多的是历史的原因所造成）。无论是一层的还是两层的，只要房子算是做好了就要做迁居仪式。今天他家就是做这个祭祀。请的人就可想而知了，也就是他比较亲近的人和朋友。

想想看，一个200户左右的寨子，今年一次性建设50户，寨子里乱不乱？都是建筑材料，特别是停车场，每天都有农户的建筑材料运进来，一家的压到另一家的。近来一段时间，每天都基本上有浇灌屋顶的人家，今天有卢正祥家打第三层屋顶。

2010年1月9日，星期六，农历十一月二十五，属羊，晴

昨天是卢正祥家打屋顶，今天又听说有卢荣家打屋顶了。要是像平时一样给他们帮忙一两天的话，两个月的时间是不够的，每天都得去亲戚或者朋友家帮忙。

2010年1月10日，星期日，农历十一月二十六，属猴，阴

这几天每天都有村民家浇灌打屋顶的。今天是李得生家浇灌屋顶，他家一直在外地打工，是属于新建房子的人家，不属于国家补助建设的对象，得自己家出力建设了，没有享受政府的补贴。

2010年1月11日，星期一，农历十一月二十七，属鸡，阴

北京师范大学的研究生赵莲到村里调查民族习俗，这也是她第二次来村里做调查了。去年的时候，她跟随暑期学校的调查成员一同来到村里，做了为期10天的调查，这次是接续去年的调查，到今年的六七月就要毕业了。如果她也能够顺利毕业的话，毕业论文做箐口村的就有七八个了，还有几个是读博士的，他们有毕业的，也有在读的。这个哈尼族调查研究基地还是帮助了不少的学生。

今天有卢迁华家举行新房迁居仪式。今年，村里建盖房子的人家很多，无论谁家迁居新房做仪式都没有请很多人，只是象征性地请自己最亲近的人简单做了完事，不像往年做一次新房迁居仪式要请很多人，让亲戚朋友都忙不过来。

2010年1月12日，星期二，农历十一月二十八，属狗，阴

今天村里停电。现在的人是不敢想象以前村里没有电的日子的。村里只停了一天的电，都有很多村民说很难过，很多需要电的事情就是做不来了，多影响生活。

在村里做调查的赵莲同学今天对摩批和咪古进行访问，她可能是做这方面的调查吧。具体的情况也没有跟我说起，我也不可能陪着每一个学生，有的时候，我就是给他们带带路，指点一下人而已，绝大多数调查是他们自己完成的。他们很用功，除了少数学生外，多数来的学生真的很用心，我是怎么也没有想到箐口有这么多东西可以写。在我看来是死的东西，在他们眼里和心里却变活了，硬是写出上千上万的文字，变

得有血有肉，有实体、有灵魂。

2010年1月13日，星期三，农历十一月二十九，属猪，阴

从进展程度来说，村里建盖房子已经到高潮期了，每天都基本上有村民家打屋顶。今天是李小生家。因为政府给予15000元物资，也就是20吨水泥，加上外墙政府组织施工队来粉，一年村里就有50户重新建房子，可以想象一下，这么小的一个寨子，会是什么样子呢？

下午，有云南农业大学的老师罗以贵等来村里，他们要在他们自己的试验田进行调查，他们实验调查的是李文科的大田，每年给李文科家补助3000元的现金。

2010年1月14日，星期四，农历十一月三十，属鼠，阴

今天还是有村民李学贵家进行屋顶的浇灌，因为房子的面积小，他家是请了自己比较亲近的亲属来完成的。一是没有钱要省一点；二是自己家人能做的事情自己家人就做了，反正其他亲戚做的时候自己也得去帮忙。

云南农业大学的罗以贵老师等还要在李爱生家的大田进行试验，所以，请了新街镇农科站站长孟国成到李爱生家进行协商，希望李爱生能配合他们进行实验，但李爱生家没有同意，就没有达成协议了。

2010年1月15日，星期五，农历十二月初一，属牛，多云

云南农业大学罗以贵老师和另外一位老师昨天与李爱生协商不成后，于今天早上返回学校了。也许对他们来说，真的是需要大一点的田才好操作。而对村里人来说，有的人家真的就是依靠那一块田填饱肚子的，要是价钱上不合适，村民是吃亏的，他们还要收稻草，还要养鱼。我想，很多村民真的是不会答应的。还要说的是，来做调查的师生也不是很自觉，他们会把塑料或者喝完的矿泉水瓶等垃圾、杂物乱丢在村民的田边，

还要麻烦村民去清理。有的村民是跟我提意见了,要我跟他们说一下。

新农村建设工作组对村里从水碾到陈列室水沟一带进行测量。根据政府的建设思路要对这一带进行征用,对所有的树木进行保护,不准村民故意去砍伐,要保持现有的生态。

2010 年 1 月 16 日,星期六,农历十二月初二,属虎,晴

上午,在村里调查了一周的北京师范大学研究生赵莲同学返回学校了。

今天还是停电,没有电的日子是不好玩,很多事情都做不了。电力公司的人怎么不组织人力来抢修呢?

今天李光明家打屋顶,他家与工作组签约第二层由工作组承包十几年,之后由工作组安排人员来给他家建盖。这样也好,自己家的钱省了,房子也建起来了。

2010 年 1 月 17 日,星期日,农历十二月初三,属兔,多云转晴

水源池做好已经很多年了,由于是在山体上,水源不能直接进入水池里,所以每过一段时间都要有人去检查。近期用水紧张,水源又断了,只有村民小组人员去查看,发现的确是分水管断了,我们只能简单地接了回来。要是好好修理的话,需要一些物资了,还需要一定的人花一点时间来做。

越是接近过年,村民越是加快建筑速度了。就像前几天说到的,基本上每天都有村民家打屋顶,今天有卢文华家、卢学贵家。两家就在一起,他们卢氏家人要出来帮忙的只有分开了,各人看着自己亲戚的脸去了。

2010 年 1 月 18 日,星期一,农历十二月初四,属龙,晴

今天有新街镇的党委书记请箐口村的党员开座谈会,目的是要箐口村的党员知道村里的一些情况，希望各位党员配合村民小组工作，把箐口村建设得更好，要不然，一个新街镇的党委书记哪里有时间面对面在村里开会呢？

上午，张正和家做新房迁居仪式，请了我们张氏家族的人过去吃饭，被请到的我们自然是要去的。

2010 年 1 月 19 日，星期二，农历十二月初五，属蛇，晴

开始修理寨子脚的水渠（拉乌保干，沟名，村民这么称呼），这也是寨子主要灌溉梯田的水渠之一。由于多年失修，加上人畜来往、雨水冲击，村民灌输水源都成问题了。村民小组已经多次向上级部门申请也得不到修理的批准。今年终于得到了批准，村民们都很高兴，都希望早日修理好，方便赶水。

李世德家到他岳父去世的地方丧祭，也是买了一头牛，邀请了所有村民家（通知这种情况是以家为单位）前去。但是，他的岳父家离村里有十多公里，交通不方便。再说，村里很多人家都在建设房子，这些建设房子的人家又不能来参加，包括他的亲兄弟李世科也没有参加，所以，去的村民很少，只有二十几人。用参加帮忙的人的话说是："这次的牛肉是够吃了。"

2010 年 1 月 20 日，星期三，农历十二月初六，属马，晴

今天打屋顶的有李朝生家和卢建忠家。我忙着做自己的事情，没有去帮忙哪一个朋友家。"对不起，自己想一点办法吧，"我心里这样想。也只能这样了，每天都要跟着新农村工作组走，在村里到处检查工作，真的是忙不过来。

元阳县水利局的人来村里调查修复水渠和排水沟的情况，主要是看寨子脚"拉吾保干"和"爱琼保干"，这两条水沟灌溉梯田面积最多，由于多年没有组织去修理，烂的也最多，村民的要求也最多，我也希望这两条水沟修复起来，就算是在任期间为村民争取一个项目吧。

2010 年 1 月 21 日，星期四，农历十二月初七，属羊，晴

你看，昨天是有两家打屋顶，今天又有两家打屋顶了，是李爱守家和马志文家。

2010 年 1 月 22 日，星期五，农历十二月初八，属猴，晴

上午，村民小组张明华带着理财小组卢学贵和李正荣领取 2009 年下半年农村最低生活保障资金，箐口村一共是 50040 元，是以现金带回来给村民发放的。

原来，新街镇是安排村里的李树华、李文光、卢建忠等人到南沙镇排沙村去考察他们寨子的建设情况的，可是，因为交通堵塞不能过去而又返回来了。

2010 年 1 月 23 日，星期六，农历十二月初九，属鸡，晴

今天有新街镇党委副书记、副镇长等来村里慰问老党员和特别困难户，他们分别是李偶所、李世科、张拥文、李欧角、李正光、张志林、李志荣、卢倮应、张正荣、李克福十户人家，给了每户困难户 100 元。

2010 年 1 月 24 日，星期日，农历十二月初十，属狗，晴

上午，村里发放农村最低生活保障资金 50040 元，按照人口每人可以分到 52 元。

今天上午考完试以后，学校要放假了，要给学生们过一个愉快的寒假了。

天气有点冷，但是，只要天气好，还是可以进田劳动的，今天看见卢开亮犁李正新家的田。没有办法，很多村民家都在做房子，根本没有时间去招呼田了，都慌着要把房子尽快做起来，做了迁居仪式以后还要过年。

2010 年 1 月 25 日，星期一，农历十二月十一，属猪，多云

上午，有新农村建设工作组来村里兑现征用陈列馆到水磨房的土地征用费，共有 20 多万元，其他的都基本没有什么问题，就是李永福家和李正新家有点纠纷。是一块秧田，李永福说是他家的，一直都是他家管理育秧苗；而李正新说田是分给他家的，当时，只是李永福家秧苗不够，说是要在这块田里育秧就暂时给他家管理而已。情况基本明白，无非就是一个家族的事情，工作组给李正新家一点，也给李永福家一点。他们也是一家人，很好说话，基本就答应了，没有带来多大的问题。

2010 年 1 月 26 日，星期二，农历十二月十二，属鼠，阴，有雨

我说过，这几天每天都有村民家打屋顶，今天是李小生家、李志文家、李志和家、你说，一个寨子有这么多户打屋顶，村里忙不忙？

已经好久没有下雨了，昨天是有点云，今天就有点雷雨了，说是人工降雨的。

2010 年 1 月 29 日，星期五，农历十二月十五，属兔，晴

今天，村里发来三十吨水泥，分给李志和家、李小生家、张明福家、张五家、张志学家、杨文亮家，每户五吨。已经很长时间没有给村里发来水泥了，村民每天都来反映情况。市场上的水泥又很贵，已经上涨到每吨五百元，可以说到目前是最贵的一年了。

2010 年 1 月 30 日，星期六，农历十二月十六，属龙，晴

今天，兄弟张明福家打屋顶。自己一家人，毕竟是在那个老房子一起长大的，很想过去帮忙几天，可是没有办法，自己也不知道自己整天忙什么去了，一会儿跟着工作组走，一会儿做村里的事情，一会儿又忙着自己的事情，好像一天也没有过去帮忙，今天是特意过去了一天，很难得。

李则主犁田，自己家建设房子，没有时间去招呼，只好现在过来慢慢处理。还有好多村民家的田没有犁，没有搭田埂的也还有。村民确实相互都忙不过来了。

今天做新房子迁居仪式的人很多，一共有6户，分别是李成家、杨文亮家、张志新家、卢荣家、李正福家、李志祥家，由于他们家都请了自己的亲属，来村里做客的人就多了。

2010年1月31日，星期日，农历十二月十七，属蛇，晴

村民都是在忙着建房子了，而李学家忙着去购物，准备到他小舅子家丧祭。

张正光这人很特殊，从小就出去混了，很少回来。现在老了，这次回来是准备开冷丧的。"开冷丧"，就是补办以前没有按照哈尼族的正常习俗办理的丧事，或许是政治历史的原因，或许是家庭的原因，或许两者都是。反正，就是以前没有按照哈尼族的正常习俗办理丧事。现在的话，取他们的骨头进行补办。要是不知道他们的墓地在哪，或者要是时间长了取不到他们的骨头，取一点土回来也行。请摩批、杀牛，还有所要的鸡、鸭都不能缺少，一切都像刚过世的人那样办理，这就是"开冷丧"。

2010年2月1日，星期一，农历十二月十八，属马，晴

李学家到街上去购物，准备舅舅张正光家开冷丧所需要的东西。有的时候就是没有办法，出于礼节，他们是必须要过礼的。李学的母亲是张正光的姐姐，明天要去丧祭。

2010年2月2日，星期二，农历十二月十九，属羊，晴

接到村委会电话通知参加村委会会议，要求五个自然村党支部书记和村民组长到会，我们箐口村参加的是我和李树华。这次是2009年土锅寨村委会的年终总结会。说是开会，在我们农村其实是不会有多少事

情的，只是过一个程序而已，相互之间了解一下，简要说说纠纷情况、过年期间的安全事项等。吃过中午饭就回来了。

隶属箐口村的黄土坡张正光家开冷丧，说是以前生活困难，有5个老人都没有按照正规的哈尼族习俗办理丧事，这次征用土地中得到一点补偿就来补办这些老人的葬礼了。哈尼族真是麻烦，过了这么多年还来补办这样的葬礼。

李学家去丧祭，请了村里的所有人家，看来是要大请客了。今天去丧祭后，明天回来，准备后天的伙食，后天全村村民都要到他家做客。不请客的话，只会叫亲戚朋友参加，明天回来后，下午请一个摩批做一个法事，请参加的亲戚朋友吃喝一顿就了事了，过程相比就稍微要简单一些，精力也少费一些。

2010年2月3日，星期三，农历十二月二十，属猴，晴

上午，新街镇安排了工作人员对村里进行人口和经济调查，调查村民家的猪、鸡、牛、羊。

正如昨天说的，今天李学家丧祭回来，因为明天还要准备请客，今天回来后还到街上购买所要吃喝的东西。

送葬张正光家老人的冷棺材，时间过去那么久了，去哪里找骨头？其实就是一抔土，象征性地用竹子编了一个空棺材，再用布裹着就行了。只不过办理的程序就如同刚过世的人一样。我不知道其他民族有没有这样的做法，对这样的做法我只能持中立的态度。

2010年2月4日，星期四，农历十二月二十一，属鸡，晴

上午，村民小组同昨天一样，配合新街镇安排来的工作人员进行人口与经济调查，主要是统计农户家有多少猪、牛等情况。

上午，李学家请客，村民都要到他家做客，要给他家过礼金。张正光主人家也要接待的，只是他当兵参加工作以后基本不在家里，很少参加其他村民家的活动，这几年退休了也很少回来帮助村民家做事情，到他家做客的自然要少些。

下午，应邀请，我们村民小组成员我、李树华、李小生三人参加云南世博元阳哈尼梯田旅游开发公司总结大会暨2010年春节茶话会，地点在新街镇的云梯酒店，还给我们每人发了200元的红包。

2010年2月5日，星期五，农历十二月二十二，属狗，晴

快要过年了，过年的时候，村民家都要给老祖辈的神龛献饭。所以，建好房子的人家即使没有装修也慌着做新房的迁居仪式了。几乎每天都有人家在做，都希望在过年前迁居到新建的房子里。要是朋友多一点的话，每天都要吃迁居的饭。参加的人要带上一斗大米或者一点钱。

以前经济困难的时候，大家就是带米，不可能给钱的。20世纪八九十年代后，有的就给10元20元的，这几年是给到了50元至100元，数目上有所增多。当然，主人家吃喝的也增多，伙食肯定比以前好多了。

今天上午，我应堂弟张五的邀请到他家参加新房迁居仪式，主持祭祀的是张氏家族的大摩批张正和。去年建新房子的多，我是村民小组成员，跟村民相处比较好，要是每家都做迁居仪式的话，估计两个月可以不用在家里做饭吃。只是这种情况要过礼。今天早上，我给了100元礼金，一个人一餐饭吃一百元伙食还是有点偏贵的，很难撑得住的，有时还得找借口躲着。

2010年2月6日，星期六，农历十二月二十三，属猪，晴

今天我的兄弟张明福家做迁居仪式。毕竟我们是一家人，我也是在那里长大的，只是"树大分枝，人大分家"，一家住不下就要分两家罢了。这个时候，我无论如何都要过去的，想着也是要过年了，到时候还要做好神龛献饭的，不首先做新房迁居仪式是不行的。所以，这一段时间做好房子的村民家即使没有装修好也要先做新房迁居仪式。我是村民小组

干部，平时也爱跟他们喝酒，这次新农村建设发放水泥也是我负责，请我吃饭、喝酒的亲戚朋友就多了。但是，这可不是白吃的，他们这样做新房迁居仪式请吃饭喝酒我们是要"出血"的，身上带着钱的时候给30元或50元甚至100元。要是没有带钱，就回家里带一斗米好了，当然，烟、酒也行。

2010年2月7日，星期日，农历十二月二十四，属鼠，晴

因为快要过年了，新建房子的村民家就慌起来了，因为过年的时候，他们要做好神龛献饭，所以，都在赶着建起来，起码把第二层的屋顶打起来，做新房迁居仪式，把中柱立起来，把神龛做起来，好在过年的时候进行献祭。今天看见李朝生家做迁居仪式，都知道去年到这个时候盖房子的多，好多人就只请最近的亲戚和朋友了。

村里收到60吨水泥。到现在，村里还未领够20吨水泥的没有几户人家了，基本上都发放够了，这是收尾的，是补给少数人家差着的几吨水泥。

2010年2月8日，星期一，农历十二月二十五，属牛，晴

今天，做新房迁居仪式的有卢正明家。他平时给村民唱哈尼哈巴古歌的机会多，给人家的人情就多，朋友就要多一些，也是我的一个好朋友。今天，我也过去参加了，来的朋友要多一些，参加的人有的带米，有的给钱，有的带来烟、酒，我是给了100元。

2010年2月9日，星期二，农历十二月二十六，属虎，晴

今天新街镇政府工作人员和新农村建设工作组来村里，遥知村民以后建盖房子的人家要办理审批手续，至少要等5月这一批新农村建设项目工程验收后才能建盖，避免他们运进来的建筑材料影响村里的形象。我听说有李志祥家、李世明家、杨文光家也准备建盖房子的。以后建盖

房子就不是这个项目里面的了。

今天有李春家做祭祀，说主要是因为他家做祭祀的神龛被他的儿子动过，做此祭祀是希望不要因为这事而让家里出现什么不吉利的事情。

上午，李宏亮家做大祭祀。为什么说是大祭祀？主要是听中老年村民说，参加祭祀的一共是 6 个人，每人都拿着东西，而且所拿的东西要比一般祭祀的多，说是其妻子生病已经很长时间了，前一段时间还到开远五九医院看过。摩批是其岳父李正林。人生病就是麻烦，得做这样那样的事情来消灾。

2010 年 2 月 10 日，星期三，农历十二月二十七，属兔，晴

今天，杨文亮家买了砖回来，准备过了年就要建房子。"树大分枝，人大分家"，作为一家人，没有属于自己的房子，我认为这是一个人最大的困难。

李德生家浇灌第三层屋顶，考虑到他们一家人平时都在外地，在村里互换工时帮助村民的情况很少，这样，现在他家浇灌屋顶也不会有多少人来帮忙，他家就付钱请了小工来做。

可能是快要过年的原因，在村里做工的外地工人都离开村子回家去了。听说没有拿到工钱的工人还多着呢。

2010 年 2 月 11 日，星期四，农历十二月二十八，属龙，晴

今天是过年前新街镇的最后一个集日，村里基本上每户都有人出去赶集，买年货，已经很热闹了。在村里可以感觉到过年的气氛了。

李永华的儿子在村里办结婚宴席，基本上把全村村民都请了，说是在他们朋友之间还发了请帖，像是在酒店里举办似的。

2010 年 2 月 12 日，星期五，农历十二月十二九，属蛇，晴

今天是大年二十九，按照村里的一般做法，村民家都要做糯米粑粑，

以备过完年的初三、初四给出嫁的姑娘们送去一些，这是规矩，每家多少都要做一些的。以前是用村民自己发明的碓来撮糯米的。现在村里已经有了撮糯米的机器，村里的妇女嫌以前用的木碓麻烦，费家人的劲，机器简单、方便，只要花几块钱就解决了，所以，村民都没有用原始的碓来舂糯米了，而都去使用机器加工了，拿回家里简单处理一下就好了。

到现在，在外面打工的青年人能回来的基本上都回来了，今天是有张崇明一家人回来。他是村里的第一个大学生，从昆明理工大学读书出来，在外地参加工作，过年、过节期间回来与家人团聚一下，其他时间就都在外地了。

2010年2月13日，星期六，农历十二月三十，属马，晴

今天是大年三十了，村里的过年就是杀猪。今年杀猪的村民很多，基本上每两三家杀一头猪，如张保祥家、张明福家、张斌家、张五家、张正和家、张理保家、李志和家、李金家、李志祥家、李永新家、李世和家、李永福家、李祥家、卢朝生家，等等。仅从杀猪户数增多的现象来看，村民的生活条件是越来越好了。要是多年前，我记得过年都不会有几家杀猪的，几户人家约起来才敢杀一头猪，一家买一点吃，生活条件明显就不如现在。今天的事情要简单些，只要杀猪的人家先把饭煮好，再煮一点肥肉和猪脚，煮熟后切好，连同饭、酒、姜汤献一下，鸣鞭炮，就可以煮家人要吃的猪肉等。人手够而且能做的，到了下午两三点就可以吃饭了，一直可以吃到晚上休息。

2010年2月14日，星期日，农历正月初一，属羊，晴

早上杀鸡献祖。在村里，这是新年的第一天，要献饭的村民会起得很早。记得老家那边是先做汤圆，煮熟了之后献祭，第二是杀鸡，煮熟了连同猪肉一起献祭，等一家人起床后再做饭菜吃。村里的习俗是今天不许串门，不过现在的年轻人管不了那么多，只要好玩，献祭过酒饭之

后就来往了。

2010 年 2 月 15 日，星期一，农历正月初二，属猴，晴

这几天的天气都很好，而卢志明家的秧田又是处在白龙泉下方，用的就是这股泉水，冬天这股泉水都是温和的，卢志明家今天就育秧苗了。他才不管过年不过年的，自己的农事最要紧。播种在前，收获也会在前。

2010 年 2 月 16 日，星期二，农历正月初三，属鸡，晴

按照村里的一般过年法，村里基本上过了年，村民都相互忙着送糯米粑粑认亲。只是，现在的日子好过了，都还在吃喝着，一直要到多数青年人都出门了，到了播种而没有时间吃喝才慢慢结束过年，恢复正常的生产劳动。

2010 年 2 月 17 日，星期三，农历正月初四，属狗，有雾

李和明与卢学锋家有纠纷，说是卢学锋家出门的路是李和明家的，现在李和明家要堵起来，两家争吵起来，要求我们村民小组去调解。

2010 年 2 月 18 日，星期四，农历正月初五，属猪，阴，有雷雨

今天的天气情况很不好，阴，有雷雨。可是，自己耕种了这么多年的田以后，知道起春雷就意味着气温回升，离播种育秧苗的时间不长了，可以逐渐准备做农事了。只是，我们这些男人啊，过年、过节酒喝多了，喝了酒，饭菜又吃不下，很伤身体，到了这个年纪以后，还得休养一两天才能恢复精力继续生产劳动。

今天属猪，过了年后，要出门的年轻人就会做出门祈福的仪式了。今天是看见张庆贵请摩批李树华做的。他俩都是摩批，都 40 多岁了，只是自己的法事自己不能做，得请别的摩批来做，就请了朋友李树华。我是不太相信的，都四十老几的人了，还做什么祈福的法事啊，他们不过是想吃鸡肉罢了。二十几岁的年轻人做一下，劝告他们出门不要乱来还可以理解，四十多岁的人还要做的话我认为是没有必要了，自己小心些，尽力做好自己的行业，注意安全，勤俭持家，那就安全了，那就有钱了。做了这样一个法事就能保平安、就能发财的话，天下就成了哈尼族的了。

2010年2月19日，星期五，农历正月初六，属鼠，阴转晴

下了一阵雷雨后，妇女们也相信春天快到了，在土壤潮湿的时候种黄豆、苞谷下去就会很快发芽的，所以今天有村民去播种黄豆和苞谷了。

2010年2月20日，星期六，农历正月初七，属牛，阴转晴

李祥家做叫魂仪式。他的父亲今年已经69岁了，他们说"男怕3、6、9，女怕1、4、7"，意思就是男人害怕尾数带有3、6、9的岁数，女人害怕尾数带有1、4、7的岁数。说在这样的年岁里灾难可能要多，特别是到了六七十岁以后，往往会带来霉运。今天，他们家没有请摩批，只是请自己的子女来叫就行了。具体的仪式程序在前面的日记里做了记录，这里我不想重复了。

已经有村民家育秧苗了，过年的气氛慢慢淡去，村民都要逐渐进入生产了。今天整治秧田的有李红家，说是已经捂了秧苗，过一两天就可以撒到秧田里了。

2010年2月21日，星期日，农历正月初八，属虎，晴

这一带的哈尼族信鬼神，相信有好神保护着我们每一个人健康成长，平安生活。相反，也相信有鬼怪来害人，给人灾难和折磨。或许这就是有摩批的一个理由。他们能与神灵来往，与鬼怪通话，能祈求神灵赐福，驱赶鬼怪作灾。所以，我在村里经常看到村民家做祈福消灾的各种仪式。每种仪式都有它特定的时间段，这一段时间是做出门祈福的仪式。每到

属虎、属猪、属马的日子，就会有年轻人做祈福仪式。今天也不例外，做祈福仪式的有张文学家、卢荣福家等。

今天看见整理秧田的有李树林家、李庆亮家等。我在村里做农民、从事农业生产已经整整10年了，知道在正常情况下，2月底至3月初就育秧了，到了4月底至5月初就插秧，到了9月底至10月初就收割。这几天天气情况很好，是连续的晴天，村民还担心梯田里的水都被晒干。对育秧倒是有好处，都想着天气好，让秧苗快些长起来，就都慌着整秧田育秧苗了。这是男人们的事情。

这几天播种黄豆的妇女也多起来了，今天看见有张小明的妻子、张学亮的妻子等到地里播种了。

下午，有元阳县委书记等一行人来村里考察情况，因为去年的新农村建设，投入了很多资金，现在过了年就过来考察了。

2010年2月22日，星期一，农历正月初九，属兔，晴

天气晴朗，一生当农民的老人就闲不住了。我看见李文贵老人去耙田，说是他们年代的老人基本上不出门的，梯田要三犁三耙的。收割完后10月到11月犁一次，到了开春的这个时候耙一次，再到3月犁一次耙、一次，等要插秧的4月底至5月初又犁一次、耙一次，这就是三犁三耙了，基本上把一年的时间和精力都用在管理梯田上。而现在，基本没有人这样做了，能做到两犁两耙的都少了，一犁一耙的多。没有牛的到了插秧时候简单耙一下，插秧过后施一点肥的也多了。

别人都整理秧田了，看着天气好，我也出去田里劳动了，也要把自己家的秧田整理好些，特别是要除草，这样秧苗的生长就不会受杂草的影响了。

2010年2月23日，星期二，农历正月初十，属龙，晴

现在的信息就是来得快，城里的孩子玩起滑板，村里的孩子也流行起玩滑板来。有生意头脑的卢开亮妻子从城里买回来滑板，又卖给村里的孩子们。村里有一个学校广场，一个陈列室广场，还有一个是磨秋场，他们就在这几个广场玩。

整治秧田的有李平真、李志和等。反正，这几天是村民育秧、撒秧的时候，看着天气好，多数村民都育秧、撒秧了。

看见撒秧的有李学华家、张正祥家等。

2010 年 2 月 24 日，星期三，农历正月十一，属蛇，晴

因为连续的晴天，大家都慌着育秧了。梯田的水都要被晒干了，旱情继续严重，村里赶水的人也就多起来了，像赶集似的，白天、晚上都有。多嘴的妇女们还出现争吵了。没有办法，人是自私的，都想为自己好。

村里撒秧的有李学亮家、李正新家等。

2010 年 2 月 25 日，星期四，农历正月十二，属马，晴

今天是属马日，做祈福仪式的村民家多。简单观察了一下，公路上都是做祈福仪式的人家，有李学等 6 家人在做。

张牛志家买砖回来，请了村民来帮忙背。

2010 年 2 月 26 日，星期五，农历正月十三，属羊，晴

今天整治秧田的有李文才家、张明福家、李志宽家等。

撒秧的有张保祥家。

元阳县新农村建设工作组今天挨家挨户地发通知书，通知今年不能拆除房子重建，从去年到今年年初村里的这个新农村建设项目没有验收，希望村民配合，要是准备拆除重建也要等项目验收后。

上午，我看李正超家很热闹，有很多亲戚在家里帮忙做饭菜，原来是李正超的妻子又生了一个孩子，生下来以后的第一个属相日，他们家要去大鱼塘村水沟的一座桥上献祭，还要请亲戚朋友参加，有点像过生日。

2010 年 2 月 27 日，星期六，农历正月十四，属猴，晴

别人家育秧了，根据这么多年的经验，我也认为是可以育秧了，今天我就把秧苗育下去了。看见其他育秧苗的人家有李文才家、李志宽家等。到今天为止，村里基本上撒完秧苗了。以后就看天气变化了，要是不下雪的话，只要管管水，管管鸭子等牲畜别来破坏等秧苗长高了插到田里去就行了。

上午，我们村民小组组织交咪古和护林员的费用。这是按照以前的规定执行的，咪古的是每户两升谷子，村里集体树林护林员的报酬是每户两斗谷子，折成市斤数的话，一斗谷子 15 斤左右，一斗等于六升。箐口村 203 户，咪古的有 1000 斤左右，护林员的大概是 6000 斤。只能说大概的数字了，因为有的村民一家人外出打工而没有人替他们交的话，也没人因为一两斗谷子去追究。还好这两年我们实施得有点严格，村民都会相互通知来交清。

2010 年 2 月 28 日，星期日，农历正月十五，属鸡，晴

撒秧的有李树华，还有云南农业大学苏友波老师他们。李树华是村委会农科员，平时爱动一点脑子，用的是塑料薄膜育秧法，不怕育秧时间晚，只要照顾好，秧苗还是很快就长起来了。云南农业大学苏友波老师就不用说了，他们才开学，就下来育秧苗了，就是用塑料薄膜育秧的。

有一点得说一下，卢俫应今天到自己家已经被征用的秧田里育秧。他对村民说："我家秧田出租的时间到了，现在要自己家收回来管理。"这个我基本知道，前些年开发村里的旅游业，当时的红河州州长白成亮也会经常来箐口村，来到卢俫应家这一片有白龙泉的秧田，就想着把这几块田征用过来养鱼。有泉水嘛，水清，大鱼小鱼、黄的青的都看得见，当然是一种景观。这话被时任元阳县旅游局局长的高正福听到后，他就以政府的名义征用了这几块田拿来养鱼，让村里的管理委员会管理。但是，没有专门的管理人员，殊不知，这里是农村，村里调皮的孩子不管白天、晚上，就盯着那一大群鱼转，没过多长时间都被抓完了，再放，孩子们再抓。公家的，村民不会管那么多，反正拿回来就吃，也不伤害哪一个亲戚朋友。要是亲戚朋友家的，看见了可以制止一下，可以转告一下，公家的就不管了。之后，是交给在村里开饭店的茹海燕来管理。外地人养的鱼，孩子们同样去糟蹋，同样管理不了，这样那块田就搁置了一段时间。现在，卢倮应放出这样的声音来育苗估计是站不住脚的。

2010年3月1日，星期一，农历正月十六，属狗，晴

上午，有新街镇农经站站长和一个工作人员到村里调查水源情况，这次主要是测量安装自来水到户的水管需要量。说是还要给每户安装一个水表，并收取50元的水表费。我知道村民的心理，他们认为是从自己寨子的水源头引来的水，为什么要收费呢？打听得知有的村民是不愿意交50元的，反过来说这是政府的项目，不会缺少这50元。

学校也要开学了。今天有小学六年级的学生背着行李回自己的学校去了，要接受新的知识去了。这些长身体、长知识的孩子是应该趁年轻多学习一些。

2010年3月2日，星期二，农历正月十七，属猪，晴

今天上午做祈福仪式的有李祥家。因为村里的摩批都已经被预订好了，只好请大鱼塘村的张有贵摩批。

上午，有元阳县副县长张安祥和元阳县扶贫办公室主任孔家有等领导来村里调查新农村建设工程进展情况。

下午，有李树华用三轮港田车运来一车化肥，因为都要栽种苞谷、黄豆了，所以购买的村民也还是多的。

今天有村里的妇女李文才的妻子、卢秀英、卢丽三人因为要组织过

"三八"妇女节就到元阳县各有关单位凑集资金。元阳县财产保险公司资助了1000元，元阳县交通警察大队资助了1000元，元阳县法院资助了1000元。卢丽是我的妻子，对她们的凑资行为我其实是反对的。元阳县财产保险公司经理是我的大表哥普灿，元阳县交通警察大队长又是二表哥普洪。要不是与村里有某种关系上的来往，他们哪里来的经费给你们呢。

2010年3月3日，星期三，农历正月十八，属鼠，晴

杨文亮家今天浇灌第三层的屋顶，可能是考虑到村里做房子的人家很多，他们家也是请了小工做的。再说，他家第三层的建筑面积也不大，二十多人一天就浇灌完了。

村民小组参加村委会会议，主要事由是土锅寨党总支委员和土锅寨村委会要进行换届选举了，由新街镇工作指导组宣传这次换届选举的事情。要求选举出五名党委委员，其中一名总支书记，两名副书记，两名委员，按照程序首先是党员内部推选，再后是群众推选，最后是于3月24日选举产生。之后是于4月选举主任和村委会委员5名，以及村民小组和妇女干部等一系列事情。

2010年3月4日，星期四，农历正月十九，属牛，晴

今天又有李才明家打屋顶，他家不在去年政府补助的范围内，是在原来的基础上加建第二层的，也是考虑到建房子的村民家多，就请小工来浇灌。

上午，箐口村党支部开会。箐口村现在共有党员32名，一名预备党员，有很多年轻党员外出，只有部分党员参加。

2010 年 3 月 5 日，星期五，农历正月二十，属虎，晴

村里的党员参加土锅寨党总支部会议，于中午 12 点开会，推选新一届土锅寨党委委员。

2010 年 3 月 6 日，星期六，农历正月二十一，属兔，晴

今天，有李德福家浇灌一层屋顶。他家是新做的房子，不在去年的政府补助的新农村建设项目范围内，是请小工来浇灌的。

上午，村里召开村民大会，由村民推选一名土锅寨党总支委员，推选的结果是张春华 57 票，李学 55 票，还有几个党员也有几票。另外，通过举手的方式推选李文才为箐口村第四届选举委员会成员。

再能干的干部也有退出的时候。我已经在村里任了十年左右的干部，因为一些事情的失误，村民反过来说我，有点厌烦了，就等着移交手续干自己的事情去了，所以，对这次选举是不在乎了，不管谁来担任都无所谓了。

2010 年 3 月 7 日，星期日，农历正月二十二，属龙，晴

今年的天太干了，村里的很多田都晒干了，有的村民反映要求村民小组组织村民一起去清理水沟，有的是自发组织去清理。今天，我也是组织了跟自己家的田比较近的李正林妻子、李志和等几个农户去清理寨子脚的"爱琼倮干"（沟名，村民都这么叫），便于我们几户人家的田引用白龙泉的水，只要挖通了，我们几户人家的田就没有问题了。

今天是属龙的日子，也是新街镇的赶集日。又是新一年的开始，村里各种集体祭祀又要接着开始了。新选出的两个龙头（村里每年都要选举出向村民收取各种祭祀费用的人员，一般是两个男的），今年担任的是一队的李爱生，二队的李建国。这里为什么要提一队和二队呢？此称谓从 20 世纪五六十年代有生产队合作社的时候就有了，这一说法一直都没有改变。村里的其他生产方式都基本上改变完了，就这一叫法一直没有改变，我认为有必要说明一下。明年要是没有改变的话，就该是三队和四队的人选了。村里有四个生产队，两个龙头的人选就这样轮换着。

今天上午村里分配10吨水泥，属于农户拆除房子重建的20吨补助范围，今天领取的情况是：张小华2吨，李学华26包，张永福25包，李建生25包，杨文亮25包。按照工作组的安排，剩下的由几个村民小组成员分领，作为平时的辛苦费。到今天为止，50个农户4000包水泥的补助全部到位。这次发放水泥主要由我负责，完成任务的我像负重的人放下担子一样，感到有点轻松了。

2010年3月8日，星期一，农历正月二十三，属蛇，晴

今天是"三八"妇女节。不知是通过谁的提醒，或者是她们早已经知道了，在村里给施工队打工的妇女也知道今天是她们的节日，要求老板请客，下午不劳动而到寨子外去打野餐。你看，以前没有的观念都传到村里妇女的心里了。

下午，有张明德家叫魂，主要是前不久他驾驶车辆出了一点事故，要开车到出事的地方去叫魂，听参加的人回来后说当时已经很危险了，是在一个陡坡出的事故。

2010年3月9日，星期二，农历正月二十四，属马，有雾

今天有雾，天气不是很好，但是，还是有很多年轻人家做祈福仪式，如张金荣家，摩批是李世文。这个李世文摩批今年才出师，不知道师从谁了，有待调查。

村里的妇女组织外出旅游，一共有60多人。除代表们到单位申请来的5000多元之外，每位妇女还凑了100元，组织到个旧市和开远市的景区去。原来是要叫我带去，我以事情多为借口回避。不出事情就好，出了事情谁负责得了，又没有什么劳务费。之后是李正荣带着去的。

今天是属马日，按照村里正常的程序，也是祭祀火神的日子了。

2010年3月10日，星期三，农历正月二十五，属羊，雾，有蒙蒙雨

上午，张榜公布土锅寨第四届选举委员名单，分别是主任李忠喜，副主任李正亮，委员李文才、李文科、李云芬、林正芳、张卫。

去外地旅游的妇女于下午返回来。我的观点是：只要有机会，她们是应该出去走走了，不然的话，有的妇女活到老都还没有跨过红河一步，红河到底有多大（宽）都不知道，一生的精力就是养育孩子，生产劳动，的确很辛苦。这样有机会的情况下，是要去见识一下，毕竟妇女是半边天。她们的见识提高了，能力提高了，家里的生活质量才会提高，我是这样想的。

2010年3月11日，星期四，农历正月二十六，属猴，阴转晴

土锅寨村委会召开第四届选举委员会第一次会议。接下来，就要展开村委会的选举工作了。先要选举出来党总支书记、副书记、委员，再是选举主任、副主任等。

红河州梯田管理局带国家文物局的人来调查、统计村里的民居情况，可能是这次新农村建设项目大大改变了村面貌，惊动了上级才来的。

张五家浇灌第三层屋顶，因为面积小，只是请了自己家的亲戚来帮忙，几个小时就浇灌好了。

2010年3月12日，星期五，农历正月二十七，属鸡，晴

今天，李张祥办理结婚的事情，说是给与他要好的和自己家最亲近的人家发了请帖邀请来做客，准备在自己家办理。要得提一下的是，他们也学着汉族结婚的那样，请了自己的朋友做伴郎和伴娘，受邀请，我也去参加婚礼了。

晚上，有卢开亮与自己的二儿子吵架，主要是说老人家卖了自己家原来的一点地皮，二儿子没有建房子的地点，现在，二儿子长大了，在村里没有建房子的地皮了。

2010 年 3 月 13 日，星期六，农历正月二十八，属狗，晴

今天有卢明华家浇灌第二层屋顶，他家原来就建盖了一层，这次可能是因为政府征用了一些土地，每户都补偿到10000多元，看着村民很多都在建盖房子，想着自己的钱也可能会用完就拿来建盖第二层了。他家的房子不在政府补助的范围之内，所有费用都是自己家出的，今天来帮忙的人都是自己家的亲戚和朋友。

李欧手家买来两车砖，同样的道理，很多村民找到10000多元的现金是很少见的事情，家里要是有了10000多元，都不希望无缘无故地花完，都希望做一点踏实的事情。特别是今年，很多人家都在建盖房子，也就买一些建筑材料堆在家里。李欧手也是如此，他家在被政府征用的土地中补偿到30000多元。

早上，李张祥的母亲给家族中的每户人家分几块糯米粑粑。这是村里的一个规矩，要是谁家娶了新媳妇，而媳妇家背糯米粑粑回来就得给家族中的每户人家分享几块，特别是要给家族的老人和村里的咪古送些烟酒等，以表孝敬，希望得到他们的祝福。

2010 年 3 月 14 日，星期日，农历正月二十九，属猪，晴

今天又是一个属猪的日子，村里年轻人要出门的又可以做祈福仪式了。今天做的有李庆五家和李红亮家等。李庆五家参加的有他父亲，摩批是张正和；李红亮家的摩批是其岳父李正林。说是参加这种活动的人一般是单数，而且参加的人要健康，说是能行房事的人在没有消耗完这个仪式中的牺牲品之前是不能行房事的，两三天之内要检点些，所以，选择了做这种仪式的人一般都很认真，一定要老实本分，不能随便请人参加的。

上午开始，今年的两个龙头就收取过些天叫寨魂的费用，每户2元。

今天有李成家安装铝合金门窗。原来的风声是村里所有新建的房子都不能安装铝合金和钢门窗，可能是工作组根据村民的意见和村里建筑材料的特殊情况而向县里汇报了情况以后得到了批复，现在说是可以用铝合金和钢材料的门窗了，村民就陆续安装了。原来的话，是要求用传统的木门木窗的，不允许用现在的铝合金和钢材。

下午，有云南大学在读研究生陈杰到基地来，她做的是村里的信息与文化传播资料调查，准备在村里做一周的学习调查工作，为她的学位论文提供资料。

2010年3月15日，星期一，农历正月三十，属鼠，晴

今天的天气也很好，有张永福家和张正荣家打第三层屋顶。没有办法，去年到今年建房子的村民太多了，多数村民都只能忙着自己家的事情。建房子的人家忙，没有建房子的人家更忙。一个寨子的人，不是亲戚就是朋友，自己家建房子的话，好好在自己家建房子就得了，而没有建房子的，今天帮助亲戚张家，明天帮助朋友李家，要是帮助了这家不帮助那家的话是要被说的，都过意不去。只要一家帮助一天，两个多月的时间就会用去。你说，是不是没有建房子的反而更忙呢？

可能是妇女出去旅游的时候还剩着一点钱，今天，村里的妇女组织去打野炊。正是农忙的时候，也学会忙里偷闲了。

2010年3月16日，星期二，农历二月初一，属牛，多云间晴

上午，有新农村建设工作指导组丈量水碾房旁边的李永福家地。政府准备治理水沟，保护寨子旁从陈列馆到寨子脚的水沟河流地段。

还是在上午的时候，李学贵家的鸭子说是跑到了卢倮应家的秧田里，两家人吵架，要求村民小组去查看情况调解。都要换届选举了，我实在是没有工夫去料理这样的事了。

今天有李世德家浇灌房子的屋顶，他家是叫了亲戚来帮忙。由于建筑面积也小，而且，其他村民家做房子的也多，能来帮助的村民也很少。

2010 年 3 月 17 日，星期三，农历二月初二，属虎，多云转晴

今天是一个属虎的日子，按照村民的做法，今天又可以做祈福仪式了。李永文就做了，四十几岁的人了，要是做了这样的仪式能发财的话，箐口村恐怕没有几个困难的了。我这样说不是反对他们这样做。

育秧苗期间，村民会担心鸭子跑到秧田里去。所以，家有老人的村民家要经常看护秧田，要是有鸭子跑到秧田里，纠纷也基本有了。今天，又有李文财家的鸭子跑到我家的田里。我不想多说，都知道育秧苗期间要看护好鸭子，管理好秧田的。我只是友好地说："招呼好鸭子，你家秧苗多出来就别给别人家"。

今天，不但是青年人可以做祈福仪式的好日子，还是村里叫寨魂的日子。叫寨魂是由大摩批李正林主持的，今年要带两个男扮女装的小伙子，选择了杨志宽的孙子和李小生的孙子。他们要穿着女孩的衣服，听从摩批指挥，而摩批的话，在来回的路上不断地念词。一直有参加一次的愿望，只是这两年太忙了，都没有来得及参加。

2010 年 3 月 18 日，星期四，农历二月初三，属兔，多云转晴

明天是新街镇的集日，鸡鸭等牺牲在集市上好买，所以，两位龙头在上午收取了今年过昂玛突节的费用，每户收取 15 元，要买猪、鸡鸭等牺牲用品的。

在寨子修理水沟的李国忠小组今天正式施工完毕，晚上杀了两只鸭子请弟兄们会餐。民以食为天。干好一个工程也要吃喝一顿的，不赚多少钱也要请弟兄们聚一聚。

人都是自私的，这一点在村民间最能看出来了，特别是房子隔壁和田地相连的，最会出现纠纷。这么多年来发现问题最多的就是这两个地方。今年李志和家建房子，明天就要浇灌屋顶了，张斌家来反映说是李志和家的屋檐超过自己家的墙，以后会滴水到自己的房子上，要求村民小组说说收一点进去。李树华和我过去看了，确实认为张斌家房子做在

前面，既然已经是事实，就要求李志和家在屋檐有几十厘米的情况下收一点，希望两家的屋檐互不干扰。在现场，他们两家还是各有理由地吵了起来，只差没有动手而已，我们劝了之后就走了，想着都是成年人了，不会动手打架，只是都在火头上说气话而已。

下个月月底就要插秧了，有时间的老年人是闲不住的，只要天气好，就可以耙田了。提前一点，到时候就不会忙了。今天，李正祥用其女婿张春华家的牛耙田。

2010年3月19日，星期五，农历二月初四，属龙，多云转晴

正如昨天说的，李志和家今天就浇灌第三层屋顶了。昨天说的纠纷问题，他家还是尊重了我们的意见，还是适当地收回了一点。

村民小组到新街镇查看林业纠纷一案的事情，退耕还林款已经到位，我们申请在没有结案前不发放，一定要等州中级人民法院判决下来再说。

2010年3月20日，星期六，农历二月初五，属蛇，多云转晴

在村里做了一个星期调查的云南大学研究生陈杰于今天返回学校。

李学华运回来碎石，也是准备浇灌屋顶用的。村民建房子的难处就是既要买材料，进了村里的停车场还得二次搬运。交通不便，材料缺少，建一栋房子也很费人力、物力的。

近期村里小孩子流行玩滑板，今天看见李成的儿子买滑板回来。孩子们的玩法还是有时间段的，有时候是流行玩卡片，有时候是玩陀螺。

2010年3月21日，星期日，农历二月初六，属马，晴

今天浇灌马卫明家的房子。我相信村里真的富有的没有几户，大家都是你看我幸福，我看你幸福，你建房子了，我也要想办法建好罢了。

今天是属马日，看见做祈福仪式的有李农排家。

按照昂玛突节的进程，今天下午的时候，咪古们到寨子脚路口和寨子

头路口封寨门，具体做法应该在前面的日记里说到了，这里就不重复了。

李江西家吵架，是他的父亲和二儿子，叫我们去调解。见他父亲躺着，说是被二儿子打伤了。其实，一个寨子的人，谁什么样的性格相处了一段时间后多少还是知道的，我们推断是他老人家偏心，只顾着他的大儿子，小儿子的事情基本不管。都是长大的人了，太偏心谁也不会忍让多少的。但也不知道是真打伤了还是自己装样，我和李树华批评了他老人家一顿就出来了。

因为干旱了很长时间，有村民家的田埂都要被晒裂开了，今天看见李文才整理田埂。因为太干旱了，村民这一段时间是不分白天黑夜地灌溉田里的水。

2010年3月22日，星期一，农历二月初七，属羊，晴

在村里来说，今天是很特别的一天，咪古们到寨神林杀猪，在寨神林祭祀完后回来后给每户分猪肉。听说在祭祀当场，几个咪古之间是不能讲话的，我们村民也要回避他们祭祀的现场，两个龙头去背肉也是事先交接好，不能与他们讲话，什么事情等他们祭祀完再说。

晚上，新生子女的家庭到大咪古家摆桌子，一家一桌饭菜，烟酒就不能少了，这叫作"知桌罢"。几个咪古和摩批李正林坐一桌，村里的老人可以参加，等他们这些新生子女的家长敬烟酒。我过去看了一阵，今天晚上是有25桌，也就是说去年的这个时候到现在，村里是出生了25个小孩。

2010年3月23日，星期二，农历二月初八，属猴，晴

今天，村民们到寨神林摆桌子。要提的一点是，有的村寨只有一个寨神林，而箐口村有两个，一个是昨天杀猪祭祀的林地，昨天杀猪祭祀中，忌讳村民参与；另一个是今天全村每户抬一桌子饭菜一起来祭祀的寨神林，全村村民都可以参加。

不过，这些祭祀，妇女是不能参加的，只有小女孩可以参加。其他的也是，都是男人们参加，女人们是忌讳到这些场所的。

2010年3月24日，星期三，农历二月初九，属鸡，晴

今天上午，箐口党支部参加土锅寨党总支会议，选举新一届党委委员。无记名投票选举，6名候选人的投票情况是：白万福38票，李云芬59票，李中喜67票，李学69票，李高亮52票，张春华29票。这样一来，有2名票数没有过半的要进行二次投票，结果是白万福44票，张春华33票，原来的书记张春华最后落选。根据全体党员无记名投票选举出总支委员后的新一届总支会议中，李中喜当选总支书记，李学当选副书记。土锅寨102名党员参加这次会议的一共有81名，其中一名预备党员。这次按照工作指导组的要求，超过100名党员的总支部设了一名专职副书记就是李学。这是第四届土锅寨党总支部选举的情况。

村里还在过长街宴的时间。根据一般过程，今天是在咪古的院子里摆桌子，二百多户在一家人院子里是摆不下的，就会沿着村道摆开，就形成了所谓的长街宴。

2010年3月25日，星期四，农历二月初十，属狗，晴

昨天结束了村里的昂玛突节，今天就有村民家开始去忙田里的事情了。有卢志明家犁田，他家的田就在白龙泉下面，村里很多人家的田都干旱了，他家的田水源方便，田里的水从来就不会缺少，只要家人经常出去灌溉就不会出现缺水的情况，所以他家随时都可以犁田或耙田，根本不愁没有水，而是要担心水多了。

有夫妇不能生育怎么办？我看村里是有两种方法：一种是认自己亲戚弟兄的孩子，现在这几年是领养的多一些；另外一种是到医院领养，要么是通过亲戚朋友介绍，谁家超生不能再养的孩子，私下里说好以后抱回来养大。李倮明夫妇结婚已经多年，没有自己的孩子，听说今天领了一个孩子回来养着。

2010 年 3 月 26 日，星期五，农历二月十一，属猪，晴

别人家都建起了新房子，自己还住着老房子，除非真没有这个能力，否则还是惭愧的。今天是大哥张明生家拆除房子，堂弟张斌受了一点伤。在村民看来，建新房子或者下石脚做好的时候，出现这样人员受伤的情况是不吉利的，谁家也不愿意出现这种情况。

做祈福仪式的有李绍云家，摩批是从大鱼塘请来的亲戚。

2010 年 3 月 27 日，星期六，农历二月十二，属鼠，晴

卢宽亮家拆除房子，又准备重新建盖了。建房子也像是比赛似的，去年拆除重建的就有 50 家，因为没有了项目，有的村民家就没有拆建。这两年有的村民家的地被征用，补偿了一点资金以后，他们想着钱会一天一点地花完，就用来拆建房子了。

在以前，牛对村民来说是一笔主要的财产，养得起牛的，有可能被评为地主或者富农。现在的村民种田还是需要牛的，多数村民家还是辛苦地养着牛，只有外出打工的年轻人不当一回事。昨天，张龙家的牛丢失了，家人都很着急，是今天早上在土锅寨旁边找到的。

2010 年 3 月 28 日，星期日，农历二月十三，属牛，阴，有小雨

村民家的秧苗早在月初就育下去了，现在都有点长高了。今天是有云南农业大学和新街镇农科站的人来育他们的试验秧苗，选择了李永新家的田，说是他们用塑料薄膜育种，生长速度也会很快的，他们试验的秧苗秧龄不用村民们的老品种那么长。

张正明家加建第二层房子，是请自己的亲戚和朋友帮忙建设的。

下午，有中国科学院的人和云南农业大学的老师到村里来，是来看他们试验的水稻品种及试验田块的。

2010年3月29日，星期一，农历二月十四，属虎，阴，有中雨

早上，又有李牛后家拆除房子，又要准备重建新房子了。

今天上午土锅寨村委会人员在箐口村推选新一届土锅寨村委会主任和副主任候选人，具体情况要等他们把票拿到村委会唱票才清楚。

2010年3月30日，星期二，农历二月十五，属兔，阴，有中雨

拆除李和明家的房子，又有一家的房子重新拆建了。

今天在大鱼塘村、黄草岭村民小组、小水井村推选村委会主任和副主任候选人，昨天和今天的唱票结果是：主任候选人有李伟、白万福、李建福，副主任候选人有林海、李高亮等。

今天丈量建设公路占用的土地，因卢建忠家和卢世华家与卢宽荣家发生争执而未量成功。

2010年3月31日，星期三，农历二月十六，属龙，阴，有阵中雨

拆除房子的有卢正清家、张志光家，拆建房子的村民家还是不断。

村民小组清理债务。主要是有关林业纠纷一案，主要清理集资和开支的情况。现在不做好账目的话，会被村民说的。我才感悟到：真正意义上的人民勤务员就是村民小组，家庭矛盾、夫妻矛盾、生产生活资源、水电、公共设施、路面等所有的大事、小事都要负责管理，负责调解。但又有很多困境，一没有经费，二没有人手，三今天敌人明天又是一家人，很难做人的。

李树华家从外地请来一个尼玛算卦，其他村民也要来算。

下了几场雨，地面基本上有点潮湿了，村民很高兴。但是，听说这次也是人工降雨，要是过几天还不见雨水的话，做农民的还是麻烦的。

2010年4月1日，星期四，农历二月十七，属蛇，多云有雨

在2月26日的时候，元阳县新农村建设工作指导组和新街镇政府已经对村里还没有拆除重建的村民挨家挨户发通知，说这次在村里的建设到4月底就结束，要求村民在这段时间内不准拆除老房子，对需要拆除重建的村民说明要到今年的10月以后提出申请，按照县里有关部门的设计来做。可是，从这几天来看，还是有很多村民家自行拆除房子了。今天还有李杰家拆除房子，又是要自行建设新房子了，似乎不把政府的通知当回事。然而，有很多村民说，建设房子之类的事要算家人的生辰八字，特别是家主的生辰八字，要是算下来不合适的话政府允许也是不能做的。所以，有的村民就说，就是因为这样的缘故，即使去年政府给予那么一些补助都没有申请做，要是自己家人的生辰八字合适的话，何尝不会享受政府的补助呢？而今年日子合适了，即使政府不给予补助也要做了，自己还要到处找钱来。

在以前的日志里应该说到过，这一带的哈尼族一般很少有人家上坟，箐口村也很少有人家上坟。每年只有偶尔的一两家。他们上坟要么是因为家里这些年很不顺利，要么是相对来说很顺利。李正荣家有些另类，他年轻时就到绿春县地方公路管理段去上班，而早些年，他的妻子离开了人世，或许是受其他地方习俗的影响，他家每年都有上坟的习惯，今年也不例外，今天就召集了自己的家人上坟，晚饭集中在家里用餐。可能是他家年年都上坟的原因，没有召集多少人，只有与自己家很亲的几家人。要是有些家庭因为多年没有上坟而通知了亲戚来的话，来的人是要提一只鸡的，要办大事不会空着手来的。我知道一些地方的哈尼族跟着去上坟是带一些鸡蛋，或者烟、酒等东西。

2010年4月2日，星期五，农历二月十八，属马，多云间晴，下午有阵雨

干旱持续了很长时间，村里的很多田块都裂开了，播种下去的庄稼都无法发芽，都等待雨水的沐浴。村民的心都焦虑急了，都在等待雨水的来临。这几天的几场雨正解了老百姓的愁。今天下午又下了一场中雨，可以看到小河里流淌着水了，箐口村的土地都湿润了。用村民的话说是"可能是老天爷开恩了"。树木笑了，庄稼笑了，老百姓笑了。看电视知情的村民说这是人工降雨，当然，知道人工降雨怎么回事的村民是很少的，只有读过书的青年人知道些。不管怎么说，这一带的土地是笑了，树木是笑了，庄稼是笑了，老百姓是笑了，一切都真的笑了。

在村民看来，这个月可能是建盖房子的月份。政府通知了村民家不准拆房子，而村里每天都有人家在拆，今天是李庆光家拆除老房子，又在准备盖新房子了。到今天为止，村里有9家房子是最近拆除的。

上午做祈福仪式的是卢忠后家，摩批是李树华，参加的人还有李爱生。到了这个时候，要做的村民都基本做完了，渐渐地，做这种仪式的人家就要少了。

下午，有两家做祭祀活动，一家是张正荣家，摩批是张正和；一家是李则忠家，摩批是李则安。

2010年4月3日，星期六，农历二月十九，属羊，多云转晴

今天是农历二月的属羊日，按照村里的习俗，全体村民都要停止劳动，只能做一些清闲的活计，要是做大的体力劳动是要被处罚的。往年是收1元钱，今年每户收2元钱。往年的话，也可以到要处罚的人家收点腊肉或者鸡、鸭蛋。因为这一天是过昂玛突节，是咪咕们到寨神林杀猪祭祀的日子，村民是要禁止劳动的。严格意义上说是严厉禁止的。只是咪咕们组织不力，执行不严格，年轻人不知道就会不当一回事。要是组织得力些，村民应该会严格执行这一村规的，这是我的一点分析。我听说附近的大鱼塘村执行严格得很，已经加罚到五元，而且年轻人也参加这一习俗了，要是谁家真违反了就得按照规定执行。村里有的人还向过来的游客收，而他们几个咪咕语言上与游客沟通不了反被游客说。有

的游客能沟通反而还通情达理地愿意接受。我看，在有的村民看来，规定是可以随社会适当变通一点的，村民和游客都会理解的，就是要增加村民的凝聚力，要按照自己的思路进行下去。

2010年4月4日，星期日，农历二月二十，属猴，晴

上午，村里召开群众大会，主要是村民小组与群众商量几件事：一是集体林业纠纷；二是宣传"村村通"电视安装的事情；三是宣传村里安装水表，每户收费50元的事情；四是宣传村里去年的重点建设项目要到5月底结束，要求有村民堆放材料在路上和广场上的要尽快清理，否则，工作组要安排机器来清理；五是选举产生这次村委会主任与副主任选举的十四名代表，他们分别是李春、李学、卢建忠、卢世华、卢绍光、李世和、李祥、卢学贵、张有春、张志学、李世文、张美英、马秀芬、卢松有。

今天有李院明家打屋顶，也是请了小工来完成的。今天是钻了一个空子，故意问主人李院明说："为什么不叫亲戚朋友来浇灌呢？"他说："今年大家都忙着建自己的房子，不好意思，于是叫了一个组织浇灌屋顶的小老板来做。"

卢永贵夫妇打工回来，晚上，他请了自己最好的几个朋友吃饭。年轻人就是有这个习惯，当然，他们两个都已经是30多岁的人，应该不能说是年轻人了吧。只是，村民这样回来的时候往往会请亲戚朋友来喝酒、吃饭的。

2010年4月5日，星期一，农历二月二十一，属鸡，晴

根据昨天上午村里召开的群众大会的意见，村民小组今天到镇政府反映说明关于集体林纠纷的事情，但是，新街镇因为今天是清明节而放假了，什么事情也没有做就回来了。

2010年4月6日，星期二，农历二月二十二，属狗，晴

上午，上交村里的文化统计册。按照上级的通知，近期是国家进行扫盲的时间，要对村民的文化程度进行统计。

今天有李世华带着自己的工人外出打工，带着的人有李万祥、李正福、李正和、李五等人。

2010年4月7日，星期三，农历二月二十三，属猪，晴

上午，村里运进来要在寨子脚瞭望台进行装修的防腐木，说是这种经过处理的木头很牢固，耐得住风吹日晒，可以用很长时间。

李光明家打第三层屋顶。

今天还是村民所说的好日子，做祈福仪式的有张小明家等，就是到了这个时候就稍微少一些了，一天只有一两家在做了。

2010年4月8日，星期四，农历二月二十四，属鼠，晴

根据4月4日的群众大会以及前几天镇里放清明假的原因，村民小组今天又到新街镇办理关于集体林纠纷一案的事情。我和李树华跑了一天又一天，这个官司打的时间不短啊，我们也为此受了不少村民的挨骂、责备。下午又到胜村云南元阳世博旅游公司办理下半年村里的卫生管理费用事务。

上午，村里的14名选民代表参加村委会最后的主任、副主任候选人推选。

2010年4月9日，星期五，农历二月二十五，属牛，晴

上午，村民小组根据昨天的情况又到新街镇财政所办理有关集体林纠纷一事，到下午去信用社领款时，因为没有那么多的现款而亓领回来，款目是138976元。

今天，张榜公布这一届土锅寨村委会主任、副主任最后候选人。主任候选人是李伟和白万福，副主任候选人是李高亮和林海。最后，定于4月15日上午全选民参加投票。

2010年4月10日，星期六，农历二月二十六，属虎，晴

今天又有卢永贵家拆除房子。到现在为止，今年村里又拆除了10多间房子了。政府明明已经下了文件说在今年的10月之前不能拆建房子，而为什么村民就不听通知，不断拆除房子新建呢？用村民的话来分析，有这么几个理由：第一，去年政府对村里进行了大面积的土地征用，仅集体的土地就征用了100多亩，按照补偿标准，每户都补助到了1万多元。对于私人的地也征用了四五百亩，最多的征用了20多亩，领到的补助金达20多万元。而在此之前，由于地方经济来源的问题，村里真正有属于自己的1万元的人还是少数，而去年建设房子的50户又得到政府15000元的物资补助，很多村民就基本上具备了建一间房子的能力，多数村民家都在建设，要是自己的钱不拿来做一点事情也担心用完，而拿到这么多钱想到的第一件事情要数建盖房子了。第二，正因为如此，对去年日子不合的人家来说（问过很多村民为什么不建房子的时候都如是说），他们看到很多村民家建好了房子而自己家却住在低矮的茅草房里，自尊心放不下了，显然，就要尽快想办法来建设。而不像有的游客或者专家说的——要保护传统的茅草房，游客就是要看这样的茅草房，就是要到这样的房子里去体验生活。我不知道什么是传统，但是多数村民是不愿意再住低矮、潮湿、黑暗的茅草房的。一旦有了能力，他们也向往住上宽敞、明亮又卫生的房子。所谓的"哈尼族的茅草房冬暖夏凉"无非是条件和能力所限而不得不这样罢了，仅此而已！所以，村里还没有改造房子的人家要改造房子是形势所趋，民心所向。至于，为了发展旅游领导者怎样决策？给村民灌输什么样的思想？让村民怎样去行动？用什么样的观念来建设什么样的文化？达到什么样的目的？就是值得考虑研究的事情了。

上午，做祈福仪式的有李世明家，摩批是张里保，参加的人员有李世科、李世华，还有一个他们家的小孩，一共5个人。在以前的日记里说到了，在箐口村来说，参加这种仪式的一般是3个人，再多就是5个人，7个人或9个人的基本没有见过，因为参加的人有所限制，所用的牺牲也只是一只鸡，不够更多的人吃，今天这样能参加5个人的算是少数了。

2010年4月11日，星期日，农历二月二十七，属兔，晴

上午，有李明家做第一次祈福仪式，摩批是张里保。已经在以前的日记里提到了，做第一次的祈福仪式用的祭祀品主要是一只红公鸡，以后用的是白公鸡，这个有点不同。有村民说："隔山不同行，隔里不同天。""摩批七十七种。"我知道，有的地方的哈尼族做祈福仪式都是用红公鸡。做生意的人最懂了，他们知道这一段时间年轻人需要的白公鸡多，就专门会留到这个时候来卖，一只白公鸡有时候可以卖到200元。

今天有高九沙家上坟，听村民说，他家是他这一代从其他的寨子迁来这里的，在村里他们家的亲戚不是很多，所以，这次跟着上坟的人也不多。再说，村里的亲戚朋友家都在建设房子，一般都不能参加这样的活动。

2010年4月12日，星期一，农历二月二十八，属龙，晴

上午，新农村建设工作组到村里来兑现要建设牛路征用了的农户家的补偿费，这些农户分别是张文学家、张正和家、李志宽家、李文新家等。

今天犁田的人家有张保祥家，他家今天犁的田比较容易积水，其他很多村民家的田都干完了，都在干着急，没有水的田种了也白种。

今天是元阳县政府驻地南沙镇的傣族泼水节，往年都由政府组织过节，比较热闹。但是，今年由于比较干旱，政府没有组织过节，反而是箐口村有小孩拿着盆"过节了"，特别是那些在土锅寨小学上学的大一些的孩子，在来去的路上给车、给人泼水。

2010 年 4 月 13 日，星期二，农历二月二十九，属蛇，晴

上午，新农村建设工作组又到村里来补偿昨天没有在家的一些人家的征地费用，包括张文学家、李永福家、李正新家。李正新家和李永福家属于一个祖父，对此，两家对这次的补偿费用有点纠纷，通过商量后，所补偿的 2500 多元，李正新家分到 1700 多元，李永福家分到 800 元。

原来想应该不会有村民家拆房子了，但是，今天还有卢毛以家拆房子，又准备重建了。

2010 年 4 月 14 日，星期三，农历三月初一，属马，多云间晴

今天上午，又有卢清华家拆除房子。到目前为止，村里已经有十户以上准备建新房子了。

今天是属马的日子，对于算日子的人来说又是一个好日子，也正因为这样，上午有李小生家做祈福仪式。

上午，村里召开群众大会，发放林业纠纷所得的退耕还林款，一共是 138967 元，以 200 户分，扣除打官司中的开支后，每户可以分到 674 元。在群众大会中，有部分村民对此有些意见，但是，少数服从多数，最后还是按照这样的方案分配了。至此，应该说，官司基本结束了。在我担任村民干部期间，能圆满完成这件事是我的一桩心愿。

2010 年 4 月 15 日，星期四，农历三月初二，属羊，晴

村民家的秧苗都长高了，村民忙着去种田了，今天犁田的有李则主、李以略等。

上午，土锅寨村委会选举主任、副主任和委员，选举的基本情况是主任李伟 1554 票、白万福 789 票，副主任林海 1579 票、李高亮 751 票，委员中杨凤仙以过选票的半数当选，而其他的李云芬、李文才、林正芳因为不过半定于明天重新选举。

2010年4月16日，星期五，农历三月初三，属猴，晴

上午，还是按照昨天的选举情况，从李云芬、李文才、林正芳三人中选两名委员，最后是李云芬和李文才当选。

李志学家请了村民去整理他家的田。李志学是退休工人，其他两个李志锋和李志典兄弟家都在外面，一家人都不会种田了，只有挣钱来保护他家的梯田，每年还是要付出好些钱的。

2010年4月17日，星期六，农历三月初四，属鸡，阴

卢志名家犁田，准备插秧了。前面说到，他家的秧田在白龙泉下面，泉水温和，秧苗不会受冻，生长就快，所以，他家是要准备插秧了。

从现在来看，箐口村民很少有上坟的。李志学家经常在外，见过的世面多，今天叫了亲戚去上坟。

这几天，村里每天都有外地的人开着车来卖菜，很好卖，可能是村民们都忙着建设房子，今年都没有在自己家地里栽菜。

2010年4月18日，星期日，农历三月初五，属狗，多云，有小雨

今天有李红家在田边做祭祀，摩批是李红的姑父李正林。可能是因为田埂倒塌了的事情。有村民认为，要是田埂塌的大，有必要做一些法事。

今天犁田的有李志和家。去年到现在，由于忙于建设房子，他家今天犁的田还是第一次。要是在往年，像他们这些勤劳的中年人该是第二次了，每年都至少是两犁两耙。看来，今年只能是一犁一耙了。不过，我相信，像我们两家在寨子脚的田，灌溉的都是农家肥水，这样简单犁耙一次也会很肥的，估计不会减产的。

2010年4月19日，星期一，农历三月初六，属猪，凌晨有中雨，白天多云间晴，晚上有中雨夹冰雹

村里今天有卢学文家打屋顶，应该是考虑到村民都忙于自己家的事而请了外地的人来做。有一点要说得再清楚一些，村里请来打屋顶的人都是妇女，自己家只有几个男的来帮忙，我看见并且与她们一起劳动过，干活很厉害，比起村里的妇女，她们要厉害些。

箐口村插秧的时间到了，今天就有卢超家插秧，请了村里的三个妇女，是隔壁土锅寨村的。从插秧的情况来看，这里一般是男人们负责拔秧苗和送秧苗，而插秧就归妇女们了。

有李庆峰家拔秧苗，请了他的岳父李其三，准备明天插秧。

有云南农业大学的硕士研究生和丽娟和比利时的一个学生在田间取土样，他们主要是观察土层剖面，要带从不同海拔取来的土样回学校化验。

2010年4月20日，星期二，农历三月初七，属鼠，多云间晴，下午有中雨

上午，根据通知，村里选举村民组长和副组长，还有妇女会计。从选举的情况来看，这次的竞争可以说是有点激烈，竞选村民组长的有李永福、李文光、李树华等，竞选妇女会计的有龙艳、卢美英、张美英等。我过去了一会儿，声明我即使被选出来也不干就走了。选举的结果听他们说是很激烈，要不是因为李永福多写了一票而作废，他就可以当选组长了。真是的，跟村民闹了那么大的意见，还有脸皮来参加选举，脸皮真的很厚。

李庆峰家插秧了，来帮忙的都是自己亲戚家的妇女。他们家五个弟兄分了家、分了田以后，他家的田不多，只有两亩左右，所以只有五个妇女插秧，估计到下午两三点就可以插完了。

今天有外地的施工队运南沙镇一带的鹅卵石进来，准备用于建设陈列馆后面的一条河。因为是河里的石头，多数石头都很沉，要从停车场搬运到河里是需要费很大劲的。

眼看就要到插秧的时候了，我家的秧苗却被李文才家的牛吃了。真

气人，前面是被鸭子踩了，现在又是被牛吃了，谁不生气？要是换作别人，我估计是要吵嘴了。

2010年4月21日，星期三，农历三月初八，属牛，多云间晴，晚上有中雨

上午，村里的党支部选举书记一名，委员两名。村里的党员由于事情很多，请假的就多。来开会的党员有十名，通过商量表决、一致同意让张明华担任书记，李文才和卢学贵担任委员。从整体的情况来看，党员们的意见比较统一，不像选举村民组长和副组长人多，复杂。可是，我的心里是有底的，既然自己都没有心力再任职了，过些天是要被免职或者自己辞职的。既然是新一届人选了，还搅和他们干什么？还是让他们开辟另外一条建设箐口村的路吧。我心里是这么想的。

由于昨天和前天下了几阵中雨，村民家的田有水了，于是又忙着去田里劳作了。今天耙田的有卢志明家，是准备插秧了。犁田的有张正明家、张明福家、李志和家、卢小和家。张正明家、李志和家以及张明福家是今年第一次犁田，主要是因为忙着建设房子，再说今年很干旱，田里没有水是不能劳作的。

下了几场雨，水渠里的水多了一些。为了整治田，赶水的村民也很多，像赶集似的在水渠上来来去去。

卢开亮家打屋顶，是请了亲戚来帮忙的。

今天停电，说是有很多村民家没有去交电费。

2010年4月22日，星期四，农历三月初九，属虎，晴

上午，电力公司的人打电话给村民小组，要求村民小组通知村民尽快在这两天来交电费，不然，不给箐口村通电了。没有办法，可能有很多村民忙着建房子就忘记去交费了。

今天，村里祭祀山神。这次向每户收取的费用是3元5角。

2010 年 4 月 23 日，星期五，农历三月初十，属兔，晴转阵雨

我接到云南大学民族研究院的通知，于今天上午前往云南大学参加学习，村里的事情就没有记录了。

2010 年 4 月 24 日，星期六，农历三月十一，属龙，阴有阵雨

今天，云南大学哈尼族调查点附近的这一带电路出现了问题，不能正常用电了。

拔秧的有李成家、李杰家，就是准备明天插秧了。我已经到昆明市云南大学民族研究院学习了，李成打电话过来才知道今天他家拔秧。

2010 年 4 月 25 日，星期日，农历三月十二，属蛇，多云

今天插秧的有表弟李成家，还有李杰家，是昨天表弟打电话给我才知道的。

2010 年 4 月 26 日，星期一，农历三月十三，属马，多云有阵雨

今天插秧的有张正和家、李跃家。

2010 年 4 月 27 日，星期二，农历三月十四，属羊，多云有阵雨

今天插秧的有张文和家。

2010 年 4 月 28 日，星期三，农历三月十五，属猴，多云有阵雨

今天插秧的有李文科家。这几天的情况，我是回来后知道了补记的。

2010 年 4 月 29 日，星期四，农历三月十六，属鸡，多云有阵雨

今天下午，我从昆明市云南大学民族研究院学习回来，回到家里已经是下午六点多了，有点累，没有出去调查了。

2010年4月30日,星期五,农历三月十七,属狗,多云间有阵雨

今天插秧的村民家有李祥家、李和明家,他们两家的田不缺水,有水就方便种田了。

这个月24日到29日的日记我没有亲自观察,都是问朋友后大体记录了一点。

我和卢国兴参加云南大学影视知识培训回来,为期一个星期。主要是学习电脑的基本操作,视频剪接,还有照相机操作、摄像机操作等,回来的时候带回来云南大学配发的电脑一台、摄像机一台、照相机一部,主要是记录村民的生产生活。我又有事情做了。

2010年5月1日,星期六,农历三月十八,属猪,晴

今天是"五一"国际劳动节,村里是有很多村民家插秧了,我观察到的就有李志和家、李红家、李庆光家、张文和家、卢新家等。村里正是农忙插秧的时候,像是早些年就分了工一样,村里男的是拔秧,把需要的秧苗第一天拔了背送到田边,第二天由妇女们插秧。这是箐口一直以来的插秧法,也不知道以后会有什么变化。

今天拔秧苗的就有张保祥家、李江西家等,也是一些人拔秧苗,一些人把秧苗背到田边,等着明天妇女们插秧。

这一段时间,李世忠家这一带村民家停电了,包括我们云南大学哈尼族研究调查基地也停电了,没有电,我们基地的很多事情就做不了,没有办法,只有电正常了才能补做了。所以,我常常劝告自己,一天的事情尽量一天完成,事情只有多起来,不会因为你手里有事而没有其他的事情来,等着你做完自己手里的事情再有事情做,这是不可能的。特别是到了这个年纪以后,发觉事情就是特别的多,上要管下要管,谁真的能好好地处理这些日常的琐事呢?至少我没有学会。

2010 年 5 月 2 日，星期日，农历三月十九，属鼠，晴

村里这几天正是忙插秧的时候，今天插秧的有张宽家、张志学家、李志和家等。虽然说这个时候往往会缺水，但是对我们箐口村来说还算正常的，两大股泉水基本能保证我们村多数梯田的灌溉用水，还是能正常插秧的。

李文光是村里几个当工头的人之一，他与新农村建设工作组经常在一起，关系可以说是很不错。可能是工作的需要，今天他与工作组一起到外地去考察学习。

这几天村民都很忙，不是忙着插秧，就是忙着整理田里的其他事情。今天是有李学华用自己买来的柴油机犁田，听说是花 3800 元买回来的，是村里的第一台。今天在自己家的田里试用，一个人操作不了，就叫了几个朋友一起操作。

2010 年 5 月 3 日，星期一，农历三月二十，属牛，多云间晴

这几天是五一国际劳动节放假期间，学校也放假了，学生们回来自己家里休息，到了收假又回到学校上学，接受新的知识。

今天，我看见插秧的有卢朝生家。他家田块多，叫了 20 几个妇女插秧。他本人也勤劳，田也种得好，是村里出了名的种田能手。我听村民说，他家的田所在的那一带就是我们箐口村粮食产量最高的区域，在寨子脚下面，很容易冲肥，又是避风的地方，产量自然要比其他地方高一些。

2010 年 5 月 4 日，星期二，农历三月二十一，属虎，多云间晴

今天插秧的有李树华家。他是村委会的农科员，他家种的全部是新的杂交水稻品种，是根据新街镇农科站工作人员的推荐来试验的，很多品种的收成是要留着做种子的。至于他家吃的，农科站会根据产量补贴给他家。

一般来说，李树华是完全有能力在其他村民栽种前种好自己家的田的，只是他是我们新街镇土锅寨村委会的农科员，这几年有元阳县新街镇农科站与云南农业大学在我们村做了一些试验，他要尽量配合他们。

2010年5月5日，星期三，农历三月二十二，属兔，晴

今天插秧的村民有李惹木家、李爱生家、李文新家等，他们也是昨天准备好秧苗，今天叫妇女们去插秧的。

上午，有新街镇派出所的人来村里调查寨子脚施工队的材料被盗的情况。实际上，真要偷的话，应该说盗者有防的，一般是查不出来的。

2010年5月6日，星期四，农历三月二十三，属龙，晴

今天插秧的有李正林家和李正新家。这些人家的田块面积大，又是在白龙泉下面，用的灌溉水就是白龙泉水，水源很方便，种田就不缺水了，只要家里有劳动力，什么时候出去耕种都可以。不像有的干田，在雨水没有到来之前只能眼睁睁地看着，干着急。

2010年5月7日，星期五，农历三月二十四，属蛇，晴

今天插秧的村民家比较多，有李爱守家、高文华家、卢正荣家、张明福家等。我知道，兄弟张明福家请的是隔壁彝族寨子的妇女，每天付给她们的工钱是30元，中午提供她们吃一顿饭，妇女们很快就会完成的。我知道，因为生产上的来往，加之土锅寨和大新寨离老家的田很近，插秧基本上都是请这两个寨子的妇女。在日常来往中，我们都学会说很多彝族语言了，基本上能用彝族语言与附近的彝族打交道了。

下午，已经生病多日的李文科老人去世了。因为是农忙时间，来帮助的村民要少些。没有办法，只有自己最亲近的人尽量来帮助了。

2010 年 5 月 8 日，星期六，农历三月二十五，属马，凌晨有中雨，白天晴

今天插秧的有卢建华家、杨文亮家等。

今天，村里帮忙做李文科老人的棺材。虽然是农忙时间，但是知道情况的村民一般都会过来帮忙的，特别是比较亲近的亲属，都会暂时搁置自己的事情过来帮忙。

云南农业大学的苏友波老师来与李文科协商试验田的事情。原来用的塑料板已经全部损坏了，他们准备用砖支砌了用。与李文科协商时因为价钱的事情而没有达成协议：李文科要价 3000 元，他们认为有点偏高了。我不是帮着自己的农民弟兄说话，跟着新街镇农科站与云南农业大学调查试验这么几年以后，我发现有的老师、有的学生确实不管好自己的垃圾，他们所用剩的塑料或者玻璃不能很好地处理，有时还会踩坏村民的庄稼，村民也会嫌麻烦，会心痛自己的庄稼，所以，有的村民不愿意配合他们做事情。

今天是元阳县牛角寨乡的赶集日。到目前来说，附近一带的村民要是因为什么事情要杀牛的话，一般都会根据时间到牛角寨乡赶集日时去购买。今天，有李绍新家、卢学文家一起到牛角寨乡买牛，说是要到李文科家丧祭，还是要破费一些了。

2010 年 5 月 9 日，星期日，农历三月二十六，属羊，晴，中午有雷雨

今天插秧的有李国忠家和李正云家，他们两家都是生活比较困难的农户，有时候，为了家人的吃喝，忙着打工挣钱去了而顾不得种田，自然就要落后一些了。

张贵学家买钢筋回来，说是原来做的房子设计不合理，生活不方便，现在有点能力了就准备建新房子了。

李文科家通知了亲戚来奔丧，他家的亲戚还是多的。我也过去帮忙了，知道今天来的人很多。

2010年5月10日,星期一,农历三月二十七,属猴,晴

插秧的有卢家贵家。自己已经上了年纪,但两个孩子又都在外地打工,基本帮不上家里的农事,田也不多,就一亩左右,家里的妻子请亲戚来帮助也忙得过去。

村里办丧事都要算日子的。可能是算好了,李文科家今天就办理丧事了。有三家人是用牛丧祭的,一家是李绍新家,一家是卢学文家,一家是黄草岭死者的女儿家。这样有几家来丧祭,村里是有点忙的,有的要杀牛,有的要帮助主丧的人家做事情。再说,现在正是插秧的时间,有的村民家是顾不上帮忙的。

2010年5月11日,星期二,农历三月二十八,属鸡,晴

今天插秧的人家有李正超家。因为知道要送葬李文科老人,关系比较近的村民就不可能出去劳动了。

村里送葬李文科家的老人。吃过早饭后可以适当休息一阵,到了下午,年轻人就主动集中起来送葬。

中午,80多岁的李沙惹老人因在放牛的路上跌伤了送去医院治疗。80多岁的老人还要到山上放牛,这对一些身体差的人来说有点不敢相信。可是在我们村,这么大岁数的老人在家里基本没有事情可以做了,而整天到晚,谁能闲得住呢?所以家里养牛的,这些老人还是会去招呼的。

下午,李文贵家做祭祀,主要是因为用牛来祭祀的黄草岭的李文科妹子一家在他家落脚,在他家里吹响了唢呐,认为是一种不吉利的事情,有必要杀鸡、鸭祭祀,打扫一下卫生,请的摩批是李建国。

晚上,有元阳县文化局的人在寨子脚广场放映在村里拍摄的电影《诺玛的17岁》。因为是在自己的寨子里拍摄的,去观看的村民很多,有一两百人,有点热闹。

2010 年 5 月 12 日，星期三，农历三月二十九，属狗，凌晨有雷雨，中午晴

插秧的村民家有张正荣家、李世德家、卢学明家等。现在插秧的人家不是田有问题就是人有问题，正常情况下，一般在前几天就插好了。

上午，村民李文科家按照我们村的葬礼习俗请客待人。一个寨子的人，还是要过去见一面的。我也到李文科家做客，给了 50 元的礼金，其他妇女给 30 元或 20 元的也有。

2010 年 5 月 13 日，星期四，农历三月三十，属猪，晴

插秧的村民家有李高默家、李高才家。李高才年轻的时候还是好好的一个小伙子，因为喝酒，简直就是中毒了，听说每天早晚，没有什么饭菜都要喝，家人都劝他，就是听不进去。他现在才 40 多岁，就已经不能劳动了，像残疾人似的，全靠家人招呼，很可惜。

今天开始，村里安装自来水管了。原来说是每户要收取 50 元的水表费，向农村收钱，我是有点担忧收不上来。

今天有元阳县委书记、副书记等来视察村里的建设情况，就是因为我们箐口村是元阳县重点建设的村寨，县镇领导都会经常过来检查工作情况。能为箐口村的建设出一点力，我们觉得虽然很辛苦但也很实在。

下午，看见前几天摔跤受伤的李沙惹老人出院回来，说是现在恢复一点了。这样上了年纪的人，估计也恢复不到哪里了。

2010 年 5 月 14 日，星期五，农历四月初一，属鼠，晴

今天插秧的村民家有张明德家，请了多沙村其妻子方的人。因为今年干旱，前一段时间确实没有办法整理田，秧龄已经有点过长了，而我又忙着其他的事情，做兄弟的也只能顾自己的事情了。

今天，新街镇农科站、云南农业大学也来给他们的试验田插秧，今年选择的试验田有卢正清家的田、李永得家的田等。

2010 年 5 月 15 日，星期六，农历四月初二，属牛，晴

今天上午，有工作组进来村里，说是以前照过的村民房子建设期间的相片有的丢失了，需要补照，村民小组就陪着他们对没有材料的房子一一照相。

去年，元阳县政府的白乐章副县长到村里做调查时承诺当时还在建设期间的几户村民（有张斌家、卢超生家、李爱生家、张龙家）要给他们补助，今天是来兑现承诺了，连没有按照他们的要求粉墙的李树华、李世华、李高门、李跃等农户家也进行了补助。

今天，插秧的村民家是李永得家。到现在才插秧的人家一般都是有特殊情况的人家。今年到处是干旱，虽然箐口村比起其他严重干旱的地方来说还算可以，但多少还是受到了影响，很多人家的秧苗已经很老了还没有插秧下地，算是箐口历史上很少见的干旱气候了。李永得家就是受干旱影响的农户之一，人又是村里出名的懒汉，好在他家的田被新街镇农科站选作试验田了，是被云南农业大学的老师们选中的。

2010 年 5 月 16 日，星期日，农历四月初三，属虎，晴

卢正清家打一层的屋顶，请了外地的人来做。因为寨子里建房子的人家多，有的人不想麻烦寨子里的亲戚和朋友，就会请外地的人来浇灌。

村里不上学的几个孩子在城里的游戏室娱乐，他们是李生禄、卢成等。不知道他们的父母是怎么想的，我看到这样的孩子是很担心的，这么小年纪不多读一点书，将来怎么办？

2010 年 5 月 17 日，星期一，农历四月初四，属兔，晴

上午，村里召开群众大会，主要是商量 2010 年上半年农村最低生活保障资金的发放意见，因为有的村民希望以户口来发放，而有的村民则希望按人口发放。他们嘛，还是会算账的。

上午，有云南农业大学的何博士、州植保站、镇农科站的人到他们

的试验田里观察情况。

今天有张志学家插秧，主要是因为今年干旱，田里的水都干了很长时间，自己家也没有劳动力，田块没有及时整理，只好在其他村民插好秧后，请有空的村民来种田了。

今天，李志光家约了他们大李家族的人到全福庄寨子奔丧。听说去世的人还年轻，常带一些弟兄承包工程来干，在寨子里还是有点名气的。

下午，有一对石屏县的夫妇开着车来村里卖鱼苗，卖的鱼有一两指大小，价钱是10元一市斤。原本打算卖12元一市斤的，可到了村里的停车场后，他们的车子就坏了，着急之下才以10元一市斤卖的。然而，村民还不愿意以10元一市斤买，还在担心天气继续干旱下去，放到田里的鱼也会被晒死，议论认为过些日子可能还要便宜很多。不过，可能是因为他们是今年第一个来村里卖鱼苗的，买的人也不算少。

2010年5月18日，星期二，农历四月初五，属龙，晴

今天，插秧的村民家有高文华家。他家到现在才插秧有几个方面的原因：第一，是受到今年干旱的影响，田水都干了很长时间，父亲又经常生病，没能及时整理好田块。第二，他家的秧田不是很肥壮，秧苗长得很慢，只有等秧苗稍微长高了才能移栽。

今天是新街镇的集日，李树华夫妇去卖小猪。听说今年的小猪价钱有所下跌，今天他家卖的是160元一头。

2010年5月19日，星期三，农历四月初六，属蛇，晴

今天有张明生家打第一层屋顶，都是村里的人来帮忙完成的。平时张明生夫妇的为人在村民间的评价也不错，其他村民有什么事情也经常去帮忙，所以今天来他们家帮忙的人也比较多，到了下午一点左右就做好了。

今天开始，李虎奔家支砌石脚。她已经嫁人，并且生育了一个男孩和一个女孩，已近40岁了，但不知道什么原因一直在娘家。近年来她与她叔叔家协商买了寨子脚的一块秧田建房子，是请了李文科等人来做的。这种情况在我们村还算少。

原以为村民家的田都插完了秧，可今天还有李则中家去插秧，主要是因为他家的田在从箐口村到黄土坡的路边，属于缺水的旱田，所以，他们家每年插秧都要等其他村民家插完了，等雨水多起来再整理田，插秧相对就要晚于其他村民家了。

下午，李祥家叫魂。这个朋友平时很不喜欢交往，估计到他家吃饭的人也不会有多少。

2010年5月20日，星期四，农历四月初七，属马，晴

上午，供电所打电话叫村民小组通知未交电费的村民尽快来交。可能是村民很多都忙于建房子而忘记了交电费，这几个月都有村民家错过交电费的时间，偏要等供电所催了才去交。没有办法，在农村的我们经常会忘记。当然，供电所也有工作不到位的情况，村民的电费欠了几天就要村民小组通知去交，而我们云南大学哈尼族调查研究基地这一带的电线短路已经一个月了，已经检查了几次都检查不出什么问题，我是怀疑很多人在那里混饭吃，而且申请了几次都不能正常来处理，服务态度也差。

今天上午，土锅寨小学召开学生家长会议，要求每个学生的家长都到会。

2010年5月21日，星期五，农历四月初八，属羊，晴

云南大学哈尼族调查点建立已经有7周年了，由于风吹日晒，走廊的栏杆都腐烂了，今天开始修复，包括粉刷里面的墙体。经费不多，只能请几个朋友免费来帮忙，简单地维修一下。

新街镇纪委书记张子良打电话叫我与儿子舅舅卢永贵家商量建房子

的事情。他们是要卢永贵家的石脚拆回 80 厘米左右，政府可以给予补助 26000 元到 30000 元，目的在于让路面宽一些，以后政府或者村民要在这条路上做什么都方便，特别是考虑到以后摆长街宴的时候，路面宽一些，摆桌子就宽一些。

今天打屋顶的有李牛后家。他们夫妇一生勤劳，平时其他村民有什么事情都会去帮助，这次他家打屋顶，也是由村民们帮助完成的。他们家不需要付钱，买一些烟酒菜蔬，让来帮忙的人吃饭喝酒就行了。实际上，有人算过账的，说是自己办伙食让村民来帮助的费用往往高于请小工的费用，只是有的村民认为只有这样做才好认亲戚朋友。

2010 年 5 月 22 日，星期六，农历四月初九，属猴，晴

今天是新街镇的集日，李树华夫妇又背着小猪去卖了。即使这一段时间的小猪不是很好卖，但由于自己家不是用科学的方法来养猪的，招呼不了那么多头小猪，所以还是要去卖的，能卖多少是多少，至少可以补贴家里的生活费。

今天有卢开亮家拆回昨天建在路边准备做厨房的墙。说实在话，他们家几个弟兄分家后，实在是没有可以建房子的地点了，两个弟兄在原来的老房子上建了新房子，面积只有五六十个平方米，实在是设计不出什么样子来。昨天准备建做厨房的地点也是太明显，占了很大的路面空间，实在是让过路的人不舒服，工作组见了是要叫拆回的。

又有几天没有下雨了，有些村民家的田块都要干完了，插下去的秧苗都要被晒死了，村民都很着急。今天，李成接电线到他家的田边，可能有三四百米，准备用抽水机将白龙泉的泉水抽到自己家的田里，等不及雨水来了。

2010 年 5 月 23 日，星期日，农历四月初十，属鸡，晴

插秧的四五月份，叫魂的村民家比较多。今天下午有张斌家叫魂，他家人老实，平时很少与其他村民来往，今天也没有请多少人来吃饭、喝酒。

2010年5月24日，星期一，农历四月十一，属狗，阴，有雨

李宏家叫魂。这个朋友也喜欢交朋友，他家做这样的法事，当然就会请一些朋友来了，吃饭的场合也就热闹一些。

2010年5月25日，星期二，农历四月十二，属猪，多云间有雨

张农初家打屋顶。他生病已经一段时间了，家里的积蓄估计都用完了。可能估计自己的一生快要走完了，硬是想在活着的时候把房子建到两层。不然的话，都是堂弟兄，我们是建议他先把病医治好再建房子的。这一段时间，都是休息几天后又起来做几天活计，今天是请了亲戚朋友来打屋顶的。

2010年5月26日，星期三，农历四月十三，属鼠，阴，有中雨

卢宽亮家打屋顶，付钱请了外地的妇女来打。这样做，自己家的伙食费开支就少一点了。有人算过账，可能这种方法经济上真的要少一些。要是请亲戚朋友来做的话，伙食上的开支就要比这种做法开支大，只是出于人情上的原因，请亲戚朋友来做的也不少，这样可以加深亲戚朋友间的感情。要是做自己的房子，我宁愿选择后者，可以召集亲戚朋友热闹，加深彼此之间的感情。

2010年5月27日，星期四，农历四月十四，属牛，晴

这次建设箐口村的动作大，包括陈列室后面的"倮果果玛"小河也要进行改造，专门从红河运来鹅卵石，准备装饰到河中。这个工程是一个外地的公司承包的，又转包给当地的小老板。今天开始请人抬石头过去了，说是这种石头很沉，只能是两三个人用铁链子一块一块地抬过去，

很费劲，因为车辆过不去，费人力又很费经济。这时候我就想，通公路真的好，方便村民，赚钱也会很方便。在我们云南，特别是箐口这样的山区，连做一块篮球场的地方都没有，能做什么呢？怎么能不穷呢？

2010年5月28日，星期五，农历四月十五，属虎，晴

下午，表弟李成家叫魂，因为经常在一起喝酒，关系还是比较密切的，有什么好吃的就会叫我过去。今天下午也不例外，自然是叫到了我，就喝了两杯才回来。

2010年5月29日，星期六，农历四月十六，属兔，晴，有阵雨

李树华家的老母猪死了。这个朋友，什么样的肉都敢吃，今天死了的老母猪也要叫朋友过去剖开了把好的肉拿回来煮吃，他打电话叫我也过去吃，我听说吃老母猪肉要是身体不好会过敏的，心里不舒服，不愿意吃就没有过去了。

卢正荣家迁坟，主要是这次建设公路改道要经过他家坟地，政府还是给予了一点补偿的。建设一个项目就是这样，得有人牺牲自己的利益，多数人才会好起来。

2010年5月30日，星期日，农历四月十七，属龙，晴

今天有李金家打屋顶。他说是没有钱，简单准备了一点伙食就叫亲戚朋友来帮助完成。其实，要是农闲时间，村民建房子的不多，很多村民都会来帮助，伙食上就要开支的多，往往会比请外人浇灌花费得多。只是这一段时间建房子的村民多，都忙不过来，就会减少人员，伙食上开支就会少一些而已。

张崇祥家购两车砖回来，担心进村里的路堵了，过几天运不进来影响他家的正常建设。就是说，近期村里建设的多，路面经常堵塞，很不正常。

下午，卢开亮家叫魂，也是请一些亲戚朋友来吃饭。这种法事什么人都可以参加，但有的法事外人是不能参加的。

2010年5月31日，星期一，农历四月十八，属蛇，晴

因为建设公路的需要，说是朋友李庆云家也要迁移一座坟。所以，今天准备了所需要的物资，说是到了明天凌晨就要去迁坟。

2010年6月1日，星期二，农历四月十九，属马，晴，有阵小雨

今天又是一年一度的"六一"国际儿童节，村里一、二年级的学生在他们老师的带队下又到土锅寨小学集中，欢度属于他们的节日。

李庆云家迁坟，主要是因为这次交通局要改造从元阳县到绿春县的公路，说是要改成二级路面，改道后经过一些村民的土地，包括一些建筑物以及坟地等设施，需要清理。他们家就选择今天去迁坟，请了一些家族的人来帮忙。听说这次迁坟只给坟主家560元的安置补助资金。这样的补助听他们的议论是有意见的，说是所补助的钱还不够他们买几只鸡鸭、烟、酒等给来帮助的人做伙食费。只是村民都想这是政府行为，得牺牲一点个人的利益，以个人的意志去要求增补是没有意思的。从总体来说，他们也支持政府来给他们家乡做建设，只是有的人认为这样的补助远远低于其他地方的标准，让他们有点不能接受而又不得不接受的感觉。再说，箐口村的土地在几十年的历史进程中由于种种原因被政府征用了很大一部分，如被村民称为林场的上千亩林地以前就是箐口村的（可在县档案局查到），现在划归给了国营林场。从作为民俗村来开发到去年又征用了茶树地及村民家的旱地上千亩，而村里的人口还在逐渐增长，很多一部分家庭的土地在分家的时候就遇到麻烦，有的家庭人均土地面积还到不了二三分，对没有什么职业的村民来说，这样在村里生活下去是很担心的。

所以，我在参加政府征用土地到村民家里做说服工作的时候，有的村民就哭着说："我宁愿要土地也不要钱，我有了这些钱没有土地到哪里生产？一旦这些钱用完了我怎么办？"参加过前几年一个村民的葬礼的人更应该深有体会（他把自己的房子连着田地等全部卖给了其他村民，一直在外地打工，等他死时还是亲戚出力将遗体运回来买一块地安葬的，等于说给一些村民深深地扎了一针——有的人真的到了死无葬身之地的地步）。当然，很多村民家还是基本能维持生活的，只是在我看来很多村民家视土地如珍宝。

对箐口的哈尼族来说，他们是很不愿意轻易迁移坟地的，下葬时是请一些年老的、懂风水的人帮忙选择墓地的。除非以后家人不兴，且灾难不断，否则不会做迁坟或者不迁坟的权衡。去年政府征地中遇到的小李家族就是这样说的，他们认为现在的家族人丁安好，要是迁移了坟，家庭出现不吉利的事情怎么办？谁都看不见的东西谁又能说得清楚？当然，要是家庭灾难连天，人畜不兴就会有村民家迁坟的情况。这样因建设项目迁坟是另外一种现象。根据村民的习俗，一般要在凌晨两三点钟迁坟，不能到天亮了再去，一定要在天亮之前把所迁移的遗体等安埋好。

2010 年 6 月 2 日，星期三，农历四月二十，属羊，阴，有中雨

6 月的天气，有雾有雨。插好秧后，进入农闲时间了，也基本没有多少事情要做了，就是到田里管管水，多了放一些，少了灌溉一些。我的事情也是管管田里的水，看看秧苗的病虫害情况，每天观察完回来就是学习。

2010 年 6 月 3 日，星期四，农历四月二十一，属猴，阴，有大雨

从上午到下午一直都有雾，而且还下着雨。下雨天，不能做什么农活就在基地里学习了。

李杰家运来碎石，李其三家运来沙，停车场都摆满了建筑材料。工作组宣传说要在这个月 8 日把路断了，村民就很着急，急着要在这几天尽量把自己家需要的材料运进来。所以，停车场都是建筑材料，一家挨着一家的，还有的村民吵嘴了。

2010年6月4日，星期五，农历四月二十二，属鸡，凌晨有大雨，中午转小雨

新农村建设工作组已经下了通知说要在6月8日切断进村的公路，所以每天都有很多村民运材料。今天也有很多村民家运进材料来，停车场都快无法再堆放东西了。

今天有李和家、李江西家、卢永贵家打屋顶。李江西家和李和家是请了村里的人来帮忙打的，卢永贵家是以560元请了外地的妇女加上自己家出几个男劳动力来打的。

2010年6月5日，星期六，农历四月二十三，属狗，凌晨有大雨，中午转小雨

今天有卢机福家打屋顶，是请外地的妇女来承包打的，自己家出几个劳动力。

新街镇农科站和云南农业大学的一个试验小组今天在李文科家田里插秧了，现在才插秧原因是去年他们用的隔离板坏了，前几天才找到合适的材料做好。科学技术还是麻烦的。

2010年6月6日，星期日，农历四月二十四，属猪，阴，凌晨有大雨

今天有张学亮家打屋顶，是请了外地的妇女小工加上自己家出几个男劳动力来做的。

2010年6月7日，星期一，农历四月二十五，属鼠，多云，有小雨

上午，新街镇又安排了几个工作人员来村里调查卫生工作情况。用政府工作人员的话来说，箐口村在元阳县是重点村，已经投入了很多钱了，想把箐口村作为全县的示范村来建设。

2010年6月8日，星期二，农历四月二十六，属牛，晴

前几天就通知村民了，要在今天把进村里的路堵住。根据通知的时间，于今天12点在入口处倒了两车土。主要是因为村里建筑比较混乱，元阳县政府建设箐口村的工期又很紧，按照他们的工作计划是要在今年10月之前全部收尾，目的在于让村民停止建设，先把公共部分建设完毕。验收了这一期工程，过了今年计划的首届世界哈尼梯田大会以后再让村民自己建设。

今天打屋顶的村民家有张明生家，是由村民们帮忙打顶的。他家的亲戚多，平时也经常在家，经常帮助村民，今天来帮助的人也就多一些。

2010年6月9日，星期三，农历四月二十七，属虎，晴

上午，村里发放2010年上半年的农村最低生活保障资金，一共是41560元。村里是按照去年的情况以人口来分配的，每人可以分到43元。

上午，村里的共产党员接到通知到村委会开会，主要是学习"创优争先"活动。

2010年6月10日，星期四，农历四月二十八，属兔，晴

今天，村里来了七八个国外的游客。有点稀奇了，村里正处于建设中，到处是建筑垃圾，怎么会有人来旅游？

从去年到今年，村里建设房子的很多。今年也有10多户，加上去年没有做完的村民家，村里每隔几天就有人家打屋顶，今天就有卢小华家、张贵学家、李永新家。

2010年6月11日，星期五，农历四月二十九，属龙，阴，凌晨有大雨

上午，村民小组组织村民打扫从停车场到磨秋场的主要路面。的确，村里有很长一段时间没有搞卫生了，路面都比较脏和乱了，是有必要打扫一次了。

搞好卫生后，村民小组和村委会的人一起到已经做好的猪圈和牛圈的地方，给主要路面旁的农户分配。虽然有一些不在主要路面的村民有少许的意见，但说明了情况以后，没有几个村民来激烈干涉，只是私下里议论罢了。

今天还有卢迁华家打屋顶，是请村里的人来帮忙完成的。

2010年6月12日，星期六，农历五月初一，属蛇，多云间晴，时有小阵雨

在以前的日志里说到过的，箐口村的秧田一般在把秧苗拔出后就要犁了泡着，包括除去田里的草。今天就有李文才家、张龙家清理秧田间的草，之后可以适当放养一点鱼。

2010年6月13日，星期日，农历五月初二，属马，多云间晴，时有小阵雨

上午，村民小组召开群众大会，主要是宣传关于猪、牛圈的事情，要求分到的村民要认真管理并保护好，如果谁家因为某种理由不能饲养就要退还给村民小组，由村民小组再分配给其他要养猪的农户。

2010年6月14日，星期一，农历五月初三，属羊，多云间晴

下午，有卢正华挨家挨户地通知村民说明天去黄草岭丧祭，叫村民们一起去吃牛肉。就是说，他家准备请大客了。如果不准备请大客就用不着每家每户都通知，只要通知他家的亲戚和朋友就够了。

箐口村民明天就要过端午节了，所以今天到镇上买东西的村民特别多，基本上每户都有一人出去买东西了。

2010 年 6 月 15 日，星期二，农历五月初四，属猴，多云间晴

与其他村不同的是，每年过端午节，箐口村总要提前一天来过。村里今天就算是过端午节了，家家户户又在杀鸡宰鸭了。

2010 年 6 月 16 日，星期三，农历五月初五，属鸡，多云间晴，时有小阵雨

有很多村民到黄草岭村民小组做客，李树林喝醉了酒回来，连路都走不稳了，是李贵祥的母亲看见了送回来的。之后，是我把他送到家的。我也曾经这样，喝多了回不来，是朋友们送回来的。

2010 年 6 月 17 日，星期四，农历五月初六，属狗，多云间晴，有阵小雨

接到马翀炜老师的电话通知，说是过几天要有学校的一些老师来村里做调查。这两天，我就在基地打扫卫生，没有出去做调查。一个人打扫这么大一个房子，一天下来还是累的。

2010 年 6 月 18 日，星期五，农历五月初七，属猪，凌晨有雨，白天多云间晴

今天的我还是继续打扫我们云南大学哈尼族调查点的卫生，希望打扫干净些，迎接他们的到来。

早上，村民小组组织每户出一个劳动力打扫卫生，说是今天有元阳县委书记来村里检查工作，希望村民能主动出来打扫，包括自己家房前屋后的卫生。

2010年6月19日，星期六，农历五月初八，属鼠，多云间晴

今天是新街镇的集日，赶集的村民很多，特别是听说猪价比较便宜，一头五六公斤的小猪五六十元就可以买到，分到猪圈的农户就去买小猪了。

村里今天打屋顶的有李杰家和卢正清家，都是付钱请了外地的人来做的。

2010年6月20日，星期日，农历五月初九，属牛，多云间晴，有阵雨

马翀炜老师到南沙镇，他也叫我下去，村里的事情就没有调查什么了。

2010年6月21日，星期一，农历五月初十，属虎，多云间晴，有阵雨

马翀炜老师和我先回到箐口村，准备一些会议用的材料。

2010年6月22日，星期二，农历五月十一，属兔，多云间晴，有中到大雨

上午，箐口党支部组织在已经征用了的寨神林附近和水景观（水碾、水磨）处栽种草果，中午在风景缘吃饭，算是支持政府的工作了。

下午，有"山地可持续发展生物多样性与文化多样性国际研讨会"在箐口村云南大学哈尼族调查点进行，参加会议的主要有来自联合国教科文组织的成员，有印度的、法国的等。原来打算整个会议都在箐口村举行的，只是由于村里的路面已经开始施工了，车辆不能直接进入村里，不便于参会人员的来去，就改变了计划到新街镇云梯酒店举行。今天是特意过来箐口村召开的。

2010年6月23日，星期三，农历五月十二，属龙，多云间晴，有阵雨

来云南大学哈尼族调查点参会的学者们于今天返回学校，本来这个国际性的会议是要在箐口村组织召开，只是因为进村的路面正在施工，不便于他们的大车来去，改到云梯酒店召开。箐口村失去了一个召开国际会议的机会，有点遗憾。

2010年6月24日，星期四，农历五月十三，属蛇，晴，有阵雨

李祥家做祭祀，是因为在前一些日子做一个祭祀时他们夫妻吵嘴了，摩批要求他们家做一个祭祀才做的，希望以后夫妻能和睦相处，幸福过日子。

元阳县机关党委组织100多名党员来村里组织开展"创先争优，城乡支部手拉手"活动，希望机关党委能带动农村党支部。这次活动主要是在已经征用了的陈列室旁"倮果果玛"河两边栽种草果苗，要是以后栽种好了，一方面是景观，另一方面村民还可以收栽种出来的草果。

2010年6月25日，星期五，农历五月十四，属马，多云间晴

云南大学陈学礼老师跟着"山地可持续发展生物多样性与文化多样性国际研讨会"来开会，因为工作的需要，他留在村里调查拍摄了2天，于今天上午返回学校。

2010年6月26日，星期六，农历五月十五，属羊，阴转晴

今天有张明生家打第三层的屋顶，是村民帮忙来做的。可能是近期村里的事情多，来帮忙的人有些少，只有几十个人，到下午两三点做完。自己的大哥家建这样一栋房子也没有去帮助几天，浇灌的时候是应该抽出时间来去帮助了。

人应该寻找自己的乐趣。今天听说村里放牛的中老年每人集资10

元进行会餐，安排人员到街上购买要吃的东西，到他们放牛的山上煮吃。很好玩，中老年人也要寻找自己的乐子。

2010年6月27日，星期日，农历五月十六，属猴，多云间晴

今天是新街镇的集日。据村民说，这一段时间小猪的市价相对便宜了，很多要买猪来养的村民都会选择这一段的集日去买，每头小猪一般就是五六十元。

2010年6月28日，星期一，农历五月十七，属鸡，多云间晴

今天有150多名西南林学院的师生来村里旅游，有部分师生要求到有传统房子的人家去看，通过协调到了李明家里参观，离开时给了李明20元。从他们师生的口气来看，他们对这样大规模地改变村里的传统建筑是不欣赏的，希望多留些传统的建筑下来作为游客欣赏的对象。然而，从本人与村民交谈的情况来看，村民是希望建设好自己的房子的，改变传统的这种建筑，改善自己的居住条件，改善环境卫生。至于建成什么样子，他们是有自己的打算的，会按照自己的经济能力和计划来行事。到目前来看，多数村民都用砖混结构的建筑。而有的村民说可以用钢筋柱子来建构房子，房子的墙体可以用土坯来做，用土坯或者砖将人畜分离，这样的改造可能更合乎游客的需要。

2010年6月29日，星期二，农历五月十八，属狗，多云间晴

今天也有150多个西南林学院的师生到村里来。因为村里正在做建设，路已经被断了，汽车没有办法进入到村里，所有来的游客都只能从省道徒步进来，这是没有办法的事情。很多游客对村里的建设是有意见的，说既然是民俗村就该是比较清洁的建设。但是，想一想，做建设哪有不出来垃圾的呢？

杨文亮家打一层屋顶。他家的房子说来不算大，只有四五十个平方米，也就没有请小工，只是通知了自己最亲近的人来帮忙。可能是材料原来就准备好了，做起来比较快，到了12点左右就完成了。

2010年6月30日，星期三，农历五月十九，属猪，多云间晴

今天，我们箐口村党员参加土锅寨党总支会议，说是负责我们土锅寨党总的上级领导明天有事情不能参加会议，我们土锅寨党总支部就提前一天召开会议了。说是开会，其实在我们农村没有多少事情，无非就是召集了见一面，吃一顿饭，喝两杯酒，过一个程序罢了。要是有什么重要的事情，平时会叫村民小组通知的，这基本就是我们农村党员的生活了。

2010年7月1日，星期四，农历五月二十，属鼠，有中雨，下午转晴

今天是"七一"，我们土锅寨党支部会议昨天就在村委会召开了，今天就没有组织什么活动。到现在为止，"七一"都是统一组织起来在村委会过，基本上没有过分支部组织生活。现在，箐口党支部还没有一个自己的办公室，也没有什么经费来开展活动。

晚上，我拿回来一窝蜂子来养。在箐口村一带，很多蜂子都可以拿来养，根据不同的蜂子，有的是要放在土里养，有的是挂在房子的墙上来养。当然，养蜂的人都知道所谓养并不要人去喂什么东西，只要挂置时小心些就好了。而且，并不是所有的人都能养蜂子的，还是要一定的技术的。有的还把养蜂子与人的命运联系起来，说是属于火命的人就养不活蜂子。我看是有点迷信了。只要技术到位，应该没有什么问题的。当然，还得看天气情况，要是当年雨水过多，很多蜂子养了也不会长旺的。

现在是农闲时间，年轻人是要外出打工的。看见今天外出的村民有杨文亮夫妇，听说他们夫妇是要到浙江、上海一带的。他们基本没有上过学，是通过朋友们介绍过去的，说是工资比起我们地方高多了，活计又不累。

2010年7月2日，星期五，农历五月二十一，属牛，早上有中雨

早上的时候，李其三赶着家里的母猪从外地回来。不用问，这是能繁殖母猪发情了。村里没有人家养着公猪，养着母猪的人家，一旦母猪发情了就要赶着到其他村寨去配种，一般都是选择在早上六七点钟出去，然后到10点左右回来。听说现在给能繁殖母猪配一次种需要20元的费用，附近水卜龙村和新街镇兽医站都养着配种的公猪。

早上，张小华父子在寨子脚处做一个法事。做法事的时候，很多都忌讳当场过问的，要是违例了有的法事还得重新补做，所以，我即使看见村民家做法事一般都不会去过问，只有自己参加的会在结束后问一些。

下午，一直在外地打工的李绍华夫妇回来了。听说他的母亲生病了，看样子还很严重，每天都要人招呼着，亲戚也天天去看。

2010年7月3日，星期六，农历五月二十二，属虎，早上有雨，中午转晴

今天上午外出打工的有李志祥父子。李志祥今年大概40岁，他的儿子辍学已经2年多了，可能还没满18岁，整天待在家里，也不帮忙家人做体力劳动，只能出去找力所能及的事情做了。

下午，张保祥做法事，参加的人有张春华、张龙的大儿子，地点是在寨子脚的水井处。看样子他们家里又有人生病了。其实，我认为要是人生病了，不应该找摩批而要找医生。改变这样的一种观念要等到什么时候呢？

2010年7月4日，星期日，农历五月二十三，属兔，上午有阵中雨，下午转晴

李世文家运碎石，又是在准备建房子了。他原来是箐口村黄土坡小

寨的人，他的父亲和后母还在黄土坡生活，只是由于他们家庭感情出现问题，他的生母就带着他来箐口村过日子。据有的人说，他们现在居住的房子占的地还不属于他们家所有，有的人对他们家这样的做法是有意见的。

下午，村里的摩批李正林和咪咕李小生到胜村乡（现在已经并在新街镇）赶集购物，主要是准备明天在磨秋场做一个祭祀。因为今年村里进行很大的建设，政府把村民过苦扎扎节时用的祭祀房进行了改造，为了牢固，原来的木头柱子现在已经做成了水泥柱。木头柱子时间长了很不安全，水泥柱子是可以用很长时间了。按照村民的意见，要做一个法事，元阳县政府补助了 300 元购买鸡、鸭等牺牲用于祭祀。

2010 年 7 月 5 日，星期一，农历五月二十四，属龙，多云间晴

村里组织祭祀磨秋场，主要是因为在这次建设中改建了磨秋房，这样就移动了村民集体祭祀的神龛。村民要求政府要做一个祭祀，政府就给了 300 元，新任村民组长给了 200 元，用来购买鸡鸭等牺牲消灾除难。摩批是李正林，几个咪古一起参加，其他村民自愿参与，基本上要求每户来一人，可是，可能是因为早上，或者是因为一些人认为这是中老年人的事，很多都没有出来，只来了四五十人，买来的肉都没消费完。

今天看见高九沙家死了一头猪。村民很不讲卫生，认为一头猪值很多钱，丢了怪可惜的，一般都会请朋友来杀吃。当然，要是发现肉质确实有问题，他们也会丢掉。

2010 年 7 月 6 日，星期二，农历五月二十五，属蛇，晴

今天有李和明家和李正荣家打屋顶。李和明家是通过村民帮助浇灌的，因为他家平时也经常帮助别的村民家，今天来他家帮助的村民也比较多。相反，李正荣是从绿春县养护队退休回来的，回来还不到 2 年，以前在村里可以说是基本上没有帮过村民家什么忙，他家也就请了小工来做。再者，他家的建筑面积很小，自己的经济能力也还算可以，不如请小工来做省事。

下午，李成家死了一头猪，有三四十公斤，用刀宰杀后请亲戚朋友、居等来吃，我也过去了。在吃晚饭的时候，有朋友说昨天、前天李正福家和李树华家也死了一头猪。这样分析来看，近期村里可能又发生猪瘟了，村民小组知道的话，应该及时向新街镇兽医站反映情况，叫他们及时来看。

2010年7月7日，星期三，农历五月二十六，属马，有雨

上午，表弟李成叫我到他家吃饭，说吃饭其实就是喝酒，他们能喝，我也能喝一点，他们能吃的，我也应该能吃一点的。虽然心里不想吃这样得病的猪肉，但是出于感情上的考虑，还是到表弟李成家喝酒了。几个朋友在一起喝酒，时间是会长一些的。说实在话，我还是有点后悔的，很多时间就是这样在酒桌上浪费了。

2010年7月8日，星期四，农历五月二十七，属羊，多云

接到马翀炜教授的电话通知，我要带着李艳英和李正林到昆明学习。很长时间没有出远门了，该准备些什么东西呢？我还有点忧虑，所以，东找一点西找一点，准备一些明天要去昆明的东西，一天没有做多少事情就过去了。

2010年7月9日，星期五，农历五月二十八，属猴，多云转晴

我接到云南大学马翀炜教授的通知，于今天带着李正林和李艳英到昆明学习。好久没有出远门了，这样出去一次有点紧张，也不知道要安排我们做什么事情，只有到学校找到他再说了。

2010 年 7 月 10 日，星期六，农历五月二十九，属鸡，晴

到昆明学习，村里的事情也没有安排人帮我做记录。

2010 年 7 月 11 日，星期日，农历五月三十，属狗，阴，有雨

我们还在昆明学习。说学习其实也谈不上，是一个国家认同和民族认同的会议，学者们具体讨论什么，我们都不太清楚，只是根据安排参加会议。

今天，新街镇供电所的人来村里修复云南大学哈尼族调查基地一带农户人家的电路。

2010 年 7 月 12 日，星期一，农历六月初一，属猪，晴

在昆明学习，村里的事情知道的就少了，只有等回来以后补记一些了。

2010 年 7 月 13 日，星期二，农历六月初二，属鼠，晴

今天，我们从昆明市云南大学返回来，于下午 6 点左右到村里。坐车很累，没有去观察村里的事情就休息了。

2010 年 7 月 14 日，星期三，农历六月初三，属牛，晴

昨天从昆明回来，坐车也很累的，今天什么也不想做，只想好好休息，等身体恢复、精神充足一点再说吧。

2010 年 7 月 15 日，星期四，农历六月初四，属虎，晴，有阵小雨

上午，看见有李德云家做祭祀，请的摩批是李树华，参加的人有卢开亮，场地是在寨神林旁边已经建设好的凉亭里。

下午，有 5 个云南农业大学的师生来他们实验的田里取水样。云南农业大学在村民的田里调查实验已经有几年了，有的是调查水样，有的是调查土样，有的是调查水稻，有的是调查昆虫，有的是调查气象。每年在不同的时间段有不同的师生过来，跑这么远的地方来做调查，还是辛苦的。

村里，今天打屋顶的人家有李和明家、卢小华家、李杰家。村里有这么几户同时打屋顶，他们家忙，村民也很忙。要是家里有多个劳动力的话，可以分头去帮助；要是家里劳动力少，该去谁家帮助还要权衡一下。

对今天打屋顶的几户人家来说，李杰家很不走运，帮助浇灌他们家屋顶的李院和不小心从他家的房上掉下来，在场的人说很严重，及时送进医院也不知道能否救活。李杰家出现这样的事故，名声也不会好听了，难怪村民都会选择所谓的好日子，无非就是希望安全，事情顺利做好。

2010年7月16日，星期五，农历六月初五，属兔，晴

今天，我接到老同学的电话，与老同学叶锦鸿到黄茅岭乡政府他做工程的地方考察。我和他是初中时候的同学，关系还算可以，经常来往。他是一个在我们县混得不错的人，经常做建筑，当上了老板，自己可以承包工程来做。

2010年7月17日，星期六，农历六月初六，属龙，晴

下午，我们云南大学哈尼族调查点的负责人马翀炜教授带着今年暑期学校学员一行21人到基地来，要开始今年的暑期调查学习了。晚上开会，叫每个学员在村里选择课题以后做调查。

今天卢学贵家做新房迁居仪式，摩批是张正和。按照正常的情况，村里多数家族做稍微大一些的祭祀一般都要请家族的大摩批，但是，村里卢姓家没有摩批，即使他们家族中有个别人懂摩批的文化，但也都不做各种祭祀，说他们卢姓家族人是不做摩批的。他们家族的摩批在麻栗寨，所以，除不得已的情况，一般的祭祀都会请村里的其他人来帮忙做。

2010 年 7 月 18 日，星期日，农历六月初七，属蛇，晴

村里快要过苦扎扎节了，今天李小生带着今年的龙头等几个人砍了一棵树回来，就是要做磨秋的树。一般情况下，做磨秋的树是要从寨神林砍回来的，要是有合适的树，应该每年换一棵的，只是寨神林小，大树也少，所以有时候只能到远一点的集体林里砍回来。有时，如果可以用还会接着用往年的。

2010 年 7 月 19 日，星期一，农历六月初八，属马，晴

暑期学员们都在基地吃饭，我当他们的后勤服务员，每天我都要到市场买新鲜的蔬菜回来，再让妻子做饭菜。基地的学习条件应该是很好的了，可是对于办伙食，有的炊具差了一点，只有我们尽力解决了，还是有点辛苦的。只是，当我想到能为这么多学员提供服务的时候就高兴些了。

2010 年 7 月 20 日，星期二，农历六月初九，属羊，晴

这几天的事情就是这样，每天早上起早到新街镇买些新鲜的蔬菜回来，做饭菜给学员吃，有时候跟着学员在村里做调查。发现每天在村里生活的我，对村里的事情知道得还是少，有很多具体的事情还要反过来问学员。当然，我发现有的村民给学员回答的不是事实，有的村民还想当然编了故事。我认为，村民这样编故事是不太好的。

2010 年 7 月 21 日，星期三，农历六月初十，属猴，晴

我还是每天早上七八点就到新街镇农贸市场买新鲜的蔬菜。没有经手的人不知道，这几天后，我发现村民自己栽种来卖的蔬菜确实比外地运进来在市场卖的蔬菜好吃多了，所以我每天都早起，尽我所能，为他们提供本地的新鲜蔬菜。每次，看他们吃饭菜很香的样子，我都感到高兴。

2010 年 7 月 22 日，星期四，农历六月十一，属鸡，晴

早上，我还是到新街镇买新鲜蔬菜。因为过节，我还是得给他们多加两个菜，显出一点过节的味道来。

中午，村里主要是维修祭祀房、搭秋千、磨秋，准备这次过苦扎扎节的东西。过这样的节日的时候，多数村民还是比较积极地参加，但是有时候，有的村民就是不自觉。我陪同学员们在村里调查，今天也没有过去参加。

2010 年 7 月 23 日，星期五，农历六月十二，属狗，晴

根据村里苦扎扎节的进程，今天搭秋千、做磨秋和维修祭祀房。晚上，有大咪咕和他的主要助手两个人到祭祀房献祭。不知道什么原因，就他们两个人，摩批也不用参加。

2010 年 7 月 24 日，星期六，农历六月十三，属猪，晴

村里今天杀牛，分牛肉，今年是第一生产队来做。具体不知道是哪一年制定的，村里就是习惯用生产队来杀牛和分牛肉。因为天气好，年轻人出来得多，到中午才杀的牛，一会儿就分好了。

今天分回来的牛肉，他们卢家和二李家是要献祭的，而我们张家和大李家是不用献祭的，说是刚开始过苦扎扎节时，张姓家和大李姓家两个好朋友为了背牛肉做新背箩，当他们做好新背箩的时候，其他村民都已经把牛肉分完了，之后是其他村民每人捡一小块给他们两个，而他们两个则认为用其他村民捡剩的牛肉献老祖过意不去，就重新去买了一只鸡来献祭。从那以后，他们就一直用鸡肉来献祭而不再用牛肉，每年分回来的牛肉、烟酒只是家人吃了。

2010 年 7 月 25 日，星期日，农历六月十四，属鼠，晴

今天到祭祀房祭祀。咪咕们祭祀，村民家每家都要做一桌饭菜到磨秋场摆。今天还是有点热闹的，是我们哈尼族最热闹的节日之一。

2010 年 7 月 26 日，星期一，农历六月十五，属牛，晴

这几天一直给暑期学员们做后勤，跑来跑去的，有时候还要陪着他们做调查，还是辛苦的，自己在村里调查的事情就少些了。有时候就是没有办法离开他们做自己的事情，今天也是这样，没有去村里观察了。

2010 年 7 月 27 日，星期二，农历六月十六，属虎，晴

根据安排，暑期学员们明天就要返回学校了。为此，今天我起得就早，得给他们多买些好菜，酒也买回来一些，晚上多加几个菜，算给他们送行了。

晚上，算是告别暑期学员们了，多做了几个菜，酒也喝了一点，感觉还是很困的，明天还要送他们出去，休息就早些。

2010 年 7 月 28 日，星期三，农历六月十七，属兔，晴

今天早上，在调查点做了11天调查的云南大学暑期学员返回学校了。可能是村里建设施工的原因，调查基地断电，不能正常工作，给我们都带来了很大的麻烦。断电已经很长时间了，电力公司也真是的，村民只要一欠电费，他们就要安排人追缴，要是交不出来还要断电，接电还要收村民的费用，一点也不公平。

暑期学员们在基地做调查的时候，每天都要给他们买菜，还要做调查，觉得有点辛苦，有点累。今天，当他们离开我返回学校的时候，我又觉得心里空落落的，好像缺少了什么东西，一点也不自在。

2010 年 7 月 29 日，星期四，农历六月十八，属龙，晴

暑期学员返回学校了，有他们在的时候，学员问这问那的，自己还要做自己的事情，觉得有点累，渐渐地要适应了，可昨天就走了，今天反而觉得有点无聊，心情也闷闷的，就约了朋友到街上走一走，放松一下心情。

回来学习了一阵就休息了，一天的时间就这样过去了。

2010年7月30日，星期五，农历六月十九，属蛇，晴

前几天就接到电话，说是今年的老战友聚会还是如期在南沙镇举行。前些天一直与暑期学员们做调查，做他们的后勤工作，这两天心情无法平静下来，白天到处走走，晚上回来就休息了，也很少观察村里的事情。

2010年7月31日，星期六，农历六月二十，属马，晴

根据我们战友协会的通知，今天中午就下南沙镇集合了，村里的事情没有去观察，知道的就少，今天记录的就要少些了。

2010年8月1日，星期日，农历六月二十一，属羊，多云间晴

今天是八一建军节，我昨天就到南沙镇来参加1994—1997年一批的战友聚会，这一批的战友基本上每年都要聚会一下。这次原来是打算去河口县旅游的，只是受建水县战友的邀请而去了建水县。根据计划，今天下午就过去了，晚上就在建水县休息。本来应该是很多战友都要参加的，但都是这把年纪的人了，以有事情为理由而没有去的很多，只有我们七八个过去了。

村里到目前为止有十几个退役的老兵，但是，到目前为止没有进行过什么活动。要是有机会的话，我倒是希望能搞一些活动，热闹一下村里的气氛。

2010年8月2日，星期一，农历六月二十二，属猴，多云间晴

因为供电电路的问题，村里已经停电10多天了。与村民一起生活和交谈调查的情况来看，没有一个村民说没有电的日子好过。到今天晚

上八点左右电来了，可以说才恢复了村民正常的生活。电在现在的农村，也是一件重中之重的事情。这一次停电最心急的要数在云南大学哈尼族调查点的师生们了，他们多数都是来自城里，根本没有体会过没有电的日子。从 7 月 17 日至 7 月 28 日这十一天的时间里，连他们用的手机也要到新街镇去充电，根本无法进行正常的调查整理工作，辛苦他们了。

2010 年 8 月 3 日，星期二，农历六月二十三，属鸡，多云间晴

今天是农历的六月二十三，对这一带的哈尼族和彝族来说，就是过六月二十四节的时间了。只是我们箐口村会提前过节，今年也不例外，我们箐口村在前一段时间就过了苦扎扎节。今天，我跟朋友李祥到阿挡寨子过节。说是过节，就是吃喝了。人与人之间是要来往的，节日就成了一种联系亲戚与朋友的纽带，可以借此机会相互来往，加深感情，沟通信息。

晚上，路过的时候，看见张斌家门前插着绿树枝，我知道，这是在做一种外人不能参加的法事，要是有外人进入了，这个法事就失效了，还得重新再做。

2010 年 8 月 4 日，星期三，农历六月二十四，属狗，多云间晴

早上，到田里走走的时候，看见村里的咪古早早就拆除秋千绳子和取掉磨秋了，说明这个苦扎扎节结束了，村民不能再打秋千和磨秋了，要是有人违例，是要被谴责的。

晚上，新街镇举行火把节开幕式。今年的动作不大，知道的村民很少，也没有看见几个村民出去观看。

2010 年 8 月 5 日，星期四，农历六月二十五，属猪，多云间晴

这几天，新街镇如果按照传统的习惯，就要组织民族摔跤运动会了，但是今年听说没有很好地组织，只是逢场作戏似的简单组织了一下，今天早上就结束了。要不然的话，每年的这个节日很热闹的，村里的大人、小孩都会争先恐后地出去观看，即使看不到现场，也要到街上凑热闹。

下午，元阳县文化局的人到村里，在姜文拍电影的那个房子上挂了一块"哈尼哈巴文化传承中心"的牌子，不知道出于何意。

2010年8月6日，星期五，农历六月二十六，属鼠，晴

早上，村里的文艺队打扫村里的卫生，说是元阳县文化局的人要来村里组织演出活动，要在他们到来之前打扫好卫生。

今天，看见张崇祥家买回来铝合金门窗。房子建起来，没有门窗也不像房子，迟早是要安装的，他们夫妇在昆明市打工已经几年了，应该有这个经济能力。

2010年8月7日，星期六，农历六月二十七，属牛，晴

我知道，卢同则家的生活也很困难，但是子女长大了，房子不改造，居住条件就挺糟糕的。今年开始建房子了，今天打屋顶，由村民帮忙完成。

2010年8月8日，星期日，农历六月二十八，属虎，晴

村里的停车场建设已经一段时间了，今天开始铺沙，快要到收尾的阶段了。

下午，村民小组接到通知于明天上午8点到村委会办理移交手续，办理接替的事情。我还年轻，可以独立做一点事情，在村里任职这么多年，认为村里的事情很辛苦。但有的村民就是理解不了我的用意，所以我认为还是退了好，让其他人来干几年。年初选举我就退让了，就等他们做好换届选举工作移交手续了。

2010 年 8 月 9 日，星期一，农历六月二十九，属兔，晴，有阵雨

上午八点左右，根据村委会的通知，上一届村民小组和新一届村民小组在村委会办理移交手续，参加的人有张明华、李树华、李小生、李文光、卢建忠、龙艳、李文才。天下没有不散的宴席，早晚都是要退的，早上移交了手续，觉得事情就要少些，可以清闲一点了。可是，我还是村里的党分支书记，依然还得负责村里的一部分事情，还是得缓一段时间才能全部移交。

今年建房子的村民多，今天有李虎芬家打屋顶，房子的面积不大，到下午一两点钟就浇灌好了。

2010 年 8 月 10 日，星期二，农历七月初一，属龙，晴

早上 7 点左右，有新街镇党委书记、镇长等很多工作人员带着新街镇的民兵来村里，拆除卢永贵家延伸到路中央的屋檐。说真的，有的村民就是不自觉，自己家的房子面积小，就把房子的屋檐延伸到路中央来，很影响村民生活。卢永贵是我妻子的哥哥，关系上是亲戚，但这样不考虑村民，只顾自己的做法我是反对的，拆掉是理所当然的。

今天是新街镇的集日，李正祥等村民到新街镇买小猪，现在是猪草生长的旺盛期，做农民的，只要到田间地角就能找很多猪草。现在养一头猪，到过年的时候就可以杀吃了。

村里搞旅游开发以后，曾经几次组建文艺队，虽然她们的舞艺不高，但是根据工作的需要，有时候还是会到其他村寨演出，今天是到新街镇广场演出了。

2010 年 8 月 11 日，星期三，农历七月初二，属蛇，晴

去年在自己家田里进行表演，留下了一些木料，因为没有来得及保护，有的已经腐烂了。今天叫了表弟李成、朋友李国忠去搭一个棚子，要把木料保护好，将来可以用作建筑材料。

2010年8月12日，星期四，农历七月初三，属马，多云间晴，有一阵雨

今天，村里有李正荣家打屋顶，是请了外村妇女来打顶的，自己家则只叫了几个比较亲近的亲戚朋友来帮忙，这样就可以在伙食上节省一部分。

下午，红河州委宣传部的人来村里。说真的，自从村里被元阳县作为重点建设村以后，县、州两级政府是比较重视的，还是投入了很多资金，村里的面貌还是大有改善了。

2010年8月13日，星期五，农历七月初四，属羊，多云间晴

我和李树华已经退出村民小组的职务了，可是，一些事情还没有完全移交，今天到胜村乡找世博元阳旅游公司元阳分公司的领导过问门票收入提成的事情，做好我们的收尾工作，好给村民一个交代。

张文学家明天要到全福庄丧祭，所以，今天是叫了家门的人准备物资，晚上又召集家门的人开会，安排明天的事情。

2010年8月14日，星期六，农历七月初五，属猴，多云，有阵雨

今天，张文学家到全福庄丧祭。他的姐姐嫁到全福庄，他父亲过世的时候，他姐姐家来丧祭过，这次是还礼的。我们是一个家族的人，应该是过去帮忙的，但是，今天有元阳县扶贫办，就是新农村建设工作组过来，我只好陪他们工作而没有过去帮助张文学家，只能让张文学理解一下了。

村里的建设工作快要进入收尾阶段了，元阳县扶贫办的人就是因为要结束工程来检查情况的。

2010年8月15日，星期日，农历七月初六，属鸡，上午有中雨，白天多云

今天，卢永贵家浇灌屋顶。没有几个村民家是有足够的钱建房子的，他家也是，只是看着其他村民家建起来新房子自己也想建。他家在路边，这次新农村建设工作组要改一点路线，占了一点他家的宅基地，补偿了一点费用才有建盖房子的钱。所以，今天叫了寨子的人来浇灌屋顶，他家简单办一点伙食就不用开支工钱了。

中午，看见李学光家运回来钢筋，又要准备建设房子了。去年到现在，建房子的多，我相信人都要脸的，看别人家都建起来新房子，自己家还住着茅草房，心里肯定不舒服，一定会想办法挣钱追赶他们的。

中午，有云南农业大学的学生来他们的试验田取水稻品种，他们要带样品回学校做化验。

根据县工作组和新街镇的通知，村民小组发动村民打扫村里重要路面的卫生，的确是因施工而很长一段时间没有打扫村里的卫生了，很脏、很乱。

昨天去全福庄丧祭的张文学家今天回来，因为不准备请大客，晚上请过去帮助的人吃喝一顿，做一个法事就基本结束了。

2010年8月16日，星期一，农历七月初七，属狗，多云间有阵雨

昨天，帮助卢永贵家浇灌屋顶，有点累，今天只是在村里转了一下就休息了。

2010年8月17日，星期二，农历七月初八，属猪，多云间有阵雨

上午，今年的两个龙头（一个是李爱生，一个是李建国）挨家挨户地向村民收取今年最后一个集体祭祀"什汉普龙迥"的费用，这次是向每户收取3元。

晚上9点左右，村里有病人送医院，有五六个人招呼着。因为村里的路面正在修理，送一个病人很麻烦。要是修好了村里的公路，就会有汽车在村里，随时可以请他们送。

2010年8月18日，星期三，农历七月初九，属鼠，阴，有小到中雨

早上7点左右，因为已经通知村民小组今天有州县领导来村里检查工作，村民小组就发动村民打扫村里的路面卫生，迎接上面的领导。11点左右，红河州委宣传部、元阳县里的领导到了。

生老病死是人间的常事吧。村里现在的人口数是1000多人，从这些年来看，每年的死亡人数基本上是4到6个，出生人数是十二三个。然而，由于联姻的原因，村里几个主要的家族人都要到其他的寨子帮亲戚家办理丧事，今天就有卢世文家约了家族的人到其姥姥去世的高城村奔丧，参加的人有卢志华、卢文华、卢建华等20几人。路程有点远，是请面包车送过去的。

今天有20几个国外的游客来村里旅游，因为村里正在建设，路面都很乱，好久没有看见这样的外国游客来了。

2010年8月19日，星期四，农历七月初十，属牛，阴，有中雨

到8月了，谷子也在逐渐成熟，今天却又下起中雨，庄稼还是受到一些影响了。没有办法，我也只能到田里转了一圈。下雨天，做不了农事就看看书，写写字。

2010年8月20日，星期五，农历七月十一，属虎，早上有阵中雨，下午转晴

张正明家建好新房子已经有一段时间了，可是一直由于种种原因没有搬进去住。今天是请了经常在村里给村民和朋友做建筑设计（所谓的建筑师）的李四文和李庆锋打灶。有村民说是打灶要杀鸡、鸭，他家就杀鸡鸭请朋友吃喝了。

今天是农历七月的第一个属虎日，村里按照正常的程序进行"什汉普龙迥"祭祀，这是村里进行的最后一个集体祭祀。根据村里的摩批和老人们的教导，这个祭祀的主要目的是把不好的东西都赶出寨子，也就是驱邪仪式。要是正常的情况，这个祭祀活动有一个区别于其他祭祀的标志，即需要一条狗，但是，村里组织这些祭祀活动的摩批和咪古不知是出于物价上的考虑还是其他原因，今年就没有杀狗，而是找来一点狗毛代替（去年年初的时候，附近一些村寨出现过狂犬病，新街镇政府就组织人员捕杀过，村里一只狗都没有留下。村民家或者村里做这样的祭祀如果需要狗毛就只有叫有心的摩批或者老人们拿出来平时留下的一些）。

2010年8月21日，星期六，农历七月十二，属兔，有阵中雨

俗话说："家家都有一本难念的经。"相处了二十多年的张正明夫妻这几天听说又在闹矛盾，妻子回娘家去了。都这把年纪的人了，还会出现这样的事情。

2010年8月22日，星期日，农历七月十三，属龙，有阵小雨

学校开学了，今天村里该上初中的卢新等几个同学由家长们带着入学去了。村里的孩子看起来都显得还小，身高大体都在一米二三，体重就是三四十公斤吧，似乎连他们的行李都背不动，只能由他们家人背着。看着他们欣喜入学的样子，我们都很开心，几年来一直在村里看着他们长大的我更是有一种说不出的欣慰——前几年还擦不净鼻涕的孩子今天却要背着行李离开父母上学去了。孩子们长得真快，时间也过得真快，转眼又一个学期开始了。

今天早上，根据村委会的通知，说是有上海市一个单位的很多人到村里来，村民小组就在喇叭上通知村民一家出来一人打扫卫生。村里的卫生管理问题因为去年到现在搞建设而弄得很混乱，今天通知有人来的时候只能临时叫村民出来打扫。早上是打扫了卫生，只是不知道什么原因，到了晚上通知中说要来的人都没有来，有点扫兴。

2010 年 8 月 23 日，星期一，农历七月十四，属蛇，晴间有云

村里的小学生原来说是今天开学，但是学校里老师没有来，要入学的孩子也只有回来了，只有等明天再过去。

2010 年 8 月 24 日，星期二，农历七月十五，属马，晴间有云

村里的学校原来通知昨天就开学了，可是，昨天老师们没有来。今天是正式开学了，特别是该到土锅寨小学上三年级的同学早早就约好出发，生怕迟到了。

从一个寨子来说，死人的情况不是经常有（据我大体统计，每年有2到6个，多的一年会有七八个，少的一两个）。但是，如果加上周围的全福庄、麻栗寨、黄草岭、大鱼塘等几十个寨子就是经常的事了，而村里与其他村寨通婚的很多，所以，其他村寨的人死了也经常有村里的人去奔丧或者帮忙。今天也有卢同则家约了家族的人去麻栗寨奔丧，等正式办理丧事又得去祭祀了。

从箐口村一带的稻谷栽种情况来看，一般是3、4月份撒秧育苗，5、6月份插秧，7、8月份返青成黄，9月底10月初收割，种的多数都是传统老品种。然而，这几年政府推广新杂交水稻以后，有的品种成熟比较快，今年张宽家该是栽了成熟快的水稻品种，今天就请了人去收割，是今年村里收割的第一家。村里收割也像比赛似的，要是有人家收割了，接着就会有其他家村民收的。不能比赛的是，自从田地分给各户以后，村民都按照自己家田的土壤肥力、风力、气候等各种因素选择适合自己家田生长的品种，也就不会存在收割迟早的观念了。听说，今天张宽家收割的是七八年前从外地引进的新品种。

2010 年 8 月 25 日，星期三，农历七月十六，属羊，晴

今天，有李文光家拆除旧房子，又是在准备重新拆建了。就像前面的日记里说到的，看人家都建起了新房子，自己家住着老房子肯定不是滋味，总是要想着办法建的。李文光早就想拆建房子了，可是，村民建房子，总是要计算一下日子，李文光家去年没有拆建，可能就是这个原因。

学校今天开始收学，新学期开始了。听说今年报名入学的新生比较多，连未到上学年纪的孩子也在父母的带领下到学校报名。

2010年8月26日，星期四，农历七月十七，属猴，晴间有云

村里，听说是今年参加高考的几个孩子考上大学了。李琼辉考上了大理旅游学院，李学的女儿考上了昆明财经学院，李德生的儿子还说是考上了重点大学。这样，村里今年就多了几个大学生了，特别值得说的是其中有两个女孩子，要是在10几年前，女孩子是不可能上大学的。

村里，今天有卢四文家到其妻子娘家丧祭，路程远，只有用车子送过去了。我们是表兄弟，正常情况下我是要过去帮忙的，只是事情有点多就没有去帮忙了。

2010年8月27日，星期五，农历七月十八，属鸡，多云，有小雨

按照葬礼的程序，昨天过去丧祭的卢四文家吃过早饭就回来了，因为准备请客，还得安排人手准备明天的伙食。

可能是李文光承包了一点工程，今天组织人手清理磨秋场的垃圾，准备改建这一段路面，把原来的老路改直一点，这样，磨秋场的面积就会大一些，便于以后过节活动。

2010年8月28日，星期六，农历七月十九，属狗，晴

就像昨天说的，村里今天有卢四文家请客，可能是长时间没有请客了，通知了所有的亲戚朋友来，包括附近彝族村寨的朋友，来的人就多了。

李虎芬家今天打屋顶，可能是考虑到不会有多少村民来帮助，这次是请小工来浇灌的，因为房子的建筑面积不大，没用多少时间就浇灌好了。

2010 年 8 月 29 日，星期日，农历七月二十，属猪，晴

今天有李阿三家收谷子，他家种的是村民们说的"百日收"（一种稻谷的品名），成熟的时间要比其他村民种的传统品种早。远远看过去，其他村民家的稻谷还在发黄阶段，他家的就已经很熟了，今天安排了人手去收割。

上午，村民小组李文光和李树华调解张志光家和马志文家之间的地界问题。他们两家是隔壁邻居，产生纠纷的主要原因就是两家的中间地界，谁都想多占一点。

卢四文家下午做祭祀，就是因为他家在前几天到其岳父家丧祭，意思就是说办了这么大的一个不吉利的事情就得做一个祭祀来禳解可能会带来的不幸。我认为，这样的事情就很矛盾了，亲戚家死了人，为了表示两家之间的亲戚关系，花了很多钱办这样那样的事，认为是很体面了。可是，到事情结束，自己家又认为经历了一次灾难，又得做祭祀来禳解无法用科学的话语解释的事情。

2010 年 8 月 30 日，星期一，农历七月二十一，属鼠，晴

上午，卢同则家到麻栗寨亲戚家丧祭了。他们家只请了村里比较亲近的人一同去，肯定是不准备请大客了。这样大的丧祭，村民们一般有两种选择，一种是认为自己家没有必要办大事情，回来后的第二天就不再请客了，村民们称为"实报实消"；一种是自己家准备把事情办大一些，就会请村里的所有人家前去，回来后的第二天还要买菜，参加的人也要给他们家过礼。

2010 年 8 月 31 日，星期二，农历七月二十二，属牛，晴

中午，村委会临时通知下午有上级领导来村里视察工作，要村民小组打扫村里的卫生。我们以请小工的形式叫了十几个妇女来打扫，每人付了 20 元工时费。

下午，我知道李树华到新街镇为妻子龙绍华办理生育补助的事情。

2010 年 9 月 1 日，星期三，农历七月二十三，属虎，晴

上午，村里运回来一车水泥，是这次新街镇"一镇六村"建设项目资助的。到目前为止，这次新街镇"一镇六村"建设项目要结束了。通过检查目前的建设情况，认为农户家房前屋后的卫生条件差，政府就给予水泥补助，农户自己出劳动力，准备沙和石头等其他材料，由农户自己来做。听说每两个平方米地面给一包水泥，用以改造房前屋后的空地。

今天，有元阳县广播电视局的人到村里来安装闭路电视线，说是每户安装闭路电视线要收 220 元。村民很实在，他们也算过账的，说是每年要收这么多，还不如直接买街上的机顶盒，也是 200 多元 1 台，可以接收几十个频道，所以，准备安装的村民不多，只有少数十几户。

2010 年 9 月 2 日，星期四，农历七月二十四，属兔，晴

今天早上，村里两个在土锅寨上小学的孩子吵架。孩子之间的事情，问题不大，大人也管不了那么多。

昨天给村里的部分村民发放了水泥物资之后，今天就有村民建设自己家房前屋后的空地了。多数村民还是自觉的，改造了自己家房前屋后的空地，最终受益了自己。可是，我听说有部分村民就是不自觉，有的是将水泥搁置着，有的是直接便宜地卖给其他建房子的村民，很不老实，这样的村民是应该批评的。

2010 年 9 月 3 日，星期五，农历七月二十五，属龙，多云间晴

时间过得快，又到一年收割的时间了。今天看见有杨文亮家收割了，说是今年栽种了"百日收"，名符其实，成熟得早，收割就要早。

2010 年 9 月 4 日，星期六，农历七月二十六，属蛇，多云间晴

早上，听说昨天晚上村民李正福家的牛被小偷偷去了，到六鱼塘时被大鱼塘村民发现，小偷心里慌了就自己逃跑了，他们认为不是本地方的人。

下午，苏和平与和东阳到箐口来，说是要在箐口村做几天的调查。据苏和平介绍，和东阳是一个普米族人，对他们村寨的普米族文化建设比较重视，这次是借到昆明学习的机会跟着来考察哈尼族，了解一些我们哈尼族的生产、生活。他是一个30岁左右的小伙子，很活跃，能利用这样的机会来了解地方生活情况，增加自己的见识，值得我学习。

到了这个时候，收谷子的人家就逐渐多起来了，今天有张志荣家、李树华家，他们两家都是栽种了"百日收"。

2010 年 9 月 5 日，星期日，农历七月二十七，属马，多云间晴

早上，村党支部组织党员打扫村里的卫生。因为村里新农村建设，房子和路面都进行了大改变，村里原来编制的卫生组也没有了，只有以后重新组织了。现在的话，只有村民小组和党分支组织打扫一下，或者是组织全村村民打扫。

收谷子的有杨文荣家。他家栽种的也是早谷，村民都叫"百日收"，是有个村民从其他地方引进的。正如它的名称一样，栽种到收割就是100天左右，成熟要比其他品种早多了。

2010 年 9 月 6 日，星期一，农历七月二十八，属羊，多云间晴

苏和平与和东阳在村里做了两天调查，就于今天早上离开寨子返回昆明，我送他们两个到新街镇。自己和亲戚家都还不收谷子，这两天的事情就少些，回来就休息了。

2010 年 9 月 7 日，星期二，农历七月二十九，属猴，有中雨

今天李志学家收谷子。他一家人都不会种田，庄稼要请村民收割的。

他家栽种的也是早熟的谷子，其他村民还不忙的时候可以找到人手，所以，今天就请了人去收割。但是，他家算的日子不好，到中午12点左右就下起了中雨，他家的谷子就收不完了。明天还得重新请人收割，得多开支一部分钱了。

李永文家的家庭关系不是很好，经常出现吵架的事情。听说，今天又吵架了。

2010年9月8日，星期三，农历八月初一，属鸡，多云间晴，有阵雨

昨天没有收成谷子的李志学家今天再去收割，今天的天气是比昨天好一些，总算收回来了。只是，这样潮湿收回来的谷子还得在家里辛苦晾干，否则容易发芽、发霉。

上午，新街镇防疫站的人来村里给孩子打预防针。一个小寨子，没有多少小孩，来的也不多。

下午，因为大哥张明生家准备明天做新房子迁居仪式，今天下午就杀了一头猪做明天的伙食。邀请的人不多，只是通知了比较近的亲戚来。

2010年9月9日，星期四，农历八月初二，属狗，有中雨，刮风

今天上午，有大哥张明生家做新房子迁居仪式，摩批是张正和。他家请了比较亲近的家属，没有请更多的村民来。建房子的村民多，也不可能来多少人的。

这两天风很大，而谷子又正在成熟阶段，寨子脚比较肥的田里的谷子倒了很多。李扎卜家和李和明家田块面积大，稻秆容易被风刮倒，他们家人已经有两三天都在捆扶倒的谷子了。

2010年9月10日，星期五，农历八月初三，属猪，晴

今天的天气不错，收谷子的有李成家和李四文家。李成是我的表弟，关系很好，他家有什么吃的或有什么事情都会叫到我，今天，我也是过去帮忙背谷子了，等我家收割的时候又叫他们家人来帮。我们箐口村民农忙时多数就是这样互换劳动力来完成的。

2010年9月11日，星期六，农历八月初四，属鼠，晴

今天做新房迁居仪式的有卢永贵家和卢小华家。卢永贵家的摩批是张志学，卢小华家的摩批是张正和。他们卢姓家在寨子没有自己的摩批，要是做大事的话，要到麻栗寨请。要是一般的小事，可以请寨子里的摩批来做。

卢永贵就是我妻子的哥哥，他们家做这样的大事，自然要请我去。吃吃喝喝又过了一天。这两年村里建房子的多，而建好新房子的又要请我们吃饭、喝酒，而我们参加的又要过一些礼金，仅参加新房子迁居仪式就要开支不少。

2010年9月12日，星期日，农历八月初五，属牛，阴，有雨

今天的雨还是比较大，就没有村民家去收谷子啦，像是要给村民放假似的，可以休息一天了。要不然，天气好的话，村民都要出云收割的，农忙时间很少会有休息的人。

2010年9月13日，星期一，农历八月初六，属虎，晴，有阵雨

今天，李牛后家做新房子迁居仪式，他也是我家的亲戚，只是他没有好好地通知我过去，再说我家已经定好今天去收谷子，就没有过去了。

今天收谷子的有李绍云家、李开亮家、李正新家、张立新家等。到了这个月的中旬，多数谷子都要熟了，只要天气好，就会有很多村民家去收割的。看别人家都这样收割，我家也是前几天就说好几个亲戚朋友，于今天去收割了。

2010 年 9 月 14 日，星期二，农历八月初七，属兔，晴

今天，堂哥张政明家做新房迁居仪式，也是请了自己家比较亲近的家属来做客，摩批是张正和。他是我的堂哥，自然还是要请到我的。昨天去收割自己家的谷子，今天又被他请去喝酒了。昨天干活累，今天没有喝多少就回来休息了。

今天，看见收谷子的有李文光家。李文光本人不参加干这样的重体力活已经几年了，都是他的妻子请人去收割的。

2010 年 9 月 15 日，星期三，农历八月初八，属龙，阴，有中雨

今天是属龙日，是村里一年一度的新米节。可能是村里正在修路汽车进不来的原因，或者是附近的村寨都在今天过这个节了，今年来村里做客的外地人很少。要是在往年，可能有六七十辆车停在寨子四周，村子里都是拿鱼或者杀鸡宰鸭的村民，一派热闹景象。

今天没有看见有村民家去收割谷子的。早一天不早，晚一天不晚，收割还是借天气好的时候。要不然，收回来的谷子还没有堆放处，被雨淋湿的谷子收回来还要费工夫管理。

2010 年 9 月 16 日，星期四，农历八月初九，属蛇，早上有雨后转晴

昨天过了新米节，今天就有很多村民家出去收割谷子了，如李文贵家、李世华家、卢永贵家、李平贵家、卢学锋家等。

上午，新农村工作指导组到村里来检查工作，今年的工作就要结束收尾了。刚开始的时候，他们每天都要到村里一次，现在只是偶尔来检查一次了，到验收的时候就不会经常来了，总的还是要靠村民自觉维护和管理。

2010 年 9 月 17 日，星期五，农历八月初十，属马，晴

根据传统的习俗，早上有妇女们做糯米粑粑。按照习俗，今天每户要参加一人去修理从麻栗寨河到村里生产劳动的这条主要线路，主要就是砍除路边的杂草，简单修复一些倒塌的地方，便于收割、背谷子等生产劳动。我认为这是很好的一个传统做法。

虽然今天在习俗上是要修路，但由于天气情况很好，有很多人家还是出去收割了，如卢宽荣家、张明生家、李扎卜家等。今年谷子刚要成熟的时候刮了几阵风，把很多人家的谷子都给刮倒了，而且很不容易扶起捆住，所以他们都希望天气好的情况下赶快收回来，减少在田里发芽、发霉的情况。

2010年9月18日，星期六，农历八月十一，属羊，晴

收谷子的人家很多，今天有张明生家、李青华家、卢学贵家、卢荣家、卢文华家、李庆云家等。这个时候，真是到了很忙的时候，白天看去，田里都是劳动的村民。

今天有很多游客，听说是红河州新农村建设工作指导组带队来的，来参观我们箐口村，说是箐口已经建设成我们边疆县的特色村寨之一。

2010年9月19日，星期日，农历八月十二，属猴，晴

今天收谷子的人家有张保祥家、张文和家、张明福家、李文贵家等。要提的是，今年有外地的赶马人来村里驮谷子，不知道是谁联系过来的。今天张明福家就是用马驮运回来，从他家田里运回来到家里每袋是5元钱（每袋可能重六七十斤）。从麻栗寨河底驮运回来每袋是7元钱，回来都是上坡，路程约一公里。前几天驮运回来的卢正学家就是这样付钱的。

这两天天气连续晴朗，有经验的村民担心明后天还要下雨，今天就有村民去收谷草了，如卢学贵家。

2010年9月20日，星期一，农历八月十三，属鸡，晴，有阵雨

今天，收谷子的人家有张明德家、张立新家、卢文华家等。到了这

个时候，收割的村民多起来了，想换几个劳动力都是难的。

收谷草的有李志学家、卢学贵家。他们昨天收一点，今天收一点，就是害怕再下雨。

供电所来追缴电费。可能是忙于收割，有几户村民家没有交9月的电费，供电所就叫村民小组通知快些来上交，到了月底他们公司要结账。

2010年9月21日，星期二，农历八月十四，属狗，晴，晚上有雨

收谷子的人家有李庆华家、李和明家、卢明家、李文新家等。正是忙着收割的时候，我只能观察到一些村民收割的事情了。

明天就是传统的中秋节了，就是因为生活水平逐渐提高，今天就有很多村民在家休息，有的出去街上购物，买了月饼、糕点等。

2010年9月22日，星期三，农历八月十五，属猪，晴

今天是中国传统的中秋佳节，早上就有很多村民买月饼了，多数村民购回来的主要是月饼、鞭炮、鸡鸭、水果、蔬菜。可以这么说，现在的生活水平提高了很多，要是在以前，村里多数都是做一些汤圆就算过节了，有铜炮枪的就鸣几枪。现在不同了，多数村民家都要买水果、糕点等，学着汉族好好过节了。

因为今天过节，我也没有去什么地方了，到街上买了一点水果和糕点，一家人在基地过节。

2010年9月23日，星期四，农历八月十六，属鼠，阴雨转多云

收谷子的人家有李志和家、李正林家、卢新家、卢正荣家等。前两天天气稍微好了一点，这两天又有阴雨了，但是到了这个时候，庄稼总是要收回来的，就有村民家抢收了，比前几天天气好的时候是要辛苦一些。

2010年9月24日，星期五，农历八月十七，属牛，阴雨转多云

收谷子的有李正林家、李志和家、张正和家等。天气还不是那么好，但是成熟了的谷子总不能等到天气好了再去收。我们村民栽种的多数是传统老品种，容易脱粒，要是不早些抢收回来，谷粒很容易掉在田里。

2010年9月25日，星期六，农历八月十八，属虎，阴雨转多云

收谷子的有李志文家、李正云家、李世荣家等。

今天有十多个法国人来旅游。前一段时间，因为村里大建设，很少有游客来。现在，逐渐清理以后，来的游客也多了起来。

2010年9月26日，星期日，农历八月十九，属兔，阴雨转多云

今天收谷子的村民有李正云家、李正林家、李文科家。我也去帮李正云家收割，因为之前他来帮我家收割了一天。正是互换劳动力的时间，我家收割的时候，根据以前所投入的劳动找够人手来帮忙，一旦他家收割时，我们家的人又抽出时间去帮忙。这是村里农忙时的常用方法。如果自己家没有劳动力，就只能请小工了。

2010年9月27日，星期一，农历八月二十，属龙，阴，有中雨

因为姐姐家通知了今天去她家收谷子，我早上就到大鱼塘村去了。但从早上到晚上一天都在下雨，就没有收谷子回来，浪费了我一天的时间。村里也没有人家出去收割了，雨下得大，村民都只能休息了。

2010年9月28日，星期二，农历八月二十一，属蛇，阴雨转晴

早上有雨，下午转晴。已经准备好收割的村民家还是出去收割了，如卢四文家、李贵云家等。收割季节，村民最讨厌天阴下雨。只是天气的问题谁也没有办法，只能根据天气来安排生产。

2010 年 9 月 29 日，星期三，农历八月二十二，属马，晴

今天的天气就好了，也就有很多村民家去收割了，我看见的有卢才生家、卢祥家、李田明家、李院生家、李正超家、杨正明家等等。村里已经进入最忙的时候了，要想请几个人都不可能。

2010 年 9 月 30 日，星期四，农历八月二十三，属羊，晴

今天的天气情况稍微好些，收谷子的人家也很多，如李志学家、张立新家等。他们两家是收糯米，因为是亲家，劳动力就是他们一家人，张立新家收好了以后再去收李志学家的。再者，所要收的谷子也不多，两家加起来也不过就是三四百斤。还有李正林家也收糯米。其他还有张明福、张明德等人家收尾。农科站和云南农业大学也来收他们试验的谷种；还有张五家、李田明家、李贵祥家、卢正荣家、李庆林家、李文才家、李志明家等也在收谷子。李志明家主要是劳动力不够，只有等亲戚家差不多收完才能叫他们帮忙收。李贵祥家是请小工来收的，因为他们家人平时要做生意或者出去打工，没有与亲戚和朋友进行劳力互换；听说男的一个人工是 50 元，女的是 35 元，还要供吃饭。李志明家的田离寨子有些远，再加上家里没有多少劳动力，谷子就用马来驮。村里是没有人家养马的，是从外面的寨子请来的。

到现在为止，村民家的谷子快要收完了，只有少部分人家还没有收回来。只要天气好，收了谷子还要收谷草。

2010 年 10 月 1 日，星期五，农历八月二十四，属猴，早上有阵阴雨后转晴

今天是国庆节，是国家法定的节假日，学校也放假了，学生们高兴地在村里到处玩耍，为村里增添了几分热闹。想想自己也是这样长大的，看他们玩得开心、愉快，我的心情也变得很舒服。回过来又想，该做的功课做了没有？"知识是人类进步的阶梯""知识是力量"，现在的社会要科学发展,该掌握的知识没有掌握,以后怎么能跟得上社会的进步?发展城乡需要一代又一代人努力,这一代人不努力,下一代人不努力,怎么能实现呢?

国家工作人员放假了,学生也放假了,可村民却要上班了,该收的谷子还是要收。所以,只要天气稍微转晴,就会有村民家拿着生产工具出来收割。早上有阴雨,下午转晴后,看见有李光明家、卢建华家、李清华家等收糯米,都希望将自己辛辛苦苦播种下去的粮食尽快收回到家。

上午,李爱生家做祭祀,摩批是李建国。村民家做祭祀多种多样,也不知道今天的李爱生家做什么祭祀。

2010年10月2日,星期六,农历八月二十五,属鸡,多云间晴

早上,村民小组组织村民打扫卫生。有很多人议论昨天李庆五在陈列馆开张的麻将馆,说这是谁批准开张的,在村党支部、村民小组的办公室开赌场,这像什么话?明明是不讲什么道理的,难道没有人去说吗?

这一段时间,是村里农忙的时候,只要天气晴朗,村民吃了早饭就会出去收谷子或者收谷草。今天就有李国忠家、李文科家等收谷子,收谷草的有李世忠家、李学家、马刚金家等。

上午,李绍新家做祭祀,原因是他的妻子生病很长时间了,而且病得不轻。不过,要说的是今天给他家做祭祀的摩批是一个女的,是通过亲戚从外地请来的本民族妇女,年纪可能在四五十岁之间。怪了,村里的摩批都是男的,男的摩批做多少个祭祀都不足为怪,今天却有女摩批来做祭祀,我还是第一次看见,觉得还是有点稀奇的。

张正和摩批带着他的徒弟到黄草岭村民小组办理张氏家人的丧葬祭祀。这里的哈尼族无论是死了大人还是小孩都要按照一定的程序办理丧事,必须要由自己家族的摩批来组织。从这一方面来看,大鱼塘寨子、黄草岭寨子、箐口寨子其实是一个寨子,特别是从办理这样的丧事时,他们都会通知自己的家属来往,而且是必须来往的,每家每户都要集资

一定的物资帮助遇事的家属，都要抽出时间集中力量办理好所遇到的丧事，再去处理其他事务。虽然没有明文规定，但这种约定俗成的规矩还是起作用的，村民都会认真执行，要是有谁违反了会被谴责的。

2010年10月3日，星期日，农历八月二十六，属狗，多云

今天是黄草岭张氏家丧葬的日子，我们村里的张氏家人基本上每家去了一个人帮忙，有部分家去收谷子而没有去。

这两年李正新身体好，听说年轻的时候还与人家比赛过抬电线杆呢，现在在家务农已经几年了。身体好，就闲不住了，做农事经常赶在别的村民之前。看见他今天就开始搭田埂了，估计几天就把他家的田埂都搭好了。

今天收谷草的人家有几户，如李政超家、李文新家、卢小和家、卢长生家等，这几户都是传统老实的村民，自己家人的劳动力还算行，也是自己家人在搭田埂。

2010年10月4日，星期一，农历八月二十七，属猪，晴

到这个时候，村民的谷子都快要收完了，只剩下少数村民家没有收回来，比如今天就只有李光明家收谷子了。这也没有办法，主要是他家缺少劳动力，两个小孩子还不能帮助家里做事情，他又没有娶新妻子，家里的事务全靠他一人支撑，够辛苦的啦。

收完谷子的村民接着就要收谷草，这几天是连续的晴天，田里的谷草都要被晒干了。今天有李志和家、张正和家、卢迁华家、李贵祥家等收谷草。而收完谷草的村民家又忙着搭田埂了，今天有李上嘎家、李少云家、张立新家等搭田埂，都想在冷天来临之前把田里的事情做掉，不然的话，冷天进水很冷的。

昨天，附近的黄草岭村民小组送葬了一个老人，按照一般的葬礼程序，他们家今天要请客接待，箐口村基本上每户有一人去做客。用他们的话说：礼金不一定多，就是见一个面而已。

2010年10月5日，星期二，农历八月二十八，属鼠，晴

到这个时候，村民的谷子是要收完了。从整体看来，只剩下少数人家的没有收，可能是劳动力和谷子成熟的问题。比如今天收的李庆云家的旱田谷子，旱田不容易积水，栽种的时间往往要晚于水田，成熟自然就晚了。还有卢建华家和卢正荣家，主要是家里劳动力的原因。

收完谷子的村民接着做什么农活呢？主要是搭田埂，今天有李四文家、李正新家等在做这个农活。

2010年10月6日，星期三，农历八月二十九，属牛，晴

今天收谷子的村民家有高九沙家、李永得家、卢正和家。上面说到了，到这个时候才收谷子不是劳动力的原因就是谷种的问题，今天的李永得家和高九沙家就是因为家里缺少劳动力，不可能赶在其他村民家前收割，而卢正和家今天收割的是糯米，糯米的成熟期相对要晚于一般品种，收割时间自然就在后面一些。

连续的晴天，足以晒干村民的谷草。这几天收谷草的村民家很多，今天是有李志和家、卢世华家、卢迁家等。而且，从整体来看，要收的村民家的谷草基本收完了，不愿意收的也放火烧了做田里的底肥。

有劳动力的人家，收完了谷子和谷草后就搭田埂、犁田。今天犁田的有李少云家，算是犁田比较早一些的人家了。

2010年10月7日，星期四，农历八月三十，属虎，晴

前面说过，多数村民家谷子、谷草基本收完了，少数的村民家没有收割的，主要是糯米成熟晚，收割就稍微晚一些。今天是有张明福家、高九沙家收糯米。

铲除埂草的村民家有李志祥家、李有明家等。

做田里的事情是要进入田间水中操作的，到了冬天天气寒冷，水也就冷了，村民是害怕在冬天到田间劳作的，所以，箐口的村民整田间事

情很赶时间，收完谷子、谷草后就接着铲埂草、搭田埂、犁田，之后才休息一段时间，或者找其他赚钱的事情做。所以，这几天村民都是做田间的事情，今天有李庆五家犁田，有李正祥家搭田埂，李学家也搭田埂。李学要忙于做其他事情，就请了人去搭田埂。

2010年10月8日，星期五，农历九月初一，属兔，阴，有雨

这一段时间村民就是忙着做田间的事情，今天铲埂草的是李永福家、张文和家、卢小和家等，这几户家的田就在我家的田下方，他们家做到什么程度我都看得见，可以说是了如指掌吧。

可以说，箐口村民是合理利用了每一寸土地。寨子脚的田由于经常进肥料，土壤就相对肥，包括田埂上的土质都比较肥。在田间插秧的同时，他们就会在田埂上栽种一些埂豆，成熟期相对晚于谷子，这一段时间就可以收回了。今天是有李世忠家等收回埂豆，说是长得不错，收成也不错。

犁田的人家有李正新家。看样子就知道，那牛是今年才试用的，前面需要人牵着。听村民说，自己家养的牛要是准备犁田、耙田用，就要在牛三四岁时试用，什么都不可能天生就成，只能从小培养，刚开始牛可能听不懂人话，只能人牵着。渐渐地，牛养成习惯后才可以一个人操作。原来，用牛还有这么一套道理。

2010年10月9日，星期六，农历九月初二，属龙，阴，有雨

昨天有雨，今天也有雨，由于天气不好，基本上就没有村民去田里做农事了。昨天是农历九月初一，今天是农历九月初二，据村里的老人说，只要农历的九月上旬有雨，来年的春天雨水就丰富，就不会出现干旱。但愿是这样吧。春天是播种的季节，"一年之计在于春"，没有播种哪有收获？要是这样，我倒是希望多下两天雨，田里的事大不了过几天再做。

有的人政府叫怎么做就怎么做，有的人政府叫怎么做就偏不怎么做，总会想办法弄一点名堂。比如，政府要求上缴枪支弹药是一个全国性的指令吧？而有的村民就不听，他们总得藏一把。有时我也想弄一把来，因为每年的这个时候南飞的鸟太多了，太诱人，要是有一把，到田里、树林里时打几只回来，叫几个朋友当下酒菜多美啊！这不是揭我们村民的短，附近村寨也有几个，总能看到他们来往于田地间，不时听到"砰""砰"的枪声。我们村里也有几个，他们也会趁着农事少的时候叫上朋友一起去打猎，打的主要是鸟类，如野鸭、斑鸠、白鹭鸶等，大的野兽没有见过。但是，这终究是违法的，不应该做。

2010年10月10日，星期日，农历九月初三，属蛇，阴，有雨

"从哪里来回哪里去"，这是我在部队时听过的一句话。可能是针对我们这样落后的边疆义务兵说的，不然的话，同我一起去服役的李庆祥在部队已经服役了15年，怎么又回来了呢？他也和我一样回来当农民了，今天叫了几个朋友搭他家的田埂。因为是5个弟兄分一个父亲承包过来的田，自然就少，半天左右就干完了。今天虽然下着一点雨，但是还有村民在搭田埂，如李平民、李建华等。

我们正忙着做田里的事情，而云南农业大学今天安排了几个人下来取他们实验田里的谷种，说是要带回去做化验分析。

2010年10月11日，星期一，农历九月初四，属马，晴

云南农业大学在村里做实验调查已经几年了，有一个组昨天下来，今天去收他们在李正明家田里实验的稻谷了。

我也跟着云南农业大学的师生收他们的实验水稻，所以知道今天有村民李院生、李少云、李永亮等人家搭田埂。

2010年10月12日，星期二，农历九月初五，属羊，晴

这几天，村里又没有水了，有村民告状说是水池附近的几户人家用水管抽完了，我们只有检查并且到水源池去看了，简单清理了一下水源

池就回来了。

2010 年 10 月 13 日，星期三，农历九月初六，属猴，晴

上午，张宽家约了张氏家族的人到团结村委会上广坪村奔丧。这一带的哈尼族，谁家办喜事不一定要通知亲戚，但是一旦有丧事，特别是中老年人去世，所有的亲戚都要通知，而被通知到的人家也要约家族的人至少拿一只鸡和相关东西去看望。今天的张宽家就是这样。

中午，我去取云南农业大学需要的水样，云南农业大学一个老师做了一个课题，在箐口村寨子脚到麻栗寨河底的一条河里，在不同的海拔 7 个点每周取一瓶水样，做上记号，然后，由他们师生带回学校做调查，不知道他们做了以后对箐口村有什么帮助。

晚上，张崇祥家做祭祀，请的摩批是张正和。我们是一家人，也叫了我过去一起吃饭。我知道他家为什么做这个祭祀，说是他这两年在外地打工，经常做噩梦，也不时生病，希望做这样一个祭祀后有所好转，想在父母亲身体好能守家时多赚一些钱。

2010 年 10 月 14 日，星期四，农历九月初七，属鸡，阴，有中雨

唇齿都有相碰的时候，做邻居的有摩擦就不用说了。村民与村民之间争吵几句是常事，只要不出现动刀动枪甚至命案就不足为奇了。在村里做了这么几年调查后，我是这样认为的，他们多数今天吵架，明天又在一起喝酒了，特别是遇到一些大事情时，吵过架的村民也过来帮忙，只有部分一旦吵架了就要等很长时间才磨合好。今天李正云家与李永忠家吵架了，主要是地界问题引起的。根据我这么几年的经验，他们两家暂时要离开一段时间了，在一个这么小的寨子，早不见晚见，抬头不见低头见，何况，他们都是一个家族的人，谁家遇到什么大事都要帮忙。

自己的事情不做不行，但自己不能做的，就只有请人做了。李志学家就是这样，他们一家都在外地做生意找钱，根本没有时间来管理自己家的田，而自己家的田不管也不行，就只好请村民小工来做了，今天他家请了几个村民去搭田埂。

箐口村今年的建设基本结束了，剩下的主要是做好卫生工作和处理一下少部分问题，来迎接首届哈尼梯田大会的到来。对此，新农村建设工作指导组王建国、陈天福等常驻箐口村，向村民小组布置了工作，要求村里主要路面旁的村民家门窗要做成木制品，还要村民打扫好各自房前屋后的卫生。

2010年10月15日，星期五，农历九月初八，属狗，阴，偏冷

到了这个时候，村民家的庄稼收完了，下一步的农事主要就是搭田埂、犁田等。看见今天犁田的村民家有李和明家，他自己犁田；还有李学家，是请了他的堂弟李文新来犁。

上午，新农村建设工作组召开村民小组干部会议，主要是讨论11月在元阳县召开哈尼梯田大会时村里要注意的有关事情。可以这么说，元阳县打哈尼梯田品牌还是以箐口村为窗口和核心的，县里来了什么主要领导人物都要到箐口村走一走，看一看。我参加过几次县里的会议，一般都会说起箐口村。

新农村建设工作基本完成了，接下来的工作主要是卫生问题。为了做得更好，工作组带来了四台电动喷雾器，请了28个妇女清扫村里的路面及排水沟。

2010年10月16日，星期六，农历九月初九，属猪，多云转晴

有一句话说："八仙过海，各显神通。"我看村民种田也是这样，根据自己的情况来定，自己能种还是自己种，自己不能种就只有请其他村民了，今天搭田埂的张庆贵就自己一个人在种，而李庆亮家就请了亲戚李则中和其他一个人来种。

按照村民种田的一般程序是，先把田埂搭好，之后是犁田，今天是李和明犁自己家的田。还有李跃家，也是他一人在犁田，他家的田块大，是村里面积最大的一块，有四五亩，淤泥又深厚，他要犁五六天才能犁完。

还是为了村里的卫生问题，新农村建设工作组请了28个妇女打扫村里的路面、阴沟等，打扫下来的结果还好，就是有工作人员有意见，说村民小组组织能力差，自己村里的卫生问题自己都不能解决。而村民又这样说：大的问题政府投资建设好了，连私人家建房子都补助物资，收尾的一点卫生事情为什么不能做好？真是"公说公有理，婆说婆有理"，我是糊涂了。

听说国家又开始第六次人口普查了，今天还在任职的土锅寨党支部书记张春华到村里调查，可能认为他是本村的人，对村里的情况熟悉，就他一人在村里调查。在村里长大的人，又任了这么几年的村委会干部，该对村里的情况了如指掌。

2010年10月17日，星期日，农历九月初十，属鼠，阴，有小雨

早上，村里有张崇祥夫妇又外出打工了，他们夫妇在昆明市一个家具厂上班已经两三年了，回来处理了一些家里的事情又出发回自己的工厂去。家里有父母亲招呼着自己的孩子，他们出门找钱也放心多了。听他们说，他们厂里的生意还不错，两口子每年还是能找到两三万元，比起在家好多了，但这辛苦了持家的两个老人，要是两个老人不能正常持家的话，情况一定不是现在这个样子。

这病真是不分小孩、青年、老年，原本应该正是做事情的四十岁左右的卢迁从红河州政府驻地蒙自市住院回来，检查结果说是一种特殊的骨髓炎，需要做手术，手术费比较高，需要10万元以上，而且每两三年要做一次。这样一个贫穷的农村家庭，怎么能承担起这样的负担呢？他听说了以后，自己也说宁愿选择死也承担不起这么多钱，于是就回来了。

新农村建设工作组前两天是请了人打扫，而今天是发动了全村清扫村里主要的路面，包括主要的几个广场以及村民经常去倒垃圾的场所，

打扫下来的结果用一个工作人员的话说是："这两天可能是箐口有史以来卫生最干净的日子了。"

2010年10月18日，星期一，农历九月十一，属牛，多云转晴

对于村里的卫生，这几天可以说是连续作战了，前几天是新农村建设工作组带着村民做，今天又有县人大副主席彭凤玲来主持召开群众大会，主要是向群众宣传有关县里11月11日至12日召开的哈尼梯田大会的事情，要求村民做好室外卫生的同时，把室内卫生也做好，希望村民积极配合。县里安排了工作人员，又投入了很大的资金，还有县里的重要干部亲临村里组织工作，村民也该极力配合了。

今天有张正和犁田。他已经近70岁了，只是孩子们都在外面打工，很少回来，种田的事情只能勉强靠自己撑着，估计再过几年就不能做田里的事情了。

2010年10月19日，星期二，农历九月十二，属虎，阴，有雨

箐口经过几次建设后最终还是要保持蘑菇房，所以，对浇灌消防水池也比较重视，这次也不例外地把消防水池建设包括在内，今天是施工队请了外地的人来浇灌，可能建设好了。

卢宽亮的妻子去交电费，供电所规定必须要在当月20日以前交清，今天就是19日了，超过了时间是要被他们说的。

村里没有养猪专业户，现在每户最多就是养着一两头，养来一般就是出售，作为家里的一项经济来源，所以，不时地会有做生意的人来村里买猪，只要价钱合适就会被买走的，今天也有几个来了。

2010年10月20日，星期三，农历九月十三，属兔，多云转晴

天气情况变好，挖田的村民多起来了。犁田的有卢建忠、李志和、李得云、李文才等，搭田埂的村民家有张龙、张小华、李世忠等。

村里的水又没得喝了，我又去看水源池，原来是水管断裂，一个人不能修复，只有找工具请几个工人才能修复了。我简单地处理一下就回来了。

下午，知道打工回来的有张斌。

2010 年 10 月 21 日，星期四，农历九月十四，属龙，晴

上午，召集村民展开首届哈尼梯田大会的培训工作，参加会议的有四十多人。

凌晨，已经 80 多岁的李高门母亲去世。今天，他们李氏家族的人帮助他家清理屋里的卫生，从街上买棺材回来，到晚上给死者入殓，准备好明天的用品，通知亲戚明天来奔丧。因为今天时间不够，不可能在今天叫他们来的。

元阳县工商联合会组织召开了一个会议，说是要组织一个民族手工艺协会，选举产生会长李文才、副会长李文英，协会会计李庆五，参加会议人数 22 人。不过，这样的事情在农村能坚持多久？会发展到什么程度？我是怀疑的，至少在现在这样的经济条件下，它的发展肯定会是缓慢的，他们来村里做这样的事情估计起不到多少作用。

2010 年 10 月 22 日，星期五，农历九月十五，属蛇，晴

上午，村里停了一会儿电，影响了一点村民的正常生活。

今天的天气也好，犁田的有李建国、卢正和、张保祥、张正和、李志和等。卢建忠家是约了几个朋友，有卢学问、卢朝生、李永福一起去搭田埂。

李高门家召集了亲戚来奔丧，有黄草岭村民小组的，有麻栗寨的，有大鱼塘村的，有团结村的。到了这个年纪后，亲戚可能会多一些，来奔丧的亲戚就会多一些。

今天有七八个学生来旅游，说是法国的，为什么说起这一点呢？因为从这么多年售票处统计游客的情况看，也是法国的最多。我的观点是，说明中国和法国之间的关系要比其他国家的好。

2010年10月23日，星期六，农历九月十六，属马，晴

村民的庄稼收完以后又怎么做？紧接着做的主要是给田埂铲草。一是铲草要让草腐烂，可以做田里的底肥；二是防止牛进田吃草时踩塌田埂，增加劳动负担；三是防止老鼠钻草打洞打坏田埂，修复田埂还要劳动力。之后是搭田埂。往年的田埂经风吹日晒和人踩，长满了很多草，包括老鼠打洞等，已经不再保水了，需要垒上新的淤泥保证水源不外出，保持田里正常的水位，保证土壤随时松软，当然，吃了半年泥奶的水稻根已经把土壤干硬化了，人就要帮助泥土把田里的稻根犁翻。所以，接下来就是犁田了。今天看见卢新、卢志明等村民在田里犁田。这就是一个循环问题：人吃水稻，水稻吃泥，泥又吃人。就是他们说的："人起源于自然，终归于自然。"

可能是李高门家选择好了日子，前天去世的李高门母亲的丧事说是明天就要开始办理了，今天就准备东西。他们李氏家族的人又要忙碌几天了，其他村民也是如此。

2010年10月24日，星期日，农历九月十七，属羊，晴转多云

正如昨天说到的，今天就办理李高门母亲的丧事，他们家族的人必须集中过来帮忙。当然，其他的村民也会过来帮忙。类似的正常丧事无论谁家出现了村民都会来帮忙的。

今天用牛来丧祭的有3家：一家是团结村委会他母亲方，一家是其大儿媳家，一家是二儿媳家。二儿媳家就是我们张氏家族张龙家，既然是我们张氏要去丧祭，我又得去帮忙了，不然的话，我家出这样的事情就没人来帮忙了。

李高门家有其他寨子的人家来丧祭，而其他村寨的亲戚办理丧事，

村里的亲戚家也得去丧祭。今天的张宽家就是这样，说是团结村委会上广坪村有他家的亲戚也在办理丧事，他家就组织了张氏家族的人去丧祭。

2010 年 10 月 25 日，星期一，农历九月十八，属猴，阴，有雨

按照办理丧事的程序，我们吃过中午饭，到了下午以后，就要把李高门母亲送到山上去了。村民都要过来帮助他们家料理丧事。

2010 年 10 月 26 日，星期二，农历九月十九，属鸡，阴，有雨

根据葬礼的程序，这两天办理丧事的李高门家今天要请客接待村民，我们村民也要照例做客，给他们家过一定的礼金。然而，也许是张龙家也好长时间没有办理过这样的大事，他家今天也请客了。我们是一个家族的，还是得过去做客的。

2010 年 10 月 27 日，星期三，农历九月二十，属狗，阴，有雨

今天，看见李才生家做一个祭祀，张龙家也做一个祭祀。

2010 年 10 月 28 日，星期四，农历九月二十一，属猪，阴，有雨

没有工厂、没有矿山的山村就是这样了，要想找一点钱只有外出打工了。今天有李庆五带着李绍云、李龙福等弟兄出去了。不用说，就是做建筑业了。

村里要求保持蘑菇房，房子顶上都是茅草，很容易着火，所以，上级政府部门对村里的消防设施比较重视，这次新农村建设也把消防设施列在其中。消防水池还在修理当中，可以正常使用了，只等着水源下来灌满就好了。

2010 年 10 月 29 日，星期五，农历九月二十二，属鼠，阴转晴

堂兄张农初生病已经一年多了，说是他家已经到几家医院看过了，就是查不出什么病情来。

今天看见犁田的有李平真家、卢正荣家等。

2010 年 10 月 30 日，星期六，农历九月二十三，属牛，晴

今天的天气好，看见有李志学家犁田，是请了李志明犁的，说是现在请人犁一天田要给付 120 元的工钱。由于他家的田淤泥过深，很少人愿意去他家犁田。

2010 年 11 月 1 日，星期一，农历九月二十五，属兔，晴

上午，张农初在家人的陪同下外出看病。他已经病了一年多，已经在本地的几个医院检查过了，说是检查不出得了什么病。建议要他到州属医院去检查，由于自己家里没有足够的资金，在家里已经很长时间了。在家时也做过一些哈尼族的民俗祭祀等，但是，都不见好转，这次是向亲戚和朋友借了一些钱去的。亲戚和朋友都觉得他现在才 30 多岁，这样死去的话太可惜了，要是能医好，都愿意借一些钱给他。只是怀疑病情有点严重，康复的可能性很小。

这一段时间村民们还是挺忙的，特别是男人，主要是忙着搭田埂和犁田。这几天天气好，每天都有村民家犁田、搭田埂的，今天看见犁田的人家有卢学贵家、卢正荣家等。

因为通知说今天有红河州党委书记到村里来，新农村建设工作组和村民小组的人都要在村里打扫卫生，保证村里的路面干净、整齐，总之，比平时是干净多了。

2010 年 11 月 2 日，星期二，农历九月二十六，属龙，晴

新农村建设工作组同往常一样，今天照样来村里检查工作，他们今年在村里的建设任务就要完成了。再说，11月11日到12日中国红河哈尼梯田大会召开期间要在村里摆长街宴会，等于说是验收他们的工程了。所以，这几天他们都要组织村党支部人员和村民小组人员打扫卫生，保证村里的卫生。他们很积极也很辛苦，要从早上干到晚上六七点才会回新街镇休息。可能是出于一种感情上的考虑吧，他们要离开箐口村了，就商量由他们买一些菜来，中午饭在党支部委员或者村民小组家轮流就餐。今天是在张春华家里用餐，主要是考虑到他是上一届的村委会党总支书记，而且，在村里工作期间也结下了一定的感情。

今天搭田埂的有李正明家和张明福家，主要是因为劳动力少的问题，要不然提前一些日子就整好了。

村民们今天做糯米粑粑了，说是过"十月年"，村民的说法是"青好伙威补"，"青好"就是"十月份"，"伙威补"就是"岁月过了"，一年就这样过了。有点奇怪，我们箐口村过"十月年"有点简单，只要做一点糯米粑粑献一下就行了。而要是过去我们元阳县的黄草岭乡一带，就像是汉族过春节一样，基本上家家都要杀猪，在外地打工的年轻人都要回来，很热闹。我们村也有几个妇女是从那边嫁过来的，每到这个时候都会回去，背猪腿、猪脚回来请朋友吃喝，我就吃过几餐。

2010年11月3日，星期三，农历九月二十七，属蛇，晴

早上，有卢荣贵家约了人背谷草。他老父亲养着两头牛，冬天懒得出去的时候是用谷草来喂养的，就舍不得烧了，趁天气晴的时候收拢在田边，而到这个时候，村民的牛就会到处乱放养，会把收拢在田边的谷草踩乱了，有必要找时间把自己付出汗水收拢的谷草背回来放在安全的地方，到需要的时候就方便多了。

我们寨子脚有一条水沟名叫"打碑寨水沟"，打碑寨村小组的灌溉水源就是来自我们寨子的小水渠。由于多年没有修理，说是好几年不能正常灌输了。今年来修理，施工队有李国忠一个组、卢世文一个组，到

现在还没有修理完毕,今天还是继续修理。

2010年11月4日,星期四,农历九月二十八,属马,晴

今天,新农村建设工作组在李树华家里用餐,说好了的,经费少,不可能每天到饭店吃喝,而在每个村民小组成员的家里吃一顿饭。他们带一点酒菜也是一个方法,也是很快乐的事情,毕竟是一起工作的同志,都是为了建设好我们箐口村,尽力为我们箐口村做事情,我们是应该招呼好他们的。而他们知道我们几个人生活上的困难,就很少来到我们家里吃饭,过来都是说好了的,主动带来一些酒菜,而后在我们家里加工。平时的话,他们都回到新街镇龙波家工作,也在那里休息。

今天犁田的有李则中家。到了这个时候,村民家的田都基本犁好了,只是有的农户忙于建房子等其他事情而误了农事罢了。

今天有10几个游客,已经不错了。为什么专门提出来说呢?因为前期村里建设的时候,实在太乱了,到处是建筑垃圾,特别是停车场,一家的建筑材料堆到另外一家的建筑材料上面,村民自己生活着也感到不方便,游客就更不用说了,所以,来的人实在是少。今天来了这么几个也有点稀奇,觉得应该提一提。

2010年11月5日,星期五,农历九月二十九,属羊,晴

从近来到村里的工作人员来看,这次在元阳县召开的中国哈尼梯田大会该是很隆重的,每天村里来的人不少,不是检查卫生就是布置事情的。今天电力公司的人也来,派出所的人也来了,要求村民搞好房前屋后的卫生。

说是云南省电力公司的领导也来了,还在村里的陈列室广场摆了12桌的小型长街宴,他们自己体验长街宴的吃法。

2010 年 11 月 6 日，星期六，农历十月初一，属猴，晴

上午，村里召开群众大会，主要是向村民宣传这次在县里召开中国哈尼梯田大会对我们村的意义和影响，希望村民都能积极配合参与，做好自己家的房前屋后的卫生，以及各方面的注意事项。特别提到的是家里的生活用具和日常用品的摆放及处理问题，要求村民摆放整齐和卫生，这一点很重要。可是，村民的卫生意识不得不承认的确是差，确实不像样子。每户的生活用品都到处乱放，家人的衣服，锅碗瓢盆到处乱堆。我认为整治家庭的生活习惯是最重要的任务之一。

这期间村民的主要事情是犁田，今天犁田的有李庆云家、卢永贵家。

为了配合村里做好卫生工作，新街镇政府可能是与元阳县职业中学协商，来了 50 个学生拣村里的白色垃圾。我是这样理解的，一方面，给了学生一个教育和锻炼的机会；但更多的是我们箐口村自己的耻辱，是侮辱了自己，自己的事情自己做不好，还要别人插手来管自己。特别是政府请了学生来，在我看来是有某种特殊的教育意义的，我不知道学生里面有没有我们村的孩子，要是有的话，他会怎样理解呢？

2010 年 11 月 7 日，星期日，农历十月初二，属鸡，晴

这几天新街镇政府和村里的党支部、村民小组的人员都集中精力搞村里的卫生，每天都想办法调动各种人员，今天是调动村里在家的党员继续搞卫生，不过，由于很多年轻的党员都外出打工了，只有 20 个党员干部参加。

今天犁田的人家有李以略，是叫其女婿卢龙犁的。

可能是听说过几天就要召开梯田大会，也可能是随便来旅游的，今天有很多外国的游客。逐渐地，发现来村里的游客是多起来了。

2010 年 11 月 8 日，星期一，农历十月初三，属狗，晴

今天还是继续搞好卫生，用水冲洗主要路面。新街镇政府以及县政府对这次中国红河哈尼梯田大会还是比较重视的。所以，镇政府和县政府每天都有人来村里组织村民搞卫生，对村民宣传教育有关梯田申报世界文化遗产方面的知识。为了建设一个寨子，每天调动了县、镇那么多工作人员，实在是辛苦。

为了在会议期间让水碾和水磨等水利设施能够正常演示，今天还叫村民小组长李树华安排人进行抢修。这主要是因为村里通了电，有了碾米机等动力以后，到水碾房碾米、磨面的村民就没有了，以至于原来的水碾、水磨等设施都自然地坏了，而现在为旅游展示这一传统的水利设备对村民也无关紧要了。根本不会因为有人说用水碾碾出来的米好吃而去花费很长的时间利用水碾碾米、磨面了。现在即使有官员来，演示给他们看，还要政府组织给演示者补贴，否则，村民们不会去干，不愿意把太多的时间浪费在碾米、磨面上面。

2010 年 11 月 9 日，星期二，农历十月初四，属猪，晴

早上，听说卢学明娶来不久的妻子以及她带来的女儿又出走了（哈尼语意思就是离婚了）。在妻子去世后，卢学明经历了两三次结婚和离婚。这里要说明的是，这里的结婚和离婚不是《婚姻法》上办理有关结婚证或者离婚证的事情，而是村民们认为两人相处在一个家庭共事就是结婚了，原则上就不会有其他人来干涉。相反，两人不在一起生活就不认为是夫妻，也就算离婚了。当然，有前次婚姻的就需要把前列的事情了结才能与后来者正常生活，这是一种民间的习惯，要是两个人在一起生活了一段时间，给女方家过了礼金，就是结婚了，一般的人就不会去干涉他们。而一旦两个人因为感情或者纠纷出现离走，必须也只有把礼金退了才算是离婚，其他看上女方的男人也才能娶之为妻，这是村里现在还存在的婚姻习惯。

新农村建设工作组和村民小组的人员继续搞村里的卫生。说实话，才建设了一部分的村寨要是真的做起卫生来还是一桩比较头痛的事情，村民的猪、牛、鸡、鸭在没有与人完全隔离的情况下，多数家庭都是乱七八糟的，房前屋后到处是蜘蛛网、牛屎猪粪的，屋里到处都是家庭垃圾和随意堆放的杂物。外面看起来建好的房子，进到里面却是一堆糟糕，让工作人员头痛。我自己作为一个村民都感到伤心极了。

2010年11月10日，星期三，农历十月初五，属鼠，晴

按照原计划，后天就是召开中国红河哈尼梯田大会的时间了，准备要在村里摆110桌长街宴。所以，今天元阳县县委书记就带着很多工作人员来村里检查工作，他们最强调的还是卫生问题，多次强调工作组一定要把好关，督促村民做好。

今天有堂兄张农初从蒙自市人民医院检查回来，我看还是检查不出什么结果来吧，或者检查出来也不会说。

2010年11月11日，星期四，农历十月初六，属牛，晴

村民小组和新农村建设工作组继续搞村里的卫生，还付钱请了20个妇女参加，很辛苦。不过，再苦也就是这么一段时间了。

生病就是麻烦，听说李文才的妻子病危了，今天及时送去医院治疗。

卢学明家做祭祀，至于具体做什么祭祀就没有去过问了。

2010年11月12日，星期五，农历十月初七，属虎，晴

今天，张小明家到多沙村丧祭。因为村里组织了摆长街宴，能去的村民就少了。我是村民小组的主要负责人之一，因为负责了村里的事情，即使是自己家族的事情也没有去帮助了，有点过意不去。只能以村里的大局为重了，虽然还算年轻，但是只要担任一天就履行一天的职责吧。

村里摆长街宴，摆了110桌，由我们红河州州长带队，有40多个国家的人来参加这次会议，村里还组织了犁田、耙田、碾米、织布等农耕文化表演，还邀请了外地的人来演出，今天的箐口村就特别热闹。

2010 年 11 月 13 日，星期六，农历十月初八，属兔，晴

这几年，我是发觉我们村民小组的事情特别多，基本上忙不过来整理自己家的田了，所以，我请了李文贵舅舅犁自己家的田。没有办法，虽然他上了一点年纪，自己也省不出钱来给他付工钱，但我还是耐着性子叫他出去劳动了，等以后再从其他地方帮助他吧。

犁田的还有李树华家、卢朝生家。他们都是中年人了，自己能犁田是一件好事，不用请人家，也不用费多少钱。

今天中午，昨天过去多沙村丧祭的张小明家回来，休息了一会儿，下午，还是请了摩批张保祥做祭祀，请家族和村民朋友来吃喝，打扫这次祭祀的不幸。我因为有村务而没能帮助他家，晚上，在路上遇见了喝多的他，对我可有意见啦。

2010 年 11 月 14 日，星期日，农历十月初九，属龙，晴

因为我要参加村里很多事务，确实忙不过来整理自己家的田，就请上了一点年纪的李文贵舅舅帮助我去犁田，田块虽然不多，还是够忙两天的，今天他还是趁天气好就去犁田了。现在犁田每天的人工工钱是 50 元，牛的工钱是 50 元，一天就是 100 元，因为平时相处得好，有了可能会给他一点，没有就算帮助而不会给了，只有从其他的地方再报答他了。

今天的游客就多了，有很多外国游客来。

2010 年 11 月 15 日，星期一，农历十月初十，属蛇，晴

绝大多数村民的生活还是困难的，每次听说农村最低生活保障费用和惠农政策落实到户头上，很多村民还是要急着去领回来。今天卢建忠去领惠农款，他家的田相比其他村民来说有点多，惠农款可能要拿到 1000 元左右。

村民的主要经济来源还是依靠打工。把田里的事情完成以后，人们就要相继出去打工了，今天就有卢忠文外出打工。

李志学家请李文科等人砌田埂倒墙，做田棚养鸡、鸭。我看他是有一定的资金，可以投资一些在田间的，趁自己还有这个体力，一是锻炼自己的身体，二是在田间找一点钱也是很合理的。

2010 年 11 月 16 日，星期二，农历十月十一，属马，多云间晴，下午有阵雨

李正林上了一点年纪了，自己不愿意管理田，就免费给马卫华家管理了，自己家收一两背谷子回来表示一点意思就行了。收了谷子后，今天是看见马卫华搭李正林家的田埂，灌水进去就可以养鱼了。

犁田的有李树华家、李永得家，用村民的话说是"落后分子"了。李树华还说得过去，主要是忙于村里的事情，很少有时间整理自己家的田。前一段时间新农村建设工作结束，才稍微有点时间照顾自己的家务。而李永得就是典型的懒汉，已经快 50 岁的人了，还不会操作犁、耙之类的农具，也很少出去打工，家务基本由他妻子处理，他完全可以说是一个好吃懒做的人，是村里出名的懒鬼。

这几年，李文光承包了几个工程做了一点事情，可能是赚到了一点钱，今年建盖自己家的房子了，今天请来人打屋顶。这次动作有点大，建的房子面积也比以前大多了。

今天外出打工的有张庆贵。他是一个小组长，经常会带着几个弟兄一起去。这次也是，带着李世德、李上嘎等八九个人，说是要到蒙自市，是包了李祥的车子去的。

2010 年 11 月 17 日，星期三，农历十月十二，属羊，阴转多云间晴

今天是我们红河州州庆日，学生们都放假了回来。

二哥张明德家建好房子已经是几年前的事情了，一家人都在外地，很少回来，再说前两年 2 个孩子在上学，也节省不出几个钱来。现在，孩子们都已经毕业出来打工了，这两年可能积攒了一点钱，这次回来准备装修一下。今天运沙回来，请了人背回家。

今天看见马卫华夫妇还在搭李正林家的田埂，估计今天就要把田埂搭好了。

2010年11月18日，星期四，农历十月十三，属猴，多云间晴

卢学明家的情况有点特殊，生活有点困难，田地也少，家里需要一点柴火都没有树林去砍回来。今天，他的女儿给他买了一车回来，以备需要。

2010年11月19日，星期五，农历十月十四，属鸡，阴，有小雨

李志学请李文科、李明等几个人在田边做一个田棚，说是准备养一些鸡、鸭，充实田间的生活，并试验是否能利用田间增加一些收入。

2010年11月20日，星期六，农历十月十五，属狗，阴，有小雨

村里今天又停电了。过惯了有电的日子，突然间停一天的电都感到不正常，生活里像是缺少了什么，很不自在。

今天，有供电所来人给李正学家安装电表箱，说现在押金是800元。以前是500元，安装好以后，根据所需要的材料和工时费用，多退少补。供电所安装电表是有点严肃的，安装电表必须要写申请，填写一些相关的事项，在他们供电所押了规定的金额才会来安装的。要是他们的事情多，还要等一定的时间才会来。

2010年11月21日，星期日，农历十月十六，属猪，晴

今天说村里过几天要来什么人，上面要求村民做好卫生的事情，打扫好房前屋后的垃圾。自从村里被县里作为重点村寨开发以来，无论谁来了，对村里说得最多的问题就是垃圾的事情。每次重要的人物来了，

都要求村民做好卫生工作，很多时候，还得工作人员亲自组织人员来做。确实，我也认为卫生是重中之重，是村寨和文明进步的一大标志，早应该引起我们村民的重视，并列入生活的一大要事来抓。

马卫华犁李正林家的田，要是以正常的速度犁田的话，一两天就可以犁完，灌水之后可以泡梯田了。只是他的犁田技术不是很好，我估计时间要比其他的师傅多用一些。因为李正林上了年纪，自己的生活还过得去，马卫华犁的田是免费给他管理的。

李树华家做一个祭祀。

2010年11月22日，星期一，农历十月十七，属鼠，晴

今天，村民小组还是继续发动村民搞卫生，上面说是有国家官员要来村里，要求村民这次一定要做得很好，说是不能丢了我们箐口村的面子。可是，我看生活习惯问题不是一两天能改变的，村民最多能做的就是清理一下路面和水沟的垃圾，自己房前屋后的卫生他们都懒得动一动。我作为生活在其中的一个村民，只要随便进一家检查都是乱乱的，村民的生活用品，家人的衣服、靴子随地丢着，墙上的蜘蛛网，地面的污垢等历历在目，生活在干净区域的人是无法接受的。这也是我作为村民领导最头疼的一件大事。

祭祀磨秋场。村民小组买了两头猪，一头1200元，一头1400元，全村在磨秋场会餐。

不知道是谁家在"登龙伙安"堆了一堆草垛，也不知道是谁的小孩放了火，草堆被烧了。咪古和村民要求村民小组查出来，说是我们集体祭祀的场所不能让村民随意堆放东西，更不许出现类似的情况，要求村民清理在集体祭祀的地方堆着的东西，不许村民在登龙伙安、寨神林、磨秋场这些地方摆放东西，希望村民自觉，不然要出台《村规民约》来处理。

2010年11月23日，星期二，农历十月十八，属牛，多云间晴

前几天是太忙了，电费都来不及去交一下，今天才约了一个朋友上街，免得误了时间。

今天是属牛日，朋友卢建忠家的母牛产得一子，看他高兴的样子，像是中了大奖一样。

有一个土锅寨的村民来村里找牛，说是昨天晚上丢失了一头公牛，向村民打听是否见过，希望见过的村民提供一点消息。

2010年11月24日，星期三，农历十月十九，属虎，多云间晴

卢新犁李世荣家的田。今年的犁田工价是100元一天，要是自己家养有牛，能给村民家打工的话，一年还是能挣一点钱的。

下午，看见打工回来的有张正明和李世明。我知道他们两个是跟着李世华出去的，现在到了工程结束收尾的时候，他们两个就先回来了。

2010年11月25日，星期四，农历十月二十，属兔，阴，有小雨

上午的雾很大，能见度只有10米左右，没有来过云南的人也许不敢相信这是真的。然而，这山区真会有这样的天气，每到冬天的这个时候，只要一连出现几天的雾，山间就会出现大雾弥漫的情况，即使是大白天，有时伸手都不见五指。

今天的雾很大，而且下着毛毛雨，但是因为都是在十几天之前就与村里的卢世华家定好了要在陈列馆凉亭摆25桌长街宴，到了12点左右的时候，那些客人还是来了，在雾里进行他们的所谓长街宴。

2010年11月26日，星期五，农历十月二十一，属龙，多云

二哥张明德家继续装修房子，请了经常做建筑业的表哥李世华。二哥在元阳县财产保险公司上班已经七八年，由于工作上的事情，很少回来打扫家里的卫生。当然，也是经济上的原因，以前的话，两个儿子都

在上学，房子无法进行装修，现在已经出来就业，经济上有所宽裕了，就买了一些材料，请李世华装修一下。

2010年11月27日，星期六，农历十月二十二，属蛇，阴有雨，有大雾

早上，听说黄土坡的罗正光去世了。他们人手少，仅几户人家是忙不过来的，村里的李氏家族和其他一些村民都上去帮忙了。

这个罗正光，说是从外地来的上门女婿，生育了一男两女，两个女儿已经出嫁，儿子身体欠佳，有点智障的样子。姓罗的在箐口村就那么两家，一家也是从外地迁来的，来的时间不久，他们两家虽是同姓的，根本也沾不上亲戚关系。他家的势力就薄弱了。只是，穷人最会理解人了。到了这个时候，一起生活的穷人们是会过来帮助的，无论是从精神上还是从经济上。我相信，他的丧事会顺利办好的，只是要从简些，绝对不会让尸体腐烂在家，让其他村寨的人知道了会笑话的。这是一种动力，家族、亲戚不团结让村民笑话，村民不团结让其他寨子笑话。所以，他家再困难也会有人来帮忙的。

2010年11月28日，星期日，农历十月二十三，属马，阴有雨，有大雾

黄土坡罗氏家族今天召集了亲戚来奔丧。

今天在与他们吃饭时，得知张红明生病了，刚从外地由家人带回来，说可能无法医治了。他比我们大不了几岁，一个寨子里长大的，又是同姓家族，总会知道一些他的情况。他生活总是不那么检点，有好赌的习惯，又无经济来源，总是要靠着打工过日子，苦来的钱又要拿去赌，生活怎么会好呢？娶来的妻子离异而去，留下一个女儿与爷爷奶奶过日子。不病也会急出病来，身体怎么会撑得住呢？他们见过的议论说估计活不了多久了。

2010年11月29日，星期一，农历十月二十四，属羊，阴有雨，有大雾

在我们这样的农村，年轻人在家是没有用的。当然，农忙时节可以给家里劳动，给亲戚朋友帮助做事情，主要是几乎没有什么经济来源，他们的吃喝拉撒没有保障，谁耐得住呢？现在唯一的办法就是外出，今天就看见李庆华外出打工去了。

上午，卢正荣的母亲找鸭子，说是昨天晚上丢失了五只鸭子，到现在还没有找到，怀疑是被小偷偷去了。是的，我也是这样猜想的，因为养在寨子脚自己家田棚里的一只大公鸡和还在下蛋的一只母鸡先后在这两天之内被偷去了，应该不是野猫或者其他肉食生物给捉去的，因为还有其他的几只鸡都躲息在木料底下而没有被捉去，被偷去的这两只鸡刚好是可以吃香的时候，而这两天的天气又是阴天又是雾天的，村民们懒得出去做事，而这正是"有心人"行动方便的时候了。在村里，村民们对小偷是恨之入骨的，要是给抓着了，他绝对是要受到不小的惩罚的。村里几年前曾经有过这样的事情：一是因为有村民在夜晚偷村民家的鱼被抓到，惩罚时拿不出所商定的款，到收割时全村村民发动出去收了他家一年的全部谷子；二是一外村的人到村里偷了本寨子一村民家的一只鸭子，在抓到并证据确凿的情况下被全村村民拖来他家的一头当时值2000多元的牛给杀了吃。这些都是在历史的长河中曾经激起过的波浪，现在还会出现吗？

从这么多年的情况来看，村民对这样偷鸡、偷鱼的盗贼是恨之又恨的，都认为要是行路中口渴了摘几个果子或者萝卜等的食物还可以，但要是这样偷鸡、偷鱼被村民抓到了就要重重处罚。一两年前，隔壁的一个寨子有个小偷因为偷牛被村民抓到后差点被当场打死，不死也是半死了，听说报了案被派出所的人送到他家里就死了。同样也是一个寨子，又有一个小偷在夜晚来偷鸡，与留守在田棚的夫妇在扭打中各有所伤，之后是主人妻子跑到村里告知了村民，后被其他出来的村民打得半死，天亮了被派出所的人送到医院后死去了。村民们说这样的人该打死！要是来讨的还可以给，只要是来偷东西的就该打。也难怪出人命！

2010年11月30日，星期二，农历十月二十五，属猴，阴有雨，有大雾

今天的雾也很大，能见度很低。

今天，箐口村黄土坡主办罗正光的丧事，很多村民都主动上去帮忙了。罗正光是上门女婿，黄土坡也只有他家一个罗姓，要是只有他家的人力就无法办好这桩丧事了。只是这样的丧事村民都很同情，都会主动过来帮助。而且，他家知道自己的底，早在之前就参加了母亲这边的二李家族，出力、出物都与二李家族搭伙。这样，这次他家遇到这样的丧事，二李家族的人都会过来帮忙。

2010年12月1日，星期三，农历十月二十六，属鸡，阴，有大雾，有雨

箐口村今天主要是送葬罗正光老人。还是和昨天说的一样，他是从外地来上门的女婿，在村里没有他们家族的人，就只有女方家族二李（村里有三个姓李的家族，但是，因为不是同一祖宗，为了便于称呼，我们把这几个姓李家族叫成大李、二李和三李）的人来帮助处理这桩丧事。当然，从村里的情况来看，无论是穷一点还是富一点，只要谁家遇到这样的大事都会有其他村民来帮忙，除非两家之间确实有过不去的事情而互不来往。我也随着他们去参与帮忙了。从与村民的交谈中知道，罗正光平时的为人也不错，村里这样的大事他还是经常参加，特别是村民认为不能做的事情他都会主动出来帮忙，比如，抬死人立的一棵竹子及布条时，他是帮助过我们村民小组的。在我看来，村里贫富相差不是那么大，问题就不是那么大，最大的问题在于平时的为人处世。平时为人好，遇到事情了会有亲戚朋友来帮助；相反，要是平时为人差，遇到事情时

亲戚朋友也会离开而去。

　　罗正光的儿子身体很不好，经常喝多酒，家里出了这样的大事也只有亲戚朋友帮助了，他是没有能力来解决的。

2010年12月2日，星期四，农历十月二十七，属狗，多云间阴

　　还是和正常的葬礼一样，黄土坡罗氏家请客接待亲戚朋友以及村民。听他们说主要是接待村民和朋友，至于亲戚家的话，已经用猪、鸡、牛、羊等代表了他们之间的关系，今天就没有必要过礼了。

　　正如我们所料，凌晨，前几天在工地上生病送回来的张红玥去世了，年仅43岁，留下一个10岁左右的孤女与她的爷爷奶奶过日子，又有一个不幸的家庭在村里出现了。没有办法，"生死由命，富贵在天。"小也死，老也死，穷人会死，富人也会死，这是不能改变的。只是他还年轻些，有点可惜，还有一个孤女太需要他牵手长大了。因为我们村在死人前是不能准备棺材的，今天张红明的棺材是从镇上的木器社买回来的，说是1000多元。这样也方便，拿回来直接就可以入殓了。

2010年12月3日，星期五，农历十月二十八，属猪，晴

　　北国的冬天应该是大雪封天，冰封大地了，人们只能生活在现代的暖气设备或者是棉袄的世界里了。然而，南国依然是绿叶葱葱，花满庭院。对于农民来说依然可以下田种地。今天就有李红家和卢正祥家在犁田。不过，牛是要培训的，不是所有村民养出来的牛都好使唤。今天卢正祥家的牛就不好使，已经是使用六七年的牛了，有人在前面牵着都不行。父子俩犁了不到一个小时就只好放了牛收工。我知道的情况是，牛养大三四年后，必须要培训，就像是青春期的年轻人，要是从小不培养，长大了再使用就很费劲，或者直接就不会犁田了。

　　我在父亲的指导下培训过两头牛。应该是3岁的牛，牛劲还小，开春要插秧的时候，首先是耙田，由兄弟牵着，不让它乱跳，得按照路线

走，不能犯规，要是不按照路线走或者乱跳，两个人使劲扭过来。也不能快不能慢，快了，我就把耙子按深些，它就使不动了；慢了，它动不了，我就把耙子拉浅些，轻了它就自然拉得动。这样，这两头牛还算培训成功。有一头因我说个子小而被父亲卖了，换了另外一头。有一头至今还养着，说是每年能产一小牛。七八年过去了，我还是不敢相信我有这样的能力。

因为天气晴朗，今天还有李红家犁田。今年算是老天照顾箐口村民了，村里建设了那么多房子，来不及做农活，到了这个时候才犁田，这个时候还像是三四月间的天气一样晴朗，水又不冷，还能进田劳动。要不然，按往年的情况，田里的水都是冰凉冰凉的，不是说没有，也要说很少有人愿意进田劳动了。

2010年12月4日，星期六，农历十月二十九，属鼠，晴

今天，看见垒田埂的有李文才。我去帮忙张氏家的事情了，没有再仔细观察村民做事。

水是生命之源。开发和保护梯田旅游资源，得从"森林—村寨—水系—梯田"这四要素做起。我参加过一次关于保护与发展梯田的国际会议，有人问过我："怎样才能最好地保护与发展梯田？"我说："这不是一两句话就说得清楚的事情。我认为最实在的是要修好路和水沟，利用好水。"可能也有人跟我有同样的想法，这两年村里的水沟下了项目修理了几条，今天，李国忠带队修理的水沟完工了，他还在家里请了他的弟兄们会餐。他是我的好朋友，自然也少不了请我过去喝酒。晚上，我还喝晕了一点呢，好在没有喝多，还能醒着回来做自己的事情。

2010年12月5日，星期日，农历十月三十，属牛，阴

天气晴朗那么几天后，今天就有点变化了。我们在张志学家帮助料理张红明的丧事。在没有出殡之前，我们张氏家人一般都要到他家做事的，因为明天就祭祀了，我们得准备明天所要用的东西。

二哥张明德回元阳县财产保险公司上班了，自己没有时间犁田，就请了姐夫犁田。

2010年12月6日，星期一，农历十一月初一，属虎，阴

今天主办张红明的丧事，说其奶奶以前没有按照正常的葬礼办，这次也随着补办了，这一带叫这种做法为开冷丧。今天凌晨到安葬的坟墓处带她的骨头或者时间久的就是一点土回来，用竹子编一个棺材的样子，用布裹起来，其他所用的牺牲跟常人死亡的程序一样。

村里，我们张氏家族就是办理张志学家的丧事。今天又有高九沙家到老峰寨去丧祭。村里只有他一家姓高的，他是从其他地方迁来的，这样的大事是与姓李的搭伙的，这次去丧祭也主要是请了姓李的家族，其他村民也可以去，只是不准备请大客，就没有一家一家地通知了。

今天是农历十一月初一，村民说过了农历十月就是过了一年。村民们做汤圆吃，有点像是过年了，只是这一带的哈尼族过十月年简单些。听说绿春县一带的哈尼族就是过年了，很热闹的，家家户户都要杀猪杀鸡，就如同汉族过春节一样。村里有几个妇女是从接近绿春县那边的地方嫁来的，这个节日也经常回去过节，时常会带回来好吃的东西，再请朋友们吃喝。朋友李庆云的妻子就是一个，有几次我也去吃喝过，这几年出去打工，很久不回去了，应该也不会有多少变化吧？

2010年12月7日，星期二，农历十一月初二，属兔，阴，大雾且有雨

今天，村民的主要事情就是送葬张红明。村里送葬死人一般是在下午4点左右，上午吃过饭后，可以简单地休息一下，到下午两三点，村里的年轻人都要集中到他家帮助出殡，到山上安埋好后再回来吃饭。

中午，高九沙家在老峰寨那边吃过饭后回来，休息一下后，下午又请摩批做一个法事，然后请帮助他家去丧祭的亲戚朋友来吃饭，以表示谢意。

2010 年 12 月 8 日，星期三，农历十一月初三，属龙，阴，有雨

按照村里葬礼的程序，今天的张志学家请客接待，而村民得到他家做客，过一定的礼。以前的话，给谷子或者大米的多，现在多数都给钱了，与以前有很大的变化。

2010 年 12 月 9 日，星期四，农历十一月初四，属蛇，多云

上午，听说县委书记和县长等县领导带上级官员来村里，村里的文艺队打扫了主要路面的卫生。现在的话，只要接到上面的通知，说是有重要人物来村里，村里就要组织打扫主要路面的卫生，没有专门的卫生负责人，只有接到通知的时候，村民小组或者村委会的人才会组织人员打扫卫生。平时的话，村里的卫生条件差，路面很多牛粪，村民的生活垃圾也随处可见。我们得承认，我们村民的卫生条件和意识都很差，得向其他先进的民族学习，提高我们的生活质量。

2010 年 12 月 10 日，星期五，农历十一月初五，属马，阴，有雨

从现在来看，村里没有什么厂矿企业解决村民的就业问题，村民的经济来源主要还是依靠年轻人到外地打工。今天外出的有李世华，带着李永福、李世明、张正明、李庆文等。带工也要有点水平的，而李世华是经常带工的，做一些建筑活。带工的，挣钱的机会自然就会比其他人多些。他经常带，生活就比其他村民要稍微好一些。他是我的表哥，回来的时候经常会餐，常会请我去吃饭、喝酒。

2010 年 12 月 11 日，星期六，农历十一月初六，属羊，阴，有小到中雨

上午，村里发放 2009 年下半年的门票提成，每户能发到 72 元。梯田名声在外，村里 2002 年就售票了，只是到目前为止，门票收入还不是那么理想，除了付几个管理人员的工资外，能给村民提成的收入还是很少。每年卖出 10 几万元的收入，提成 30% 也不过就是这个数目。对于收入问题，村民多希望再多些。可是，事实就是这样，有的事情不是村民能改变的。

今天，村里有上级领导来，村民小组组织打扫卫生。到目前为止，村里没有专门的管理人员，只要到了有重要人物过来的时候，村民小组或者村委会，或者就是新街镇的人来组织打扫一下，应付临时的困难。

2010年12月12日，星期日，农历十一月初七，属猴，凌晨有暴雨，白天中雨

今天凌晨到中午下了一场暴雨。这一场暴雨应该是今年下得最大的一场。从凌晨1点左右下到中午11点左右，村里的路面除了有一些大一点的垃圾比人们打扫得还要干净。寨子周围梯田里的水都灌得满满的，每块田里的水都从缺口处溢出，还有很多田埂都倒塌了。早上观察自己家田情况的村民回来时说，又有很多工程拨下来了。分明是给村民增加劳动量，村民却反过来取乐。

卢建明家死了一头小牛，杀了以10元一公斤在村里卖，应该不会是什么大病死的。说实在的，村民还是讲卫生的，要是用肉眼看得出来是病肉，主人家也不会拿来卖，村民也不会买的。正常情况下，朋友或者亲戚家遇到这样的事情，也都会来关注的。

2010年12月13日，星期一，农历十一月初八，属鸡，多云转晴

昨天下了一场大暴雨，今天上午就没有下雨了，中午后慢慢转晴。于是，有很多村民忙着出去田里修补被昨天的那一场雨水冲垮了的田埂，有卢学文、卢荣、李建国等。这梯田就是这样，怕雨水，没水了也怕，水多了田埂倒了也怕。

下午六七点的时候，李则主背着一些生活用具和2只小鸡，带着他的兄长李则安摩批去做一个法事，听说他的妻子已经生病很多天了。这里的村民相信上天有神灵，地下有魔鬼。上天的神灵指引着人们生活，

给予人们平安和健康，给予人们力量；而地狱的魔鬼就来害人们，给予人们不幸和灾难，增添很多这样和那样的麻烦。在相信科学的同时，村民还相信自己的文化，相信有些病情能用自己的方法来解决。

2010 年 12 月 14 日，星期二，农历十一月初九，属狗，多云间晴

今天，李静家拆除老房子，准备重新建盖了。对于李静个人来说的话，他经常喝酒，还会经常喝醉，他打工挣来的钱都不够自己花，老婆与他离婚了，带着一个孩子，老人都到他大哥家过日子去了。老房子由他管理，已经很旧了，都是人，看着别人家都建起来新房子，自己也会着急的，都是要面子的人。这次，他家的地被征用了一些，得到了一点补偿，他的大哥们看不下去，就准备拿来建房子。

李志祥家也准备建房子，今天请村民帮忙背沙。

2010 年 12 月 15 日，星期三，农历十一月初十，属猪，晴

早上，李四明家拆除房子，也是要建新房子啦。李爱生家做新房迁居仪式，我们是隔壁邻居，自然也请我过去。村民这样请客的情况下，我们是要过礼的，我是给了 50 元，其他亲戚给 100 元、200 元的都有。

有红河电视台的人来村里拍摄，没有请村民做演员，他们就只是随地拍摄。

李国忠向新街镇政府反映他家要征用的旱地存在错误问题。有的人往往就是这样，当别人来的时候不当面说明情况，而别人走了以后再去反映情况，能怪谁呢？我想，问题还是怪自己好啦。

2010 年 12 月 16 日，星期四，农历十一月十一，属鼠，阴

今天，村民小组向村民收取新农村合作医疗费用。今年每人收取 30 元，又比去年每人增加了 10 元。可能是这两年有很多村民家都出现了病例，都知道参加这种保险的好处，来交费的村民很积极，今天就收了一万多元。

2010年12月17日，星期五，农历十一月十二，属牛，多云

修理寨子脚水沟的卢世文组今天完工了，他们组织会餐，杀了一条狗，还请了一些老人和亲戚吃狗肉。

李则主的妻子生病已经很长时间了，病情将会继续严重。人是有感情的，来看望她的亲戚很多，这两天每天都有一两个。

2010年12月18日，星期六，农历十一月十三，属虎，晴

凌晨，医治了很长一段时间的李平贵去世了，听说是患了肺病，年纪五十多岁，家有五口人。他的病的话，听说也是医治了很长一段时间，家人都知道是无法医治了，只能在家疗养着。平时他提出要吃什么，家人都尽可能满足他。今天凌晨，确实是离开家人到另外一个世界去了。

上午，村民小组收取新农村合作医疗费用，今年向每个人头收取的是30元。到了年底，他们要做账，上面要村民尽快交清，不要误了事情。

今天，供电所抄表员来村里，根据名单追缴电费，也说是到了年底，公司要结账，要没有交电费的村民在这一两天交清。

2010年12月19日，星期日，农历十一月十四，属兔，晴

到了这个时候，会出现干旱的情况，要是不修理一下水沟，田里的水就会干掉。所以，今天我和几个朋友去修理主要通到我们家田里的一段水沟，修通了以后，田里用水就方便了。

今天，李氏家族通知了亲戚来李平贵家奔丧，他们家族在箐口村来说是大一点的，所以，今天来的人也多。

2010年12月20日，星期一，农历十一月十五，属龙，晴

下午，村党支部书记张明华和村民小组李文光、李树华、龙艳接到

新街镇政府的通知，参加在新街镇召开的由元阳县政府副县长、新街镇党委书记、镇长、世博元阳旅游公司经理、县梯田管理局局长、文化局局长、县建设局局长、村委会等单位共同参与的会议。会议的主要内容是有关箐口村的建设问题，说是政府已经在箐口村投入了很多资金，希望村民小组引导好箐口村民，保护好已经建设好的设施，配合政府开发各方面的旅游项目，吸引更多的游客来旅游，增加村民的收入，提高村民的生活质量。

2010年12月21日，星期二，农历十一月十六，属蛇，多云间晴

根据镇里的通知，今天有村里的10多个妇女和4个男青年参加培训。培训的主要方面是有关村里要开发的旅游知识，以及针对目前流行病的防范。每人还领回来所培训的材料，要求他们相互宣传。我认为对于缺乏知识的妇女们，政府能组织做这样的宣传很好，她们多少能在这样的培训中学到一些知识，会对以后的生产、生活起到作用的。

2010年12月22日，星期三，农历十一月十七，属马，多云间晴

卢开亮家用水冲肥，这是村民给田里施肥的一种方法。他们利用水源，把家里的牛粪和猪粪等农家肥背到水渠处，把要冲肥的田首先放干水，之后就用水把肥料冲到所要施肥的田里。这样施肥的田比较好，来年的产量也会增加。在以前买不起肥料的情况下，村民就是这样做的。当然，这是针对寨子脚的田，要是在寨子头或者更远的地方，水源不方便，肥料无法用水冲进去，人们就只有靠人背或者想其他方法改进土壤的肥力了。

2010年12月23日，星期四，农历十一月十八，属羊，晴

李氏家族今天就开始准备办理李平贵的丧事。他们这个李氏家族在很早以前就与我们张氏家族结拜过，到现在，两个家族的人遇到什么事情都相互商量，相互团结解决，形成一个大的家族。老祖们立下誓言：

我们这两个家族是绝对不能通婚的。所以，这样的事情，我们自然是要过去帮忙的。

2010年12月24日，星期五，农历十一月十九，属猴，晴

这里的风俗是一旦有人去世，办理丧事时必须要请摩批来主持。今天主持李氏家族丧事的摩批是麻栗寨的李主义等人。村里卢氏家族的丧事和这个小李氏家族的丧事主要就是李主义他们主持，而大李氏家族和张氏家族的摩批是村里的李正林和张正和。

卢学贵的父亲是去世的李平贵的舅舅，他家用牛来丧祭。由于去世的李平贵的孩子还小，还有一个老母亲活着，家庭条件不算好，以后还要让孩子返回来丧祭，等于背上一笔债务，遭到李氏家族的强烈反对。但是，通过几次交涉，李家还是不得不接受了这样的事实。

2010年12月25日，星期六，农历十一月二十，属鸡，晴

今天，凡是在家的年轻人，特别是男青年人都停止了自己手中的活计，共同参加李平贵的葬礼（做房子的家人忌讳参加）。在很多地方，抬棺材的年轻人都是请小工，而箐口村不用，只要在家的年轻人都会主动参加，直到安葬好才一同返回。这种做法是箐口村一直保存下来的习惯。这种合作的做法不仅是箐口有，其他附近的哈尼族寨子也有，有的寨子的年轻人要是不经常参加这种帮忙的事情，会受到其他村民的批评和议论。

2010年12月26日，星期日，农历十一月二十一，属狗，阴

今天有李学光家拆除房子。社会好了，人们的生活条件好了，一旦经济条件允许了，很多人想到的第一件事情就是改善居住环境。很多年了，他们家一直都居住在矮小的一层土坯房里，一家4口人，居住条件实在是有点差，可也没有办法。现在他们的孩子都长大了，有一个孩子还在昆明打工，而他们夫妻还只是40岁左右的年纪，农闲时间可以双双在附近打工，现在的工钱每天就是四五十元。再说，去年政府征用村集体的一片旱地又给每户补偿了10000元之多，加上他们夫妻平时准备了一些建筑材料，现在就动手建新房了。

同时，李正林也请了师傅来砍李学光家房子背后的大五眼果树。在箐口村，谁家要建设房子，如果房子附近有大树，可以要求将大树砍除，村民一般都会配合的。可以想想，如果有大风、大雨就可能导致树被吹倒，压到房子使之受损，这对两家人都不利，特别是对房主人家来说是一个很大的不幸。

李氏家族昨天送葬了李平贵，今天和其他村民家的做法一样请客接待村民和亲戚朋友。虽然天气情况很不好，但是，来做客的人还是和正常的家庭一样多。值得一提的是，因为李平贵是他们家族这一辈中年纪最小的一个，他的孩子也最小，家里还有一个老母亲，他的堂兄每人集资100元，姐妹每人集资50元，共同购买了一头猪办今天的伙食。我认为这种做法值得参考。

2010年12月27日，星期一，农历十一月二十二，属猪，多云转晴

凌晨，已经生病多月的李则主妻子不幸离开了人世，箐口村又多了一个丧妻母亡的家庭，他们的家人不知要悲痛多少，毕竟才52岁，正是养家护子的年纪。生老病死，人们又怎样能杜绝呢？只有顺从天命，尽自己的能力来生存，为自己的家庭和社会做力所能及的事情，只有接受所有的不幸和幸福走完自己的一生。

今天有李院忠家拆除老房子，又是要建设新房子了。如果按照正常的情况，像这种拆除老房子的第一天都会有自己的亲戚和朋友以及其他的村民来帮忙。然而，他家的情况很不同，他们夫妻都是30多岁，常年在外地打工，帮忙其他亲戚朋友和村民的时间很少，所以，今天来他家帮忙的人也不是很多，只有10几个。所以，我认为无论是在城里还是在农村，平时的为人处世很重要。

2010年12月28日，星期二，农历十一月二十三，属鼠，晴

今天有李绍明家拆除老房子，准备要做新房子了。在这种拆除老房子的情况下，一般都会有自己的家族人和亲戚朋友来帮忙。今天也是这样，他们李氏家族的多数人都来了，基本上每户一人。拆除容易建设难，到了下午就拆除了一半多，还算安全，没有出现什么事故。对于这样做房子的村民，最忌讳出现伤人的情况，他们相互都要交代注意安全。如有喝多了酒的人是不许上房顶参加拆除的。到今天为止，村里今年建设房子的已经有六家了。不知道他们向政府申请了没有，要是按照政府和世博元阳旅游公司签订的协议，村民按照规划建设的话，政府还是会补助一部分物资的。但是，从现在的建设情况来看，多数村民都不是很配合，他们都是选择用砖，门、窗还是用铝合金和钢材的，政府是要求村民用木门和木窗，做成构造柱以后用土坯，至于里面怎么装修就没有明确的规定。我想，政府这样规定是从旅游的角度来考虑的，总的还是为了村民好吧。

2010年12月29日，星期三，农历十一月二十四，属牛，多云

生老病死是人间常事。正常的老人病死就会通知所有亲戚和朋友来奔丧，这是箐口这一带哈尼族的习惯。今天，张永福家约了人到陈安村亲戚家奔丧，这次是约了妇女，有10多个家庭妇女参加了。陈安村也是新街镇一个村委会的寨子，离箐口村有五六公里，因为交通不便，走路需要2个小时左右的时间，在箐口村的西面，也是一个哈尼族寨子。张永福的嫂子是陈安村的人，嫁来张永福家已经20多年了，有了自己的儿子和姑娘，现在一家4口都在开远市，大儿子和两夫妻在市里打工，小女儿在上学，听说学习成绩还不错。现在的社会好了，村民的观念也逐步在改变，能让女孩子上学是一桩喜事。村里已经有几个女大学生了。要是在以前，由于生活条件所限，不要说让女孩子上学，就连好多男孩子都不能上学，初识几个字就要辍学，为了生活跟着大人从小就去打工，到了成家的年纪就结婚务农，村里很多五六十岁的人连本地的汉语都不会说，自己的名字也不会写。那是一个误人的年代，只是因为社会的原因没有办法罢了。

2010年12月30日，星期四，农历十一月二十五，属虎，多云

今天有李庆云家到大鱼塘丧祭，只请了他们李氏家族和与他们家族结拜为弟兄的张氏家族人参加，没有邀请寨子里的所有村民。这种做法用村民的话说是"实报实销"，回来后就不再请村民做客了。在10多年前，多数村民家做这样的大事都会请客，而这几年多数村民家都认为没有必要请客收礼，因为请客吃饭还要花一笔钱办伙食，入不敷出。只有少数人家可能是因为很多年没有办大事才会请客吃饭。

2010年12月31日，星期五，农历十一月二十六，属兔，多云

今天是2010年的最后一天了，世博元阳旅游公司元阳分公司为了恢复箐口村的售票，今天就有工作人员入村做准备工作。世博元阳旅游公司元阳分公司还是派了在村里工作过的张祥、何静、小马3人来，还请了我、李文光、李议成3人做协管员。

我认为，对于缺乏经济资源的箐口村来说，要发展箐口，还是要走旅游之路。以旅游来带动其他的服务业，让所有村民都能够参与到旅游行业中来，从而能够使所有村民都获得利益。不过怎样吸引游客的到来？怎样使所有村民都参与进来？这该是一条长远的路，需要政府和世博元阳旅游公司出台相应的规划，村民也需要考虑和培训这长远之事。

下午，李庆云从大鱼塘村丧祭回来。这几年丧祭的村民多数都不请客了，只是请本家族的人和很相好的朋友来参加。家也是这样，只是请了李氏家族的人和结拜的张氏家族的人。晚上回来之后请他们吃一餐饭就什么也不做了。

2011年
村民日志

2011年1月1日，星期六，农历十一月二十七，属龙，多云

今天有很多村民到大鱼塘村李验生家做客。在前面的很多日志里都说到，大鱼塘村和箐口村，还有黄草岭村民小组这几个寨子，只要哪一个寨子办大事情都会有其他两个寨子的村民来参加做客，村民来往多确属正常。相反，来往的人少反而认为是不正常，认为是主人家亲戚少或者为人相对差。

世博元阳旅游公司元阳分公司今天入驻箐口村，开始收门票，门票的价钱是30元一人，今天又是元旦，来的游客也不少，收了500多元。这就结束了去年中断售票的情况，去年停收门票主要是村里大搞建设，村民的建筑材料摆放零乱，垃圾也相对多。不要说游客，就连村民都很有意见，行路都极其的不方便，他们只好停止卖票。到去年年底工程收尾，村民家建设的房子以及公共设施建设基本结束，就恢复了正常运转。

看来，世博元阳旅游公司元阳分公司是看好了这一片神奇美丽的哈尼梯田，打算在这一片世界奇观上下一次赌注，做一次大手笔的投资。能否让哈尼梯田走向世界以及生活在这一片土地上的人民致富就让我们拭目以待！

今天有李文光家打屋顶，可能是考虑到寨子里有人去世，而且又是他们家族的人，很少有人来帮忙，就请了外地寨子的妇女来做工，付给她们工钱。这样的做法是这两年才出现的。随着社会的进步和发展，农村做事的方式方法有的也随之改变。可以这么说，村里以前打屋顶是男人的事，女的只是做一些零散的事情，而现在不同了，只要有几个男的师傅在，她们都可以做了。

2011年1月2日，星期日，农历十一月二十八，属蛇，多云

从昨天开始，村里已经由世博元阳旅游公司元阳分公司营业售票，今天的游客也有点多，估计来了上百人，门票收入上千元。不过，有两个团队没有买票，一个是村里人的朋友，有六七个；一个是县政府宣传

部带来的。

上午，有一个外地的人来村里，在李杰家买了一头牛，价格4000多元。前两年牛价上涨了以后，这两年一般大的牛的价钱在四五千元。今天卖的这一头牛的价钱基本上是适中的。在不使用饲料养牛的情况下，养这么大一头牛是需要四五年的时间的，也就是说，养一年的牛基本上有1000元左右的价值。来村里旅游的一些人偶尔也会问："为什么放牛的多数都是中老年人？"咱们可以来算一笔账，养一头牛一年只能养出价值1000多元来，养四五年才会养到这个价值就不划算，这是表面上的算法。然而，牛现在还是箐口的主要生产工具，特别是到了插秧的时候，没有牛的人家就只能干着急，看着别人家的秧苗一天天返青，自己家插不了秧苗。再者，从经济的角度来讲，有的有劳动能力的中年人要是自己能养一头体质好的牛也可以给没有牛的人家打工，人连牛的工钱一天是120元，一年也可以挣到四五千元。要是养母牛的话，一年产一胎，养了两三年就可以卖几千元了。这也算是不能出门的中老年人的一种就业方式吧。

"三百六十行，行行出状元。"还有一句是"自古英雄出少年"。这些话可能是通过几代人的验证后对一些特殊人才的说法吧。今天晚上来李则主家唱丧歌的是一个十七八岁的男孩子，却有着女歌手的声音，着实让很多没有见过世面的箐口村民开了眼界。

2011年1月3日，星期一，农历十一月二十九，属马，多云

这几天对于来村里旅游的人来说很好了，天气不冷也不热，正是云海梯田的寨子最熠熠生辉的时候，也是游客看景观的好时机。从早上到晚上，寨子脚满是随风起伏的云海，寨子周围是梯田。在缭绕的白云陪衬下，梯田和寨子时隐时现，忽暗忽明，被称为世界奇观的哈尼梯田确实漂亮。有时，我们也感叹：怎么会这么漂亮！生活了这么多年都没有遇到过。

农闲的妇女有些去挖翻地了，又要开始农忙前的准备了。今天有李庆峰的妻子和李树林的妻子等约伙去挖地。儿时需要朋友，长大了同样需要朋友，我观察了很多年，都是这样的。发现每到农忙人们都会约自己的亲戚或者朋友帮忙做事，这或许是中国农村的一种劳作方式吧。

重新成立了组织，恢复了营业，就应该有一个新的样子。这两天来看，新一届请的卫生保洁员也比较积极，每天从早上到晚上都在寨子里来回进行打扫，今天上午还给村里的主要路面进行了冲洗。如果每天都这样的话，仅从卫生上来说，生活在箐口村的人就比20年前不知道幸福多少。家庭卫生逐渐搞好些，经济再发展一些，中国新农村的明天该多美好啊！

今天，村口的李志祥家拆房子准备重新建盖了，来了很多个家族的人帮忙，到了下午就拆除了一半多，真的是做起来难破坏起来容易。因为与售票处就仅隔一条三四米的入村路，搞得售票处很多灰，卖票的营业员也只能在附近的村民院子处待着了。不过，可能是元旦要收假了，今天的游客比昨天少了很多，只有零散的几十个。到现在为止，村里已经动手建房子的有7家了。去年以来，村里的确发生了很大的变化，特别是建筑这一块。民俗村定在箐口村一个很重要的原因就是建筑古朴，而去年一方面是世博元阳旅游公司征用了村里的很大一片用地，每户都补助了上万元，箐口家家都是万元户了；另一方面是县政府又把新农村建设的项目放到箐口村来，农户建设房子的可以获得15000元的物资补助，很多村民就动手建造起房子来。去年有50户，之后自己做的又有七八户，加上今年正要做的7户，箐口村的古老土坯房子就不会再剩几户了。

对于建筑这一块这么大的变化，有的村民和政府工作人员说：箐口村因为这一项目的到来，起码比以前正常的发展速度快了至少20年。而有一部分游客就说箐口的旅游可能因此要滞后20年到30年，说游客要看的正是古朴的建筑和民风民俗。那么，箐口要走什么样的路呢？旅游是要搞的，村民的居住条件和卫生条件也是要改善的。但是，谁来决定改变哪些保留哪些呢？应该要有一个明确的说法，指出村民要走什么样的发展道路，政府需要箐口怎样做。这应该是政府与村民双方都考虑和探索的大问题，不能仅凭借几个人几张嘴巴说了算。

2011年1月4日，星期二，农历十二月初一，属羊，多云

今天，村里主办李则主妻子的丧事，来丧祭的有村里的李庆亮家，去世的李则主妻子是李庆亮的姑姑。还有李则主的儿媳妇，他们是元阳县俄扎乡一个哈尼族寨子的人，可能是离箐口村很远的原因，来参加丧祭的只有20多人，他们在村里李祥家生火。还有李则主的舅舅家，是新街镇团结村委会上广坪村人，他们寄住在卢学贵家，可能是离箐口村比较近，来的人相比俄扎乡就多一些，有50多人。

村里还有李平民家到麻栗寨丧祭，因为寨子里在帮忙办理李则主家的事，去参加的村民就只有他们李氏家族的人了，要比平时少很多。

2011年1月5日，星期三，农历十二月初二，属猴，多云

今天，村里送葬李则主的妻子。他们家没有选择送到寨子脚的坟山上，而是选择送到寨子头黄土坡的山地上，经过黄土坡几户人家的主路上，前两天李世文对经过他家房子背后有一点意见，但是因为是以前的老路，老人们都认为可以这样走就阻止不了了。这次主办丧事的摩批是李正林他们。对于二李家族，有几户是由李正林他们主办，而有几户又是由张正和他们来主办。据说，村里以前的两个大摩批一个是李正林的父亲，一个是张正和的父亲，他们两个是结拜弟兄。李正林的父亲要比张正和的父亲大一些，他们两人是从一个叫主鲁的寨子学回来的。他们分开为两个摩批组也只有四五十年，一个主管李氏家族的事情，一个主管张氏家族的事情，而卢氏家族的摩批主要在麻栗寨，除了一些小事可

以请村里的摩批来办理之外，卢氏家族的大事情就要到麻栗寨邀请摩批。

我们寨子流传有一个故事，据说定人寿命的时候，神仙给人们定命是小的长大，到了老的时候才去世，而传达的人因为在回来的路上踩到牛粪摔了一跤，忘记了话，再返回去问，接连好几次都踩到牛粪上给忘记了，把神仙惹烦了就说小的也死老的也死。这样，现在的人就小的死，老的也死。这人真不争气，不然的话，小孩子就能顺利长大，到老才会死去，人们的寿命就长一些了。晚上10点左右的时候，张文学一岁多的小孩子夭折了，及时送到寨子脚的山上下葬了。这对年轻的张文学夫妇是一个沉重的打击。

今天是有点不幸，晚上五六点的时候，我们家的一头牛从寨子脚张里保的竹子棚旁边进去林子里觅食时被小树桩戳穿咽喉死了。我们家人打了电话叫在新街镇卖牛肉的人来，以1200元处理了。内脏留给了帮忙的人煮吃。牛还是箐口村的主要劳动工具，犁田和耙田主要就是用牛，去年村民李学华买回来的柴油机说是有些田里还不适合用，所以，村里百分之七八十的农户还是养着牛。一方面可以用来犁田和耙田，另一方面长到一定程度的时候可以出卖给商人以增加家庭的收入。今天我们家死掉的牛是前一段时间从李得卜家以2060元的价钱买回来的，扣除所卖得的1200元，就损失了800多元。对于缺乏经济收入的农民来说还是一笔不小的数字了。

2011年1月6日，星期四，农历十二月初三，属鸡，阴

今天有李则主家请客，除了与他家不讲话的村民之外，一般每户都去参加的，送礼的一般是10元到20元，还有大米和谷子。当然，与他们家关系很好，而且家庭条件好的亲戚和朋友给的就会有50元到100元的，甚至更多。

上午，李和明家做新房迁居仪式，请了他们的亲戚和朋友做客。对于新房迁居的情况来说，送礼的主要是一斗大米，当然，这还要看客人

的选择，亲戚和朋友也有给钱的情况，这种喜事中给钱的数字一般要比丧事中的数字大一些。

2011年1月7日，星期五，农历十二月初四，属狗，阴

"为了生活，人们四处奔波……"这首歌还是符合箐口村年轻人的现状，缺少经济来源的箐口村的主要经济收入还是要靠家里的年轻人和中年人利用农闲时间外出打工。今天早上有李得贵背着行李出发了，他已经近五十岁了，说是要到河口县去。

可能是天气不好的原因，或者是元旦收假的原因，今天来村里的游客就少了，只有四五个人，这样的游客数量、这样的收入，世博元阳旅游公司元阳分公司肯定是要赔钱的，连职工的工资都不够付，要是再没有什么变化，元阳县的旅游业何去何从还是个问题。

不知是前两年干旱引起政府重视，还是中央对水利这块的确关注，这两年村里的几条主要水渠都得以修复。今天，县水利局和新街镇水管站的人又来检查去年维修的寨子脚水沟。现在，村里的水利设施比以前好多了，村民灌溉梯田也方便多了，村民渴望的事情政府也在逐步实现。

2011年1月8日，星期六，农历十二月初五，属猪，多云转晴

昨天有李文光家运来一车10000片的砖，可能是家人考虑到建盖房子已经麻烦村民很多次了，这次是请村里的妇女以每片五分钱背到家里的，请了村里李树林的妻子、李得贵的妻子、李永福的妻子等五个妇女来背。因为是承包性的背，她们都积极卖力。

李四文家打一层屋顶，除了自己比较亲近的家属来帮忙外是以请小工的方式来做的。他家的建筑面积不大，大概就30个平方米，而被请来的妇女们也来得很早，早上8点左右就过来了，她们的寨子离箐口村有六七公里，到中午12点半就做完了，吃了一餐中午饭就回去了。

说是中央电视三台的人来村里拍摄，带队的是县宣传部和新街镇的

人，还带着县文化局的演出队，村里的文艺队也参加了。

下午，张志学家做封后墙洞口的祭祀，摩批是张正和。在以前的日志里也提到过一些，村里一旦有人家死了人，就要在自己家的房子后墙上打一个洞口，而一旦把死人送到山上去后，过了农历的当月就要做这样一个祭祀，把后墙上的洞口封住。这个祭祀可以算是大祭祀之一，主要需要一头小猪，其他鸡、鸭也是不可少的，参加的人没有限制。所以，村里谁家做这个祭祀一般都会请家族的老人和村里亲戚中的老人来参加，一般会有五六桌子的人，也正因为这样事前就会多准备一些饭菜、烟酒等。

村里有俗话说："摩批七十七种。"今天寨子又出现一种村里没有的情况，是卢开亮的岳母生病了不知道从什么地方请来一个老妇女（摩批）来做祭祀。寨子到目前只有男摩批，还没有出现过女摩批。其他的地方是会有的，听说，很多女摩批还是天生的，她不需要拜师学艺，随着年纪的增长就会了。今天在卢开亮家做的就是一个例子。我是有点惊奇的：怎么有的人对有的事就会生而知之呢？

2011年1月9日，星期日，农历十二月初六，属鼠，阴，有小雨

大人怕过年，怕的是又长老了一岁，还怕一年来的积蓄就要等着开支了。而小孩则相反，他们喜欢过年，喜欢自己长大了一岁，过年又可以穿新衣服了，可以跟大人要钱要物了。从这两天上街的村民中明显可以看出，特别今天又是新街镇的集日，有很多的人家带着自己的孩子上街，回来多少都带着一两件新衣服或者裤子。今天就有李成一家人，两个小孩都高兴地拿着父母给他们买的新衣服回来，还有卢学贵一家子。当然，天气冷又是一个因素，做父母的为自己的孩子买几件衣服暖暖孩子的身体，何尝不是一种幸福呢？有的听说这两天城里的衣物和被褥降价，又四五床地买回来，李秀英就买了四床被子，说是比平时便宜三四十元。年还没过，似乎就闻到过年的味道了。

这几年村民的生活条件是好了，包括各方面的条件，如居住条件、饮食条件等，就连煮饭做菜很多家庭都用上了电器，如电饭煲、电磁炉，据不完全统计有1/3吧。烧火砍柴的村民比以前少多了，用村民的话说是到阿挡寨子树林砍柴的村民没有了（离箐口村有六七公里，20世纪80、90年代箐口村妇女基本上每天都有几十个从早到黑到那里砍柴背回来，很辛苦，现在没有这个情况了），寨子的树木得到了保护。但是，很多养牲畜的人家依然还要从不同的地方找柴火，今天就有李庆明的妻子从城里买回来一车。

新房迁居做点仪式应该是很多民族的习俗吧，箐口村民也不例外。今天有李虎芬家做这个仪式，请了她家的亲戚和朋友，而没有请全村人。她以前是嫁到其他的寨子了，但不知道婚姻上出现什么问题，一直带着自己的子女在她娘家过日子，年初买了她叔叔家在寨子脚的秧田建起来房子，打算就在箐口村落脚了。

吹唢呐在很多地方是一种喜事，而在箐口村，只有遇到丧事才叫人吹响唢呐。一旦谁家没事吹了唢呐就会认为出了一桩大事情，过后又要选择一定的日子做一种祭祀。

2011年1月10日，星期一，农历十二月初七，属牛，阴，有小雨，有大雾

村民从事最多的该是农业和建筑业了。李永忠家打第二层屋顶，他一生基本做的就是农业和建筑业，人老实，技术也不错，所以，经常会有村民请他当师傅，他也可以赚些辛苦费，他家的房子基本都是用他一个人辛苦挣来的钱建盖起来的。

要是社会稳定的话，经济发展该是一件没有疑问的事情。社会好了，经济发展了，社会福利也该好吧？我今天参加在村委会召开的会议，主要是有新街镇党委政府来慰问村委会两委班子人员，给每一个村党支部书记及村民组长、副组长、妇女会计一百元的慰问金，给上一届村委会党总支书记和主任 200 元，现任的党总支书记、副书记、主任等因为还拿着工资就不给他们慰问金了。这该是新街镇有史以来第一次给村民小组发放慰问金吧。

2011 年 1 月 11 日，星期二，农历十二月初八，属虎，阴，有小雨，有大雾

今天上午，李小祥的母亲突然生病，送医院医治无效而逝世。很突然，都没有听说生什么病，今天突然发起病来，送到医院时医生就说不行了，说是连遗嘱都没有交代，留下了一个大遗憾。

村委会给村里送来老党员和困难群众的慰问金，今年享受的是李正亮、李永贵、李以略、李平珍、李建华、李正光、上一届党总支书记张春华，每人可以享受 200 元现金、一袋 15 公斤大米，这是好事。

2011 年 1 月 12 日，星期三，农历十二月初九，属兔，阴，有小雨，有大雾

没有房子的村民想有个房子，哪怕是一个再简陋不过的房子，而有房子的人一旦有了经济能力就要改装，希望建得再好一些，住得舒服一些。这是正常人的心理。今天就有李其三家拆房子，准备重新建盖。

李小祥家的老人今天下午才封棺材，说是昨天他们家是好日子，不想就这样封住了，要不然，一般情况是当天下午做好棺材就封住了。

2011 年 1 月 13 日，星期四，农历十二月初十，属龙，多云间晴

上午，张贵学家新房迁居，请了张氏家族的人做客。

下午，李永福家的牛冻僵了一头，在寨子脚的田边。老人说牛一旦受过这样的病变一般是不行了，只有杀了或者卖了。

卢家准备猪、牛给去世的卢明师办丧事，牛是从水卜龙村以 2160 元的价钱买回来的。

2011年1月14日，星期五，农历十二月十一，属蛇，阴，有小雨

村里主办卢明师的丧事，摩批是麻栗寨村的。不知道什么原因，村里没有卢氏的摩批，他们卢氏家要做这样的大事是要到麻栗寨请的，今天也是。

上午，有元阳县旅游局的人来调查村里准备办农家乐的情况，今天调查的是李志学家、卢世华家、李永福家、李文光家。

昨天冷僵了的李永福家的牛以1260元卖给了新街镇的牛肉商人，村民都说牛要是被冻僵了是很难恢复的，而这种情况当然是要比正常的牛价少很多。

2011年1月15日，星期六，农历十二月十二，属马，阴，有小雨

今天，村民的主要事情是送葬卢明师，这种情况，村民特别是年轻的村民都要出来帮忙的。

这几天的天气很冷，今天又冷僵了卢志明家的一头牛，看样子也只有处理掉了。

李世荣家的房子在进村口的路边，他想到了租房子给别人找钱的路子，在他家的房子墙上贴出了招租告示。

2011年1月16日，星期日，农历十二月十三，属羊，阴，有小雨

今天，村里还是按照正常的情况到卢伟家做客，多数村民都是自觉停下家里的事情到他们家做客的。

人到了一定的年纪后，各种病就会生出来，今天李绍云的母亲突然生病。她已经60多岁了，家人认为是她的老毛病复发，就没有送医院，而是用农村的土办法处理，叫了摩批杀鸡做做祭祀罢了。

2011年1月17日，星期一，农历十二月十四，属猴，阴，有雨

这几天的天气很冷，给人们的生活带来了很大不便，同时也给牲畜带来不利，今天有村委会的兽医张有明来给村民的牲畜打预防针。

这个时候雨水少了，但今天晚上雨下得很大，灌满了田里的水。

2011年1月18日，星期二，农历十二月十五，属鸡，阴，有雨

今天，我参加土锅寨党总支会议，主要是召开土锅寨党总支推选第二届新街镇党代表动员大会。

昨天晚上下雨，听村民说11点左右的时候打雷了，应该是今年的春雷，好像是在说明春天到达箐口村了，懂得的村民就高兴了。

2011年1月19日，星期三，农历十二月十六，属狗，阴，有雨

上午10时，箐口村党支部召开党员大会，推选土锅寨党总支第二届党员代表，参加会议的有21人。推选结果是李中喜、张明华、李学、李文才、李伟5人。

云南大学哈尼族调查点负责人马老师一行人于今天下午到达基地，他们要在箐口村做一段时间的调查。

不知是天气变化的原因还是其他缘故，近期村里病猪多，今天是有卢永贵家死了一头。

2011年1月20日，星期四，农历十二月十七，属猪，多云

今天，李万祥家打屋顶，是请自己的亲戚来完成的。

村里老人时常说一句话："六十不管事，七十不管家。"该不会是验证这样的俗语吧？今天，听说我的父亲去放牛的时候牛就是不听他的话，像飞一样地跑了。

2011年1月21日，星期五，农历十二月十八，属鼠，多云

马居里老师等几人前往果期村委会做调查。

上午，土锅寨党总支召开会议，初步确定土锅寨第二届党总支代

表，他们分别是李中喜、李学、李学光、林正芳、田丽、张正明、张明华七人。

2011 年 1 月 22 日，星期六，农历十二月十九，属牛，阴转多云

今天，马老师等 4 人返回云南大学。

2011 年 1 月 23 日，星期日，农历十二月二十，属虎，阴转多云

在云南大学哈尼族调查研究基地做了几天调查的卢鹏返回学校。

中午，张明生家约了几个朋友杀猪。天气很冷，而又没有到过年的时间，他们家为什么要杀猪呢？对人来说，什么事情都是相对的，有好的一面，也有坏的一面。就以箐口村现在已经建成而且使用的猪圈和牛圈来说吧，政府为了做好村里的路面卫生，不让猪、牛到处乱跑以及便于牲畜的预防工作，征用了寨子北面的一部分地，投资了一笔钱建设好猪圈和牛圈并让主要在村里路两边的村民使用已经一年多了，有的村民还是养大了一两头猪卖过，给家里多少增添了一点收入。这样做的结果是寨子里的卫生好多了，很少看到村里的猪到寨子的主要路上。然而，可能是水源不能正常使用，空气又很不好，所以，经常有病猪出现，而且一旦出现又不能控制，常常是有一两家出现病猪就有很多家要被传染。这一段时间也是如此，有很多家的猪已经感染上了，从这方面来看又是有点不理想了。今天的张明生家就是一个例子，他已经给猪打了两针也不见好转，就叫来朋友杀了。一是因为猪已经有三四十公斤，让它病死不划算，打了针又好不了的死猪肉也不好吃。二是离过年也没有几天了，把猪肉切开晒干了煮吃也不是不可以。

下午，打工回来的有卢新、李光名等几个年轻人。快要过年了，村里陆续回来的人很多，每天都有三五个，都希望回来家里过一个好年。

2011年1月24日，星期一，农历十二月二十一，属兔，阴转多云

　　昨天张明生家杀猪，是因为得了病；今天又有卢开亮家杀猪，也是因为得了病。所以，希望与现实总会出现这样那样的差错。当初，政府是为了箐口村民好，硬拿出不少的钱征用村民的地，又投资了不少的钱给村民建盖了猪圈与牛圈，希望集中统一好管理，好做卫生，为箐口的发展提供好的条件，这些都是好的想法。然而，从现在箐口村的兽医管理和预防能力等各方面来看还是相对不完善的，以至于出现这样那样的病情。这需要箐口村民及有关单位引起重视，去征服各方面对人民不利的自然灾害，逐步提高人民的生活水平。

　　下午，李志祥家买回来很多家具，有沙发、席梦思床垫、衣柜等。应该是因为他的女儿已经出嫁而且不久前当上妈妈的缘故。听很多村民说这家的姑娘出嫁礼金是8万多元，那家姑娘出嫁的礼金是10万多元。看来，随着物价的上涨，儿女们喜事的费用也上涨了。10年前是五六千元，现在是上万元了。相应地，人比人，人看人，带着的嫁妆就要多了，水涨船高嘛。

　　春节要到了，村里的孩子们就高兴了，这可以从每天都有不少的小孩子拉着自己父母的衣服上街的情况中看出来，回来不是带着水果就是衣物、靴、帽等。村里已经宣传过不能在停车场堆放建筑材料了，可李学光家今天运回来一车红沙，说是没有办法了，争取在过年前打一层屋顶，他家堆放在停车场的材料在1月30日之前会全部清理，停车场秩序他是不会打乱的。

2011年1月25日，星期二，农历十二月二十二，属龙，多云间晴

　　快要过年了，打工的年轻人陆续回来了，今天就有卢世华等一个组回来。下午，请他的工友们吃喝。

2011 年 1 月 26 日，星期三，农历十二月二十三，属蛇，多云间晴

今天有李世明家打屋顶，由于房子的面积小，请的村民不多，只是请了他们家最亲密的人来帮忙，也没有做多少时间就完成了。

在村里做了一段时间调查的白永芳老师等返回学校，说她们也要回自己的老家过年了，要是以后有什么问题还要回来做调查的。

2011 年 1 月 27 日，星期四，农历十二月二十四，属马，多云间晴

上午9点左右，村里召开群众大会，主要是村民小组向村民公开村务，向村民宣传春节期间的注意事项，希望村民能过一个愉快的年，在节日里不要出现什么问题。特别是打架斗殴的事情，影响村民之间的关系。

2011 年 1 月 28 日，星期五，农历十二月二十五，属羊，阴

要过年了，大家都希望快点完成手上的事情，好好静下来过年，今天就有李文新家打屋顶。

2011 年 1 月 29 日，星期六，农历十二月二十六，属猴，阴

过年了，有人欢喜有人忧。下面是张里妹向村民小组及村委会等递交的一份申请书，全文如下：

申请书

土锅寨村委会、新街镇人民政府及有关单位：

我是元阳县新街镇土锅寨村委会箐口村的张里妹，又名张优，女，现年13岁，身份证号：532528199709203121，在新街中心小学读六年级。从小母亲与父亲感情不和，在我4岁时就离婚不管我，而父亲小时候就受家庭生活的艰苦磨难得病，每年要向亲戚和朋友借很多钱医治，去年医治无效而逝世了。现在只剩下我一个孤儿与年老的爷爷和奶奶过日子，医治父亲所欠下的钱不知什么时候能够还清，这样的家庭情况确实让我伤心难过。过年过节，看着同龄人高兴的样子，我时常会躲着哭泣。我还小，还很想读书，多学一点知识，长大了好为社会做事。但是，现实的家庭情况不得不让我向土锅寨村委会、新街镇人民政府及有关单位申请支援，过年过节给一些物资上的帮助，解决生活上的困难，将我列为特殊照顾对象，以及学校方也给予照顾！我会好好读书，将来回报人民政府，回报关心我、帮助我的单位和个人。谢谢！特此申请。

申请人：张里妹
二〇一一年一月二十五日

2011年1月30日，星期日，农历十二月二十七，属鸡，阴

卢则龙家祭祀，请我到他家帮忙做伙食，回来后感到累了就休息了。

2011年1月31日，星期一，农历十二月二十八，属狗，阴

上午，村民小组发放2009至2010年的蘑菇房保护费，每户100元，钱是新街镇政府来发的，希望在过年前把钱发到老百姓手里。

快要过年了，李树华的父亲却离开了人世，他们李氏家人不得不抽时间来忙着了。听消息说没有过完年是不会出殡了。

2011年2月1日，星期二，农历十二月二十九，属猪，多云

就要过年了，今天就有村民开始做糯米粑粑了。用有的村民的话来说："活活马伙累伙伙。"（哈尼语，大意是不是过快活年，而是过辛苦年，要吃多少就要干多少事。）糯米粑粑在村里过年来说还是必不可少的东西，而村民认为，明天就要杀猪了，做糯米粑粑就是今天的事情。看村民的动作确实有点像过年的样子了，特别是孩子们都穿上了崭新的衣服，偶尔又放上几个鞭炮，给节日增添了欢乐的气氛。

卢龙以家做新房迁居仪式，没有请再多的村民，只有几个最亲近的家属参加，有卢正清（他的堂弟）、卢生亮（他堂弟的儿子）、卢明（他的侄子）。正如有哲人说的："没有两片树叶是完全相同的"，这也可以说明一点，同样是新房迁居仪式，村民之间一家和一家的做法多少有所差别，有的是请全村村民，有的是只请自己的亲戚，而有的就只请自己最最亲近的人走过场。今天的卢落以家就属于第三类。

要过年了，总得给村里一个新的卫生环境吧。自从村里开发旅游事业以来，村民小组或者是景区管委会都会自觉加强卫生工作的管理，每年到了这个时候就会主动集中人力对村里的主要路面进行打扫，给村里创造一个良好的卫生条件，给村民舒适的环境。上午就有景区管委会李文光、张明华、卢倮应、李文才等人冲洗村里的路面，冲洗过后的路面确实干净多了，让人也舒适多了。

与其他村寨相比，箐口村的地较少，尤其是菜地，有的村民家几乎就没有。即使有的村民家有一点，也不过是几分罢了。所以，无论谁家办点什么事情，多数的菜都要到街上去购买，过年过节就更不用说了。这几天到街上去买菜的村民就很多，今天看见的就有李宏、李和明、李永新等，每天少说也有30人，即使很多村民都埋怨说街上卖的菜很贵，而且没有自己栽出来的好吃，但还是都得去买。

"人大分家，树大分枝"。有兄弟的家庭到一定的时间总是要分开的，而分出的总得给他一个家。今年正在建盖房子的李绍明家就属于从他父亲和兄弟那里分出来的（村里传统的习俗是小儿子养两位老人）。快要过年了，想着过年期间不可能来做建筑的事情，他们家的人包括在家的他的亲戚就加快进度，前几天增加了人力来做，今天如愿打上第一层屋顶，过年期间，人可以安心地过年，房子也可以得到保养。从今天来帮忙村民的情况来看，多数村民应该是忙着去做自己家的事了，而与他们家亲近的村民基本上都来帮忙了。

2011年2月2日，星期三，农历十二月三十，属鼠，多云间晴

今天是大年三十，按照村里的习惯，所有准备杀猪的人家就在今天杀了。社会好了，人民的生活水平提高了，这几年一到过年过节就会有很多的村民家杀猪了。今天观察了一下就有卢倮应家、卢开亮家、卢世华家、卢宽亮家、卢正荣家、李志学家、杨志宽家、张斌家、李宏家、李学家、李正荣家、李永福家、李才生家、李正学家等，应该还有好多是我没有看到或者知道的。总的来说，这些年咱们的社会是好了，年轻人外出打工容易找钱，花得也容易，人家过年杀猪，我们家为什么不杀猪呢？有些人就有这样的想法。

大年三十，村里有李正明去世，没有村民去帮忙，只好请了黄草岭村民小组其外甥来做棺材。人手少，今天做不好。没有办法，都过年了，谁还会来帮你做这样的事情。怪谁呢？也怪死的不是时候。真的，正如上学的时候有位老师说的："人死如虎，虎死如花。"活着的时候，总是会有亲戚有朋友，但是，这个时候死了，大年三十的，谁不怕？谁有时间来帮忙呢？

听说，今天有世博元阳旅游公司领导到村里给管理委员会的员工发放红包，每人60元。

2011年2月3日，星期四，农历正月初一，属牛，晴

今天是农历初一，一大早，可能是凌晨的两三点吧，就有村民放响鞭炮了，迎接新一年的到来。这样也太过分了一点吧，过节是该愉快些，高兴了可以多喝几杯，多玩一段时间，可是人还是要休息的。凌晨两三点正是多数人休息的时候，鞭炮一响，不就影响了其他人休息吗？

过年了，村里在外地打工的人基本上都回来了。从这些年来看，只要是过年、过节，在外地打工的人基本上都回来，没有在外地过年的习惯，特别是过这个春节期间，过完了年再出去打工。然而，从今天到村里来旅游的游客情况来看就不同了，比平时多了好些。所以，过年也有不同的过法，人家外地人是利用过年的时间来旅游，而我们过年是回来休息、回来吃喝，这就是我认为的不同。

因为昨天确实是没有人帮忙李明家做李正明的棺材，到今天才做好。

有点特殊,要不然,一般村民是不能到第二天的,一定要在当天做好装殓。

今天,我看见有一个来旅游的团队因为说进村里要买门票而返回。

2011年2月4日,星期五,农历正月初二,属虎,晴

今天的游客多,开车来的也多,停车场都停满了。根据箐口民俗村管理委员会的规定,每辆车收费5元,估计来了100多辆车。最多的时候是中午,能停放50多辆小车的停车场都停满了,今天的停车场收费总计应该有六七十元。我认为,停车场的作用不在于收费给管理委员会带来经济上的利益,至少从现在来说是如此,而是让游客有个安全的停车处,给游客一个安全感。要是从另外一个角度来说,停车场收费员要注意车辆的安全:一是车与车的安全,要是没有人员管理,游客的车辆与车辆之间难免出现碰撞,给车辆造成伤害;二是人与车的安全,特别是一些比较好的车,村里又有几个不上学的孩子,再加上孩子们不懂事,要是没有人员管理车辆,车伤着人或者人伤着车的可能性就要大得多。特别是像现在过年、过节的时候,来往的车辆、人员都多,要是没有人员来管理,难免出现问题。所以,我认为收停车费是应该的,管理员要负责。再说,以后维修停车场也需要一定的资金。有的驾驶员说的不该收停车费是有问题的。

过年是什么滋味?也许我是进入了酒池,在我看来是酒味。

2011年2月5日,星期六,农历正月初三,属兔,晴

今天是农历初三了,按照村里历来的习俗,要给姑娘家送糯米粑粑了,娶得新娘的男方就得准备饭菜迎接客人的到来。李辉是去年结婚的年轻人中的一个,又有了自己的儿子,得按照村里的习俗迎接女方家送糯米粑粑,下午,提早就得给客人做好饭菜了。

张牛后家的儿子办喜事,请了村里的人来做客,我是他的堂叔叔,故前去参加,发觉今天来做客的人很少,只有不得已而参加的人。应该的,

大家都在过年，家人平时聚少离多，难得过年在一起，亲戚间也要相互串门，去别家做客的就很少了。当然，礼金依然是给的，只是人就不一定来了。

2011年2月6日，星期日，农历正月初四，属龙，晴

按传统的习俗，我们箐口村在农历初三早上献了饭后，就认为这个节日过好了，逐渐可以从事自己的农事了。然而，现在的社会好了，节日的气氛是不可能一下子就消失的，村民都还在吃喝中。为了给村民助兴或者是给寨子增加点文艺的氛围，今天是有元阳县文化局文艺队来村里演出。

村里，李树华家准备其父亲的丧事。用朋友李树华的话说："留他在家里过了年，现在过完年就要送出去了。"今天是新街镇的集日，叫了亲戚和家族的人到街上购买所需要的物资。

2011年2月7日，星期一，农历正月初五，属蛇，晴

今天主办李树华父亲的丧事，有主鲁村、麻栗寨、陈安村三个寨子的亲戚用牛来丧祭。加上他主人家杀一头牛，今天村里就杀了四头牛，村民都忙得很。

2011年2月8日，星期二，农历正月初六，属马，晴

今天下午，村里的事情是送葬李树华的父亲，村民都过来帮他们家处理事情。

然而，又听说李文才的妻子因病送医院医治无效而病故了。这边刚办完，那边又来了，箐口村像是被一层黑雾笼罩着一样。接连地死人，让活着的人都感到惊惧。村头寨尾都在议论其中原因。

今天是牛角寨的集日，明天要主办李正明的丧事，所以，他们家安排了人到牛角寨购买物品，因为需要的东西在集日里好买些。

2011 年 2 月 9 日，星期三，农历正月初七，属羊，晴

今天，村里主要就是办理李正明的丧事，全村有时间的人都要过来帮忙的。

李文才家又安排人手到市场购买明天所需要的东西。

2011 年 2 月 10 日，星期四，农历正月初八，属猴，晴

上午，土锅寨党总支召开党员大会，选举第二届新街镇党代表。选举的结果是田丽（女）、李中喜、李志芳、李学光、李学、张正明六人。

下午，村里送葬李正明老人。

今天下午，村里有卢小祥家办喜事，请了村里的亲戚来参加，同时有他妻子方家送来糯米粑粑。为了迎接他们的到来，卢小祥家早早就准备饭菜了。

下午，李文才家做祭祀，因为他的妻子生了病送到医院医治无效而逝世，按照村民的说法就是去在外面而没有在自己家的堂屋里断气，就是不正常的去世，需要在寨门外做很多祭祀才能再做丧事的其他正常程序。

2011 年 2 月 11 日，星期五，农历正月初九，属鸡，晴

今天村里的事情是主办李文才妻子的丧事，用牛来做大丧祭的有其外甥一家。老年人去世，人们的心态似乎还可以平和一些，而年轻人去世，人们就无法填平心里的痛楚了，有的事情无非是做过场罢了。今天来的其外甥家的人就不多，而且在进村口到李文才家的这一段路上，他们家应该是要有人穿一种礼服的，他们都免了，做得过于应付了。他们请来唱歌的能手以及参加丧祭的人都发出很悲伤的声音，有点撕心裂肺的感觉。的确，这样的年轻人去世难免悲哀，家里还有老人，孩子还没有成家。每个人在每个家庭，特别是在核心家庭都是一块主心骨，缺少了谁就像缺少了一个主心骨，都感觉不是那么的健全。

按照葬礼的习俗，李文科家接待请客。马老师在村里做了这么多年的调查，与很多村民结下了深厚的感情。出于礼节，他随我一起参加了李文科家的请客习俗，给了礼金100元。这些年来的礼金多在10元到20元，多一点就是50元了，马老师还是讲了一点情谊。

2011年2月12日，星期六，农历正月初十，属狗，晴

这几天，村里接连办理葬礼，还真是有点累的。前天办理李明家的丧事，今天又要送葬李文才的妻子了。他妻子还年轻，才40多岁，正是做事情的年纪，可就是没有办法。她的离去，对她的家庭是一个沉重的打击。

今天有卢正荣家拆除房子，又要准备重新建盖了。

村里做祭祀，主要是因为同时死了2个人，需要集体做祭祀。

2011年2月13日，星期日，农历正月十一，属猪，阴，有雾

昨天送葬了死人后，村民就可以做祈福祭祀了。今天就有张明福家做祭祀，摩批是张保祥，参加的人有张明生。还有卢世华家，摩批是李贵文，参加的人有卢志祥。卢龙一家也在做，摩批是张里保，参加的人有马刚金、卢保应以及马刚金的儿子。这种祭祀主要是针对要出门打工的年轻人，目的在于希望今年出门平安，身体健康与求得财富，不要被小人所害。据说参加这种祭祀的人要健康，参加的人数必须是单数，所要用的主要是一只大公鸡，而且在没有消化完所吃进去的食物之前不能行房事。做这种祭祀的时间主要就是在农历的一二月份，主要是选择属虎、属马、属猪这几天。所以，这一段时间的白公鸡比较昂贵，一只都可以卖到100多元。村里能做这种祭祀的摩批也不多，要是谁准备做这种祭祀要在过年前就与摩批说好，由摩批安排日子，而给摩批的小费一般也在四五十元。要是做的人很多，有的摩批还忙不过来。

上午，村民小组安排卫生组。村民小组组长采用了以前生产队时的

情况，这个月该是第三生产队。有的体制是改革了，而有的体制依然能够重新用来，这是为什么呢？应该说是有它合理的一面吧。以前村里有四个生产队，这次村民组长采用这种方式，下个月就是第四生产队做卫生组。

过完了年，年轻的村民就陆续出去打工了，今天有罗小祥、张明福等。

按照葬礼程序，李文才家今天还是请客的。

2011年2月14日，星期一，农历正月十二，属鼠，阴，有细雨

上午，村里召开群众大会。由于刚过了年，再说前一段时间村里死了几个人，很多年轻人都还没有出去打工，来参加开会的人较多，有100多人，妇女有四五十人，男的有六七十人。

今天上午开会的主要目的是近期村里死了好几个人，妇女到尼玛家算卦时有几个都说是村里的寨神林中新修理了一条路，弄伤了寨神林的风水；还有是李杰家做房子时在自己家的地里挖了很多沙（在寨神林的上方一点），弄伤了寨神林的筋脉；还有一个事情是在修理通往寨神林的水渠时李春又在林中挖了沙，很多村民反映上来说要处罚他们家；村民小组就召开了一个群众大会听取村民的意见。

得出的主要结果有以下几个：

第一个，李杰在自己家的地里挖了沙和李春在寨神林挖沙的事，经济上的处罚就免了，要求他们自己回填土，自己买鸡鸭请摩批去祭祀。在这个问题上，有个别村民干部提出发动全村去回填土却当场遭到村民的反对，强烈要求他们本人去回填土。

第二个，村民倡议要把寨神林里面的围栏拆除，把通往寨神林新建的一条路堵住，当场有100%的妇女支持，如果有政府官员不同意的话，说是全村村民都可以起来说话。这个问题我的回答是，我们先要向上一级政府汇报申请再答复村民。

第三个，有村民要是死在外地，必须得在寨门外做完该做的祭祀才能抬回家里，否则要处罚款一万元。

第四个，关于寨门的问题，因为建设停车场的需要，原来用来立寨门柱桩的地方建做成停车场，有村民要求移动到其他适合的地方。这个问题等村里的摩批和咪古们商量后再决定。

第五个，凡是在村里集体祭祀的地方，都不准村民晒牛粪和猪粪等脏物，不准放猪、牛到祭祀地点；为了寨子安全，不准在寨子脚"腊无倮干"（水渠名）到寨子上方的寨神林这一段放炸药。

从平时与村民的交流中可以知道，财还是要从外进，家里除了栽一点谷子、一些苞谷等农副产品用来自己消费外，要吃的油、盐和要穿的衣服都要用钱去买。的确，由于自然资源、人力资源的限制，村里年轻人挣钱的方法主要还是到外地打工，今天有李世华带几个人出去，还有李庆五带几个人出去，都要去找钱了。

今天的天气很冷，除了有雾还有细雨，路上的行人只要在村里行上四五十米，身上的衣服就会被淋湿。做事情的村民不少，但休息的人也不少。要说的是，虽然有村民说今天不会有人来村里旅游了，但仍然有一个20多人的日本游客团队来，多少给经营的公司增加了一点收入，村里也可以得到一定的提成。我认为村里在其他资源没有得到开发的情况下经营旅游事业是对的。一是经济上多少得到提高，二是在思维上有所交流。村民与外界的一些观念有所接触，可以改变原来一些不好的观念。虽然在开发旅游工作中村民与游客、政府发生过或多或少的摩擦，但是，总的来说还是好的。无论是观念上还是经济上多少给村民带来积极的影响。

2011年2月15日，星期二，农历正月十三，属牛，晴

下午，我受陈大哥的委托，和卢国兴一起到嘎娘乡买一只羊。

2011 年 2 月 16 日，星期三，农历正月十四，属虎，晴

恐怕又是水源池出现问题了，村里连续几天没有自来水了，给生活带来了不少麻烦。下午，又有州里的领导来村里检查工作。

今天有红河州和元阳县的领导来村里检查工作，我忙于给朋友当炊事员，也没有去观察村民的事情了。

2011 年 2 月 17 日，星期四，农历正月十五，属兔，晴

上午，张志新家做"保热保灾"仪式，原本是要我作官方代表参加的，只是因为我说事情有点忙，他家就去请其他人了。

下午，元阳县新街镇等领导再来村里检查，我还是忙着招呼我的朋友们，没有去看村里的情况。

2011 年 2 月 18 日，星期五，农历正月十六，属龙，多云转晴

卢正荣家要拆除老房子，准备做新房子了。为了安全起见，根据用电的有关规定，他们家请了供电所的人来拆除表箱。

下午，卢志明家撒秧了。从这几年来看，卢志明家撒秧的时间都赶在其他村民家的前面，我分析主要是有两个方面的理由：一是他已经是60多岁的老人，他的主要劳动就是照看自己家田里的水这样有一定技术又不太费劲的事情；二是他家的秧田就在水源比较丰富的白龙泉下边，泉水的水温不至于使刚撒到田里的秧苗冻死。再说，每年村民们育苗的时间就是在2月底到3月初，要是天气晴朗，提前一些天撒秧也不会碍事。

2011 年 2 月 19 日，星期六，农历正月十七，属蛇，晴

上午，土锅寨党总支召开会议，推选在村委会任职的一名村干部任新街镇党委委员，主要从土锅寨村委会、安汾寨村委会、多依树村委会等村委会的4名村干部之中选出来。土锅寨的村干部是主任助理马梦婕。这次参加土锅寨党总支会议的有56名党员，很多党员因为过年后外出打工或者部分老党员生病而缺席，当然了，马梦婕是土锅寨村委会的主任助理，土锅寨参加会议的党员就应该是投了她的票。的确，由于年轻而且是女的，她虽然为主任助理，也是刚刚从学校毕业出来的大学生，很少到村里做工作。再说，或许当她到自然村工作时农民党员们已经到田地里劳动了，也难怪很多党员不知道她就是土锅寨村委会主任助理了。会后在风景缘饭店就餐，这次是给每个参加会议的党员发了十元的伙食补贴，这种补贴以前是从来没有的。

"共产党的官能上能下"，处于最基层的有些村民如是说。正因为这样，去年选举中土锅寨党总支书记张春华落选，现在就在家里闲着，时不时在村里运送一些游客。从村里运送到寨子上面的省道上，每位游客一般是收取5元。今天来了几个中国台湾地区的游客，运送中有一位游客因为没有拿人民币，就给了一张100元的台币，说就是人民币的20元，只要找给15元就行了。张春华说没有零钱，与我说要是想留着做纪念就叫我找补，而我没有答应，后面是导游替游客给了5元。之后，我就乘张春华的车回来，在回来的路上他说："原来100元台币只值20元人民币，我家里还有几张，要是他不说找钱我还可以收下，收下了也不太可能在我们地方使用。"

2011年2月20日，星期日，农历正月十八，属马，晴

今天是属马的日子，对于村里来说又是一个做法事的好日子，特别是那些出门要做祈福仪式的村民。今天就有张学家做，摩批是张正和，参加的人有李有名、张学。还有李志文家，摩批是李树华，参加的人有李志光。李才生家也在做，摩批是李建国，参加的人有卢正和等5人。以前的日志里说到过，做这种法事的人应该是单数，3人、5人，或者7人等，一般是3人或者是5人，只要是健康的人都能参加，但需要尽量注意的是选择品行、好家庭也健全的人，特别是吃了做法事的饭能守法事的人。

正因为人们都有这么一种观念，即出门找财希望得财，做祈福仪式选择日子，出门也会选择日子，今天就有卢世华等人出门打工。

眼看着这几天天气好，就有村民开始撒秧育苗了，今天是有李文贵家、李德贵家。我有点理解李文贵老人，育苗就是会着急，生怕播种的时间比人家晚了，每年都如此，只要过年前后天气好了，他的心就会慌了，因为沾一点亲戚关系的原因，有时候就会问我："过冬（过冬至）几天了？"村民有一种说法是过冬至60天就可以育秧苗了。的确，过冬至就是到了2月底3月初，正是我们箐口村民育秧苗的时间，要是天气变化特殊就不好说了。

今天是属马日，村里又做一年一次的祭火神活动。能跟众多的村民在一起做活动，我认为是一种幸福，几个年轻人在野外进行这种活动，喝一点小酒更是助兴，我是爱去参加的。只是这段时间马老师他们在基地，我要尽量招呼他们，今天也就没有去参加了。

2011年2月21日，星期一，农历正月十九，属羊，晴

这几天是村民们撒秧苗的时候，今天有卢学贵家、李扎卜家。

下午，李明家做祭祀，请了他们家族的人参加，作为朋友的我也被请到了，只是因为我要招呼朋友们就没有过去。

晚上，有人来村里放电影，来看的人不会很多了，电影被电视淘汰了。这是我们这一代的事情，当电影刚到镇里或者乡里的时候，只要年轻人听说新街镇放电影，走七八公里的路都要约伙去看，半夜里又走回来。那年头，哪里来这么多车辆呢？公路也只是土毛路。这几年电视出来了，在家里坐着沙发都可以看电视了，谁还会看电影呢？当然，听一些朋友说城里的电影院生意还是不错的。

2011年2月22日，星期二，农历正月二十，属猴，晴

今天属猴，是新街镇的集日，李阿三用背箩装着他家的鸭子去街上卖，可能是村民都在撒秧了，为了防止自己家的鸭子跑到别人家的田里吃谷种。因为每年的这个时候，多少会有村民家的鸭子跑到秧田吃谷种的情况出现，很不好养了。当然，也有可能是出于其他考虑。

上午，村里有州委组织部、县委书记、镇党委书记和镇长等领导来检查工作，在箐口村边走边讨论，从陈列室到水碾、水磨，再到磨秋场走了一圈，最后到停车处再离开。

今天天气很好，像是对打屋顶的李其三家特别照顾一样。听说他家的房屋面积不大，只叫了亲戚和朋友们来帮忙，邻居看见了或者知道的自然也会来帮忙。

2011年2月23日，星期三，农历正月二十一，属鸡，多云转晴

村里，这几天正是忙着撒秧的时候，今天是有张明福家、张春华家、李绍新家等。反正，就是前后一两天，看见人家撒秧了，自己也会着急，就会育种撒到秧田里。

没有电的日子是不好受的，黑漆漆的，用电的事情就做不了了。不知道什么原因，下午停电了，搞得我们吃饭都不好弄。去调查大鱼塘村，几个人吃一餐饭用了500多元，要是在基地自己整吃的话，肯定用不了这么多的。

2011年2月24日，星期四，农历正月二十二，属狗，晴

天气好，要育秧的村民就会慌张了。今天看见撒秧的有李国忠家、卢家贵家等。

李文才家做祭祀。

这么多年来，我发觉一二月份的游客最多，这两天也是。而且，游客都来得很早，早上8点左右就到村里了，可能是要看早上的景色吧。

2011年2月25日，星期五，农历正月二十三，属猪，晴

今天属猪，村里有卢荣贵家做祈福仪式，请的摩批是李树华，参加的有卢宽亮。还有张里学家、李红家等也在做。只要是到了这个时候，摩批的生意好得很，每天都基本上有人请，现在这两天做的这些人家都是过年前就说好了的，要是临时去请，一般是请不到的，都说已经被人家说好了，要是一定要做，就只有排队等着了。

我看着别人家的秧苗都育下去了，心里也慌，做什么事情都总不能落在别人的后面吧。所以，我今天就去撒秧了。

2011年2月26日，星期六，农历正月二十四，属鼠，晴

在基地调查了20天的马老师等于今天上午返回学校。与他们热闹了一段时间后，吃住都在一起，基本上习惯了一起生活的日子。现在他们离去，像是缺少了什么，心里空落落的，一时又不习惯了，想好好休息一阵。

可是，早早地就听说今天又有年仅43岁的李开亮去世。他一离去，就留下了两个年轻还没有成家的孩子，他们都只会料理自己的事情，还会不料理家庭事务。只能"穷苦人早当家"了，再悲痛的事情也得忍着、扛着，面对现实，战胜一切困难生活下去。

今天天气不错，特别晴朗，就有张明生家犁田，李文才家搭田埂，因为前一段时间真是太忙了，田里的事情来不及做。

2011年2月27日，星期日，农历正月二十五，属牛，多云间晴

上午，新街镇刘云副镇长和几个工作人员到村里来，做村民张文和家的思想工作，说是村里要做一个污水处理池，要征用张文和家的秧田，希望张文和老人能配合政府工作。可是，听张文和的口气，他是不会同意的，说是自己家就那么一块秧田，如果没有那一块秧田，秧苗还得到其他地方育，不好管理，给自己家增加了困难，要工作人员做另外的打算。

开亮还年轻，大家都不忍多看一眼，希望早点送上山。当然也可能是算过日子了，今天，李氏家族准备办丧事的物资。

2011年2月28日，星期一，农历正月二十六，属虎，晴

今天，村里就是按照程序主办李开亮的丧事，李氏家族的人都要过来帮忙。

按照原来的计划，今天村里是要叫寨魂的，可由于李开亮的过世只能停止叫寨魂了，只有推后到下一轮的属虎日再做。

2011年3月1日，星期二，农历正月二十七，属兔，晴

凌晨一点多，病了一年多的堂兄张农初去世，年仅40岁。没有办法，"生死由命，富贵在天。"我们也只有借古人的话慰藉自己了。听他们说，他的病有点特殊，年轻人出门在外，接触了什么人谁知道呢？他发觉自己有病了以后，还是竭尽全力到很多医院治疗了，花光自己的钱不说，能跟亲戚借的也借了，最后医生说没有办法医治之后才在家里疗养，已经一年多了，真的是到骨瘦如柴的地步了，也累坏了家人。他今天能静静地离开我们一家人也是他的福气了。我们只能说：去安息吧！去跟老祖们好好聚会，在天之灵好好庇护你的后代。通知了家族的人过来帮忙，也通知了在附近打工的兄弟们回来。

我原来想，村民都撒完秧苗了，可中午还看见叔叔张文和在撒秧，说是前两次育的秧苗都没有正常发芽，只好重新捂了秧苗，这两天发芽了再来撒的，可能是今年最后一家撒秧的。相比往年的时间，已经是正常不过了，有些年还要推到3月底4月初才能育秧的，对箐口村来说，育秧正常是在2月底3月初。具体时间就要看天气了，如果天气好，可以提早一点，如果天气不好就可以推后几天，这是我的经验。

村里同时有两个人死亡是有点忙的，原本今天是要主办李开亮的丧事的，要不是张农初过世，村民都可以集中到李氏家帮忙。因为张农初的过世，张氏家族的人只有忙自己的了，不可能还去李氏家帮忙。

2011年3月2日，星期三，农历正月二十八，属龙，晴

就如昨天说到的，今天村里还是分开人手办事了，李氏家族要送葬李开亮，张氏家族要准备办理张农初丧事需要的物资。说实话，张农初家原本就没有什么积蓄，加上医治他的病向亲戚朋友借过钱了，已经没有办法了，只有我们做兄弟的站出来，每人每户集资来办理。我和堂弟张志贵每人集资了500元给他家，至于其他弟兄集资了多少我没有在意。牛是说好了用他父母养的一头。按照我堂叔张正祥的打算，准备明天主办丧事，后天送上山。所以，今天我们家族的人都过来做准备工作，叫我用水泥做一个简单的墓碑，说是后代好辨认。

现在，村民安装电表，首先要向电力公司申请，并在公司交800元的押金，等他们看了现场就会带着材料来安装了。今天是有电力公司的人来安装卢则龙家的电表，安装好之后，根据用掉的材料和人工，多退少补，我问了一下他家大概花多少钱，他说是三四百元。

2011年3月3日，星期四，农历正月二十九，属蛇，晴

因为是年轻人，当然也是按照老人们算的日子，就定在今天来办理堂兄张农初的丧事了。因为他还年轻，原来是打算不给任何亲戚家来丧祭的，只是在以前，他给妻子方李志文家丧祭过一头牛，这次，李志文家也只有来还礼了。

由于张农初还年轻，不一定全村的人都来帮忙了，有的不愿来就去忙自己家的事情了。看见有李志学家开始整理田埂，他们一家人只忙着做生意，种田的事情当然就请其他的村民了。

2011年3月4日，星期五，农历正月三十，属马，晴

村里的事情主要是送葬堂兄张农初，我属于家族的主要力量，这几天忙这忙那的，还是很累的，村里的事情就观察得少了。可以说，这次的事情就是靠我们兄弟来处理了，当然，他以前的很多朋友也过来帮忙了。

2011年3月5日，星期六，农历二月初一，属羊，晴

虽然张兄还算年轻，但还是按照一般的程序，今天准备了饭菜接待村民们，来的礼金还是有一点的，一共有9000多元。可以暂时缓解一下他家的经济，至于其他的借款就得等以后慢慢还了。

李世家的房子已经做起来了，今天有电力公司的人来安装他家的电表，也是在前面就交了押金的。

2011年3月6日，星期日，农历二月初二，属猴，晴转多云

上午，召开群众大会，主要是这一段时间村里死的人太多了，每隔几天就要死一两个，村里好像笼罩在死亡的空气里，很多村民都怪起来了。有人家到尼玛那里算卦，说是怪通往寨神林的那一段路，村民要求封起来，商量这样做是否合适。

群众大会，多数是有政府和村民意见大的事情才会组织召开的，都是看得见摸得着的事情，这次就有点怪，我认为不好处理这样的事情。作为村里的一个主要干部，我还是私下向村里几个有点影响力的老人问过这事，也向新街镇政府汇报了一下村民的这种舆论，希望能够通过正常的渠道来处理。

2011年3月7日，星期一，农历二月初三，属鸡，阴

村民每户出一个劳动力堵住李平民家旁边的一段水沟，还有寨神林下来的一段新做的路，村民议论说是做了这段水沟以后，村民不会团结，会闹派系，村民要求回填土，目的就是要村民团结，一直能相处在一起，一起商量村里的事情，这些都是村民的主观意见。还有寨神林下来新做的那一段路，说它惊动了村里的寨神，给寨子带来灾难，所以，前一段时间村里经常死人。没有办法，村民这种自发的力量我们是无法说服的，我们任村民小组干部的也回避了，只有那些年轻人出来组织了。

下午，他们还向每个年轻人收了 10 元钱，买了一头猪和一些烟酒在寨神林旁边会餐，还说要成立青年协会，村民小组和老年协会组织不了的事情由他们来做。希望村里的年轻人团结，相互联系，选举出会长和副会长，共同建设好我们箐口村。

2011 年 3 月 8 日，星期二，农历二月初四，属狗，阴

今天是"三八"妇女节，村里没有召开什么会议，也没有举行什么活动。当然，以前的老人是不知道什么叫作"三八"妇女节的，她们整天忙着生产，为家庭、为生活一直忙碌着。

听说，卢开亮家把养在田棚边的鸡抓了回来，说是他家田棚附近的地里人家都栽苞谷、黄豆了，要是自己家放鸡出去会毁坏别人家的庄稼，为了自己的利益影响人家的庄稼不好，就抓回来卖了。这样在山上养出来的鸡肉质不错，很好吃，村民也有买的，到街上就更好卖了。我曾经在自己的田边也搭了一个棚子养了很多只，也是因为会跑去害别人家的庄稼而放弃不养了。

2011 年 3 月 9 日，星期三，农历二月初五，属猪，多云间晴

现在是农历二月，正是村民做祈福仪式的时间，今天是有李庆云家、卢则龙家做祈福仪式。我是有点怀疑做这样仪式的，所以很少做。

今天，李上明家浇灌屋顶，他家在寨子里亲戚朋友多，是请了亲戚朋友来浇灌的。

2011 年 3 月 10 日，星期四，农历二月初六，属鼠，多云

从现在村里建设房子的情况来看，所用的材料多数是砖混结构的，每层的高度是 3 米，总高一般就是两层到三层半，也就是六七米到

十一二米。今天有李四明家打屋顶，他家已经是第三层半的顶了。所谓半层，主要是留出屋顶做晒谷物等粮食用，一半就建起来并封顶做储存粮食的仓库。

2011年3月11日，星期五，农历二月初七，属牛，多云间晴

上午，新街镇刘云副镇长带着工作人员（包括新街镇国土分局的工作人员）来征用寨子脚李文科、李志宽等几家农户的秧田，说是征用这一片秧田建设好后用来饲养能够净化水资源和空气的水母等生物，是一个环保项目。对此，有村民支持，也有村民反对。支持的村民认为政府是为人民好，建设好寨子后会有更多的游客来，给村民提供更多的服务和就业机会。反对的村民认为是政府占用了他们家的秧田（有少数是菜地），他们家仅有的田地就减少了，其他田里育出来的秧苗不会比现在的秧田好，育鱼苗的地方也没有了（育鱼苗村民一般就是在秧田里），蔬菜种植的地方也没有了。这样看来，箐口村民并不是像其他村寨的村民说的一味地在建设好的环境中生活，而是在支持政府、拥护政府的情况中克服困难、解决困难来发展自己。我也认为建设好的环境，创造好的生活条件是需要牺牲一部分人的利益的。

上午，妇女们集中在陈列室广场开会，主要讨论的是补过妇女节的事情。不知道什么时候、什么人把"三八"妇女节的观点注入到村里妇女们的心里，这几年来妇女节到来前妇女们就会组织人到县里或镇里的各单位申请资助，她们自己再集资一些，就会按照资金的多少来开展各方面的活动，这是一股兴起不久的潮流，不知道将来会是怎样。但无论怎么说这是一种文化进步和变迁。我不知道哈尼族以前有没有三八妇女节这个概念，至少我没有查阅过。所以，我认为文化是不分民族和国界的，只是哪一个国家哪一种民族原来拥有什么样的文化，现在又有什么样的文化，将来接受什么样的文化、发展什么样的文化而已。

2011 年 3 月 12 日，星期六，农历二月初八，属虎，多云间晴

今天属虎，按照昂玛突节的进程，今天村里要叫寨魂。叫寨魂主要由摩批主持，其他小孩和咪古们跟从，李正林叫他们叫，他们就会叫的。

做祈福仪式的有李祥家，村民的说法是叫了寨魂以后做这样的祈福仪式更好。

表哥说金平县栽培了很多石斛，是一种名贵药材，一公斤卖七八百元，他也想在箐口村栽培一些，今天要我与他一起到金平县学习栽培石斛，晚上就在金平县休息了。

2011 年 3 月 14 日，星期一，农历二月初十，属龙，多云间晴

近期，村里出现的事情确实多了一点，村民便怪这怪那的，有的怪寨子祭祀用的石虎被砸坏。今天，我和李树华特意到元阳县大理石场订购一只石头雕出的小老虎。就像有的地方用石头雕出来的狮子守大门一样，村里一直有一只石头雕刻出来的老虎把守寨门，说是要镇住对面的山头，希望寨子人畜兴旺。听说是有一年被别人偷去过。

2011 年 3 月 15 日，星期二，农历二月十一，属蛇，阴有小到中雨

今天的天气很不好，但是，做房子的村民李院忠家和李永忠家还是浇灌屋顶。李院忠家是打第一层的屋顶，是村民帮忙来做的。由于李院忠家平时很少帮忙别的村民家，来的人不多。所以，老人们经常教育我们年轻人要是在家的话，要经常帮村民做一些事情，所谓换工，与村民相处好些，别人有事情需要我们帮助的尽我们的能力帮，自然地，我们有事情了别人也会来帮助的。这与城里人各忙各的工作有所不同。李永忠家已经是打第二层半的屋顶了。所谓第二层半的屋顶，是说第三层没有全部浇灌，而是只有第一二层的一半，村民就叫第二层半，实是第三层的屋顶了。他们家今天要浇灌的屋顶面积不大，就只叫了他们自己家的亲戚，而且可能是为了避免更多的村民来帮忙，他们家等到村民差不多出去劳作之后的十一二点才动手做事。

农民有农民的朋友，工人有工人的朋友，商人也有商人的朋友，各行各业也应该有自己的朋友。李祥十几年前在开远市打工的时候认识了一些自己的朋友，相处多年，今天说是路过，便过来与他喝酒，叙叙旧，回忆一下当年一起过日子的事情。

2011年3月16日，星期三，农历二月十二，属马，阴，有雨夹雪

早上，就有村里的咪古砍来一棵金竹放在停车场旁边的寨门口，说是按照村里昂玛突节的进程，今天傍晚就要做封门仪式了，寨子脚是用白公鸡一只，寨子头即停车场这边是用红公鸡一只。具体的过程在以前的日记里提到过，就不重复说了。

从昨天晚上到今天上午一直都下着雨，因为前一些日子一直都是干旱，村民早就盼望着下这么一场雨。地面是潮湿了，可是因为还夹着一定的雪，可能冻坏了秧苗。这场雨对庄稼是好是坏就等着晴天的到来验证了。

2011年3月17日，星期四，农历二月十三，属羊，阴，有小到中雨

今天，从早上到晚上一直都下着雨，天气也就很冷。可是，村里的祭祀依旧按照程序进行着。今天主要是到寨神林杀猪，去的人主要是咪咕和两个龙头。所谓龙头，是指村里每年选出来负责向村民收取各种祭祀中所需费用的人。今年安排了以前生产队时期分的三队和匹队的人，他们是卢开亮和李平真。今天在寨神林进行的整个祭祀过程是要求村民回避的。

有一个事情还是要提一提，就是在村里的咪古们去寨神林之前，卢文华一家要在早上于陈列室广场下面的自己家树林里杀一只鸡先祭祀，咪咕们只有等他们家吃好饭后的十一二点再到寨神林。正因为有这样的一些不同，有的卢氏家族的人就说箐口村最先居住的是卢氏家的人，后来才逐渐发展起来。这一说法是否属实暂时还没有得到充分的证实，有兴趣的人可以和我们一同调查清楚。

2011 年 3 月 18 日，星期五，农历二月十四，属猴，晴

昨天杀了猪，今天是到寨神林献祭，咪古们带队，每户要拿一桌子饭菜排队跟随。献祭仪式主要由咪古们做，村民要向咪古们敬酒，到了下午两三点钟就回来家里。

今天的仪式出去时是咪古们带队，回来时咪古们在后面，详细的过程在以前的日志中记录过，这里就不多说了。

有一个姓罗的人来村里卖牛肉。村民都在过节，谁家都要准备一些肉的，而过节的时候买牛肉，在村民的观念里是不符合规矩的。

2011 年 3 月 19 日，星期六，农历二月十五，属鸡，晴

今天，村民在大咪古李小生家院子摆桌子，主要是他们几个咪古献祭水井，献祭雕塑石头老虎。中老年人听摩批李正林分析所杀的鸡肋卦，其他村民也是和昨天一样做一桌饭菜排队在大咪咕李小生家院子边。他家的院子也不大，我们箐口村 200 多户，很多人家就只摆在宽一点的路面上，一条路上摆了几百张桌子就长长的，所以，我分析有人把我们这种献祭的仪式说成"长街宴"就是这样的原因。

接到新街镇的通知，李志明、李志宽等去领取被征用秧田的补偿款。很简单，村民的说法就是，政府的事情只能就着办。要不然的话，村民还是知道事实的，就是箐口村人多地少，有的人家五六口人就是几分田地。现在社会好，可以出去打工，挣的钱还比在家里种田的多，要是以前没有机会打工的话，一家人吃田地里收回来的粮食是远远不够的。所以，其实村民是不愿意被征用田地的，最大的问题可能是补偿的金额实在少，有的村民听到了什么地方是什么价钱，村民私下交易的都会比政府补贴的要高。他们不愿意，又没有办法。

2011年3月20日,星期日,农历二月十六,属狗,晴

张文和家组织人员到雷打树寨子亲戚去世的地方奔丧,说是认的亲戚。张文和的父亲,就是我的大叔叔过世的时候他们家来丧祭过,现在,他们家要办丧事了,我堂叔叔家是要还礼的。

李志明家死了一头小牛。可能是食物中毒,认为不会有多大的问题,他们就用高温煮熟了请亲戚朋友来吃,这是目前箐口村民处理这些大牲口的办法。

卢荣家砌田埂,因为泥石流的问题,他家田埂倒塌了一点,为了牢固,这次是用水泥砌筑了。

2011年3月21日,星期一,农历二月十七,属猪,晴

张文和与张正祥两个兄弟家去丧祭,是还老父亲过世时送来的礼。现在,来丧祭的亲戚家有丧事了,我们一个家族还是要还礼的。这次没有通知全部村民,只通知了最亲近的家族人和朋友过去。

2011年3月22日,星期二,农历二月十八,属鼠,多云

张文和家丧祭回来,与我家还沾亲戚关系,这次是我出力办事,就买了一头小猪过礼。烟酒就让堂叔叔他们家出了。不过,话说回来,我出大力的时候,他们也可以少出一点力的。

2011年3月23日,星期三,农历二月十九,属牛,阴

今天有张牛后家、李杰家拆除老房子。过了年,要拆建房子的人家就动手了,想在插秧农忙前做好。

相比较来说,今年的天气很不正常,在2月底育的秧苗很多都不能正常生长。中午,看见李树林家育秧苗,这次是用了塑料薄膜法。用了这种方法就会保险些,秧苗不会被冻死,就是要注意不要被烧苗了。

晚上,有妇女开会讨论出去旅游的事情,听说是有的人跟有的单位申请了一点钱，想要出去走走。今天晚上就集中起来开会，而有的妇女没有通知到就不服气，想讲讲理，妇女之间又闹派系，差不多到了吵架的地步。

2011年3月24日，星期四，农历二月二十，属虎，阴有小雨

今天属虎，村里又有人家做祈福仪式的，龙绍文家是其中之一。他还年轻，常年在外地打工，也就跟着村民做一个，就是希望身体好，今年能够发财的意思。

2011年3月25日，星期五，农历二月二十一，属兔，阴有小雨

或者是这两天有雨的缘故，早上村里是停了一会儿电。虽然说是农村，但是，随着经济的发展，很多村民家都用上了电饭煲、电磁炉、电视、冰箱等电器，所以，只要停上一两天的电，村民就会纷纷议论，有的就直接打电话给电力公司要求供电。只是今天停电的时间不长，到了8点左右就来了。然而，好像是在警告未交电费的村民一样，过了一会儿，村民副组长李树华就挨家挨户地通知未交电费的村民在中午12点以前上交，说是要是再不来交的话就有电力公司的人来给未交电费的村民家断电。

2011年3月26日，星期六，农历二月二十二，属龙，阴有小雨

今天的天气很冷，眼看着快要被冻死完的秧苗，多数村民都很着急。于是，今天还是有村民犁秧田的，李绍新就是一个，准备犁了秧田再撒秧苗进去；马卫华也是一个，他家是采用塑料薄膜的方法来做的。

虽然今天的天气很冷，还下着小雨，但是，卢荣福家还是约了亲戚拆房子，准备重新加建第二层的楼房。

2011年3月27日，星期日，农历二月二十三，属蛇，阴有雨

真的，正因为前一段时间的一场雨夹雪，冻坏了村民家的秧苗。怎么办呢？只有重新挖翻了耙平再补育了，今天是有马卫华补撒秧苗，村民都说这个时候补育秧苗还来得及，要是再过一段时间就会耽误秧龄的。

中午，看见卢世华家请人用石头砌田埂。这几年龙虾多起来，经常会打洞，田里都很不保水了，当然，他能做事，挣到一点钱是事实，想把与李小龙家的田界用石头砌起来是一个主要目的，以后李小龙家就不能铲田埂了。

2011年3月28日，星期一，农历二月二十四，属马，阴

晚上，听说村里出去旅游的妇女们回来了。

堂侄子张云生病，我估计是传染了他父亲的病，很可怜。

2011年3月29日，星期二，农历二月二十五，属羊，阴

今天是村里过昂玛突节杀猪的属羊日，根据村里的习俗是要求村民休息的，咪咕们可以安排人员在村里的路口罚干农活家人的款，就是不多，我们寨子还是象征性地罚款一两元而已。我听说有的寨子已经罚款5元、10元的了，我们每户人家都有人在外地打工，基本上每户都要被罚款的。

2011年3月30日，星期三，农历二月二十六，属猴，多云转晴

张云母亲说是在我们民族医院看不出张云的病情来，今天是到个旧市人民医院看病了。

今天，还看见李志和、李志祥、卢学文补育秧苗，大家都害怕没有秧苗插秧，所以，还是陆续补育秧苗了。

2011年3月31日，星期四，农历二月二十七，属鸡，多云间晴

知道张云母子从个旧市人民医院看病回来，真的很可怜。父亲前一段时间才过世，孩子又得了病，看样子又不是一种小病，要是真医不好，家里更是困难了。

今年，多数村民家的秧苗是要补育了。今天还有李国忠补育秧苗，

他家还是用传统的老方法，只是把田块耙平以后撒秧苗上去；而张文和家是利用塑料薄膜育秧苗，生怕秧苗长不快，希望秧苗长快些。

村民家养着牛的，农家肥料是比较充足的，放在家里是垃圾，要合理利用。怎么办？可以用来栽菜种地，也有人家利用地理优势，合理利用水渠灌溉到田里，所以，寨子脚的田就比较肥，长出来的庄稼就自然比寨子头的好。今天，看见李志明家用水冲肥，昨天就把肥料背到能用水冲出去的路边，今天就赶水下来，用水稀释以后，跟着水源灌溉到田里，很省人力，很方便的。

2011年4月1日，星期五，农历二月二十八，属狗，多云间晴

今天已经是4月1日了，要是同往年一样，村民该是忙着整治田，准备插秧的时候了。但是，今年的天气变化很大，2月春节刚过不久，因为连续一段时间的晴朗天气，村民认为今年的春天到了，就忙着捂了稻种，把稻种撒到秧田里，眼看秧苗已经长了五六厘米了。然而，前几天是阴雨连绵还夹着雪，除了白龙泉和长寿泉一带的秧苗稍微好之外，多数村民家的秧苗都给冻死了。这几天天气好转后，只见秧苗一天比一天干枯，村民只得忙着做补撒秧苗的事情。上午就有李光明等家去补撒，有李正安、李庆福母亲等往秧田里放水，准备重新捂种，整治秧田之后再撒秧。看来，人算不如天算，别看着天晴就认为春天到了，有时，夏天也会下雨起雾。当了一辈子农民算了一辈子育秧时间的村民在今年不得不承认经验的局限了。

因为世博元阳旅游公司要建售票中心，凌晨，有李祥家、李庆云家迁坟，他们没有惊动多少村民，只请了自己家族的一些人去做。

2011年4月2日，星期六，农历二月二十九，属猪，多云转晴

上午，村里有县文化局局长朱文珍请了一些师傅在寨子脚姜文拍电影时用的房子处挂一块牌，上面写着"哈尼哈巴传承中心"。正如县里和镇里的一些同志说的："这几年来说，镇里和县里是对得起箐口村，对得起箐口人民了！""元阳县有那么多自然村，就箐口村投入最多。"他们是想重点开发箐口村，只是村里的事情还是有点难做的，村民的事情还是得花时间耐心去做，不是一朝一夕就能做成的。

上午，正在建盖房子的李院忠家购回来一车砖，又要请人背回去。

箐口小学今天还在上课，说是清明节要放假两天，今天就补课了。

2011年4月3日，星期日，农历三月初一，属鼠，多云转晴

在村里，每年上坟的村民家少之又少，只有极少数的一两家。李正荣是从绿春县退休回来的，有点汉族化似的，每年都要组织家人上他前妻的坟，今天也叫几个亲戚去了。

2011年4月4日，星期一，农历三月初二，属牛，多云转晴

在元阳县财产保险公司上班的表哥家上坟，通知了我们过去帮忙。中午，亲戚打电话过来说上小学六年级的堂兄儿子张云病故。因为是孩子，要得及时用木板做成小棺材送出去，而我忙着帮助表哥家的事情，就没有回来帮忙了。

2011年4月5日，星期二，农历三月初三，属虎，多云转晴

今天属虎，根据村里的习俗，咪古们要组织人去做祭山神仪式，祈求风调雨顺，来年丰收。这个仪式需要摩批李正林来主持，要买一头小猪，还有鸡、鸭等牺牲。

下午，卢世华等人打工回来，他又要请他的弟兄吃喝了。

2011年4月6日，星期三，农历三月初四，属兔，多云转晴，晚上有雷雨

村民家的秧苗基本上都要补撒了，今天有李世德家、张政祥家补撒秧苗，还有李平真家、李红家、李庆亮家、张文和家犁秧田和耙秧田，准备明天撒秧。

今天李绍新家打屋顶，他家没有请小工，而是通知了亲戚来帮忙。

2011年4月7日，星期四，农历三月初五，属龙，多云转晴

早上，卢正荣家叫了村民来帮忙背沙，这也是村里一直流行的一种劳力互换方式。只要谁家有大量的建筑材料或者收割等量大的事情要做，头一天晚上就可以通知村民第二天来帮忙。同样地，一旦其他的人家有什么要帮忙的，自己也要去帮忙。这样做的后果是出现两种情况：一种是劳动力对等的情况下，大家都会相互帮忙，出现积极的一面，大的事情也能尽快地解决；另外一种情况是，有些人家劳动力相对薄弱，或者说因为年轻人常年外出打工或者生病或者其他多种原因而不能给帮过自己家忙的人家帮忙，就会有人说三道四，说什么这家人帮忙村民最多，这家人帮忙村民一般，那家人帮忙村民最少。这种话尤其集中出自妇女的嘴里。所以，往往从这样的一些小事情中就基本上能够看出一家在村里的为人处世。从今天的卢正荣家来看，来的人也不少，七八立方的一车沙一个小时左右就由来帮忙的村民背完了，他家的为人在村里可以说是中等吧。当然，现在村里的农事不多是一种因素。

村里正在建设房子的有10多户。今天有李静家打屋顶。说是李静的房子，实际上李静外出打工已经有好几个月了，到目前都还没有回来。在他家，主要的家事都由他的哥哥李永福主持做，包括这次建设房子，基本上是请小工来做的，师傅们是土锅寨村里的彝族人，今天打屋顶也是请了土锅寨村里的妇女们来做的。

上午，村里分配2010年集体林的退耕还林款，领回来的款数是31856元，比前八年的退耕还林款是少了一半左右。根据今年村里统计的户数是230多户，今天上午每户分了120元。正如村民说的，村里要说做什么投工投劳的集体事情，部分村民就可能以各种理由不来参加，但是，只要说是分配钱物的，多数村民就会积极主动地来参加，即使家里没有人，也会委托家族人领回来。确实也存在这样的事情，这是村民组织者或村民自身都值得思考的事。

下午，撒秧苗的人家有张明福家等。像村民说的，今年每家都撒过两次秧苗了，因为前一段时间的一场雨夹雪把村民的秧苗都冻坏了，前两天太阳一晒，秧苗就逐渐地枯黄起来，村民就只有重新育种了，有很大一部分村民还用上了塑料薄膜，还有的为了赶早收割到镇旦买了杂交水稻品种，目的是插秧的时间晚了就选用能够早收的谷种。

2011 年 4 月 8 日，星期五，农历三月初六，属蛇，多云，有阵雨

今天上午撒秧苗的有张文和家。应该说还会有几家，只是我没有在寨子里到处去看。的确，今年由于天气的变化，除了极少数村民家的秧苗没有冻死之外，多数村民家的都冻死了，只有重新育种。这几天正是村民忙着育种的时候，很多村民家还到镇里以每公斤三四十元的价格买了新品种（就是杂交水稻），买了塑料薄膜，希望缩短育苗时间，从某种程度上改变了传统的观念，目的还是解决肚子问题。

从这几年村里的一种现象看，有很大一部分年轻人认为粮食不值钱，每天只要出去打工就有四五十元的工钱，每个月每人都可以挣到 1000 多元，而五六元一公斤的大米，每年只要花上几千元就可以购买一年的粮食。所以，部分家庭的田就出钱给其他的村民管理，改变了以前要栽种的人家分部分粮食的做法。从现在来看，不得不说这是一个大改变。实际上，经历过 20 世纪 50、60 年代天灾人祸的中老年人最知道粮食的重要性，也最懂得生产的经验。今年就是一个最好的例证，他们为了让秧苗快快长高，多数都用上了塑料薄膜，而且为了缩短谷种的成熟期多数选用的都是早熟的品种。

随着时代的更新，经济的发展，村里每一种生产方式或者每一种劳动方式也在微妙地改变着。就拿今天打屋顶的李志祥家和卢正荣家来说吧，以前村里每家打屋顶基本上是请村民来帮忙，中午提供一点糯米或者糕点等小吃，下午提供一餐在村里来说上好的饭菜，村民只要看到就会主动抽出时间来帮忙。而今天这种请小工来做的，除了他们最亲近的家属村民不会来帮忙了。他们的做法是以每个平方多少钱发包给一个有这方面经验的人就行了，至于请多少小工也是承包人的事情。听说这种做法从金钱上是省一些的，至于人情上肯定是请村民来帮忙要隆重一些。

2011年4月9日，星期六，农历三月初七，属马，多云，有阵小雨

撒秧苗的村民还没有断，今天有李国忠家。这次的话，他家是第三次了，第一次秧苗被冻死，他就趁早二次育苗撒到田里，殊不知第二次刚撒到田里又下了一场雨给冻坏了，又不得不再次育秧苗去撒。他家都是选用自己家传统的老品种，如果他家每次撒的是20斤左右，他家今年就比往年多浪费了四五十斤粮食。听说，从镇上买回来的谷种如果遇到不会发芽的情况还有补贴，不知道村里谁家遇到了这种情况。

不花钱自己又可以用的东西，或者说少花钱可以给自己多带来实惠的东西谁都想要，这该是正常人的一般心态。这几天村民到公路填土的地方捡石头运回来就是一个例证。前几天，卢荣家捡石头回来砌他家秧田的田埂，还有李庆福的母亲、李庆云的母亲等捡了然后找车子运回来，为以后翻新房子准备石料。今天，李祥家也运回来三车的石头，准备在自己家的菜地砌石脚。这样是省了很多，要是到石场去买的话，每立方石头要六七十元，而他们这几天运回来的，三立方左右的车子只要付40元的运费就可以得到价值三四百元的石头。当然，自己付出了一定的劳动是肯定的。

2011年4月10日，星期日，农历三月初八，属羊，多云转晴

今天是昂玛突节第一个属羊日，是咪古们到寨神林里杀猪祭祀的日子。按照哈尼族社会的习惯，昂玛突节的第一、第二个属羊日都要到寨神林里杀猪祭祀。昂玛突节持续到第三个属羊日之后才算正式结束。昂玛突节里属羊日杀猪祭祀的这天里，按村寨的习俗是不能外出干活的，如果村里有人不遵循休息的习俗有人出村干活，咪咕们可以按习俗罚款，箐口村的罚款金额一般是1至2元，听说其他村会罚款5元或10元。因为箐口村几乎每户人家都有人在外地打工，意味着外出干活，所以每户都要象征性地罚款。

晚上，小李氏家族和张氏家族的代表在李绍云家开会。为什么要说是小李氏家族呢？主要是村里的李氏家族还分了几个家族，我们为了便于称呼而把与张氏家族结拜的李氏习惯称为小李氏家族，这个家族办什么大事就得通知张氏家族的人，同样，张氏家族办事情也通知小李氏家族，我们相互商量，互相帮助。根据一般的程序，今天晚上主要是通知家族的人明天到麻栗寨丧祭，商量一下这个事情的处理办法，目的在于通知家族的人，看看有多少人参加，办怎样的伙食，给参加的人明确一下分工，希望把事情办理得顺利些。

2011年4月11日，星期一，农历三月初九，属猴，晴

今天小李氏家族李绍云家到麻栗寨丧祭，张氏家族的人和小李氏家族的人是要过去的，早早地年轻人吃了一点早点以后要过去杀牛，多数人到了中午再过去。我的事情多，这次就没有去帮忙了。

2011年4月12日，星期二，农历三月初十，属鸡，晴

中午，小李氏家族的人丧祭回来，晚上在李绍云家会餐。还要请一个摩批做一个法事禳解，希望以后不要出现这样的大事。

我和张祥去办理张云的理赔事情，因为住院的费用单据被他母亲弄丢了，就说只能理赔10000元了。

2011 年 4 月 13 日，星期三，农历三月十一，属狗，晴

下午，咪咕、龙头、村民小组成员李树华、龙艳向每户村民收取一点米，还有 1 元钱，目的是明天是属猪日，要派村民代表去看尼玛。说是这两年村里经常死人，做箐口村民都害怕了，多数村民认为有必要去算一下卦，占卜出一个原因来。

2011 年 4 月 14 日，星期四，农历三月十二，属猪，晴

村里党支部书记张明华向党员收取 10 元钱，是因为土锅寨党支部有一个老党员去世，土锅寨党总支要参加追悼会。根据以前的会议决定，每个党员要交 10 元的慰问金，没有在家的党员，得叫家人替他补交。要是家人不在，也只有我代交了。

2011 年 4 月 15 日，星期五，农历三月十三，属鼠，晴

村里的党员参加土锅寨党支部去世的老党员的追悼会。农村就是这样，有很多年轻党员都外出，只有十几个老党员过去。

下午，卢荣福家解木板回来，也是准备建房子啦。

2011 年 4 月 16 日，星期六，农历三月十四，属牛，晴

今天天气很热，如果在往年，该有很多村民忙着整理梯田准备插秧了，只是今年的秧苗基本都被冻死过了，很多村民家后育的秧苗还没有长高，村民不是很急于整田。

下午，张五家做祭祀，摩批是张氏家族的老大张正和。

2011 年 4 月 17 日，星期日，农历三月十五，属虎，晴

今天属虎，有李国忠家做祈福仪式，摩批是李建国，请我过去参加。

今天有卢志名家、张金荣家犁田。今年的秧苗基本都被冻死过了，只是到了这个时候，气温逐渐升高起来，秧苗也会长得很快，最迟也会在 5 月底 6 月初插秧的,所以,有时间的村民还是开始犁田了。

2011 年 4 月 18 日,星期一,农历三月十六,属兔,多云转晴

这一带的哈尼族没有每年上坟的习惯,不过,要是家人或者家族人商量好了就会每年有一两家人上坟的,今天有李永华家族去上坟。

2011 年 4 月 19 日,星期二,农历三月十七,属龙,多云转晴

听说今天有省里的领导要来,村里进行打扫卫生。要是没有什么人来村里考察,村里是没有专门的人员搞卫生的。按理来说,卫生组要定期打扫,但实际上经常不按时打扫,只有等到有领导视察才认真打扫。

下午,接到土锅寨党总支部的通知,说明天上午村里的全体党员要在活动室开会。

2011 年 4 月 20 日,星期三,农历三月十八,属蛇,多云转晴

上午 10 点左右,根据昨天的通知,村里全体党员要在活动室开会,但是,可能是农忙的原因,来参加开会的只有七八个,有几个是老党员,如李和明、李克福、李永贵、李志荣、李平清,年轻的有张明华、李文才、李春,还有土锅寨党总支书记李中喜,主任李伟,就是这么几个。会议的主要内容是县委宣传部的人来拍一些关于党总支书记和村委会主任,以及镇里的工作人员到基层指导和到农村访谈的事情。拍戏而已,这样的会议也叫会议?真是无聊。党的会议选择这样的时间这样的地点这样的人来开,所用的时间不过 5 分钟左右,却让来的几个党员等了一个上午。有几个党员因为忙着整理田而出去做事了,有几个是搁下了事情而来参加所谓的会议,李克福老党员说是把牛拴在家里来参加会议的,几分钟的会议宣布结束就叫来参加会议的党员回家吃饭去做家事了。下次要问清楚开什么样的会议再通知其他的党员,这样上级通知的会议我以后不一定参加了。

这几天有很多村民到寨子头上的公路捡石头，他们只要捡在路边再叫汽车运回来就行了，很少花钱。有的人一天可以捡到五六方。前两天，通知村民县里有省里的领导来考察，有可能进来村里，就叫村民不要捡石头回来摆在停车场。而今天就有很多村民家运石头回来了，卢同则家运回来7车、李平真家1车、张贵学家5车、卢绍明家4车、李四文家1车等，一共运回来27车，村里的停车场都摆满了，算来也捡回来四五千元了。既然村民需要，只要村民积极，尽快背到自己所要堆放的地方去，日后建设好自己的家园，管委会又怎么与村民说呢？为人一世，无非就是要在前人的基础上把自己的家园建好一些。

2011年4月21日，星期四，农历三月十九，属马，多云转晴

人的欲望就是求好。这几年政府投入大，盖房子的50户每户补助了15000元的物资，50户的居住条件是大有好转了，今年还有10几户在盖房子。做好房子的，就购买家具，如电器、沙发、太阳能等在村里还是常事。今天就有李生明家购买一套沙发回来，说是以2300元购回来的。社会好了，经济发展了，农村的生活条件也就会好。

下午，张春华夫妇从开远市住院回来。村民常讲："健康就是福。""宁愿穷一些，也不要生病。只要身体好，没钱还可以去打工。""现在只要出去打工，每天就有四五十元的收入，现在的社会是好啊。不愁没钱赚。"这些是村民常讲的话。的确，现在的日子也正如村民说得比以前是好多了。病，是人们都不愿得的。

2011年4月22日，星期五，农历三月二十，属羊，晴

按照村里的民俗，今天还是休息的日子，因为今天是村里过昂玛突节咪古们到寨神林杀猪的第三个属羊日，村民应该在家休息而不能外出做事。要是昂玛突节过后的第一个、第二个属羊日，有村民外出做事，民俗上咪咕们可以组织人到外出做事的人家收鸡鸭蛋，或者是规定的钱。

不过，今天是村里昂玛突节咪咕们到寨神林杀猪后的第三个属羊日，与前两个属羊日有所不同，大咪咕只是象征性地在昨天晚上八九点通知村民今天是休息日，至于收费就不再安排人收取了。可以这么理解：一年一度的昂玛突节到今天就结束了。正因为这样，有的村民（主要是说中老年人）利用今天的休息日，约几个朋友到山上打野餐，比如摘樱桃、捉牛蛙、青蛙等回顾孩提放牛时代的生活。

2011年4月23日，星期六，农历三月二十一，属猴，阴，有大雨

这一场雨从昨天晚上就开始下了，下得很及时，要不然，田里的水都要干完了，村民就不会种田，秧苗也会被晒死的，还要误秧期。今天，水沟里的水都满了，很多村民都出去灌溉田，我也是。

2011年4月24日，星期日，农历三月二十二，属鸡，阴，有雨

有一个人驾驶摩托车来村里卖馒头，生意不错，很多村民都急着买吃。总的来说，我们属于南方，这一带都是栽种水稻，就没有人栽种小麦了，基本不吃面食，要吃面食的话是要到市场购买了。这样，有人偶尔来卖一次馒头，村民还是愿意买吃的。

2011年4月25日，星期一，农历三月二十三，属狗，阴转晴

上午8点左右，张正和拿着鸡、鸭，李志峰、李志学等拿着其他工具到李志峰家的田边做祭祀，摩批就是张正和。这我知道，他们是要给李志峰家的田做一个祭祀。读书的时候，记得书上说水是无色无味的，可是，有的村民家田里的水有时候看起来就会变颜色。在这一段时间，有的村民家的田水看起来是青蓝色，李志峰家的田水就是一个例子，反正就是与众不同。相信有某一种神灵保护着人们而又有某一种恶灵存在于人间害人们的哈尼族，对某一样与众不同的事物往往会采取祭祀等方法来回避，或者说避免害灾。村民们对于田间生产过程中遇到诸如这样田里的水，或者粮食产量明显增产，或者田里的螺蛳特别多，是比较忌讳的，往往都要请摩批做祭祀来避免灾难的到来。村民认为这些都是反常的事情，往往都是祸多于福。一旦谁家出现这样的事情，都主动咨询老人，咨询摩批，尽量做一些祭祀来回避。今天的李志峰家就是一个例子。虽然一个村民与一个村民之间没有太大的利害关系，一个村民的发与落与众多的村民没有多大影响，但是，一个村民有难了，10个村民多少会受到些影响，10个村民有难了，全体村民就会受影响。相反，一个村民好了，10个村民也会好，全体村民就会好起来。这样，箐口村就会赶上时代前进的步伐了。

　　从这几年来看，建房子也成为一种时髦，一种潮流。政府给予补助的情况下，有50户是在一年内拆除重建，去年也有10几户相继重建。这也是一种动力，今年又有10几户在建盖了，有的已经基本建好，有的正在建盖之中。今天又有李志明拆除老房子准备重建了。人是跟着时代、跟着潮流走的，时代进步了，人们也跟着进步，时代落伍了，人们就跟着落伍，哪怕是边远的山区。箐口村是一个例子，要开发旅游，就要规划，就要建设一些相关的设施，就要征用村民的一些田地，那么，从没有上过学，从没有数过万元钱的中老年人看到这么一笔钱，再是看着其他村民一家一家的改变面貌，他们也就要跟着改变。李志明家是被征用田地较多的村民家之一，前年世博元阳旅游公司根据规划与政府征用箐口村公路一带的建设征用土地中李志明家的旱地占用了五六亩，补了李志明家六七万元；今年省环保局要在寨子脚建设环保项目，征用李志明家秧田一亩多，补了四五万元。这么一笔钱要用到什么地方去？首当其冲要数建设房子。

2011年4月26日，星期二，农历三月二十四，属猪，多云间晴

　　早上7点左右，有一个电影拍摄组来村里，来了6辆车，四五十个人，从外地带来了20几个学生，在村学校拍摄，村里的学生就没有上学了。

李文光家就在学校旁边,在他家施工的人员也停止了1天,是拍一个名叫《遥远的约定》的电影,具体的就不知道了。

卢荣富家打屋顶,自己家亲戚多,请的都是自己家的亲戚,很少有村民来帮忙。

2011年4月27日,星期三,农历三月二十五,属鼠,晴

上午,村里有19人的广东游客团队来,都是五六十岁的老年人了。由于进村的公路还没有完全做好,入村时从公路到寨子900米左右的路程他们只能走路进来。出去的时候,可能是考虑到上坡走不动而要求村民的面包车送过去。今天的19人是由李四辉介绍张春华运送的,每人收五元钱,之后,李四辉又从中提成一点费用。说说李四辉这人,男,已经有30多岁了,由于身残与妻子离婚。村里开发旅游后,时时会有游客来,他就主动给游客指指路,帮需要坐车的游客叫叫车,从中收些费用过日子。

李树华是用塑料薄膜育秧的,说是秧龄不能过长,今天就拔秧了,准备明天去栽种。

2011年4月28日,星期四,农历三月二十六,属牛,阴,有雨

用塑料薄膜育秧,温度会很高,秧苗就长得快,李树华是用塑料薄膜育秧的,他家的秧苗就长得快,昨天叫了人拔好背到田里,今天就请插秧的妇女去插秧了。今天虽然下着雨,但是,说好了插秧的时间一般是不能改变的。妇女们即使穿着雨衣也要插秧。

2011年4月29日,星期五,农历三月二十七,属虎,阴,有雨

根据我和李树华商量的,明天村里要成立老年协会,今天找了一头猪,还到街上买了一些烟酒。

2011 年 4 月 30 日，星期六，农历三月二十八，属兔，多云间晴

上午，我们几个村民干部组织人员杀猪，准备下午的老年协会成员的伙食。

下午，村里杀了一头猪，在陈列室广场成立老年协会，这是部分村民的意见。实际上，我是这样想的，在我们农村成立老年协会没有多大的意思。李树华和李小生为了成立老年协会向每个老年人收十元钱我还是有点意见的，没有他们的活动室，没有经费来源，再说，村民每天都要去劳动，从现在的条件来看，他们根本没有时间和能力开展什么活动，成立这个协会没有多少意义。

2011 年 5 月 1 日，星期日，农历三月二十九，属龙，晴

今天是五一国际劳动节，是国家法定的休息日。可能是远离城市的原因，箐口村没有举行什么活动。再说，村里都是哈尼族，"五一"劳动节一直以来对村民没有多大的影响，只是在年轻人的交流中偶尔说起。比如说，上街的有些年轻人遇到路过的村民就会说今天是"五一"劳动节，要上街玩，买一点菜回来就会说今天是"五一"劳动节要改善伙食什么的。我试想，某一种文化的传承主要可能在于中老年人的守成，而某一种文化的改变更多的可能要看青年人的奇思怪想，包括这些节日之间的交流。

今天插秧的有李世文家、卢荣贵家。这一段时间是村里最忙的时候，每天都有五六户村民家插秧，加上相互帮忙的人就很少有村民休息了，都希望尽快把秧苗插到田里，让它返青发芽，不要错过最佳生长期。民以食为天嘛，认真劳作我们才不会饿肚子，"手里有粮，心里不慌"。老古话说的就是这个道理。

上午，有部分老年人在陈列室广场吃昨天下午剩余的饭菜，说是成立了老年协会。我认为在这样经济不发达的农村成立老年协会没有多大意义，反而会给一部分老年人增加经济上的负担。说实话，我是最不支持成立老年协会了。城里有这样的老年协会，他们是有足够的时间和经济,增强他们之间的友谊和感情,相互间可以取乐,安度他们的晚年。而农村的话,多数老人还要承担劳动,还要去放牛,去割猪食,给田里灌溉,基本没有时间相聚,成立这个协会有多少意义呢?

2011年5月2日,星期一,农历三月三十,属蛇,多云间晴

上午,有2个土锅寨村民进来箐口村买猪,这就基本上肯定土锅寨有人过世了。附近的土锅寨彝族老人过世,一般不杀牛,而是杀猪。两个寨子离得比较近,过年过节的时候,村民间都会相互来往,只是联姻的要少些。但像这样老人过世,朋友之间也会来往,两个寨子的关系还算不错。

昨天开始放假了,可是,可能远地方的客人还没有来到,这两天的游客有点少。从游客的数量来看,根本看不出这几天是节假日。

今天,元阳县环保局运来30吨水泥,说是要在箐口村寨子脚建一个比较大的化粪池,这样才不会污染寨子下方的梯田。从目前来看,经过寨子中间的水确实受污染,特别是这些年塑料制品不断进来,随水源不断冲到田里,一天比一天多,一年比一年多,不识字、不懂文化的老人和小孩看到这些塑料制品还不知道塑料腐烂后的厉害,防护意识还不是那么强。

今天拔秧苗的有张文和家、李正超家,准备明天请妇女们去插秧了。

2011年5月3日,星期二,农历四月初一,属马,多云

知道今天插秧的有李正超家、张文家。从现在来看,村民插秧是第一天先把秧苗拔了背到田里,第二天再请妇女们来插秧。

李生亮在新街镇做铝合金门窗制作生意,生意还马马虎虎,很少回来,家里的田地平时由老母亲和大哥李新民招呼,只有农忙时候抽时间回来。可能是发了一点财,今年请人背石头砌了田埂,这样的话,田埂就牢固,不容易倒塌,也不会有田下方的二哥家挖深进来,弟兄之间地界就分明了,以后也很少出现纠纷了。这两天,他请了人来清理田,准备插秧了。

下午，我受土锅寨小学时候同学的邀请去做客，去参加的箐口村民没有几个。箐口和土锅寨只隔几百米，从现在来看，两个寨子之间联姻的少，关系还算不错。小时候，觉得时间过得太慢，总盼着长大，当今天我看到小时候的同学已经当上爷爷的时候，才发觉自己也有40岁了，人生的路程已经走了一半，觉得人的一生并不漫长，只不过是时间隧道里的一个过客，很短暂。我们活着的人要珍惜青春，珍惜生命。

2011年5月4日，星期三，农历四月初二，属羊，多云转晴

今天看见犁田的有卢世华家，他这人脑袋还算够用，自己的小日子过得还行，自己很少种田，交了几个朋友后，都叫他们去种，自己当后勤部长，管好他们的伙食。平时的话，自己多在经济上帮助他们，也算是各有所能，各有所得，也不欠谁。

插秧的有卢永贵家、张正和家等，他们家的秧苗昨天就拔好了，今天只要妇女们到田里插秧，自己家给她们提供中午饭就行了。

今天，中央民族大学的孙发明同学到我们云南大学哈尼族调查点来，说是要在村里做一段时间的调查。

2011年5月5日，星期四，农历四月初三，属猴，多云间晴

到了这个时候，插秧的村民家就多了，每天都有五六户，田里都是像赶集一样忙着种田的村民。今天拔秧苗的有卢世华家、李成家、卢克福家等。

今天，我带着孙发明同学在寨子里到处转，一天下来，还是有点累的。

2011年5月6日，星期五，农历四月初四，属鸡，晴

今天凌晨，村里的年轻人李毛以去世，才二十五六岁，很可惜，没有听说以前生病，听他家人说可能是脑溢血，突然生起病来，送医院都

来不及了。就像他们说的:"生死由命,富贵在天。"没有办法,可能以前也没有做过什么检查,这么年轻就上山了,留给家人很大的悲痛。

今天插秧的村民家有李成家、卢世华家、卢毛以家等。现在插秧的妇女工钱每天是 25 元,有点一年比一年升高的趋势,去年没有这么高。

今天有云南农业大学的师生来,他们在村民田里做水稻调查已经有多年了,每年都有师生来,要在他们的试验田里取土样、水样、水稻样品等带回去化验、也不知道有多少学生从村民家田里做试验做出学位论文毕业,村民家的这些田给科学研究提供了多少材料,而这些做出来的理论将来又对箐口村民的生产带来多少知识。

2011 年 5 月 7 日,星期六,农历四月初五,属狗,晴

还没有到雨水季节,而村里的水源又断了,村民的生活用水很麻烦,当村民干部的是既做爹又做妈,村里没有水了,还是得去查看检修,一天的时间就这样过去了。

2011 年 5 月 8 日,星期日,农历四月初六,属猪,晴

昨天,我去看了水源以后,认为一个人做不了,今天就叫了几个朋友带一些工具去查看修理,勉强把水疏通,村民的水又基本够用了,恢复了正常的用水。

2011 年 5 月 9 日,星期一,农历四月初七,属鼠,晴

正常情况下,村里死了年轻人,家人是不希望停放太长时间的,都希望尽快送出去,"长痛不如短痛",时间越长,家人的痛苦会越深。所以,村里今天就办理李毛以的丧事了,虽然是插秧的农忙时间,但对民都尽可能地抽出时间帮助料理他家的事情。村民都很团结,我们在家的年轻人都过去帮助了,一切事情都顺利进行。

2011年5月10日，星期二，农历四月初八，属牛，多云间晴

今天，村里的主要事情就是送葬李毛以，虽然有部分村民家要去插秧，但多数村民特别是年轻人都要过来送葬的。有一点要说的是，要是上了一点年纪的老人，村民一到出殡的时间就会来，有接老人福气的意思。由于今天送葬的是年轻人，就有点不同，要不是很好的亲戚或者朋友是不愿意来的，会找借口避开，有点畏惧的意思。不过，箐口村民是团结的，还是有足够的年轻人到了时间就主动过来送葬。

2011年5月11日，星期三，农历四月初九，属虎，晴

张牛后家打屋顶，没有请小工，都是亲戚和朋友以及寨子里的人来帮忙完成的。他是我的堂哥，只是今天邻居李志祥家做新房迁居仪式，早早地就通知我过去帮忙，吃饭之时，喝了一点酒就没有去帮忙了。

李毛以年轻，但也是成家的人了，今天他家还是按照一般的程序请客，村民们来得多，还是同样过礼。

2011年5月12日，星期四，农历四月初十，属兔，多云间晴

别人家都陆续插秧了，自己家还没有插秧，自然心急，今天就到田里劳动了，希望尽快把秧苗插下去，不要错过了它们的正常生长时间。

2011年5月13日，星期五，农历四月十一，属龙，多云间晴

几个兄弟分家以后，田是不多了，每家只分得两三亩，每次插秧或收割都要几天时间。我今天还是继续去种田，干了一天的农活，也很累。

2011年5月14日，星期六，农历四月十二，属蛇，阴，有大雨

这几天是农忙时间，每天都有几户人家插秧，今天是有李文光家、李爱生家等。

晚上，李惹木家做祭祀，禳解李毛以的丧事。按照村民的习俗，家里死了人，就要在后墙上打一个洞，这样，死者才能跟自己的先祖们团聚，一般是过了农历的当月后，就要请摩批做一个法事之后封这个墙洞，可能由于是年轻人，李惹木家今天就做这个法事了。

2011年5月15日，星期日，农历四月十三，属马，阴，有大雨

今天插秧的有李扎卜家，有10个妇女，他家的田是我们寨子最大的一块。李扎卜和李跃两个兄弟虽然已经分家，但是，田块就是那么一大块，还可以划分，两弟兄还是这样一起劳动一起分谷子。今天插秧的还有李树林家，有4个妇女插秧，与兄弟李树华分家后，他家也只有一块大田，可以收1000多斤的谷子。

看见拔秧苗的有张龙家。按照村民的生产习惯，明天要插秧的话，今天就要把秧苗拔好了背到田边。

这一段时间的游客不是很多，今天看到3个学生模样的法国人来村里。

2011年5月16日，星期一，农历四月十四，属羊，阴，有大雨

今天到张明福家拔秧苗。我不善于拔秧，但都是兄弟，有大农事还是要请我过去帮忙的，今天也叫我去帮忙了。

2011年5月17日，星期二，农历四月十五，属猴，晴

二哥张明德一家人都在外面，他们家的田只有我们几个在家的兄弟管理了，农忙的时候就不用说了。今天就到他家拔秧苗，他们三个兄弟的田在寨子脚坟山边，海拔相对比我家的要低，气温就要高一些，早一些插秧也会长得很好的。我家的田就在寨子脚下面一点，是左一个山头上，常年受风吹，要是品种不合适，有可能全部长成秕谷，所以他们三个都不愿意分这一片，只有我来继承了。我是想着让秧苗长高一些再插秧的，放到后面一点栽种，估计这样会长得好一些。

2011年5月18日，星期三，农历四月十六，属鸡，晴

长兄为父，大哥是带着我们长大的，已近60岁了。几个兄弟家插秧像是排队似的，今天大哥张明生家拔秧苗，准备明天栽种下去的，我还是跟着去拔秧苗了，尽一点自己的力帮助一点，也是学习拔秧苗了。

李文光家运沙石回来，又是要准备建房子啦。他经常做一些工程，但是一直很不走财运，这两年可能找到一点钱了。再说，自己的子女都长大了，没有房间居住是很不方便的。

2011年5月19日，星期四，农历四月十七，属狗，晴

昨天是帮助大哥家拔秧苗，今天他家就插秧了。其他村民家插完了秧苗，自己也会着急的，错过了秧苗的正常生长时间也会影响来年的产量。所以，今天是赶了家里的牛去犁自己的田。知识从什么地方来？是从实践中来。通过这么几年的实践，自己还是基本学会了犁田，这次的土质又松软，犁田很快的，到了下午两三点钟就犁完了。要是收割完后的犁第一道，谷桩根深，会有点费劲。我自己家的田全部犁完要两三天。

我去犁田，知道今天有张保祥家拔秧，也是叫了几个亲戚来帮忙的，有的拔秧苗，有的背秧苗到田边，明天只要有插秧的妇女就基本可以了。

2011年5月20日，星期五，农历四月十八，属猪，晴

今天插秧的有张保祥家等。他们家昨天就把秧苗背到田边，今天就方便多了。

看见今天拔秧的有李生明家。现在的年轻人都喜欢往外地跑，不喜欢种田了，李祥夫妇就是，田给李生明来管理，没有收什么租金，牛还是李祥家提供的。李生明年轻，正是管家的年纪，他们两家的田都在一起，管理起来也方便。今天拔秧，明天就是准备去插李祥家的田。

前两天犁好田又耙好，我家也是今天插秧了。因为秧苗就育在自己家田边，不用人背，可以一边拔秧苗一边叫妇女们插秧，比秧田在一边，稻田在一边的村民家方便多了。这两年秧田被征用了一些的村民家，都在稻田边留出来一块做秧田。

2011年5月21日，星期六，农历四月十九，属鼠，晴

这几天是村里最忙的时候了，每天都有村民家拔秧、插秧，只是自己也忙着整田，顾不过来观察罢了。今天看见李得云家插秧，他家也是几个兄弟分家以后，分得的田少，只要五六个妇女就可以插好了。

下午，看见卢荣家在寨子脚老水井旁边做一个祭祀。村民基本都相信鬼神，每当家里有人生病，除了看医生之外，还会请摩批念经，希望得到神灵的保佑和祝福。

2011年5月22日，星期日，农历四月二十，属牛，多云，有阵雨

拔秧苗的有张文和家、李志和家，已经是插秧最忙的时候了，每天都有几户村民家插秧，田里都是来往的村民，像赶集似的。今天插秧的有李正安家、卢伟家等。

2011年5月23日，星期一，农历四月二十一，属虎，阴，有雾

今天拔秧苗的村民家有张正明家等。

中午，箐口村党支部部分党员到大鱼塘参加县里组织的会议，有县长、副县长、副书记、宣传部部长等参加。箐口村参加的人是我、李文才、李志学、李文光等，还有大鱼塘村、普高老寨村委会党总支书记和主任等参加，主要就是召集这几个村委会，特别是这三个自然村的负责人进行宣传和交流，希望这三个自然村能成为县里的标杆，建设好示范村。

2011年5月24日，星期二，农历四月二十二，属兔，阴雨，有雾

今天插秧的有张文和家、高文华家等。

2011 年 5 月 25 日，星期三，农历四月二十三，属龙，阴，有大雾

拔秧苗的有李得卜家，准备明天去插秧。

下午，李志锋的儿子李忠在元阳县云梯酒店办理结婚仪式，请了村里的亲戚和朋友。现在的年轻人结婚都学汉族了，特别是经济上允许的村民，不到酒店办理似乎就是不成器的样子。当然，有的家庭还是在自己村里举办。

还是在下午，李世华家做叫魂仪式，摩批是张正和。平时关系还可以，今天也请我过去参加。插完秧以后，村民接着做叫魂仪式的多，有点像攀比似的，今天有一家，明天有一家，吃叫魂饭都忙不过来。

2011 年 5 月 26 日，星期四，农历四月二十四，属蛇，多云转晴

今天拔秧苗的有李庆亮家和李学华家等，因为他们家缺乏劳动力，田地也相对多，自然就要比其他村民家晚一些了。

元阳县文化体育局来村里召开民主生活会议，目的就在于打造箐口村这个品牌。

计划生育工作组入村，对已经超生的李永福、李世华、卢世华等进行罚款。

2011 年 5 月 27 日，星期五，农历四月二十五，属马，晴

插秧的有卢树云、李庆亮、李庆林等。

新街镇计划生育工作组这两天进村里来，要对超生的农户实施罚款，交不出来的村民有被拖、猪拖牛的，还拿了卢荣富家的电视。卢荣富夫妇没有生育，是领养了兄弟卢荣祥的女儿，但是，他们都说这样不合法，要办理手续才能领养，村民间这样领养的也要被罚款。

2011 年 5 月 28 日，星期六，农历四月二十六，属羊，多云转晴

插秧的有张正祥、李正祥家等。村民忙了这么几天后，秧苗都快要插好了。

今天，还是有新街镇计划生育工作组的人来村里，对杨文亮家收了两千元的超生罚款。在我们箐口村，还是有一半以上的村民家一时凑不出这么多钱的，他们夫妇也一时凑不出这么多钱，说是从岳父李小生家借一些过来凑足的。

2011 年 5 月 29 日，星期日，农历四月二十七，属猴，晴

新街镇农科站的工作人员来插李文科家田的秧苗，他们要听云南农业大学的安排，所以插秧就会晚一点了。作为村民，不能与村民同插秧、同收割也是害羞的，所以，李文科对他们还是有意见的，希望他们能与村民一起来做，不然的话，提前了或者推后多了都会觉得麻烦，不愿配合他们做试验。

2011 年 5 月 30 日，星期一，农历四月二十八，属鸡，晴

村民的秧苗基本上都要插完了，只有少数几户人家还没有插完。今天是有卢树云家和李世华家插秧。李世华家请的插秧妇女是村里的亲戚，卢树云请的是土锅寨的 4 个彝族妇女。一般情况下，多数村民都知道自己家需要多少插秧的妇女，卢树云家也如此，前几天插的时候他家还是请够了插秧的妇女，只是当天因为有计划生育工作组来村里，他家也是超生的一户，当天因为一时拿不出罚款，家里的牛被他们拖去而影响了耙田的事，请的插秧妇女看到没有耙好田没有插完就收工了，卢树云只好缓了一天耙了田再请人来插。李世华家的话，只有一亩多的一块田，正常的话应该是能在前些天插完的，只是今年他家建盖房子而可能误了农事，当然，今年的秧苗是一个问题，绝大多数人家的秧苗都补撒过了，导致秧龄不够而等了一段时间。要是像往年一样的话，村里早些日子就插完秧了。

根据调查试验的结果，这一段时间是打龙虾药的好时机，我看见今天有张牛后去打龙虾药了。龙虾在一些地方可能是一道美食，可是，在村里的田里的话，它们会打洞，会把田埂打垮，有的人食用了还会过敏，这样，村民对其是恨之入骨了，都希望消灭龙虾。所以，知道的村民经常会去打药，减少田里的灾难。

2011 年 5 月 31 日，星期二，农历四月二十九，属狗，多云转晴

上午 9 点 30 分左右，箐口民俗村管理委员会开会，参加的人有卢宝昌、李学、何静、张祥、张明华、李正亮、李平清、卢保应，主要是卢保昌安排工作的事情。

下午，张正明家做招魂仪式，摩批是张正和。

今天中午，李正亮家运回来一车砖，准备建房子了。别人家都先后建房子了，自己家没有建好房子也是会害羞的，还是得想办法建一栋。

2011 年 6 月 1 日，星期三，农历四月三十，属猪，阴，有雨

今天是"六一"国际儿童节，原本村里的学生也要集中到土锅寨学校开展活动的，在土锅寨学校读书的学生也进行了排练，要在今天演出，可是天公就不作美，一直下雨就取消了师生们开展活动的各种计划。学生说他们在教室里玩了一会儿游戏就回来了。

今年由于天气的原因，村民的秧苗生长不是很正常。要说不正常，那是因为村民撒秧时是在 2 月底 3 月初，到了 4 月初的时候，五六厘米的秧苗因为一场雨夹雪就基本上冻死完了，只有少数几户如靠近泉水源（泉水水温比其他地方的水温稳定，村里叫作白龙泉和长寿泉，两股泉水真的是冬暖夏凉）的卢世华家、李成家、用了塑料薄膜的李树华家等没有冻死。多数村民都重新撒了秧苗，即使秧苗长高了也因为秧龄不够不敢插到田里，今年村民插秧就到了 5 月底 6 月初了。要是在往年，村民插秧一般是在 4 月底 5 月初就插完了。所以，到现在没有插秧的村民还有少部分，今天有李永得家和卢小华家插秧，今天之后还没有插秧的村民恐怕只有一两家了。

2011年6月2日，星期四，农历五月初一，属鼠，阴，有雨

到现在为止，村民家的秧苗都要插完了，今天插秧的有李志文家。他家落后其他村民家插秧的主要一个原因是他们一家都在新街镇居住，他在一个酒厂上班，老婆养几头猪，儿子开车跑客运，家人不会也没有时间来管理田地。现在，其他村民家都基本上插秧好了，就请得到闲下来的村民来帮助。

什么季节做什么祭祀，村民插完秧苗的这一段时间流行叫魂祭祀。每天下午基本上都有两三户村民家做这种祭祀，今天下午做叫魂祭祀的有张文学家，摩批是张保祥；还有卢永贵家，摩批是张正和。我参加了几次这种祭祀，明白了它的一些特点。做这种祭祀的村民家不一定是因为发生了什么灾难，而是根据经济条件量力来办。插秧这段时间叫魂的多，像是攀比似的，会有很多家做。这种叫魂法事亲戚朋友都可以去参加吃饭，所以，往往每家叫一次魂就要办五六桌的饭菜，请亲戚朋友过来吃喝。

2011年6月3日，星期五，农历五月初二，属牛，阴，有雨

在几年前，村里很少有人在稻田里施化肥和农药，很大一个因素应该是村民的生活水平不高，劳动力廉价，村民的经济不发达。而这几年来随着社会的发展，人们的劳动力相对升值，一般做工的每个工日都达到五六十元。或许是这样的原因，很多村民家插秧前后都会给自己家的田里施些化肥和农药，保证田块的肥力。今天就有李小生给自己田里施除草剂，说是田里草会旺盛，需要施点控制野草的生长。或许就是村民给田里施这样那样的药的原因，以前很多村民家留有的鱼种都没有了，多数村民的鱼苗都是在这一段时间买来养的。今天有人运来一车鱼一会儿就被村民以一公斤18元的价钱买完了。还有很多来买的村民都没有买到，叫卖鱼的人尽快运进来卖。

绝大多数村民家的秧苗都插下去了。大家都像是攀比一样做祭祀，这几天每个下午都有两三家做招魂仪式，今天是有李学光家。

2011年6月4日，星期六，农历五月初三，属虎，晴

不知道村里为什么要在农历五月初四就要过端午节，村民都说村里一直以来都是这样过的。明天就过端午节了，我也得准备一点明天的饭菜，就上街买了一点菜回来，说不定还会有朋友来。村里离新街镇近，所以，每次过节基本上每户都会叫人去买菜的。

2011年6月5日，星期日，农历五月初四，属兔，晴

今天是农历的五月初四，端午节按照我国的习俗是明天才过的。可是，箐口村民家家户户都包了粽子，早上就杀鸡宰鸭献饭。为什么要过这个节？为什么又选择今天过？到目前为止，村民的说法是农忙基本结束，已经到了农闲，作为过渡的一个节日而已，这个节日用村里的哈尼语表示为"牟阿呐"，即农闲。只有少数读过书的人才会按照老师教的说这个节日是为纪念屈原而来的，而箐口村又为什么在今天就过端午节了呢？有一种说法是箐口村无论过什么节（春节和中秋节除外）都要赶在周边哈尼族寨子前，说是以前村里都是传统的茅草房的时候常年会有火灾发生，意在避免火灾。

2011年6月6日，星期一，农历五月初五，属龙，晴

按照我国的传统习俗，今天才是真正的端午节。可就是有点奇怪，箐口村在昨天家家户户都杀鸡宰鸭献饭就算是过了节。所以，昨天我请了朋友过来跟我喝酒，而今天，我又到朋友家过节去了。

2011年6月7日，星期二，农历五月初六，属蛇，晴

跟朋友吃饭应该是很有意义的事情，但在我们这些边疆地区，多数人都喝酒，只要三五个人在一起，不喝一点酒就不像是吃饭了。前天在自己家喝酒，昨天又到朋友家喝酒，连续两三天以后，身体有点撑不住了，今天就在家里休息。

2011年6月8日，星期三，农历五月初七，属马，晴

昨天休息了一天以后，身体好多了。心里想，都这把年纪了，还是少喝一点好，喝酒误事的人多得是，我不能这样逞强。

2011年6月9日，星期四，农历五月初八，属羊，晴

早上8点左右，村里召开村民大会。来开会的人还是比较多的，多数农户都来人参加会议了。

今天的会议主要是由镇里的曹副镇长来主持的，主要内容是向村民宣传县里的一个政策，就是县政府要在"一镇六村"（是指在1个新街镇，重点包括箐口村在内的6个自然村的主要建设项目）开展旅游服务，如开展农家乐吃住等旅游项目，由政府引导，村民来承办相关事情，希望村民能够自觉参与到这些服务行业中来，丰富旅游内容，带动村民的经济收入。

2011年6月10日，星期五，农历五月初九，属猴，晴

今天上午，村里召开大会，地点在陈列室广场，要求每户一人参加，其他参加的人有村委会的人，新街镇的工作人员，主要内容是政府宣传要把箐口村建设成旅游特色村，要求村民配合政府，共同走一条路。

今天上午召开群众大会的主要原因是村里要成立一个理财小组，监督和用好村民集体的资金。而实际上，村里又没有什么资金来源，他们要理什么财呢？

2011年6月11日，星期六，农历五月初十，属鸡，阴转晴

"珍重文化遗产，共筑幸福家园。"这是元阳县文化局今天在箐口村"哈尼哈巴传承中心"（原来我国著名导演姜文拍电影《太阳照常升起》时用的房子）挂的一幅横标。今天，元阳县文化局请了县旅游局和县广播电视局等有关单位来观看元阳县传习馆和箐口文艺队，以及国家级非物质文化遗产继承人朱小和与省级及州级非物质文化遗产继承人李正林等人的演出。下午，参加这次活动的工作人员及演出人员在陈列馆会餐，说是在村里买了一头1000多元的猪，会餐时邀请了村里的几个老人代表和村民小组的人以及世博元阳旅游公司在村里卖票的人参加。

为了开发村里的旅游事业以及哈尼族的各种文化，元阳县政府这十几年间在村里投入了一定的人力和物力，村里的水电、交通等很多设施都得到建设——这一点是肯定得承认的，生活在箐口的村民是享受得到的，并且应该感谢的。虽然为了建设大局有的人家没有了秧田，有的人家的宅基地有所减少，但是，总的来说是建设了好多。用有的人话说："箐口因为政府的重点投入建设比正常发展提前了二三十年。"的确，仅仅依靠村民自身发展是绝对到不了这个水平的。县里重点建设了一年之后，现在主要由县政府安排县文化局在村里带领村民摸索旅游及文化建设的事情，今天可以说是挂牌仪式吧，他们单位的有关人员及县文化局下属的传习馆人员都进驻箐口，准备正常的排练和演出。他们能坚持、能发展到什么程度？我们还是倾力关注的。

是生物改变环境，还是环境改变生物，还是两者相互关联呢？我不太清楚，可是从前几年在庄稼中出现的稻飞虱来看，它的出现需要一定的环境。那么，它的灭绝也该需要一定的气候。近期，箐口村的秧苗要返青了，注意观察的村民就发现稻田里出现稻飞虱了。目前来说危害不算很大，可是，有心的村民开始去打药了，今天就有张明福等人家。农民们几番辛苦劳动才播种和收割的庄稼，一旦有什么害虫之类来破坏都是憎恨的，都要想方设法消灭它，都希望自己的庄稼长得好些。

2011 年 6 月 12 日，星期日，农历五月十一，属狗，晴

有诗人说："每天的太阳都是新的。"是吗？我怎么不知道或者是没有领悟到呢？可能是日复一日，年复一年地过麻木了。在箐口，在村口就基本上能看到村民一日的生活：什么样的人什么时候做什么样的事，做什么样的事要拿什么样的工具。有上街的，有做农活的，有放牛的，有闲着的。晴天，村民做什么事情？阴天，村民们又做什么事情？春天，村民忙着什么？夏天，不同年纪的村民穿什么不同的衣服？秋天，村民各家的收成又怎样？冬天，村民又忙着做什么？要是注意观察的人就会知道：生活的确精彩！一天和一天不同，一季和一季不同，一个人与一个人不同，一群人与一群人不同，生产不同，生活观念也有不同。

要说的是，别看放牛人每天就是这样出去这样回来。今天可有点与平时不同，听说村里这群放牛的中老年人（年轻人基本上都打工或者去做其他的事情，放牛多数都是家里的中老年人）还选出了牛队长，这次是每人集资了 15 元安排人到街上购买烟、酒、肉、菜等在山上打野餐，多数都参加了，一共是 40 多人，集资了 600 多元。这样有两三年了，每年到了这个时候他们就会苦中作乐地寻找他们自己的趣味，这该是一件乐事！自然地，每年的这一天有谁喝多了或者喝醉了的小新闻就会成为日后的谈资，这也有趣。要是大家随时都清醒着，不就少了人们饭后茶余的一部分谈资吗？当然，放牛也是一桩辛苦的事情，中老年人利用这样的机会苦中作乐，打打牙祭也是最主要目的之所在。

2011 年 6 月 13 日，星期一，农历五月十二，属猪，凌晨有暴雨，白天阴雨

根据村委会的通知，元阳县农机站办了一个农业知识培训班，今天有十个箐口村民参加培训。实际上，他们就是简单讲了一些农业知识而已，我觉得跟实际操作没有多少关系。

2011 年 6 月 14 日，星期二，农历五月十三，属鼠，多云间晴

插好秧苗，基本就进入农闲时间了。我今天一整天都在基地学习，这把年纪了，学习也是一件很辛苦的事情。

2011 年 6 月 15 日，星期三，农历五月十四，属牛，多云间晴

今天也没有去什么地方，有老师给我在电脑上拷了很多书，农忙时间是不可能看的，这样有时间的时候学习一下，提高自己的知识是很必要的。学习之余，到村里走了一走，觉得没有什么可以记录的。

2011 年 6 月 16 日，星期四，农历五月十五，属虎，多云间晴

早上 7 点左右，有一辆石屏县的车到村里的停车场，运来一车鱼苗叫卖。所来卖的鱼苗每尾有拇指大小，原来准备以一公斤 32 元卖，村民认为价钱有点过高，讲价后以 30 元一公斤卖。总体来看，生意一般，运来几百公斤的鱼苗到最后还剩余五六十公斤到其他寨子去卖。从与村民的交流中了解到石屏县运来的鱼苗相比建水县、元阳县黄茅岭等鱼场运来的鱼苗在我们这一带比较肯长些。多数村民都说，从元阳县黄茅岭等热地方运来的鱼苗放到村里（冷地方）不肯长，石屏县运来的鱼苗要肯长一些。至于今天的生意一般主要是前不久有人从元阳县南沙镇运来一大车鱼苗卖过了，价钱是 16 每公斤，那天刚好是阴雨天气，携带鱼苗方便而不容易死，那一车鱼苗可以说是一个下午就被村民抢买完了。虽然后来有很多村民都反映说放进去的鱼苗死了很多，但是，有的村民认为不会全部死完，多少还是会有一部分存活，有的村民这次就没有来购买了。

箐口村作为元阳县打造乡村旅游的一个主要窗口已经很多年了，政府已投资了不少的人力和物力。建设交通、水利、电力等公共设施是一方面，而不时地有政府或者宣传部的人带着演出队来演出，包括电视电影等的制作是另外一个方面。有著名的导演姜文来拍摄过《太阳照常升起》、张国立拍摄过谭晶演唱的《长街宴》、电影《诺玛的十七岁》、杨丽萍指导的大型梯田映象演出等，县里有的人说箐口村成了元阳县的演出和演唱及拍摄等的基地。今天，元阳县文化局又带着拍摄工作人员和著名的演唱家姚林辉来村里录制演唱歌曲，村里有很多村民参加，又是热闹的一天。原来打算到张牛后家打屋顶的很多村民都赶去参加演出，张牛后家就只有推到明天再打屋顶了。

2011年6月17日，星期五，农历五月十六，属兔，凌晨有雨，白天多云间晴

就像昨天提到的，张牛后家原来是打算在昨天就打屋顶的，可是，文化局前天晚上临时通知昨天要有很多村民参加演出拍摄，他们就推掉去帮助打屋顶来参加演出。张牛后家就只有到今天打屋顶了。虽然今天有小雨，但是，打屋顶的人们仍然工作着。

上午，箐口管理委员会开会。

2011年6月18日，星期六，农历五月十七，属龙，多云间晴

秧已经插好，我没有事情做，就在基地学习、看书，学写一点东西。

2011年6月19日，星期日，农历五月十八，属蛇，凌晨有雨，白天多云间晴

村里的交通方便了，一个重要的结果就是作为旅游资源开发而在很大程度上提高了箐口村的知名度，来箐口村旅游的人多了，来箐口村做事的人就会多了，今天就是两个例子。早上是有镇里的人开着车来卖早点，下午4点左右又有几个年轻人开着车来村里卖西瓜，生意还挺不错的。从这几年来看，先后就有来卖水果、蔬菜等的商人小贩。

2011 年 6 月 20 日，星期一，农历五月十九，属马，晴

农闲时间不找一点事情做也很无聊的，我是要学习的，感觉自己的时间就是过得特别的快，每天起来到田里走一走，回来学习一阵，一天就过去了。我是在想，我的村民朋友们想些什么？他们的日子是怎样过的？白天生产劳动是知道的，可是，一到晚上他们做些什么呢？要是真的要做什么的话，我是连休息的时间都没有，每天学习了还要学习，在心智成长路上自己的时间是这么短暂。

2011 年 6 月 21 日，星期二，农历五月二十，属羊，多云间晴

上午 8 点左右，村里的老年协会开会，主要是商量白龙泉旁边的几块秧田的管理问题。下午，他们组织去挖鱼塘，准备放鱼了。都一把年纪的人了，不知道是谁的主意。

村里已经有党分支委员，党组织就是一个集体，村民小组又是一个组织，都可以出来管理村里的事情，现在又来一个老年协会，维持村民小组和党分支部都是很困难的事情，成立一个老年协会有什么用？有多少意义？我是怀疑的。

2011 年 6 月 22 日，星期三，农历五月二十一，属猴，晴

村里正常生产劳动，没有多少可记的日子也有的，好在我可以利用这样的时间多加学习，提高自己的知识，就什么都没有想，静静地在基地学习。

2011 年 6 月 23 日，星期四，农历五月二十二，属鸡，多云间晴转暴雨

今天下了一场暴雨，田里的水都灌满了，有的村民的田埂都倒塌了，如李世忠家、李爱生家等。我看见有不少的村民扛着锄头到田里去了，我也出去转一圈，好在自己家的田埂没有倒塌。

2011年6月24日，星期五，农历五月二十三，属狗，多云间晴

从昨天晚上至今天上午停电，听说是通往土锅寨旁边的高压线被雷电击断了，还击死了回来路上的2头牛，电力公司答应给牛主人家赔付10000元的损失费。渐渐习惯于用电的村民的生活似乎也改变了些节奏，特别是在村里卖票的世博元阳旅游公司的售票员及大理商人等吃饭就有点麻烦，用惯了电器做饭的村民也该嫌麻烦了吧。只要村里停电，就会有村民有这样那样的议论。边疆农村都这样了，要是城里出现停电就更加麻烦了。电是好东西，虽然在管理不好或者用得不当时也给人带来一定的麻烦甚至财产损失，但是，总的来说是好的，工厂也好、农村也好，给人类的生产带来了划时代的动力。

村里没有什么产业，这是一直围绕在村民身边的一个难题。要说产业恐怕就只有一家几亩的田了（有的还不到一亩），基本上只能自给自足。20世纪七八十年代建成了一个茶叶厂，初步可以产一点茶叶了，可被2002年的一场洪水给泡了汤，村民的经济就只有依靠打工了。今天李世华等人外出打工。

2011年6月25日，星期六，农历五月二十四，属猪，阴

这一段时间的天气变化很快，一会儿下雨，一会儿出太阳，可是今天有点不同，从早上到下午都是阴沉沉的，村民都以为要下雨，到了晚上却一直都没有下。这是少有的天气，搞得李志明家为了建房子运回来的水泥一直都盖了塑料纸，直到背回家里。

中午，在村里做环保工程的施工组运回来很多材料，把村里的停车场都摆满了，也不知道用多少时间才能全部运到工地。加上有几户正在建设房子村民的材料还没有全部运到家里，村口的停车场看上去的确有点乱。每次世博元阳旅游公司元阳分公司的管理人员来村里检查工作都要说村里管理有些乱，没有说村民不准在停车场摆放东西，而是要求村民尽快搬运处理掉，每户村民摆放的东西至少在两天之内处理好，便于

来旅游的车辆停车。

　　下午，张文学夫妇打工回来。他的父母在开远市打工已经二十多年了，可以说他是在开远市长大的了，读书毕业以后也一直是在开远市工作，很少回来，只有过年过节的时候才回来看看。十多年前的时候就没有这样的情况，只要到了过年过节，所有在外的村民都要回来，可是，现在村里就有好几对夫妇经常在外地，甚至过年过节都不会回来了，这也是一种观念上的改变吧。

2011年6月26日，星期日，农历五月二十五，属鼠，多云间晴

　　"山东—馒头，山东—馒头"，这是前一段时间一个40岁左右的汉子驾驶摩托车用扩音器播放的叫声。山东的馒头卖到云南的箐口村了，真是山不转水转，水不转人转。社会稳定了，经济就自然发展了。祖国边陲的云南箐口人可以到北京、上海、山东等地打工，而北京、上海、山东（我们暂且不管他是不是山东人）等地的人也可以来祖国边陲的云南体验生活。对作为县旅游开发的重点村之一的箐口村来说，这样的事比起其他热闹的地方不多，但这几年来也不算少了，经常看到村里有这样那样的生意人来做买卖。今天是有一个南沙镇的村民驾驶一辆三轮摩托车来卖香蕉，卖的价钱是0.8元一市斤。香蕉很好，至少我以前没有以这样的价钱买过这样好的香蕉。原来，市场价能上能下，"这几天没有老板来收购香蕉，要不然你们不会这么便宜就买到这样的香蕉。年初时已经上涨到一公斤五六元钱，很多香蕉农民还赚到一些钱了，现在天气热起来，香蕉熟得快了，又没有老板来收购才下跌这么多。"生意还算不错，虽然来买的村民免不了与他讨价还价，有的还免费地吃上一两根。他返回的时候已经没有剩下多少了。

　　有播种就有收获？我看未必，但没有播种就没有收获是可以肯定的。就以现在的水稻长势来看吧，多数村民家的水稻长势还正常。但是，要是到田里细细看，有几户人家的水稻长势就有问题，比如李扎卜家的，

他家的水稻远远看去就是一片黄色，但不是成熟时候的那种颜色，肯定是得了一种什么病。他中午的时候还在打药，播种下去了还要去管理，装到仓库的才是粮食。

今年村里的水稻长势总的来说还算正常，可还是有几户人家的水稻不知得的什么病发黄了，他们都先后打过农药。稻飞虱没有刚出现的那年多但也普遍有。调查村民打的药有这些：湖南创力农化有限公司生产的苄乙，四川广汉市小太阳农用化工厂生产的三环唑，上海艾思生物药业有限公司生产的丙环唑，四川希尔富肥料有限公司生产的黄叶1喷绿等。生产的稳定与发展需要风调雨顺之外，还是离不开科学技术。试想2007年发生的稻飞虱虫害，庄稼都一片黄色，要是没有国家生产的农药，得到及时控制，不知道要有多少村民挨饿了。

2011年6月27日，星期一，农历五月二十六，属牛，多云，有阵雨

早上，有卢荣家在村口停车场上面做一个祭祀，请的摩批是张正和，参加的人还有李志宽。不知道是因为什么而做这样的祭祀。但是，可以肯定的一点是家里有什么不顺利或者某个家人生病了。总的来说，村民的观念在跟着时代进步，一旦家人生病了，都会选择吃药打针看医生相信科学的，已经有不少的例子证明并且还在证明着。但是，也可能是摩批文化一直跟随着这个民族，从村民叫魂、祈福、驱邪等各种各样的祭祀中看出这个民族一直信仰摩批文化，相信有一种神灵庇护人类生存，也有一种相反的邪恶力量来害人类。他们相信人类自身在征服自然的过程中，得到的好处是人们争取的同时某种力量或者神灵之类的东西保护了人类，而同时也就相信有某种邪恶会加害于人类。这样长期以来就形成了可以向自然祈福也可以驱除自然中邪恶之灵的摩批文化，人们总是希望自然和社会良性发展，希望一切的灾难和病变离人们越远越好，就会请摩批这样的所谓能人通过杀鸡念词达成愿望，这是村里常见的事。至于村民做了祭祀后会带来什么样的改变，暂时没有科学的论证就姑且不说了。要说明的一点是，我在日志里经常提到谁家做什么祭祀篇幅可能多一些，这是我认为除了记录村民的日常生活之外一天当中比较典型的事例之一，对于村民重要与不重要那是另外一回事情。至于从时间上去分析它们在整个生活中的比例，我暂时是没有数据的，但可以肯定的是并不是所有村民每年都要做这样那样的祭祀，而只是一部分村民。

鸟要有巢，人要有家。房子坏了要修建，经济条件差了可以住茅草房，经济条件好了就自然想着住楼房。李志名拆建房子已经两个多月了，今天打一层的屋顶，可能是考虑到这一段时间村里很多人都外出打工（村里也有几个老板做工程，有很多村民也打工），人员缺少，他家就请了外地的人承包干，但是，可能是考虑到他家的劳动力少（父母已经80多岁了，他离婚已经两三年，一个孩子10岁左右，一个孩子六七岁，尚无劳动力），还是有很多村民来帮忙，比如他的亲戚李建国、李四辉，村民李得福等。从互相帮忙这个方面来看箐口村民，我认为还是值得提倡的：无论谁家有多穷，只要他家发生做房子或者死人之类的大事就会有村民出钱出力来帮忙。我在前面的日志或者以后的日志提到的捐款捐物肯定一方面是出于感情，另一方面确确实实是因为相互帮助才能处理事情。当然，从生活交流与调查中可以知道平时为人的重要性——你平时为人好，帮忙别人多，你遇到困难或者办大事时来帮忙的就相应多，反之就少。

小时候盼着长大，觉得时间过得很慢很慢，现在成了家，早上睁眼去田里一转，回来吃喝拉撒，没来得及做一点事，眼睛一闭一天就过去了，觉得时间过得很快很快。一个人一辈子能做几件事情呀？一晃快要过去40个年头了，一生还有几个40年？秧苗插下去没有多长时间还在返青呢，今天就有在新街中心小学读书的六年级学生背着行李回来说是放假了，张春华、张文学等还帮他们的孩子背着行李回来，过一个暑假就要再上一个年级了。

危难中见朋友，类似这样的说法村里也常有："不是这样的场合（办大事）就不知道他们是亲戚。"上午，李克计家请了卢建忠、李文新等十几个人背着蔬菜等出去，说是要到红河县亲戚家丧祭，应该是考虑到路途遥远而没有请太多的村民，要不说出来怎么知道她是嫁到红河县呢？她开车已经几年了，在跑业务中认识了现在的丈夫，遇到这样的事情自然就会来往了。

2011年6月28日，星期二，农历五月二十七，属虎，多云，有阵雨

箐口就是好，早上就有镇里的商人驾驶着车来村里卖早点（有米线、卷粉），可以用钱买，也可以用大米换，四五十斤的早点2个小时左右就卖完了。

看来，这市场是要打开的，城市如此，农村也该是如此。我看每个城市都有它齐全的、符合城市发展的各方面市场，诸如公司、行业、市场、交流中心等，给人们的生活带来了很多方便。优胜劣汰是生存的一个法则吧。一个生命力的产生和存在在当时环境和条件下是肯定有它足够适应当时环境和条件的能力的，否则，它是不会产生和存在的。很简单，宇宙中有太阳和地球，而太阳和地球又创造了生命，宇宙中人类不过是微粒，我们是人类，既然在生命新陈代谢和生产发展中产生了人话就总得讲人话。我是想说，比如外地人早上来村里卖早点之类的这种情况以前是没有的，或者说很少，近期来村里卖这卖那的人不算多，但经常会有，至于村民需求的东西就可能会形成一种力量或者说形势存在下来，形成市场的时间就短，而相反的就会淘汰或者说实现的时间就漫长。话说回到村里的旅游问题上，被州县党委政府作为旅游重点开发的箐口村旅游业怎样来发展？怎样来培植它的细胞？怎样让它的生命具有活力直至形成一种力量？2000年前后县党委政府就投入一笔资金来改建村里的很多设施，2009至2010年县党委政府又再次投入资金建设。党委政府的目标是什么？要在什么时间实现什么样的目标？村民的愿望是什么？现在的生活状况以及思想观念是什么？他们能做什么？想做什么？适合做什么？想过上什么样的日子？领导者和被领导者心连心地辩证过没有到底走哪一条路和怎样走的问题？——让我们一起来关注吧。

前面的一些日志里说过了，村里或者隔壁的其他寨子办什么大事都会通知亲戚，而接到通知的亲戚家就会根据情况做相应的礼节回应。今天是有李志祥妻子叫了隔壁的李慧母亲、李祥妻子、李世忠妻子等几个家属一起到棕匹寨亲戚家奔丧。这种情况一般是以亲近程度来叫的，叫到谁一般没有什么特殊情况就会跟着去，这也是村民一直保存的一种礼尚往来的现象。

村里的小学今天开始考试了，新街中心小学校（箐口小学属于新街中心小学的分校）派来两位老师监考，中午在退休了的卢宽荣老师家用餐。

2011年6月29日，星期三，农历五月二十八，属兔，多云，有阵雨

箐口小学考试已经是第2天了，听说今天就考试结束，等试卷批改完毕，学校又要放假了，师生们又要过一个愉快的暑假了。

世博元阳旅游公司元阳分公司在征用地建设的办公系统工程施工已经2个多月了，村民可以收回原有的一些树木，包括草果等作物。李树华家的地里原是栽种了一些草果，公司要求他家收回，可能是他家再没有可以栽种的地，或者是出于感情上的关系，他叫我这两天可以去挖一些栽种到自己家的地里，说是这一段时间是栽种草果的时间，草果喜欢阴凉有水分又有点阳光的地方。是啊，什么样的作物能在什么样的气候、什么样的土壤中生长都有它自然的规律。根据他们的说法，元阳县很多地方都适合栽种草果，比如胜村乡（现在已经并入新街镇管辖）、嘎娘乡等一些地方的村民栽种草果还发了财。箐口村栽种草果最早的可能是李树华等人了，他家在林地栽种已经10多年了，结果后也卖了一些钱，只是栽种的规模不大，最多的一年是卖了1000多元。其他有林地的村民也先后栽种了一些，就是栽种得不多，从现在来说也只能是作为自己家消费而没有出售的部分了。

有专家从云南这种特有的地势和气候来分析，草果在云南省包括红河州元阳县是一大经济作物，元阳县的很多地方都先后栽种了很多，正如上面说到的一些村民发了财尝到了甜头，有条件的就继续扩大栽种面积，自己没有土地的就承包其他村民或者集体的土地。当然，什么事情的发展和壮大都不一定一帆风顺，草果的栽种也是一样，雨水多的年月要生长得好些，雨水少甚至干旱的年月草果受到的危害要大一些。去年就是一个例子，由于比较干旱，草果枯死的情况就多，我家栽种的也枯死了500多棵，其他地方枯死的肯定就多了，等收获时听说草果的价钱比往年上涨了很多。所以，同有些专家说的一样我也认为草果是可以在这些地方生长的一种经济作物，村民贫穷落后的原因除了"缺乏经济来源""高寒山区"暂时没有找到出路之外，人多地少，村民的人力、物力等整体综合素质低下也是一个主要因素。箐口村要想发展，除了寻找物的因素之外，更多地要找人的因素。环境决定人，人要转过来改变环境。

下午，前天到红河县丧祭的李克计家回来了，因为路远的原因，她家只是请了最近的亲戚去，人不多，今天回来时还带着一些菜。下午，他们又在她家吃喝了一顿。

云南农业大学师生到村里的试验田做调查，我陪他们去了。

2011年6月30日，星期四，农历五月二十九，属龙，多云，有阵雨

今天，我陪同云南农业大学的师生一起到田里做调查。

2011年7月1日，星期五，农历六月初一，属蛇，阴，有雨

今天是"七一"建党日，是中国共产党诞生90周年活动日。按照惯例，我们中共土锅寨党总支召开全体会议，箐口党支部在家的党员张明华、李文才、卢保应、卢建忠、卢世华、李志荣、张文学、李平清等也正常出席了会议，而几个年轻外出打工的党员无法联系或者联系了也无法返回就缺席了。会议由总支书记李中喜主持,新街镇人大主席何建国讲了几点建议:认为我们土锅寨村委会是哈尼梯田核心区,政府对此比较重视,要求各级党组织及各位党员抓住机会开展相关的各种旅游服务,带头致富,明确职责,做好各项工作。会上,新街镇党委对土锅寨党总支的 10 名困难党员进行了慰问,每名党员给予了 100 元的慰问金,箐口支部是李平清和李永贵,还对总支 10 名优秀党员进行了表彰,每名优秀党员奖励 100 元。

因为我们到村委会开会,傍晚六七点才回来,吃饭时已经喝晕了一点,需要休息,村里的事情没有注意观察多少,今天的情况记录就只能这么简单了。

2011 年 7 月 2 日,星期六,农历六月初二,属马,阴,有雨

昨天,我们村里的几个党员到村委会开会用餐。现在是农闲时间,没有多少事情可以做,今天又下雨,村委会昨天还剩好些饭菜,我们几个朋友觉得无聊,就约了到村委会吃饭、聊聊事情。

2011 年 7 月 3 日,星期日,农历六月初三,属羊,多云,有小雨

农闲时间,没有多少事情要做,我就在基地学习。白天,到田地里走一走,晚上,整理一点日记,一天的时间就这样打发了。

2011 年 7 月 4 日,星期一,农历六月初四,属猴,晴

天气晴朗,是可以出门做事情的,但是这一段时间是农闲时间,很悠闲。中午和晚上可以跟朋友喝一点小酒,聊聊天,酒醒的时候看看书,整理一点日记,小日子看起来好过,我的心里却慌得很。

2011 年 7 月 5 日,星期二,农历六月初五,属鸡,晴

这几天的天气都很好,就是闲得无聊。人到了这个年纪,没有事情可以做也会无聊的，这几天就是这样，整天晃来晃去的，中午和晚上约朋友喝上几杯，无聊地打发着时间。

2011年7月6日，星期三，农历六月初六，属狗，晴

休息了这么几天以后，我自己都觉得太浪费时间了，所以，打算这两天去到田边锄草，锄草以后，更利于秧苗生长。当然，我家的田就在寨子脚，养牛的村民也会到田边割草喂牛的，只是牛不喜欢吃的草就得我去清除了。

2011年7月7日，星期四，农历六月初七，属猪，多云，有阵雨

我家的田也不多，昨天还没有全部锄草完毕，今天吃过饭后，还是继续过去锄草了。昨天太阳大，天气热，今天有云有阵雨的，做了一阵就回来了。

2011年7月8日，星期五，农历六月初八，属鼠，晴

现在的国家政策是逐渐好起来了，这样那样的福利政策也逐渐在农村实行起来。今天下午村民小组李文光、李文才，村民代表李生明领回来村里去年11月和12月的农村最低生活保障资金30800元。不知道是什么原因，选举出来的村民小组成员李树华和龙艳没有前去。从很多村民议论和做事的情况看，村里还是有各种帮派的，虽然处在中国最基层的农村，但人们还是会为自己的目的考虑的。

我还是村里的党支部书记，有些事情有些话，要是我发言了，他们还是得听一点的。只是，我也明智，既然是选举他们出来，我迟早还是要退的，还是得放手让他们去做事情的。我是读过几年书的，知道有"急流勇退"这样一句话，有的事情就不去管了。农村的事情，有时候好事不会表扬你，坏事就会拿你说的。都干了这么几年了，想着还是尽快放手让他们去辛苦几年。有的事情，立场和出发点不同做出来的事情结果

就不一样。

2011年7月9日，星期六，农历六月初九，属牛，晴

早上八点左右开始，今年当选龙头的卢开亮和李平真向农户收过苦扎扎节的费用，每户收23元。收这种费用他们还是有所讲究的，如果这次是从寨子脚收起，下一次就从寨子头收起了。不过，村里的很多事情就是人多话多。上午，当他们收到寨子脚，很多村民知道他们收钱就在磨秋场追到他们前排队去交钱，寨子头的村民也就集中到那里交钱了，还与他们两个说三道四地讲起理来，主要是怕分牛肉的时候按照名单来发放的话会落在最后，或者怕登记失误了分不到牛肉，这样是会掉魂的。

这是有一个故事的，应该在以前的日记里说到过了，在这里再简单地讲述一遍。说是有一年村里过苦扎扎节，大李和我们张姓两个弟兄为了去背过节杀牛分的肉而编新背篓，等他们两个弟兄编好了去背的时候其他的村民都分完牛肉回来了。怎么办呢？其他村民又再割一点分给自己家的肉给他们两个。有的人就是自私，怎么也不会把好肉拿来给他们，他们两个也想到了，心里怎么也不爽，怎么能用别人捡剩不好的肉来献祖呢？算了，就不用牛肉来献祭了，干脆杀了一只鸡煮熟了献祭就行。从此，张姓和大李姓过苦扎扎节就不再用牛肉献祭神龛了，只是象征性地在刚拿回来的时候切一小碗牛肉在桌子上献一下罢了。哈尼族相信人是有灵魂的，认为张姓和大李姓这两个弟兄当年没有灵魂了，过后还给他们两人请摩批叫了魂。

事有巧合，我十一二岁的时候，记不起当年过苦扎扎节分牛肉的那天父亲去什么地方了，就叫我去分领牛肉。因为人挤，组织不力，到中间简直就是抢了，到我和另外一个年纪相仿的孩子时已被抢完了，很多村民都已经飞快地跑回家，走得慢一些的大人见我们两个的背篓空着，才每人捡一小块给我们两个。我的母亲知道后，还特意请了摩批叫魂。

这个故事一点也没有编，是我亲身经历的，具体是哪一年记不清楚了。

从那一年以后，龙头们都用小笔记本记着名字，按照名字的顺序领发，以防万一。肉也多分了两三份，确认领发完了，要是有多余的，就由咪古们拿回家煮吃。

昨天，村民小组领回来去年11月、12月的农村最低生活保障资金30800元，今天上午就集中在陈列室广场凉亭发放，村里人口已经达到一千多人了，每个人头实发30元整，至于多余的每人几角的零头作为村民小组的差旅费或者办公费用吧。

2011年7月10日，星期日，农历六月初十，属虎，晴

夏天到了，南沙一带河谷地方的香蕉熟得快，这几天每天都有蕉农来村里卖香蕉。今天是有一对夫妇驾着一辆三轮摩托车来，可能装着四五百斤香蕉，可能是市场价格下跌的原因吧，今年的香蕉是近几年来最便宜的了，今天是2元钱可以买到3斤了，而且，香蕉都是上等的。不是有句俗话这样说吗？人心无底。前几天来卖的时候是8角钱1斤的香蕉，村民讲价卖6角，今天来2元3斤地卖了，而村民又讲价是5角1斤了，而后来也真的是5角1斤地卖了，他们的香蕉最后也是真的卖完了。物价也是随着市场上下，不知道过些日子会怎样卖。

下午，张春华家在寨子脚的老水井处做一个祭祀，请的摩批是李树华，其他参加的有李正祥、张春华父亲及张春华本人。这也是一种算大一点的祭祀，具体叫什么名字要得问摩批们才知道。

中午，李树华从元阳县大理石厂运回来前一段时间就定做的大理石老虎，有200斤左右，替换原来有而被摔坏了的旧石虎。具体不知道是什么时间，村里早就有一个石头雕做的老虎，作为村里避邪兴寨，镇住对面山头的避邪物。每年的昂玛突节祭水井的同时也要祭献石老虎，用的还是杀一对鸡，到咪古家院子里摆桌子的那天还要看鸡肋骨卦的。前几年不知道是村民或者是外地人有意还是无意被砸坏了，村民们特别是参加祭祀的咪咕们一直希望更换一个好一点的石老虎。我作为村民的一个负责人，在问题不大的情况下确实想解决这个事情，这下好了，我们找了一点钱去定做了这个石头老虎。

顺着这个话题再说一点，有的人可能根据有的单位或公司门前摆放的狮子问为什么箐口村用的是老虎？为什么不是一对而只是一只呢？为什么只是200斤左右而不再大一点呢？简要地说就是这是多数村民的观点，这只是传统的习惯而已，有了这么一个东西，只是寄希望村里平安，牲畜兴旺发达。我问过老人们："为什么不用石狮子？"他们说："以前寨子里用的是石老虎，现在也就只能选择用石老虎了。"只有两百斤左右是以前根据需要可能会移动位置而便于两三人就可以搬动，这样就不太费劲了，也不至于小孩子去移动它，而且，太轻了会有外地人特别是对面的罢达村民来偷的（老人是这样说的），罢达村认为我们箐口村有这样的石老虎对罢达村的风水不利，就会安排人来偷或者破坏。我们几个人是根据多数村民特别是主持村里祭祀事务的李正林和咪古们的意见定做的。

2011年7月11日，星期一，农历六月十一，属兔，多云间晴，有阵雨

人口集中，交通方便，生意就好做了。昨天说到的，这几天每天都有人来村里卖香蕉，这一段时间是香蕉熟得最快的时候，价钱便宜，每斤五六角就可以买到了。由于这几天来卖的人多，买的也多，一时吃不完，买的人就不是很多了。

夏季是水果成熟的季节，我们元阳也盛产水果，上午有人来卖香蕉，下午又有人来卖葡萄，箐口村都要成为一个小型水果市场了。这样也好，免得村民到外面去买，特别是一些有小孩的家庭，花不了多少钱就可以买来哄小孩。

听说李小生的妻子有一次去放牛时突然得了一种怪病，之后，每隔一段时间就会发作,按民族风俗祭祀做了很多次也不见好转,这次是到医院住院回来。

虽然一般来说一个人的生老病死对于一个寨子的兴盛起不了多大作用,但是,有的人的生死可以对一个寨子甚至更大范围的地方产生影响,他的生给一定范围的人提供发展、兴旺的力量,而他的死可以给一定范围的人造成痛苦。国家如此,村寨如此,家庭也如此。我是说,李小生的妻子是家庭主妇,是家庭的顶梁柱,要是突然这样生病去了的话,他的家庭就要发生很大改变了。

2011 年 7 月 12 日,星期二,农历六月十二,属龙,多云间晴

前一段时间有外地的人来村里卖鱼苗,生意还不错,主要是村里留有种鱼的没有几户了,要是留有种鱼,鱼苗还是可以自给自足的。今年留有种鱼的有李志和家、李庆亮家、李庆福家。这些农户一旦把秧田里的秧苗拔出,然后把秧田的田埂稍整理一下,放水到秧田里等水稍微清一些就可以把种鱼放进去,它们就在里面产卵,过一段时间就可以用竹器或者渔网等把小鱼捞起来放养到其他的田里了。今天早上就有李则主和卢正和两人在李庆亮的秧田里捞鱼苗,准是要放到他们家的秧田里。

村里很多家族或者说所有家族做什么大事,诸如建房子、办红白喜事之类的对日子是有所选择的。新房迁居也不例外,一般是选择属羊日(村里的哈尼语即"房子"的意思)和属龙日(有落户和落实的意思)。可能就是出于这样的考虑,今天上午李院忠家做新房迁居仪式,请的摩批是李建国。根据调查了解,他们家族是他父亲一代从麻栗寨迁移过来的,村里与他们家同姓的多,但家族就他们一户,只是后来根据农村民俗习惯,以及各种红白喜事的需要而结拜于二李家族,这样,二李家族谁家举办什么事情就通知他们一家,他们一家也一概参与,而他们家做什么大事情就会请二李家族的人了。今天也一样,通知了他们家最亲近的几户二李家的人和隔壁邻居,其他再多的村民就没有请了。

李明家拆除老房子。人们做某一种事情有时候是自愿的，是计划好的，而有的事情往往是被逼的，是自然灾害所迫的，李明家就是后面一种。这一段时间雨水多，而李明家的老房子原来是土坯墙，连续多日的雨水浸湿墙体以后，他家南侧的墙体倒塌了，于是今天他家的亲戚都集中拆除旧房子，准备重新建盖了。来帮忙的亲戚有卢志林的妻子、龙绍华、卢永贵、李文科等，都是他们家的亲戚和朋友。

2011年7月13日，星期三，农历六月十三，属蛇，多云间晴，有阵雨

今天从全天的天气情况来看，大部分时间是多云间晴，下午有短时的中雨，在地里做活计的村民要是没有带雨具又要被雨淋了。不过，这个时候分明是雨季，多数村民都应该知道，这个时间外出做事要带上雨具。比如放牛——作为村里目前主要的耕种劳力，只要谁家养着牛都要安排人力去放养的。这里要说的是，村里快要到苦扎扎节了，根据管委会的通知，摆放在村口停车场的建筑材料需要主人家清理，有李志明家安排人背砖，还有李小强家和李文光家，还是完成了很多，这样的话，两三天就可以完全清理好了。要是到了过节，很有可能来好多车辆，没有清理好，车辆就可能停放不下。

计划生育是当今的一项国家政策，已经普及宣传到各个乡村，村里享受独生子女优惠政策的有，超生被处罚的也有，这就因人而言了。今天是有卢某（不指真实姓名了）到医院堕胎，她已经生有一男一女了，考虑到国家政策和家庭的压力而不准备养了。

2011年7月14日，星期四，农历六月十四，属马，阴，有雨

到了这个时候，我们村里的雨水就会多了，天气会变化无常，时晴时雨的，还好在这一段时间基本没有农事。对我来说这样反而觉得闲得慌，每天到田里走一走，回来学习一点，就过了一天。

2011 年 7 月 15 日，星期五，农历六月十五，属羊，多云间晴

今天天气好转一点，我到田里走了一圈，没有去观察其他村民做事，看书学习累了，就休息一会儿，一天的时间又这样打发了。

2011 年 7 月 16 日，星期六，农历六月十六，属猴，多云，有阵雨

后天就要过节了，今天是过节前的最后一个新街镇集日，所以，今年的两个龙头卢开亮和李平真到街上买回来所需要的鸡、鸭，有的村民也去购买所需要的东西了。

2011 年 7 月 17 日，星期日，农历六月十七，属鸡，多云，有阵雨

明天，村里就要开始过苦扎扎节了。按照以前的做法，明天要修缮祭祀房，每户人家要交三把茅草。所以，今天多数村民家都到箐沟割草回来，而有谷草的村民就不一定去割草了，明天带三把谷草就行了。

2011 年 7 月 18 日，星期一，农历六月十八，属狗，阴，有雨

今天，我们村根据苦扎扎节的进程，咪咕和村民小组召集村民修补祭祀房，请师傅们做秋千、磨秋。等晚上一到，大咪古和他的主要助手到祭祀房祭祀，这是今天的主要事情。

2011 年 7 月 19 日，星期二，农历六月十九，属猪，晴

村里今天杀牛。因为寨子有点大，这样集体祭祀又只能杀一头牛，所以，每家能分到的牛肉大概就一斤，是不够一家人吃一顿的。家里人多，要请朋友来的还得重新到街上购买。正因如此，村里有十几个人搭伙杀牛。寨子穷，养的牛不多，会赚钱的人也不多，这样搭伙杀吃的也只是一头罢了。我知道，附近有的哈尼族寨子每过这样一次苦扎扎节都要杀几十头牛的，就是有钱人搭伙杀吃。

2011 年 7 月 20 日，星期三，农历六月二十，属鼠，晴

今天祭祀磨秋场，原则上就是每户做一桌饭菜出来，与咪咕们一起献祭磨秋、秋千等，是这个节日最热闹的一天。

下午，县民宗局局长、县文体局局长等人来基地和马老师他们吃饭。

2011 年 7 月 21 日，星期四，农历六月二十一，属牛，晴

下午，卢世华家叫魂。这个表弟为人友好，他家做这样的事情，是免不了请朋友吃饭喝酒的，今天又有五六桌的人在他家吃饭。

2011 年 7 月 22 日，星期五，农历六月二十二，属虎，晴，有阵雨

村里应该是属于亚热带冷湿地带，没有到过云南省，更没有到过箐口村的人可能会更多地把箐口村想象成多灾多难的地方。如多虫多蛇，今天，李志明就被蜂子叮得满脸肿大。

有李琼辉的同学回来，她在大理旅游学院读书，是我们村少有的上大学的女孩子，我是希望她的成长给其他的村民带来好影响。

卢迁家带人到其岳父家养老，毕竟，一个老人过世，总是得有亲戚去孝敬的，听说他家还准备去丧祭。

2011 年 7 月 23 日，星期六，农历六月二十三，属兔，阴，有大到暴雨

从昨天夜里十一二点开始一直到早上有大暴雨。早上，我到田里观察的时候，看见李平民家的大柳树倒在李志文家的田里。这在很多地方都很正常，没有什么可说的，可按照我们村的习俗，这样有庄稼的时候，大树倒到有庄稼的田里是要做祭祀的。自己家的树倒到自己家的庄稼上，只能自己家承办了，而要是别人家的树倒到自己家的庄稼上，那这家人还是要出一点物资给庄稼的主人家的。

在我们农村，丧事也太频繁了一点，今天又看见李小生家去奔丧，过几天开祭的时候又得用小猪去丧祭。

上午，有县镇的工作人员来村里调查设计安装路灯的事情。我敢这么说，村里安装路灯是我提的意见。在这里，我不是要争这个第一，要说的是，前几年政府邀请有关旅游设计专家来县里调查的时候，专门跑了县里的几个村寨做设计，要我们做村民小组领导的按照设想给自己的村寨画一个图（他们没有提示），并且根据自己所期望的来画。当时我设计了路灯、活动广场、农村小市场、娱乐休闲室、猪牛养殖点、村民办公室等，几个村民小组的设计相比之下，认为我的设计要可行些。现在村里基本都是按照当时我设计的来建设的。

2011年7月24日，星期日，农历六月二十四，属龙，多云

凌晨，听说李学光的妻子去世了。李学光的妻子，50岁左右，年轻力壮，开朗，与村民相处和睦，每天都打工找钱，她背的那些石头我们做男人的都不敢去动。他们家正在盖房子，第一层房子刚做好，与我们见面说明年再加一层。她死了，我不敢相信，她前几天还在干活，还在找钱，还在为了她的第二层房子加油。当两声清脆的鞭炮声响起的时候，证实是他的妻子时候，我仍然有点不敢相信。她的音容，她的相貌久久出现在我的眼里，我的心里。

知道了以后，按照我们村里互相帮助的原则，有空的村民是要到他家帮助的，知道他家生活困难，一家困难全体村民帮助，来帮助的村民也不少。

2011年7月25日，星期一，农历六月二十五，属蛇，晴

今天，是有李志光家拆房子，主要是因为前几天下大雨时房子的后墙体淋潮了，墙体也倒塌了一点，必须要拆除。按照村里的一般习俗，房子是不能倒的，只能人为地拆掉，包括现在村里建做的蘑菇房顶都不许出现漏雨，要是出现漏雨的情况，都要想办法及时补好，要是不及时

修补好，村民相信会给家人带来不幸。

农历六月，哈尼族有一个苦扎扎节，彝族也有一个"六月二十四"。后一个很多地方可能叫"火把节"，十多年前元阳县是叫"元阳县民族摔跤运动会暨彝族火把节"。几十年前有那个节日的时候的确热闹，组织比较大的时候，其他县的运动员也来新街镇，当时是县政府组织，我们是经历过的，简直就是人山人海，街上往来的人都挤满了，连插针的孔都难找。今天，新街镇组织过节，只是没有以前热闹了，去的村民也很少。

今天，说是有州文化局带人来村里拍景。

晚上，卢进被送到医院，是因为与李元到树林里爬树时跌下来手受伤了。年轻人就是这样，喜欢运动，要是不注意的话，难免有受伤的情况。

2011年7月26日，星期二，农历六月二十六，属马，晴

今天的天气很热，而且又没有下雨。李正新等人家打黄豆了，从早上把没有脱壳的黄豆抱到阳台上晒干，中午时就可以用竹竿敲打，使黄豆脱壳，之后，装到口袋里保存起来，到了逢年过节或者什么特殊的日子时就拿来使用。这样看来，黄豆的生长期就是5个多月，村民从2月底播种下去，到现在7月就收回来了。

2011年7月27日，星期三，农历六月二十七，属羊，晴

这一段时间是农闲时间，谁家都没有多少事情要做。村里李学光家的事情还没有处理完，是准备明天开祭的，今天村民就准备明天所要的物资。

做人，总是要有几个朋友的。李学光还算是我的一个朋友，这几天没有多少事情，所以，我每天都去帮忙做一点事。

2011 年 7 月 28 日，星期四，农历六月二十八，属猴，晴

今天，村里是主办李学光妻子的丧事，村民是要过来帮助他们家的。他们家很困难，这次办理丧事，听说还是他的堂兄李文光出了主要的力。当然，村里出了这样的大事，大家都会出来帮忙的。要是年轻人的话，村民还会捐款、捐物，即使平时为人差的村民，都会有亲戚朋友站出来帮忙，这是我观察村里这么多年的一个发现。

李学光的妻子是卢文华的岳母。我们观察的情况是，卢文华家也很困难，但是人就是要讲感情的，母亲去世了再也无回天之力了，她又只有这么一个女儿，所以，按照村里的民俗，卢文华家还是按照哈尼族的习俗去丧祭了，像是作为女儿回报她的养育之恩一样，让我也无法评论，无法用言语表达。

2011 年 7 月 29 日，星期五，农历六月二十九，属鸡，晴

按照村里正常的葬礼程序，今天要送葬李学光的妻子。令人悲痛，年纪轻轻就去世了。人生百年不过如此，很多人只走了一半路程就倒下了，离开了自己的亲人和朋友到另外一个世界去。昨天还好好的，今天说走就走了。在村里经历了这么多的事情以后，让我有一种说不出的感慨。

人，是有感情的，特别是自己的好亲戚、好朋友倒下的时候会想到感情的事情了。想想她平时的为人处世，音容笑貌都会出现在我们的脑际。

2011 年 7 月 30 日，星期六，农历六月三十，属狗，晴，有阵小雨

还是按照正常的葬礼程序，李学光家昨天送葬了妻子以后，今天还是做好了饭菜接待村民朋友，一则是感谢村民的帮助，二则是行葬礼程序。

因为平时我与他们家相处不错，今天还是到他们家帮助料理事情，尽我所能帮助做一些事情。

2011年7月31日，星期日，农历七月初一，属猪，多云，有小雨

又是农历的另外一个月。上午，就看见卢文华家做法事，因为前两天其岳母去世而去丧祭了，认为家里出了这样的大事就有必要做一个法事消灾，就利用剩的一点菜，买了一对鸡、一只鸭子请摩批、亲戚朋友来参加，算是了结这桩事情。

因为明天是八一建军节，中午，我就接到一起退役回来的战友的电话，要我明天到南沙镇集合，参加过建军节纪念日。

2011年8月1日，星期一，农历七月初二，属鼠，多云，有阵雨

我服过兵役，是于1994年12月入伍的，在江苏省无锡市姚湾某部队服役，到1997年12月退伍。十几年了，当年我们元阳县一起去服役的有九十多个，回来后，我们附近新街镇与南沙乡县政府驻地的几个战友经常会聚在一起，回忆我们当年当兵的历史。为了纪念我们服役的历史、加强战友们的联系组织了一个战友协会，建议每年的八一建军节都聚会一次。

今天，我就是应他们的通知，到南沙与战友聚会。说是聚会，大家都这个年纪了，都是当爹的人，只能是吃喝一顿，打打扑克，打打麻将就过了。要是真想做什么事情的话，还是得靠知心战友的，人多事杂，聚会的目的不过是娱乐一下，让大家相互有所了解，表面似乎看不出什么意义来。但是，人就得这样沟通，人与人之间的感情就是这样一点一点加深的。

早上，看见朋友卢建忠家做一个祭祀，因为中午就下去南沙与我的老战友们聚会了，村里的很多事情就不知道了。

2011年8月2日，星期二，农历七月初三，属牛，多云间晴

昨天中午，我就过去南沙乡我们元阳县政府驻地与战友们聚会了。说是聚会，给我的感觉就是喝酒、聊天罢了，表面看来没有多少意义，但是，人一辈子还是要有几个朋友的。谁都会有困难与不幸，总是要与自己的亲戚和朋友同甘共苦，面对现实，迎接每一天，走好自己的每一天，美好的一生就是这样由美好的每一天叠加出来的。很简单，当我幸福的时候会想起我的亲人、我的朋友，希望他们同我一起分享。同样的，当我遇到生活中的挫折的时候也自然地会想起他们，希望他们分担一点，让我从挫折中走出来，最终走好自己的这一程。

南沙乡政府一带海拔低，天气热，最热的时候可以达到4℃，而我们箐口村海拔高，气温要相对低些，这样一来一去的，我的身体还是有点不习惯，心情静不下来，今天基本没有做什么事情，就在基地静静地休息，看看书。

2011年8月3日，星期三，农历七月初四，属虎，多云，有阵雨

家庭不和睦是很累人的。上午，看见卢某一家出走，带上自己的妻子和孩子们，留下自己的父亲一个人在家，还搬走了自己的一些家具、电视、餐桌、大米、行李等物资，真是可悲！自己又没有多少能耐，还丢下父亲，我们村民看着都不忍心。他的父亲都已经60多岁了，毕竟是生养他的人。因为与母亲不和，他们就背着父亲，包括他的几个姊妹，好像没有一个帮着父亲说话，还让60多岁的母亲出走到外地去撒野，按村民的说法就是一家人都疯了，"当上奶奶的人还可以出嫁"。意思就是说卢某的母亲不老实，都当上奶奶的人了还要给卢某的父亲戴绿帽子，做男人的是受不住这口气的，而子女又反过来对抗自己的父亲，真是不像话。确实，这样看来有点不像一个家庭的样子了，我们这个小寨子到处都议论他们家庭的事情。

上午，看见卢同则带几个隔壁邻居到麻栗寨亲戚家奔丧。我们这一带的哈尼族就是这样，要是谁家死了老人，正常情况都要通知所有亲戚的，而被通知到的亲戚就要带一只鸡、一点米或者其他东西，还要带几个亲戚朋友到对方家去奔丧，很费村民的劳动时间。但又是亲戚朋友的，

出于面子问题，叫到的总还是要去的。

2011 年 8 月 4 日，星期四，农历七月初五，属兔，多云间晴

对于人的死亡，正常的老人死亡，长久生病不能医治的人死亡，人们一般不会过多的悲痛，但是年轻人，特别是家庭的主要劳动力死亡就是很悲痛的事情了。李学光家就是这样，他的妻子正当年轻力壮，正是要带着孩子们过好日子的时候，却因为意外生病过世，给家里是带来了天大的不幸。前几天处理完丧事，今天上午，李学光家里是做祭祀，请的摩批不是村里的人，而是请了外地的人，我也不知道是哪个寨子的人。真的，他的妻子离开以后，家境肯定要发生变化。

下午，看见李永福家也在做一个祭祀，请的摩批是他们家族的大摩批李正林，具体也不知道做什么样的法事。只见他家门前还插着绿树枝，声明外门的人是不能与他们家人搭话的，更不用说到他们家吃饭了。

2011 年 8 月 5 日，星期五，农历七月初六，属龙，多云，晚上有雨

地处边疆，教育是一个问题。李祥带着自己的儿子外出散心，说是儿子的成绩不理想，心情有点糟糕，就带着他去外地走走，调节一下心情。做父母的，培养一个孩子的确是不容易的，特别是竞争这样激烈的年代，养一个孩子都让我们做父母的感到很大压力。

村里没有产业可以挣钱持家是很辛苦的，村民的主要经济来源就是打工，家里绝大多数需要的钱就是打工挣来的。那么，农闲时间，年轻人都要外出的，今天看见外出打工的有张绍雨夫妇，还带着自己的小女孩，还有李则中夫妇，也带着自己的孩子。年轻人要是外出的话，多少可以挣一点钱的，在家里没有什么经济来源，确实待不下去。用村民的话说，有时候连小孩子要花的零用钱都没有，真的很辛苦。

2011年8月6日，星期六，农历七月初七，属蛇，晴

这一段时间没有多少农事，村民不忙，但是，活着、健康的人，每天总是要找一点事做的。到了9月，村民都要忙着去收割了，用柴火的村民到时候是没有时间去找柴火的，这样，村民就可以趁现在有时间的时候砍柴火回来，今天看见李宏夫妇一起去砍柴回来。

2011年8月7日，星期日，农历七月初八，属马，晴

今天，村民小组组织村民修理到寨神林的路和昂玛突节时咪古们去取水的水井路，要求每户出一个劳动力。这样投资投劳的事情，而且一年就那么一两天，多数村民还是自觉的，有那么几个不自觉的人在搅混也不必去理会。

2011年8月8日，星期一，农历七月初九，属羊，晴

今天是8月8日，是我大女儿的生日，哈尼族没有过生日的习惯，但是我还是为了让女儿高兴一下而到街上买了一个小蛋糕回来。晚上，她约了几个朋友过来，看她们开心的样子，做父母的也很开心。

村里的话，今天还是继续昨天没有做完的事情。我发觉，村里这样集体行动做事情时会因为少数人的行为影响大部分人的兴致，所以，我们都在尽量避免这样的集体劳动，每年就是修路和挖水沟的这么一两天，做到什么程度则是另外一回事。

2011年8月9日，星期二，农历七月初十，属猴，多云间晴，下午有阵雨

听说，最近村里有人生红眼病，上午就有卢金福到医院，两眼红肿，看他难受的样子怪可怜的。村里没有医生，除了有些人知道一点草药能治一点小病之外，村民生病都要到医院看。这种红眼病也不例外，村民医治的办法就是到医院，到目前为止可以说没有村民能找到医治红眼病的药。最近看到的已经有十多个村民生过这种病了，有的已经恢复，有的还在病着。呵，这病真是可恨。有的村民家因病致穷，积蓄用完不说还背上累累债务，让人不好过日子。还好这几年国家出台各种医疗补助政策，对生大病的人提供了一个保障。

2011年8月10日，星期三，农历七月十一，属鸡，晴

根据政府规划，寨子边李志明家的秧田被征用了，得到了一点安置补偿费用。而我们农村，有了一点钱的第一个愿望是建新房子，李志明家的房子还没有拆建，这次是翻建了，并且已经有一段时间了。今天请了村民来打屋顶，钱不多，家里的困难还不少，得到一点土地安置补偿费用也只能省着用，只能是请村民帮忙完成了。平时，李志明也对其他村民好，今天来他家帮助的村民也很多，还是正常地打好他家的屋顶了，他家只要办伙食让来帮助的人吃喝好就行，不需要付工钱。

2011年8月11日，星期四，农历七月十二，属狗，晴

今天天气晴朗，农闲时间也没有多少事情要做，到田里观察了水稻生长情况后，回来看书学习，没有去看村民的事情了。

2011年8月12日，星期五，农历七月十三，属猪，有大雨

随着社会的发展，经济也发展，人们的观念也在改变。在以前，有的人说哈尼族的妇女地位低，我不知道他们的评论标准是什么，而在现在的我们看来是没有什么的。只能说是身体体能、生活习惯、劳动分工、家庭经济能力有差异而造成人们视觉上的一种错误罢了。李琼辉返回大理旅游学院上学就是一个例子。以前的话，家庭经济条件差，做父母的没有能力让孩子们上学，相对的，能让男孩子识几个字，而女的识字的少，有人就据此说我们哈尼族重男轻女。

2011 年 8 月 13 日，星期六，农历七月十四，属鼠，多云间晴

今天是新街镇的集日，两个龙头收取"什汉普龙迥"的费用。他们两个要买什么都可以在今天的新街镇集日里买好，后天就是属虎日了，不然的话，有些东西找起来就麻烦了。

2011 年 8 月 14 日，星期日，农历七月十五，属牛，多云间有阵雨

大鱼塘村与我们箐口村是友好的村寨，两个村寨中有什么事情发生都会相互通知的。当然，主要是姻亲关系比较多，田地也是连接的，平时的生产、生活中来往的也多，这种关系就这样相传下来了。今天听说是大鱼塘村有老人过世，我们箐口村还是有人去奔丧的。

附近的土锅寨是彝族寨子，他们习惯过七月半节，今天就是七月十五，他们寨子就过节了。因为生产生活中的往来关系，我们村今天还是有过去土锅寨跟朋友们过节的。

2011 年 8 月 15 日，星期一，农历七月十六，属虎，多云间有阵雨

今天下午，村里做"什汉普龙迥"祭祀，这是今年村里的最后一个集体祭祀了，虽然有雨，村民还是披雨衣带雨伞地组织了去做。

2011 年 8 月 16 日，星期二，农历七月十七，属兔，多云，下午有阵雨

上午，李志明家运回来一车 5000 片的砖。听说现在的砖价又上涨了一些，运到村里是四角五分钱一片。就李志明来说，很辛苦的，他的两位老人已经 80 多岁了，可以说已经失去劳动能力，妻子又早就与他离婚，还带着两个小孩。虽然说政府和有关单位在建设箐口过程中征用他家田地时补偿了一笔钱，在资金上建设一幢房子基本足够，但是在各种物价上涨、资金不足以请小工的情况下，还是基本上只能依靠亲戚和朋友帮助来完成了。今天也是这样，是由他的亲戚来帮忙背砖到他家的。

房子的框架基本上要做成了，以后打理家庭的事情还等着他付出很大的心血。

上午，世博元阳旅游公司元阳分公司通知村民今天有云南省旅游局的人到村里检查工作，要求村民以及管委会员工做好以卫生事情为主的各方面事情。可是，不知什么原因，最终没有到箐口村来。这样的事情经常出现，有时是要发动群众认真做好家里、家外的事情，甚至是安排迎宾村民打扮好等很长时间都没有来的情况也出现过。

2011 年 8 月 17 日，星期三，农历七月十八，属龙，多云

下午，有元阳县旅游局的人带着云南省有关农家乐设计的人来村里考察。说是元阳县政府打算在村里开展农家乐，这种声音几年之前就出现过，但是，具体怎么开展、由什么样的人来做还没有具体的思路，这次应该是通过多次的考察做出的决定吧。

2011 年 8 月 18 日，星期四，农历七月十九，属蛇，晴

生活中，交易的事情总是要存在的，包括土地。表哥普灿一家人离开箐口村快三十年了，但是，老房子还留着。现在，他们虽然已经在外地买了房子，还是没有忘记老房子，想找一点钱再来建设一下，但认为原来的宅基地有点小，就让我和与他家宅基地接界的李宏家商量给一点地砌直石脚，给 6000 元作为补偿，也就是十几个平方米的一点弯墙，李宏也能接受，这样的一点弯墙，他们家也做不了什么。而且，他家秧田和菜地面积已经够大的了，以后要做这样的几幢房子一点问题都没有。

2011 年 8 月 20 日，星期六，农历七月二十一，属羊，阴，有雨

早上，管委会开会，通知 22 至 24 日会有公司主要领导来村里调查情况，要求员工认真工作，特别是卫生的事情。每次他们来，说得最多的就是卫生问题。村民意识低是一个主要原因，经济落后就不用说了。

2011年8月21日,星期日,农历七月二十二,属猴,晴

村里于2002年2月25日成立了一个管理委员会,主要是负责售票和监督卫生,属于元阳县旅游局下属的一个小组织。而农村的情况就是会变得特殊,村民主要忙着生产,平时领导来的时候,出于面子问题,管委会会组织打扫一下村里主要路面的卫生,时间长了,来的领导多,组织打扫卫生的情况就会频繁,打扫卫生也就成了他们主要的工作。这几天,又听说世博元阳旅游公司元阳分公司的主要领导要来村里,今天,就有箐口村管委会的人组织打扫村里的卫生。好在这时是雨水季节,水沟里面有水,打扫一下也很方便。

2011年8月22日,星期一,农历七月二十三,属鸡,多云间晴

正如昨天说到的,今天有世博元阳旅游公司元阳分公司的领导来村里调查情况,他们针对的主要就是卫生问题。而在我们农村,村民的现代卫生观念还在萌芽状态,各种设施还在建设中,哪里能达到人们所理想的境地呢?

2011年8月23日,星期二,农历七月二十四,属狗,多云

出门找钱也不是一件很容易的事情,卢荣祥说是在工地上受伤了,今天从蒙自市医院出院回来,要在家里疗养一段时间。年纪轻轻的,听说受伤的还是眼部,还要向对方索要一部分赔偿资金。

2011年8月24日,星期三,农历七月二十五,属猪,多云

转眼,两个月的暑期生活结束了,今天看见学生们开学了,在家长的带领下各自回到学校去接受新的知识了。

人,总是得找一点事情做,总得有点收入,日子才过得正常。朋友李祥自己驾驶车辆跑运营已经几年了,说是现在的生意不好做,便找了人到阳光公司上班。

2011年8月25日，星期四，农历七月二十六，属鼠，晴

大表哥普灿在元阳县财产保险公司上班，平时交往的人多一些。这次，也是从朋友那里知道石斛的药用价值，说是市场情况很好，好的品种一公斤都可以卖到1000元左右，他也想找些钱来栽培，要我一起跟着到金平县学习其他人栽培石斛的情况。我也希望有一点事情做，今天就和他一起过去了。晚上，我们就在金平县住宿，只能等明天回来了。

2011年8月26日，星期五，农历七月二十七，属牛，晴

我是昨天和大表哥普灿到金平县的，昨天下午到金平县参观了他的朋友栽培石斛的基地，他的老家就是金平县十里村，亲戚多，知道他过去，来跟他喝酒的亲戚也就多了。吃完饭时已经很晚，我们就在他们的县城住宿。今天才从金平县回来，到家已经很晚了，村里有什么事情都不知道了。

2011年8月27日，星期六，农历七月二十八，属虎，晴

昨天才从金平县回来，有点累，又是农闲时间，觉得没有多少事情做，就在基地好好休息了，什么事情等身体恢复一点再来做。

2011年8月28日，星期日，农历七月二十九，属兔，多云间晴

上午，张雨亮的妻子与村民小组调解张雨亮被打的事情。张雨亮妻子说，都是这么大的人，都是有儿孙的人了，好像不把她丈夫当个人一样，要求李正亮赔偿。

下午，李世华带队打工的七八个村民回来了，说是从元阳县大坪乡回来的。晚上，他们就杀了一条狗会餐，还请了隔壁的邻居来喝酒，看起来像是发了一笔财回来。实际上，他与我在晚餐喝酒的时候是这样说的，由于工程量过大，他的大老板资金缺乏，前期投入不了就退回来了，后来是被一个资金雄厚的老板挤出来了，原来大老板带出去的几个施工队就只好收了行李回来。都是这样的，做什么事情都要竞争，所谓"优胜劣汰，适者生存"。做一点建筑事业也是如此。

2011年8月29日，星期一，农历八月初一，属龙，晴，下午有阵雨

寨子脚的谷子黄了，快要到谷子成熟的时候了。

李树华家收谷子，他家栽种的是一种早谷，或许是适应不了这里的环境，长得不好，说是收谷子，还不如点一把火烧了，长出来的都是秕谷，一点也不饱满，一个人可以背几袋。不知道他家今年粮食真正能收多少斤，做农民做到这个份上也很惨的。

李明家打一层屋顶，建筑面积不大，来帮助的亲戚朋友也挺多的。村里做这样一个事情，亲戚朋友多了，也是很方便的。

下午，看见李学亮家做一个祭祀，就是有点不方便问人家做什么祭祀，有些祭祀要是被路人搭话了还要重新做的。

2011年8月30日，星期二，农历八月初二，属蛇，晴

上午，村里召开群众大会，商量村民入股办信用社，每人的股份是两百元起，政府参与，国家扶贫性给村里15万元的基金。村里要选举出纳会，把资金存入银行，临时需要周转资金的村民可以借用，第一次可以借3000元，最高可以借用10000元，是用来解决村民的突发事故的。

谷子到了成熟期，村民最反感的事情就是谷子被风吹倒，那样家人还要去捆缚。村民李志峰家的田块大，肥料充足，传统老品种谷子就很容易倒伏，他们一家人都在外地打工挣钱，他家的谷子昨天又被吹倒了一些，今天请了人捆缚。

2011年8月31日，星期三，农历八月初三，属马，晴

到了秋天的这个时候，寨子脚田里的鸟儿就会多起来，以前有枪的时候，我也不知疲倦地爱打鸟。但是，自从枪支被收缴以后，认为很多

鸟可以和我们人类相处。但是，有的村民还是私藏土枪，今天看见村民张某与李某拿着火药枪去打鸟，也不知道能打到多少。会不会被公安局发现罚款呢？

我认为，政府出台这样的政策总是好的，就是有人不自觉，明知道政策还要去违反。

2011 年 9 月 1 日，星期四，农历八月初四，属羊，白天晴，晚上有中雨夹冰雹

这天气，你说怪不怪？明明是八九月份酷暑难当的天气，却还会下冰雹。昨天晚上的一阵雨夹雷电把村里的一根电线杆给刮倒了，村里当然就停电了。为了不影响村里正常供电，今天，我们村民小组根据供电所的要求组织人手配合供电所修复倒了的电线杆，因为有些电线也被压断了，今天还没有完全修复，晚上也就不能供电了。

要不是亲身体验八九月份的天气箐口村还会下冰雹，我料谁都不会相信的。下午，我们就听说翻过一座山后的陈安村一带就下得大，还把很多村民家的谷子都被打掉了。真的，我查了手机上的信息，跟村民说大家都不相信，只是昨天看到事实以后才说是得相信科学。

2011 年 9 月 2 日，星期五，农历八月初五，属猴，白天晴，下午有中雨

昨天下午下过一阵雨之后，把村里的一根电线杆刮倒了，村里的电就一直停着了，昨天一天都没有修复好，没有电的生活还真不好过。虽然箐口村是祖国的边疆农村，但是通电已经是多年前的事情了，而且，经过这么多年来的线路检修，村里的电平时还是基本能正常使用的，很多村民家都电器化了，村里很多人家已经使用了电磁炉、电饭煲等电器，没有电的日子就像缺少了什么似的不好过。村里只要停电了，就可以在路边听见有村民发牢骚了。

下午有阵中雨，还起风，且夹着一点冰雹，要收割的村民的谷子也被打落了一些。要是再大一些，村民的谷子都可能被打落完了，到村民嘴里的肉不是要飞了？还好的是，村民的谷子多数只是倒伏还没有被打落，损失减少到最低程度了。听说，我县西南方向陈安村一带冰雹很严重，很多人家的谷子都被打掉完了。

2011年9月3日，星期六，农历八月初六，属鸡，多云间晴

这段时间，村民最怕风雨了，特别是栽种了传统老品种的村民家。前两天的一场风雨，就把很多老品种的谷子给刮倒了，这被刮倒的稻谷，要是不及时捆缚起来，成熟的谷子也要发芽、霉烂的。即使是雨水天，要是谷子被吹倒了，村民就只得穿雨衣、雨具捆缚，时间绝对不能拖延，所以，懒惰的年轻人就因为这点不喜欢栽种老品种，这是这些年村民栽种新品种的一个主要原因。

我们家的田就有点特殊了，地处山头上，又在寨子脚，村里的猪屎、牛粪会被水自然地冲下来，土质比较肥，要是栽种传统的高株老品种水稻是百分百要被刮倒的，田分到我头上后改种了矮株水稻。

2011年9月4日，星期日，农历八月初七，属狗，多云间晴

上午，村里成立农村互助社，参加会议的人有新街镇副镇长普志新、村委会李学及村里的互助社成员，主要是选举产生理事会成员：会长李文光，副会长李文才、李志学，出纳卢世华；监事会会长李新明、卢荣、李绍新。据说成立了这个互助社以后，急需要资金的社员可以在需要的情况下适当借用一点。

2011年9月5日，星期一，农历八月初八，属猪，多云间有阵雨

今天开始，有施工队要安装村里的路灯了。箐口，一个小小的农村要安装路灯，很多人在此之前是不敢想象的，村里没有什么经费，怎么

能安装路灯？路灯的费用谁来支付？这些都是问题。但是，早在几年前，根据游客来的情况，或者村里自己的实际情况，我们认为安装路灯是必要的，特别是上级来人或者过年、过节的时候。所以，我提出村里也要安装路灯，这次可能是政府会议批准了吧，今天开始组织施工队安装了。

在此之前，有人反对我们箐口村安装路灯。我是村里的党支部书记，又是副组长，就在私下里跟他说："村里安装路灯有什么不好？以后慢慢地每一个村寨都安装起来多好。"真的，我认为当一点小官，想为人民做一点事情必须要有一点远见，要有一点超前意识，方能为人民做出一点有利益的事情。

2011 年 9 月 6 日，星期二，农历八月初九，属鼠，多云间晴

上午，村民小组与农村互助社办理借款事情，说是第一批可以借款 3000 元。这 3000 元及时还款的，到第二次需要的时候可以借款 10000 元，这就可以帮助急需资金的社员周转资金。而有的村民不愿意去理解这些情况，也有不喜欢的村民。所以，这次参加农村互助社的只有 30 多户，多数村民还没有参加。

昨天晚上下了一夜的雨，从昨晚十一二点下到凌晨的四五点钟，到早上的七八点钟还有点小雨，基本上没有停过，只是到了中午十一二点才转晴些了。现在正是寨子脚谷穗抽穗成熟的时间，我们最害怕雨水过多，一旦下雨再加上有点风就会把村民的稻谷都吹倒或者全部长成秕谷，我们特别担心这一段时间的天气，生怕一年的庄稼在这么几天就泡汤。因为这样，今天同样有村民出去捆绑被风吹倒了的谷子。

2011 年 9 月 7 日，星期三，农历八月初十，属牛，晴

前两天下过雨后，这两天的天气变好些了，我们村民就是准备秋收前的工作。每天，到田里走一走，随手拿一把镰刀，除除路边挡人的杂草。

2011年9月8日，星期四，农历八月十一，属虎，晴

大后天就是村里统一过新米节的时间。人家过节，我们也过节，而这个节日主要是吃鱼，我也学着其他村民看一下自己家哪一垅田里鱼最多，到时候才好下手。

2011年9月9日，星期五，农历八月十二，属兔，晴

这两天天气情况好转，今天有李志学家收谷子，说是栽种的早谷，成熟得就要比其他水稻品种早些。听村民说这种谷子产量要比其他品种低一些，但是，生产也要根据自己家的实际情况来定。

李志学家的话，他们一家人都外出打工挣钱，不能务农的，这样，他们家就要选择要么早熟要么晚熟的品种，这样，可以与其他村民农忙的时间错开些，有利于安排生产，可以顺利地找到人手来做自己家的事情。他家今年也不例外，现在的多数村民还没有收割，趁着现在收割的话，就能找到人手。

明天村里就要过新米节，今天就有很多村民上街买菜，准备明天的伙食。下午的话，家庭主妇还要到自己家的田里背新谷子回来，准备明天要献祭的新米。

2011年9月10日，星期六，农历八月十三，属龙，晴

今天属龙，村里过新米节。与往年一样，我们箐口村过新米节就是热闹，家家户户都杀鸡宰鸭的，请了外地的很多朋友。

对于我们箐口村的新米节来说，主要是吃鱼，这个时候的鱼肥，吃起来也香。也许就是这样的原因，这个节日来村里做客的人多，每年的今天，停车场都要停满了车辆，很热闹。

2011年9月11日，星期日，农历八月十四，属蛇，多云间晴

昨天才过了新米节，明天又是中秋节了，所以，今天没有去跟着亲戚朋友家收割，而是到街上适当准备一点孩子们要吃的东西，好歹都是过一个节嘛。

我们箐口村的中秋节向来都很不热闹，但这些年来，年轻人都学着汉族，学着到街上购买东西回来。晚上，家家户户都放鞭炮、吃月饼，一年比一年热闹起来了。这或许就是哈尼族文化一点点变化的原因。

2011年9月12日，星期一，农历八月十五，属马，多云间晴

农民的事情就是生产。秋收不等人，到了时间要接着落实的。今天虽然说是中秋节，上班族该休息了，但村里还是有村民家去收割的，看见的有马卫华家、李文光家等，都希望在天气好的时候把谷子收了。

今天是中秋节，记得小时候，家里比较困难，说是过中秋节，家里也不过是给我们做几个汤圆吃．而现在，人们的生活水平在逐渐地提高，也学着汉族买蛋糕、水果、月饼等，比以前热闹多了，到了晚上还要鸣鞭炮。

今天是新米节后的第一个属马日，我们箐口村民还是按照以前的做法，村民小组组织村民去修路了，要求每户出一个劳动力。村民特别是中老年人都比较自觉，主要修理从麻栗寨河底到寨子脚的这一段路，适当修理一下，收割来去的村民也好走路了。

2011年9月13日，星期二，农历八月十六，属羊，多云间晴

新米节过了，中秋节过了，只要天气好，就会有很多村民家要忙着去收割了。今天看见收谷子的村民家有张立新家、李生明家、李文新家、李学亮家等。昨天才过中秋节，看今天的天气好，可以收割的人家就要忙着去收割了，逐渐地，我们箐口村就要进入秋收的农忙季节了。

早上起来，就听说李光明的母亲去世了。她已经是70多岁的老人了，这样的老人属于正常过世，年轻人也会想开些，只要好好料理丧事就行了。只是这段时间是收割的农忙时间，会有一大部分村民去收割而不会过来帮助了。再说，今天是属羊日，在我们村里来说，属羊日有老妇女去世，有一部分村民认为不太吉利。村民的意思是，属羊，翻译成哈尼语是"拥侬"，"拥"与房子是一样的意思，而妇女特别是老妇女就是守家的人，这样的人去世，没有了守家人，房子就要空了，也就有不吉利的意义了。村民们是这样分析的，具体会给家里带来什么不好就不知道了。

2011年9月14日，星期三，农历八月十七，属猴，多云间晴

今天收谷子的村民家有李庆祥家、李文祥家、张立新家、李跃家、李虎芬家、李红家、李学亮家等。因为天气好，收割的村民家就多了，这样天气好的时候收回来的谷子也好管理，要是在雨天收回来的谷子就难管理了，很容易发芽、发霉。种庄稼也很辛苦的。

昨天，就是有李光明的老母亲去世，处理完家里的杂事，今天就召集亲戚来奔丧。来的亲戚多，来帮助的村民也多，所以，李光明家今天的事情还是挺忙的。

2011年9月15日，星期四，农历八月十八，属鸡，多云间阴，有小雨

今天收谷子的村民家有李得卜家、卢永贵家、卢正学家等。今天的天气很不好，但还是有村民家出去收割的，都希望赶早把田里的庄稼收回来。因为村里有人去世了，到了开祭的时候还要停止农忙的事情去帮助丧主家，还得耽误一点农事，有人就想办法趁早收割了。

李爱生家购买家具，准备办他儿子李三的婚事。在此之前，李三与一个湖南女子相好并生过一个女孩，离婚后，李三又找了一个本地阿挡寨的哈尼族姑娘，准备成亲了，要像其他村民一样举办宴席，前几天就发放请束过来了。

2011 年 9 月 16 日，星期五，农历八月十九，属狗，多云间晴

今天天气好转了，又有村民忙着去收割了，如张正和家、张保祥家等。这个时候的天气一天雨一天晴的，今天好转些，收割的村民就会多。天气实在不行，收割的村民会少点。

李三家明天要办喜事，今天下午就杀了一头猪，还安排人手到街上购买所需要的东西。

2011 年 9 月 17 日，星期六，农历八月二十，属猪，多云，有雨

村里的话，今天有李三家办喜事，请客人。为了办好这桩喜事，他们家昨天就叫人杀了一头大猪，今天也是从早上忙碌到晚上，做一桩大事很辛苦的。

这次办喜事，也学着汉族写了请柬叫亲戚朋友来做客。我在他家隔壁，请到了自然要去做客，还要帮助处理一些后勤的事情。

今天有雨，但是，可能人员都定好了，还是有李扎卜家在收谷子。这样的雨水天收割就辛苦了，很佩服他们的这种精神。

2011 年 9 月 18 日，星期日，农历八月二十一，属鼠，多云，有雨

这两天，村民一边忙着收割，一边要帮助办理李光明母亲的丧事。今天，有麻栗寨的亲戚来丧祭。一个寨子的人，特别是沾一点亲戚关系的人家都要停止家里的事情来帮忙的，用村民的话说，死人的事情要比活人的事情忙。所以，即使没有亲戚关系，到了这个地步大家都会尽量放下手里的活计过来帮忙。

2011 年 9 月 19 日，星期一，农历八月二十二，属牛，阴，有雨

今天，村里送葬李光明的母亲。吃过早饭后，村民都可以适当地休息一下，我们箐口村送葬老人一般是在下午三四点钟，所以，到了 2 点左右，主人家鸣响两只大鞭炮通知村民以后都会主动过来集中。

今天天气不好，村里又送葬李光明的老母亲，一般情况下，多数村民是会停止手里的活计来帮助李光明家的，但是，自己的事情最终还是自己家决定，看见张小明家在收谷子，不知道是怎么安排生产的。当然，张小明家与李光明家没有直接的亲戚关系是最主要的原因。也许，张小明已经通知了亲戚朋友来帮助收割谷子也是一个原因。

2011年9月20日，星期二，农历八月二十三，属虎，阴，有雨

村里还有拍戏的人，原来说好有400多名村民参加，摆长街宴，他们参加的这些人都是付钱被邀请的，已经不再是传统意义上的长街宴了。

按照我们村的葬礼程序，今天李光明家请客，还要组织家族的人做好饭菜接待来的亲戚朋友，而我们做客的人是要过礼金的，这几年是20～30元不等，也许，以后生活条件好了还会上涨的。

2011年9月21日，星期三，农历八月二十四，属兔，阴，有雨

下午，李文光家开张农家乐生意，在村里请客，说是杀了一头黄牛，邀请了我们一个寨子的人来参加，宴席设在他们家。我也按时去参加了，给了50元的礼金。

村民忙着收割，而天气又变化无常。今天有雨，还是有村民去收割，看见的有张里保家。既然是决定了时间，通知了亲戚朋友来帮助，时间上就很不能改变了。所以，很多时候特别是插秧的时候，多数村民披着雨具也要劳动，生怕误了生产时间。秋收稍微好一些，要是下雨的话，懒惰的村民可能会停止收割的，但真要是到了不得不收的时候，村民还是要披着雨具去抢收。

以前，村里的妇女生小孩是不可能到医院的，现在的条件好了，快要生孩子的妇女就可以叫亲戚朋友开车送到医院接生。今天有李明的妻子送医院，说是要生孩子了，在家里没有人接生，到医院接生了再回来。

2011 年 9 月 22 日，星期四，农历八月二十五，属龙，阴，有阵雨

今天在磨秋场拍戏，有四百多个村民参加。这两天寨子里就热闹了。

今天收谷子的有马卫华家，他们夫妻都很勤劳，没有请亲戚朋友互换劳动力，妻子割谷子，丈夫负责打谷子，到了收工的时候一人背一点回家。

上午，电力公司电话通知村民去交电费，说是这个月有很多村民没有交电费，要求村民这几天尽快去上交。

2011 年 9 月 23 日，星期五，农历八月二十六，属蛇，阴，有大雾

该不会是因为有的村民没有交电费吧？昨天电力公司就通知村里有很多村民家还没有交电费，说是要给村里断电。今天中午 12 点开始停电到下午，如果时间回到十多年前，停一两天的电，甚至长一点的时间，村民都不会认为不正常。可是，现在来说，停一天的电我们都会感到很难受，像是回到另外一个世界生活一样。村里开发旅游以后，电力公司专门检修过，已经很少时间停过电了，这样突然停一次真的不适应。

2011 年 9 月 24 日，星期六，农历八月二十七，属马，阴，有雨

今天下雨，原来估计不会有村民家去收割了，但是，我到田里观察情况的时候知道今天还有马卫明家收谷子，在雨天里劳动收割是很辛苦的。

2011 年 9 月 25 日，星期日，农历八月二十八，属羊，阴，有雨

今天还是有雨，但还是有张志学家去收割的。而我这个人太懒惰了一点，只要下雨做不了事情，就会躲在基地看书学习，很少到村里观察情况了。

2011 年 9 月 26 日，星期一，农历八月二十九，属猴，多云

今天收谷子的村民家有李贵祥家、李明家、李院明家、卢朝生家等七八户。寨子脚的谷子，我看多数是收割完了，所以，没有收割的村民家也会着急，只要天气稍微好转就会抓紧时间抢收回来，生怕自己家的收割落后。

晚上，试点村里的路灯，还是能够正常照明了。农村有这样的路灯挺好的，特别是有什么事情的时候用来照明是最好不过了。我估计，在我们元阳县来说，除了县城附近的几个农村以外，我们箐口村还是第一批有路灯照明的自然村。

2011 年 9 月 27 日，星期二，农历九月初一，属鸡，多云

今天收谷子的有李成家、卢志明家等。

李成是我舅舅的儿子，就是我的表弟，平时与他相处得好，今天又叫我过去跟他家收谷子，我就到他家帮助了。等我家收割的时候再叫他们过来帮助，这就是互换劳动力的一种方式。箐口村民多数就是这样生产生活的，这种体力劳动，人多了好安排工作，完成的时间也快，多数就是这样商量着你家一天我家一天完成农事的。

2011 年 9 月 28 日，星期三，农历九月初二，属狗，晴

今天收谷子的村民家是李成家、卢世华家、卢永贵家、卢伟家等。天气好转了，收割的村民家就会多起来，这个时候白天的田里都是劳动的村民。

上午，有世博元阳旅游公司元阳分公司的人来村里检查工作，说是村里的工作以后可能由他们来接管。

2011 年 9 月 29 日，星期四，农历九月初三，属猪，多云

这两天天气好，我就组织了亲戚朋友去收谷子了，希望赶在国庆节放小长假之前把自己家的谷子都收回来。到时候，有什么事情都可以抽时间出来处理。

2011 年 9 月 30 日，星期五，农历九月初四，属鼠，多云

我们家今年没有请多少亲戚朋友来帮忙收谷子，所以，昨天没有收完，今天还得叫人去收割。田近，就在寨子脚，来去都方便。说实在话，路程远的，等他们到田里，我们已经收一两背谷子回来了。这是路近的一点好处，省些劳动力。

2011 年 10 月 1 日，星期六，农历九月初五，属牛，晴

今天是 10 月 1 日国庆节，对于我们箐口村管理委员会来说，来的游客会多，可以多售票，我们就叫它作"黄金周"。前几天开会决定，所有管委会的人都要值班，即使是秋收的农忙时间都不准放假，要求全部人员到岗，落实以下工作：

第一，要保证景区里面的卫生，要求管委会人员随时都要去检查并打扫好村里路面卫生。第二，该演出就要演出。如果来的游客多了，管委会文艺队就要演出，增加游客的观赏项目。第三，要是来的游客多，还要配合售票员卖票、验票，保证工作顺利进行。第四，管理好停车场的停车工作。要是像往年游客多的话，村里的停车场也显得小，会出现拥挤的情况，会给游客带来不满，他们还会投诉。

而对于村民来说，已经是秋收的农忙时间了，只要天气好，村民是要去收割的。我也是这样，今天不是跟张三收割就是与李四收割，很少注意其他村民的事情。

2011 年 10 月 2 日，星期日，农历九月初六，属虎，晴

村里已经是收割的农忙时间了，只要天气好，我们做农民的早出晚归，每天都要与亲戚朋友去收割。今天，我跟着堂弟张五收割，现在的人收工不会像以前的老人那样晚的，但是，相比之下今天还是有点晚，回到家里已经是 7 点多了，正常的情况我们一般 5 点左右就收工了，六点左右就要在家里吃饭。

同时，因为是国庆节，很多单位都放假了，出来旅游的客人也稍微多了起来，村里也热闹起来了，管委会文艺队每天还是演出几个节目，观看的游客还是会有几个的。

2011年10月8日，星期六，农历九月十二，属猴，多云转阴，晚上有雨

今天收谷子的人家有李贵文家、张斌家等。对于多数家庭来说，收割和插秧是需要互换劳动力的，多几个人手才好分工劳动。

2011年10月9日，星期日，农历九月十三，属鸡，多云转晴

今天的天气比昨天稍微好些了，看见收谷子的村民家有李上嘎家、张正明家等。由于天气的原因，有抢收和抢种的情况，该收割就收割，该播种就播种，很多时候是由不得人的，一旦过了时间就会耽误生产而影响收成。

2011年10月10日，星期一，农历九月十四，属狗，多云间晴

收谷子的村民家有李永忠家、李正超家等。李正超家栽种的说是杂交水稻，正常来讲，杂交水稻多数都生长快，收割要比其他的水稻早，但是不知道他家栽种的是哪种新品种，到今天才去收割。

李庆华家搭田埂。他已经近40岁了，由于一直都在外地打工，很少从事田里的事情，还不会搭田埂。现在，几个兄弟分家出来，他们也只是偶尔管一下，多数还得自己管理。到现在的话，只有付钱请其他村民来搭田埂了。这两年搭田埂，一个人一天的工价是60元，供他们吃饭。不过也不要紧，几个弟兄分家后，分到的田也不多，就是一亩左右，只要请两三个人一天就完成了。作为一个大男人，要是连这两块田都管不了，说出来是要被村民笑话的。

收谷草的有李永福家、卢永贵家等。前几天的太阳不是很好，但

多数需要谷草的村民家还是急着收谷草的，得趁着天气好晒干了捆起来堆着。

2011年10月11日，星期二，农历九月十五，属猪，多云间晴

收谷子的有张文和家，是收糯米。高文华家也在收谷子。高文华家缺乏劳动力，他常年在外地打工，两个老人身体不佳，插秧时间有点晚，老人家又喜欢种老品种，谷子成熟就要晚一些了，所以，今天是召集了亲戚来收割的，嫁到麻栗寨的女儿也带着老公过来帮忙了。

今天的天气还是算好的了，看见收谷草的有李生明家、李建国家等。真的，收谷草要趁着天气好，一旦天气变化了就不能收。所以，只要谷草能收的话，有的村民还会停止收割水稻去收谷草，收谷草比收割稻谷还要赶时间。

今天，看见李庆锋犁自己家的田。他们五个弟兄分家后，每家也只分到一亩左右，田块就少了，只要犁几个小时就好了。趁早犁好田就可以出去打工挣钱了，要不然，一家四五个人仅依靠分得的田，收回来的粮食是不够吃几天的。

2011年10月12日，星期三，农历九月十六，属鼠，多云

我自己没有养牛，不是很需要谷草，老父亲却为了我们几个兄弟种田方便还辛苦地养着牛，叫他卖了买酒喝也不干。本打算我家的谷草是收了给老人家的，但是，我们基地的茅草顶全坏了，需要换新的，我们又没有经费，只能收这些谷草回来，到有时间的时候修复一些。所以，这两天我就趁天气稍微好一点，在田里收谷草，一根谷草都不留，免得到时候不够了还要出钱买。

2011年10月13日，星期四，农历九月十七，属牛，多云

昨天，我趁天气好去收谷草。没有办法，妻子还不是劳动能手，她不愿意跟着我把谷草收了，只有我一个人，一天能收多少就收多少，没有钱去请其他人来帮助我收。不过，只要天气好，我一个人两三天也能收好，就是担心下雨把谷草淋湿了。

2011年10月19日，星期三，农历九月二十三，属羊，多云

在村里来说，这一段时间村民主要是忙着收谷草和整治日埂了，有少部分村民家开始搭田埂和犁田。这个时候搭田埂和犁田是有点费劲的，因为谷桩还没有冻死，根还深，自然就费劲，只是要外出打工挣钱的就忙着尽快整理。

上午十一二点的时候，卢开亮的子女背着他从田里回来，说是早上去犁李志文家的田，突然发起病来，被一个全福庄的人看见倒在田埂边，然后告诉了家人带回来的。回来的路上，我看已经不省人事，应该是有点严重了。

2011年10月20日，星期四，农历九月二十四，属猴，多云

早上，得知昨天病倒在田边背回来的中年人卢开亮去世了。上午，村民们又得转过来帮助他们家料理丧事了。他的棺材是从街上买回来的，家里只要砍倒一棵树，请一个师傅按照哈尼族的民俗做一个"木纹"就行了。村里能做这种"木纹"的师傅不多了，就那么几个，有卢正华、张正祥、张明生等几个，每当寨子里有老人去世都能看到他们几个人的身影。

卢开亮的去世太突然了，村里缺医少药，平时又忙着各自的生产，没有到医院检查的习惯。昨天早上，还能正常赶牛出去劳动，谁知道突然生什么病，在犁田时倒下了，再也不愿意醒来。

李志学家请了李院文等几个年轻人去搭田埂。年复一年的，别人家栽种他们家也栽种，别人家收割他们家也收割，而自己家人不会栽种就得请其他村民来，就需要付工钱了，每次都要付上千元，而工钱是一年比一年高。

2011 年 10 月 21 日，星期五，农历九月二十五，属鸡，多云转晴

从这个月的天气来看，已经有多日没有很好地看见太阳了，今天收谷草的村民家是张龙家。

搭田埂的村民家有李建国家、李院生家、李庆文家等。这几天的话，村民都抓紧时间做一点农事了，因为他们都知道，过几天卢家办丧事的时候都要去帮忙，时间就要被耽搁几天。一个寨子，别人家的事情也有我们的份儿。

2011 年 10 月 22 日，星期六，农历九月二十六，属狗，晴

表哥普灿也好玩，说是朋友给他买了一盆螺蛳，叫我带过去他们家蒙自市。他有车，过去的时候不随手带回去，叫我费时间、费精力的。不得已，我只能放下自己的事情带着一盆螺蛳到蒙自去。正是农忙时间，又要花费我两天的时间。

2011 年 10 月 23 日，星期日，农历九月二十七，属猪，多云

我昨天过去了一下蒙自市，在那里休息，于今天上午起早回来，这一去一回的又是花去两天时间。这样的时间花得一点也不值，坐车还是有点累的，本来想休息，但是回到寨子里，得知卢正华家准备明天要开祭的物资，我得不顾劳累去帮助他们家做一些力所能及的事情。

这样的大事，我们村是要相互帮助的，不分张氏家、李氏家，除非有什么特殊的事情不会来帮助之外。从这一点上来说，我们农村的人气是很旺的。

2011 年 10 月 24 日，星期一，农历九月二十八，属鼠，多云间晴

今天，村里主办卢开亮的丧事，他虽然个子矮小，但是，平时为人和睦，与村民很友好，没有听说过跟谁吵嘴的事儿，而村民家的谷子也基本收完了，可以停止手里的活计来帮他家料理丧事了。

卢开亮是从全福庄上门来二李家的，也许是老家那边的人认为他死得过早，很同情他家，村民都说老家那边的人都来帮助了，做什么事情都尽力与我们村民配合，事情都顺利做好了。我们农村嘛，都是出憨力气的活儿，这个时候就可以说人多力量大了。

2011年10月25日，星期二，农历九月二十九，属牛，阴，有雨

今天，村里的主要事务是送葬卢开亮，收割的事情基本忙完了，年轻人是要集中起来送葬的，没有送不出去的老人。何况我们寨子有两百多户，出来二三十个年轻人就搞定了。

2011年10月26日，星期三，农历九月三十，属虎，阴，有雨

今天，卢正华家请客接待亲戚朋友，正常地过渡一下，看起来一切事情都办得很顺利。但没有不透风的墙，我听到有些村民说他家的牛肉被管牛肉的人私藏了一点，搞得主人无奈，村民也不愉快。

2011年10月27日，星期四，农历十月初一，属兔，阴，有雨

我们云南大学哈尼族调查研究基地建起来已经五六年了，由于天阴下雨，茅草顶已经坏了，要是今年不再修复的话，明年就要漏雨了。所以，在没有经费的情况下，我把自己家田里的茅草收回来，今天请了几个朋友修复了一下，总算了却了一个心愿。

卢正华家做祭祀，封住老人去世时打开的房子后墙洞口。还算及时，前天送出去，昨天请客，今天就是新一月的一天，他家做了这个祭祀就可以做其他事情了。

2011年10月28日，星期五，农历十月初二，属龙，多云间晴

上午，大表哥又打电话来，要我跟着他到黄草岭乡龙塘村委会门龙村过哈尼族的十月年。我是哈尼族，但是还没有去过那么边远的乡下过这种节日，也就跟着过去了。那个村是在一个山头上，缺少田地，基本没有一块半亩大的田地，比我生活的地方辛苦多了。

2011 年 10 月 29 日，星期六，农历十月初三，属蛇，阴，有雨

昨天，我跟着大表哥普灿到黄草岭乡过年。几个朋友过去，说是过年，对我们男人来说其实就是喝酒，与他们喝到晚上，从这家喝到那一家，饭菜没有吃几口，就是喝酒。好在他们那边喝的都是自己酿的酒，很纯，不闹肚子、不闹头，容易醉也容易醒。

2011 年 10 月 30 日，星期日，农历十月初四，属马，多云间晴

前天晚上 11 点左右才回到家里，喝了不少酒，又没有吃多少饭菜，坐车又累，虽然昨天休息了一晚，今天感觉还是困着，什么也不想做，到田里瞎转了一圈回来就休息了。

2011 年 10 月 31 日，星期一，农历十月初五，属羊，多云

快要到年底了，上面催我们收农村合作医疗费用。今天上午，我和李树华去收取，很不幸，我在卢文华家院子旁边的一块石头上摔倒了，使出自己年轻时候学到的功夫用左手去撑地的时候不慎脱节了，像断了似的很痛，虽然及时被稍微懂一点医术的李树华复位，但我还是不放心，担心伤到骨头，还是到医院检查了一下，检查结果说是关节复位了，没有什么问题才回来。

回来以后，就是痛，静不了心，什么事情都不想做，只能躺着休息，惨痛的教训是做什么事情都要小心。我当时看着那块大石头很平整，却没看到下面的小石头不稳定，当我踩上去的时候大石头就晃动了，我的身体顺着石头倒下去了。

2011年11月1日，星期二，农历十月初六，属猴，多云有雨

因为我昨天摔了一跤，左手关节脱臼，很痛，根本没有心思做什么事情。

2011年11月2日，星期三，农历十月初七，属鸡，多云有雨

没有办法，手还是很痛，只能在基地休息，心里面想着要记日记，但我就是没有心情。特别是晚上，脱臼的左手关节特别痛，难以入眠，无法想象平时坚强的我在这一刻是多么的难受。

2011年11月9日，星期三，农历十月十四，属龙，晴

休息已经十多天了，是该静下心情做事情了，但是心情真的烦。休息不住了，就出来到处走一走，跟朋友们聊聊天，调节一下自己的情绪。很想在电脑上写点什么，可是已经十多天没有动手了，头脑也一片空白，不知道该写什么。时间倒是好过，事情却这样耽误了。

2011年11月10日，星期四，农历十月十五，属蛇，晴

天气晴朗，眼看着寨子脚村民家的田都要整好了，自己着急也没有用，手确实还很痛，没有劲拿起锄头劳动。我心里这样想：没有事的，几小块田，反正在插秧前整好就行了。自己忍痛割爱，每天换一两次的云南白药贴。虽然是手上的一点伤，没有涉及内伤，每天这样换一两次的药，时间长了，还是花去了一点钱了，这对困难的我还是一种考验。

2011年11月15日，星期二，农历十月二十，属狗，晴

我的手还是很痛，想静静地休息。但只是有一点小伤的我怎么也闲不住的，今天是忍痛到田里锄草了，手还不能正常使劲，但只要天气好，就是要锻炼自己的手。田离寨子近，更换的劳动衣服就在田棚边，每天锻炼一阵也没有什么，就算每天只能锄一块田埂的草，四五天就能锄完了。

2011 年 11 月 22 日，星期二，农历十月二十七，属蛇，晴

这几天天气很好，老天故意要给村民种田似的，每天都有很多村民去整田，希望赶在冷天气来临之前把田整理好。我就没有办法了，手还是痛，看样子今年自己是整不了，看别的村民家都整好了，我只能请其他村民来整理了。下午，让妻子去请平时给村民整田的两个中年人李文宽和李永华明天搭田埂，每天每人的工钱是 60 元，还给他们提供吃饭、喝酒。也罢，自己不能劳动，就只有请他们去整理了。

2011 年 11 月 23 日，星期三，农历十月二十八，属马，多云

就像我昨天说到的，我请了李文宽和李永华搭田埂，每天的工钱是60 元，供吃饭。没有办法，自己因为收合作医疗费用的时候不慎左手脱节，到现在还不能正常活动，一直用云南白药膏贴着疗养，有一段时间了，现在还在治疗之中。眼看冬天就要到来，别人家的田都要整好了，有点过意不去，就只有请他们两个朋友搭田埂了，犁田的事情过后再说。

2011 年 11 月 24 日，星期四，农历十月二十九，属羊，晴

自从我们四个兄弟分家以后，每家就只有三四亩的田地了，每家所需要的劳动力就自然少了。今天还是继续请他们两个朋友搭田埂，正常情况下，两个人两天就完成了。

我也很想去劳动，自己家的田就在寨子脚下面，距离很近，一般情况是不用请人的。自己像玩什么似的，心情好的时候劳动一阵，把自己的劳动衣服挂在田边，想干了就换一下，想休息就休息，一年里头就那么几天，一点也不用着急的。只是这些老人啊，可能眼看着不舒服了，特别是舅舅和老父亲路过都要问为什么到现在还没有整好田，让我很不好意思，我得赶紧想办法处理好。

2011年11月25日，星期五，农历十一月初一，属猴，晴

做农民的，自己家要是没有劳动力，或者自己家人要外出务工的话，田里的事情也只有交代给其他人来管理了。以前的农民去栽种别人家的田要给主人家田租，现在的话，主人家是要给管理人钱，有的能够外出挣钱的人才不来管理田呢，或者，有的人家的田水源不方便，种田费劲的也要算计一下。今天看见卢沟惹家请了卢正荣搭田埂，也是请小工去搭的。没有办法，自己家没有劳动力就只有付钱请人了。

水卜龙村施正超家过来看我们寨子脚他们家的田，说是原来栽种管理的李文才家因为劳动力不够不想再去管理了，从今年开始就要交给主人家管理了，所以，今天叫了主人家来看一下情况，等于说是交接仪式，两家商量一下，另外找人来管理。

2011年11月26日，星期六，农历十一月初二，属鸡，晴

人身体不好，什么事情都不想做。明知道这个月的日记要多记一些，但是身体不好，心里痒痒的，静不下心，整天只想瞎转，一只手操作电脑又慢，主要还是心情平静不下，烦得很，一天打两三个字就觉得累。所以这个月就写得少了。

2011年11月27日，星期日，农历十一月初三，属狗，晴

今天，箐口村管委会清理村里的停车场。没有办法，到现在为止，箐口村民小组没有什么经费，人少事情多，管委会在村里售票有收入，村民用剩的建筑垃圾管委会看不下去了，今天是组织了人员来处理，接着还处理了村里的主要路面卫生。

村民小组与管委会之间的关系是应该理顺一下了。管委会管理售票，售出票额款返回来之后多少有一点工资，而村民小组就是每天1元的工资。管委会应该是在村民小组管理之下工作，管委会有什么事情还要劳烦村民小组，村民小组却得不到一点报酬，这是不对的。

2011 年 11 月 28 日，星期一，农历十一月初四，属猪，多云间晴

因为村里的建设，停车场到处是乱七八糟的建筑垃圾。现在，村里基本停止施工了，领导们一进来村里就要说停车场的事情。今天还是有管委会的人冲洗停车场，已经两天了，今天清洗得差不多了，算是了却了一件大事。

2011 年 11 月 29 日，星期二，农历十一月初五，属鼠，阴，有雨

现在的兵役制度改革了，服兵役从原来的三年制改成两年制。时间就是快，去年去当兵的李金华于今天下午退伍回到家里来，买了一点菜回来，请隔壁邻居和朋友吃饭、喝酒。

没有办法，要是有点文化水平，身体好，服役三年以上的士官津贴就多了。现在的部队待遇好，要是技术过硬是可以多服役几年的。但是部队的要求高，要有知识、有技术的，李金华学历低、文化少，估计是没有办法留在部队的，只能用最原始的话来说了："从哪里来回哪里去"。

2011 年 11 月 30 日，星期四，农历十一月初六，属牛，多云

今天，李建华家运水泥回来，说是准备浇灌第二层屋顶了。说实在话，在一个寨子里，眼看着其他村民都建起了新房子，自己还住着老房子是不甘心的。前两年，政府给予了一点补贴，村里大搞建设，很多村民的老房子都拆换了。所以，其他没有拆换的村民也不会甘心的，这两年又先后建设了很多房子。

村里的文艺队进行排练，说是快要到年底了，逐渐地会有游客来，要是来的游客多了，就要演出给他们看。

因为前一段时间村里的建设，建筑垃圾有点多。上午，管委会还是在村里的主要路面进行冲洗。能做好一点是一点，被县里作为旅游村重点开发的箐口村，当然要与其他村寨有所不同。

2011年12月1日，星期四，农历十一月初七，属虎，阴，有雨

快要到我们元阳县政府组织的梯田文化旅游节了。根据安排，村里预定摆所谓的长街宴100桌。就是因为这样，上午，就有新街镇的领导来村里检查卫生，他们要求我们箐口村民这几天把村里的卫生打扫干净，配合政府一起做好村里的事情。

中央电视台《乐游天下》的剧组来村里采风，还请了一些村民参与配合他们拍摄。原来是打算要在我家的田里进行拍摄，只是因为今天一直下雨，我家的田埂搭起来不久，有些软，还不便于他们行走而改选到其他村民家的田里拍摄去了。

卢学锋家到多沙村丧祭，不准备请大客，请的村民不多，只是请了他们卢氏家族的人和村里与他们家比较亲近的人，这种村民称为"实报实销"，也就是根据主人家的想法请多少人过去，回来感谢帮助的人再吃喝一顿就解决了，无须购买太多的东西，只要根据所去的人数办理伙食就行了。这种情况其他没有请到的村民一般是不会去参与的。还有一种做法是请整个寨子的村民一起去参与，这种情况除了没时间的村民家之外每家每户都安排一个代表参加，除了在办丧事寨子家办伙食用餐之外，回到自己的寨子还要杀猪请客，而到家里来做客的人就要给一定的礼金。近些年来有所改变，很多村民家都不愿意请客了，而是准备了所要吃喝的食物，够过去帮助的人回来的时候吃一餐就行了。

2011年12月2日，星期五，农历十一月初八，属兔，多云间阴

上午，卢学锋家返回来，就像昨天说到的一样，由于没有请大客（所谓请大客，村民的意思是说他家要花更多的财物请全寨子的人和附近村寨的亲戚与朋友来参加祭祀，准备够所预算的人的伙食），他家就没有再准备更多的食物了，只是在从丧家带回来的食物中适当加一点办伙食。出于礼节性的，下午用餐时他们家要请帮助的人吃饭、喝酒。一般情况下，去帮助的人会应邀而去。

下午，李志祥家做后院祭祀，摩批是李建国。帮忙的人有既是家族人又是邻居的李爱生、李小生、李朝生、李正祥等。这种祭祀在村里来说是一个大祭祀，如果家里没有出现什么大的灾难一般是不会选择做这样的祭祀的。主要祭祀品要有一头肥猪（农村经济不允许的情况下用小猪来代替），加上一些素菜就够三五桌人吃，参加的人不限制，所以，谁家做这样的祭祀都会请自己的好朋友和隔壁邻居来参加，包括妇女。一般情况下，这个祭祀中很多村民都在院子用餐，且除了吃剩的素菜可以带回屋，肉是不带进屋内的。

2011年12月3日，星期六，农历十一月初九，属龙，多云间阴

12月3日到5日是我县的梯田文化旅游节，县里已经明确布置说明天要在村里摆一百桌的饭菜。今天，村民小组组织搞卫生，这是村里作为民俗村以来的一项工作了。自从箐口村作为民俗村来开发旅游，一旦县里开什么大会或者遇到什么样的节日都要把箐口村作为重点来抓，卫生是一项重点，在村民做不到位的情况下镇里也要安排工作人员来抓。通过这么几年的辛苦和努力，村民的卫生意识的确是得到了一定的提高，只要通知一下，很多村民会自觉打扫好自己房前屋后的卫生以及分给自己的卫生区域。

出于卫生条件和烹调技术的考虑，这次梯田旅游节村里安排的一百桌饭菜是分给开农家乐的卢世华家、李永福家、李文光家、李志学家来做，他们4家每户承担25桌的饭菜。于是，他们几户人家从今天就请人准备了。

对于这样的安排，部分村民是有想法的，说什么这样的好事只会安排给富有的人家而不安排给一般的村民，我认为这很正常。在此之前政府为了避免这样的舆论而进行过实验，依次安排给农户来做，结果有人家因降低成本不按照要求来做而出过洋相，之后就有选择性地安排了。通过这么多年面对面地与村民生活、交流、调查与体验，发现有的事情

即使你在做决定之前通过一定的调查、核实，认为可行再去做，最后还是会有人说三道四。

2011年12月4日，星期日，农历十一月初十，属蛇，阴

今天天气很不好，有点阴，还下着点蒙蒙雨，但村里是很热闹的一天，早早就在陈列馆广场到停车场的村主路上摆好了桌子，时间一到就上饭菜，准备迎接县里安排来的领导、游客，包括听到这个消息后凑热闹的人，坐在所谓的长街宴会上过梯田旅游节。

一天里，我也跟着他们瞎转，不知道整天忙着什么就过了一天。

2011年12月5日，星期一，农历十一月十一，属马，阴，有小雨

今天的天气还是很冷，根据手机信息上的报告，知道外面有很多地方都下雪了。可能是处在祖国的南方的缘故吧，箐口一年四季的气候都比较温和。雪，很多年都与我们箐口村无缘，很多年才偶尔遇到一次。从这一点来讲，我对小时候我们学的教科书是有意见的，书里描述说雪怎么怎么美，可是，在南方的孩子，包括我小时候就很少见到雪，可以说根本就不知道雪是什么样子。那时，叫我写一篇关于雪的作文是无法表达的。我认为，教科书在宏观把握的情况下还是有所区别得好。还是以我的主观经验来讲，南方边远地区的孩子根本就不知道雪是什么样子，我相信北方的孩子有的也根本不知道北国白雪皑皑的时候南方正一片绿色。举个例子，他们知道草果是什么样子吗？用来做什么？长在什么地方？

2011年12月6日，星期二，农历十一月十二，属羊，阴

因为天气冷，我的手又在上个月收取村民合作医疗费用的时候受伤了，还没有完全康复，很难使劲，心情不好，不想做什么事情。

2011 年 12 月 7 日，星期三，农历十一月十三，属猴，阴

天气不好，手又没有康复，心情不好，事情也不想去做，今天也是在家休息。

2011 年 12 月 8 日，星期四，农历十一月十四，属鸡，晴

今天的天气好转了一点，因为我在上个月收农村合作医疗费的时候手脱臼受伤了，恢复有点慢，自己还不能进行田里的劳动，今年的农活只能叫亲戚朋友帮忙了。搭田埂是请村民朋友做的。我的田还没有犁，田又在寨子脚，过路的亲戚朋友看见了会说的，所以，我就以 300 元的价格包给了麻栗寨的研文去犁田。中午的时候我给他带了一点饭过去，青年人叫中年人干活，心里是有点愧疚的，但是手确实没有力气。

2011 年 12 月 9 日，星期五，农历十一月十五，属狗，多云

昨天的天气好，今天的天气变化了一点，但是我们家的田昨天没有犁完，今天还是叫研文去犁田了。

因为这次犁田，谷桩有点深，一天是犁不完的，今天再犁几个小时就行了。今天完成了，晚上吃饭也香一点，心情也好过些了。只是，犁田并不是说谁都能认真犁的，有的人就是很马虎，包括我家请的这个朋友，还没有我犁得好。但今年没办法，自己的手受伤了，不能去干田里的体力活。

2011 年 12 月 10 日，星期六，农历十一月十六，属猪，阴，有雨

昨天，基本把田里的事情做了，明知道请的人不好好干活，但自己的手受伤了不能做活计就只好认了，今年的情况就这样吧。我的叔叔跟我开玩笑说，今年的田犁得很好，要我也请师傅给他家犁田。

2011年12月11日，星期日，农历十一月十七，属鼠，阴，有雨

我知道，我们村有钱人少，大老板没有一个，工作人员也少，在我们县里工作的一个也没有。不知道政府领导怎么看重了我们箐口村，从2000年以后，每年都投入了不少的资金来建设，现在倒是基本像一个寨子了。

在我们这样缺乏经济来源的农村建一幢房子还是很费劲的事儿，李祥家建房子已经一段时间了，今天才打地板。

2011年12月12日，星期一，农历十一月十八，属牛，多云间晴

人的一生，天灾人祸还是难免的。外甥李以后出了事情，从电线杆树上掉下来，好在没有摔死。他们一家人没有读过几年书，出门不多，语言也不通，要我跟对方商量事情。今天就到南沙镇看情况，事情不顺利，晚上就在南沙休息了。

2011年12月13日，星期二，农历十一月十九，属虎，多云

昨天，因为要去办外甥李以后的事情而下南沙，事情不是那么顺利，晚上就在南沙休息了，今天上午才从南沙回来。这不是出力的事情，但跟对方商量这种事情也是很头痛和折腾心智的，还是会感到有点累，加上自己的身体又不好，今天又是休息了一天。

2011年12月14日，星期三，农历十一月二十，属兔，多云

在我的几个朋友中，卢世华是个很勤快的朋友，初中毕业后，就不时地会带着弟兄干一些工程，家里也开了一个小商店让妻子管着。这些年，他又在家里做饮食服务生意，做的村民不多，还是赚到一些钱了，自己买了一辆面包车来用。这两年可能又是赚到些钱了，今天把面包车卖了，准备再买一辆新车开。

2011 年 12 月 15 日，星期四，农历十一月二十一，属龙，多云

今天，元阳县政府工作人员和新街镇工作人员来村里召开乡村旅游工作会议，宣传下一步治理村容村貌的政策和制度，并在陈列室广场组织村民召开群众大会，要求村民做好自己家房前屋后的卫生，以及室内的卫生。

我也发现了一个问题，就是家里的东西摆放太零乱了，不知道村民一天都忙着什么。很多人家的衣物、农具摆放都很零乱。有的人家从外面看来已经建起了新房子，进到里面依然是乱七八糟的，我作为一个本村的人，有时候还是看不下去的。有的人家可能多年的蜘蛛网都没有扫过一下，房前屋后的塑料、草木等垃圾也很少处理，可能生活惯了觉得无所谓了。

因为我县的医疗设备或者技术水平都低，我的外甥李以后是送到个旧市人民医院治疗的，过去的时候说是很严重，都快出现生命危险的地步。出于人情，今天我还是去看望了。说实话，仅仅是看望罢了，我又不是医生，不懂他们的行当，只能是看望一下，送几个水果，尽一点人情就回来了。

2011 年 12 月 16 日，星期五，农历十一月二十二，属蛇，多云

下午，李院忠的儿子夭折了，应该是一岁左右，而且还是属于超生的，听村民说刚办完超生罚款以及户籍手续。很不幸，明明是出了钱超生的，到这个时候又死掉了。

我听村民说，李院忠的父亲是麻栗寨人，就是说他父亲李世才这一代才从麻栗寨迁移过来箐口，从李院忠一代才是真正的箐口村人。李院忠只有一个儿子，认为家庭的力量小，家里出了什么事情都没有商量的人，所以才又生一个的，只是这个孩子有点不幸运，只养这么大就死去了，我估计他们家还会再生养一个的。

2011年12月17日,星期六,农历十一月二十三,属马,多云

下午,有罗金得的妻子和李以略从阿挡寨用汽车运回来柴火。说实话,现在多数人家都用上了电磁炉、电饭煲等生活用具,很少有人用柴火了。但是,养猪的人家,多数都是熟喂,还没有听说生喂的。所以,这些人家就需要大量的柴火,不时地就会看见有村民砍柴火回来。当然,村里办大伙食的时候,特别是办丧事的时候,每户人家要凑一点柴火的,有的人家就砍遮挡庄稼的柴火回来以备用。

2011年12月18日,星期日,农历十一月二十四,属羊,多云

今天,跟着朋友李祥到个旧市人民医院看望外甥李以后,来去又是一天,哪里有精力去做其他的事情,回来吃过饭就休息了。

2011年12月19日,星期一,农历十一月二十五,属猴,多云转晴

我曾多次在日记里说到,村里的茅草屋顶要是用稻草的话,正常寿命是四五年,用山上的茅草的话,寿命会长些,可能可以用到十年八年的。20世纪50、60年代到80、90年代,咱们中国还是困难的,箐口村当然就不用说了。所以,村民建房子都只能就地取材,用的是地里的石头,田里的土,树林里的木材,山上的茅草,村民只能简陋地居住着,只能那样生活着。今天李国忠家拆换茅草房,他家就是传统的茅草房子,时间长了,茅草风吹雨淋的,有的地方出现漏水了,今天就叫来几个亲戚邻居进行拆换。

2011年12月20日,星期二,农历十一月二十六,属鸡,多云转晴

在我们村里有一句老古话:"没有事情做就拆旧茅草屋。"我分析的意思是,这一段时间,村民都是农闲时间,很没有事情做,而茅草是两三年就要拆换的,现在又是旱季,收回来的谷草、山上的茅草正适合做茅草房，等翻过年，谷草要被老鼠啃烂了，山上的茅草也干透完没有了，四五月份雨水来临了，茅草屋就要漏雨了，所以，正是适合拆换茅草房顶的时候。因此，这几天都会有村民家拆换茅草顶，今天就有卢建忠家拆换。

这一段时间，妇女们能做什么呢？只要天气晴朗，勤快的妇女们就开始翻地了，主要把地里的杂草挖翻了让太阳晒干，等到了年初，再把晒干的杂草烧了做地里的肥料，这是这一段时间的主要农事。今天看见李志祥的妻子等去挖地了。

当然，因为是农闲时间，我们箐口村的地又少，也没有几分地要挖的，而现在是经济的时代，妇女们都知道钱的重要，所以她们相互之间都联系找事情做，希望吃得好一点，穿得好一点，日子过得安逸一点。

2011 年 12 月 21 日，星期三，农历十一月二十七，属狗，多云转晴

今天下午，停车场摆放了很多柴火，不知道是谁家的。我们知道，逐渐地，很多村民家都用电器了，家庭卫生条件也好转了，但是，养猪的村民家还是需要柴火的，每隔一段时间，还是会有村民家从山上运柴火回来。

有人说："铁打的营盘，流水的兵。"我要说："不动的梯田，更换的汉子。"谁知道梯田养育了多少代哈尼人？年轻的时候，张志学也是个勤快的种田能手，到现在已经 60 岁左右了，身体一年不如一年，这几年很少看见他来田里劳动了，只能负责家里的一些轻活计，管管牛，放放水。今天他家犁田也请了其他村民。我就想：一个人，在岁月的长河里是很短暂的，能劳动，正常发挥一个人潜能的时间也不过是三四十年。我正是三十八九岁的样子，正是要珍惜的最好时光。

2011 年 12 月 22 日，星期四，农历十一月二十八，属猪，多云转晴

今天是冬至，附近的土锅寨村、小水井村等彝族寨子把这个冬至作为一个节日来过，要杀鸡、杀鸭子，有点热闹。昨天下午，土锅寨的林正光来村里请他的朋友到他们家过节。不知道是什么原因，我们箐口村民对这个冬至没有什么动静，没有把它作为一个节日来过，这可能是一个历史的沿袭。读过书，懂一点文化的村民就知道从今天起太阳开始往北回归，我们这边的黑夜将慢慢缩短，白昼慢慢变长，一年的春播近在咫尺了。

年轻人结婚，总是需要配备一些家具的，今天看见李玉成夫妇运回来一些家具，添置家里的生活用品。

2011年12月23日，星期五，农历十一月二十九，属鼠，多云

表弟卢世华在村里做饮食生意，村里像他这样能干的人也少，他这几年的生意不错，可能赚到了一点钱，今天买回来了一辆新车。

2011年12月24日，星期六，农历十一月三十，属牛，阴

村里的茅草房，三五年风吹雨打后，总是要更换的。我国著名导演姜文在村里拍摄《太阳照常升起》的时候建了两栋房子，用的也是茅草顶，已经好几年了，因为没有专门的人员和单位来管理，屋顶已经漏雨了，游客和政府的人来了都要指手画脚，已经不像样子了。县旅游局可能坐不住了，这次是安排了人员来修复，说一切都是为了明年哈尼梯田申报世界文化遗产。

2011年12月25日，星期日，农历十二月初一，属虎，阴

不知道什么原因，今天村里停电了，用电的事情就做不了。身体不好，心情不好，停电更是麻烦，没有电的基地饭也做不成，只能跟朋友喝点小酒过一天了。

2011年12月26日，星期一，农历十二月初二，属兔，多云

上午，新街镇镇长带着我们新街镇的人民代表到村里来考察工作，

首先在村里的停车场开了一个简单的会议，对我们箐口村做了一个简单的介绍，之后带着他们从陈列馆到水碾、水磨到磨秋场这样围绕着考察了一圈，说是还要到其他地方考察就走了。

2011年12月27日，星期二，农历十二月初三，属龙，晴

今天，我从南沙镇商量好外甥李以后的事情后回来。看外甥的身体全部恢复已经很难了，我们希望对方能考虑赔偿600000元左右，但是，对方也有困难，这样的条件无法接受，就答应给306000元赔偿了结，我们也没有办法，只好答应了回来。说是等他凑足了钱就会和我们联系的。这件事情是通过元阳县安监局来协调解决的。

李庆宝夫妇从医院回来，是到医院接生孩子去了。以前的话，村里接生孩子都是在家里，都是到临盆的时候找有一点经验的妇女来接生的，观念上不会去找手脚不干净的老妇女来接生，也不准外出，生怕被手脚不干净的妇女看见并拿走孩子的灵魂致使孩子夭折，这是忌讳的。现在的话，年轻人的观念慢慢在改变，认为医院里的医生都是学过这方面知识的人，具有安全感，交通又方便，一会儿的工夫就到医院了，又用不了几个钱。所以，村里不时地有年轻人到医院接生孩子。

2011年12月28日，星期三，农历十二月初四，属蛇，晴

堂哥张牛后没有读过书，一生老实，从小就跟着堂叔张文和在公路边自己家地里采石头，勤俭持家，之后，就一直跟着他的老岳父卢志明混。这些年，可能赚到了一点钱，买了一辆三轮港田车经营客运。村里上街的每天都有，特别是新街镇集日，他都要载满村民出去，这些年可能省了一点钱，今天又买了一辆新三轮港田车回来，说现在要一万多元，想趁着年轻再经营几年。

2011年12月29日，星期四，农历十二月初五，属马，多云

这几天天气变化无常，身体不好，我的心情也无法平静。自从手受

伤以后，已经一个多月没有好好做事情了，整天瞎转，一个人像着了魔，不是跟朋友喝小酒就是睡懒觉，无聊得很，多希望身体恢复，趁年轻多做一点事情。

2011年12月30日，星期五，农历十二月初六，属羊，多云

打工的人就是这样，有事情做就出去，事情做完了就回来。表哥李世华会做一点建筑事情，还会带几个弟兄一起做，前一段时间出去，今天是做完了带着弟兄回来。下午，他又杀了一条狗请弟兄会餐。

卢荣家整理秧田。育秧苗的时间还早，只是他家有几块大田，这些年他又在田边建了一个棚子养鱼养鸭子，自己家有种鱼。年初秧苗拔出去以后，他把种鱼捉回来放到秧田里产卵，现在的鱼苗有一手指大了，他要把这些鱼苗放养到稻田里，等到插秧的时候，这些鱼苗就差不多有手掌大了，自己家可以吃，多了也可以卖些。

2011年12月31日，星期六，农历十二月初七，属猴，多云

生意人应该选择好时间和地点。今天是新街镇的集日，明天又是新一年的开始，即元旦，总会有生意做的。村里李志学家就是做生意的，比其他村民要懂生意经，就叫家人到街上卖鸡鸭去了。

前几年他退休回来以后，在自己家的田边盖了一个田棚养鸡鸭，自己每个月又有一些钱来购买鸡鸭的饲料，而且，每天都有足够的时间去管理，每到节日都会去卖一些，村民急着用的时候也可以去购买。他自己的身体得到了锻炼，家庭的经济也可以补给一些，对村民也方便。政府在村里开发农家乐的其中一个目的就是让村民提供自己养的鸡鸭等副食，在自己家门前致富。

这里要说一点的是，新街镇在前两个月就叫梯田小镇了。应该是为了配合着打响梯田的品牌吧，把新街镇也更名为梯田小镇了，说是2013年哈尼梯田要申报世界文化遗产，所以才这样叫的。